小企业会计 规范操作的范本

小企业会计
规范操作实务

主编／许 群

- 小企业会计科目的设置和应用
- 小企业日常业务的会计处理
- 小企业会计报表的编制
- 小企业纳税申报与会计处理
- 小企业会计工作规范

中国市场出版社
China Market Press

图书在版编目（CIP）数据

小企业会计规范操作实务／许群主编. —北京：中国市场
出版社，2009.7

ISBN 978 - 7 - 5092 - 0484 - 9

Ⅰ. 小…　Ⅱ. 许…　Ⅲ. 小型企业 - 会计　Ⅳ. F276.3

中国版本图书馆 CIP 数据核字（2009）第 108640 号

书　　名：	小企业会计规范操作实务	
主　　编：	许群	
责任编辑：	胡超平	
出版发行：	中国市场出版社	
地　　址：	北京市西城区月坛北小街 2 号院 3 号楼（100837）	
电　　话：	编辑部（010）68012468　读者服务部（010）68022950	
	发行部（010）68021338　68020340　68053489	
	68024335　68033577　68033539	
经　　销：	新华书店	
印　　刷：	河北省高碑店市鑫宏源印刷包装有限责任公司	
规　　格：	787 × 1092 毫米　1/16　22 印张　550 千字	
版　　本：	2009 年 7 月第 1 版	
印　　次：	2009 年 7 月第 1 次印刷	
书　　号：	ISBN 978 - 7 - 5092 - 0484 - 9	
定　　价：	39. 80 元	

写给读者的话

小企业规模小，会计人员配备较少，业务水平参差不齐，存在会计工作不规范、会计信息质量低等诸多问题。为帮助小企业会计人员尽快胜任会计工作，解决各种各样的财税问题，作者编写了这本《小企业会计规范操作实务》，旨在为小企业财会人员提供一本规范的能够即查即用的实用操作范本。这本书的主要特点是：

一、充分考虑小企业会计的特点，简明易懂

本书第二章中将所有会计科目的应用，通过账户对应关系的"丁字形"图进行了说明，一目了然。在第三章、第四章、第五章中，分别结合各章节的内容配合了大量的实例以及实际工作中应用的凭证等，让制度、规范、方法等书本知识体现在真实的资料和案例中，使小企业会计人员能够轻松地学习，提高学习的效率。

二、涵盖了小企业日常会计业务

为了便于小企业会计人员能够正确处理日常发生的各项业务，本书第三章围绕小企业生产经营以及投资、筹资等各个环节的经济活动内容，说明业务的处理流程和控制要求，在此基础上，通过举例，进一步全面系统地列示了日常会计业务的处理方法。

三、突出了纳税申报及会计处理

纳税申报及会计处理比较繁琐，也是小企业会计工作中的难点。本书通过提炼纳税工作要点，列举纳税申报案例，将3项流转税、城建税、印花税、所得税等小企业涉及的13项主要税种的纳税申报及会计处理工作简单、明了地展示出来，以解决小企业纳税申报中的疑难问题。

四、强调了规范

小企业会计工作不规范是普遍存在的问题，也是制约小企业健康发展的重要问题。因此，本书特别强调了小企业会计工作的规范，并依据《会计法》、《会计基础工作规范》等会计的法律、规定等，从会计工作的各个岗位、会计处理的各个环节阐述了相关的规范要求，小企业会计人员可以参照这些内容，完善本企业的会计管理及规范工作，提高会计工作和会计信息的质量。

　　本书由许群主编，参加编写的人员有许群、高惠、周京颖、王颖、王川、石峰枫、贾菁菁等。

　　由于编者水平有限，书中的疏漏及错误在所难免，敬请读者批评指正。

作者

2009 年 6 月

目录

第1章 总 论

1.1 会计概述 ……………………………………… 1
1.1.1 会计的本质 ……………………………… 1
1.1.2 会计的职能 ……………………………… 1
1.1.3 会计的对象 ……………………………… 2
1.1.4 会计计量 ………………………………… 3
1.1.5 会计核算方法 …………………………… 4
1.2 小企业会计核算的一般规定 ……………… 5
1.2.1 小企业的界定 …………………………… 5
1.2.2 小企业会计核算的一般规定 …………… 6
1.3 小企业会计核算的原则 …………………… 6
1.3.1 基本原则 ………………………………… 6
1.3.2 非货币性交易处理原则 ………………… 8
1.3.3 债务重组处理原则 ……………………… 8
1.4 小企业会计要素的具体内容 ……………… 9
1.4.1 资产要素 ………………………………… 9
1.4.2 负债要素 ………………………………… 10
1.4.3 所有者权益要素 ………………………… 11
1.4.4 收入要素 ………………………………… 11
1.4.5 费用要素 ………………………………… 12
1.4.6 利润要素 ………………………………… 13

第2章 会计科目的设置和应用

2.1 设置会计科目的意义和要求 ……………… 14
2.1.1 设置会计科目的意义 …………………… 14
2.1.2 会计科目的内容和级次 ………………… 14
2.1.3 设置会计科目的要求 …………………… 18
2.2 资产类会计科目的设置和应用 …………… 18
2.2.1 "现金"科目 …………………………… 18

2.2.2 "银行存款"科目 …………………………… 20

2.2.3 "其他货币资金"科目 …………………………… 22

2.2.4 "短期投资"科目 …………………………… 26

2.2.5 "短期投资跌价准备"科目 …………………… 28

2.2.6 "应收票据"科目 …………………………… 29

2.2.7 "应收股息"科目 …………………………… 32

2.2.8 "应收账款"科目 …………………………… 33

2.2.9 "其他应收款"科目 …………………………… 35

2.2.10 "坏账准备"科目 …………………………… 37

2.2.11 "在途物资"科目 …………………………… 38

2.2.12 "材料"科目 …………………………… 40

2.2.13 "低值易耗品"科目 …………………………… 44

2.2.14 "库存商品"科目 …………………………… 45

2.2.15 "商品进销差价"科目 …………………… 48

2.2.16 "委托加工物资"科目 …………………… 49

2.2.17 "委托代销商品"科目 …………………… 51

2.2.18 "存货跌价准备"科目 …………………… 52

2.2.19 "待摊费用"科目 …………………………… 53

2.2.20 "长期股权投资"科目 …………………… 54

2.2.21 "长期债权投资"科目 …………………… 56

2.2.22 "固定资产"科目 …………………………… 59

2.2.23 "累计折旧"科目 …………………………… 61

2.2.24 "工程物资"科目 …………………………… 62

2.2.25 "在建工程"科目 …………………………… 65

2.2.26 "固定资产清理"科目 …………………… 66

2.2.27 "无形资产"科目 …………………………… 68

2.2.28 "长期待摊费用"科目 …………………… 70

2.3 负债类会计科目的设置和应用 …………………… 71

2.3.1 "短期借款"科目 …………………………… 71

2.3.2 "应付票据"科目 …………………………… 72

2.3.3 "应付账款"科目 …………………………… 74

2.3.4 "应付工资"科目 …………………………… 75

2.3.5 "应付福利费"科目 …………………………… 78

2.3.6 "应付利润"科目 …………………………… 79

2.3.7 "应交税金"科目 …………………………… 79

2.3.8 "其他应交款"科目 …………………………… 88

2.3.9 "其他应付款"科目 …………………………… 89

2.3.10 "预提费用"科目 …………………………… 90

2.3.11　"待转资产价值"科目 ································ 91

2.3.12　"长期借款"科目 ································ 92

2.3.13　"长期应付款"科目 93

2.4　所有者权益类会计科目的设置和应用 ················ 94

2.4.1　"实收资本"科目 ································ 94

2.4.2　"资本公积"科目 ································ 96

2.4.3　"盈余公积"科目 ································ 97

2.4.4　"本年利润"科目 ································ 98

2.4.5　"利润分配"科目 ································ 101

2.5　成本类会计科目的设置和应用 ···················· 103

2.5.1　"生产成本"科目 ································ 103

2.5.2　"制造费用"科目 ································ 105

2.6　损益类会计科目的设置和应用 ···················· 106

2.6.1　"主营业务收入"科目 ·························· 106

2.6.2　"其他业务收入"科目 ·························· 109

2.6.3　"投资收益"科目 ······························ 110

2.6.4　"营业外收入"科目 ···························· 112

2.6.5　"主营业务成本"科目 ·························· 114

2.6.6　"主营业务税金及附加"科目 ·················· 115

2.6.7　"其他业务支出"科目 ·························· 116

2.6.8　"营业费用"科目 ······························ 117

2.6.9　"管理费用"科目 ······························ 119

2.6.10　"财务费用"科目 ···························· 121

2.6.11　"营业外支出"科目 ·························· 121

2.6.12　"所得税"科目 ······························ 124

第3章　日常业务的会计处理

3.1　货币资金业务的会计处理 ······················ 126

3.1.1　货币资金业务的内容 ·························· 126

3.1.2　货币资金业务的流程及主要控制 ················ 127

3.1.3　货币资金业务常见原始凭证 ···················· 128

3.1.4　货币资金业务的账务处理 ······················ 137

3.2　采购业务的会计处理 ·························· 143

3.2.1　采购业务的内容 ······························ 143

3.2.2　采购业务的流程及主要控制 ···················· 143

3.2.3　采购业务常见原始凭证 ························ 144

3.2.4　采购业务的账务处理 …………………………………………… 148

3.3　产品生产业务的会计处理 ……………………………………… 151

3.3.1　产品生产业务的内容 …………………………………………… 151

3.3.2　产品生产业务的流程及主要控制 ……………………………… 151

3.3.3　产品生产业务常见原始凭证 …………………………………… 152

3.3.4　产品生产业务的账务处理 ……………………………………… 158

3.4　销货业务的会计处理 …………………………………………… 161

3.4.1　销货业务的内容 ………………………………………………… 161

3.4.2　销货业务的流程及主要控制 …………………………………… 161

3.4.3　销货业务常见原始凭证 ………………………………………… 162

3.4.4　销货业务的账务处理 …………………………………………… 166

3.5　存货业务的会计处理 …………………………………………… 173

3.5.1　存货存储业务的内容 …………………………………………… 173

3.5.2　存货存储业务的主要控制 ……………………………………… 173

3.5.3　存货存储业务常见原始凭证 …………………………………… 173

3.5.4　存货存储业务的账务处理 ……………………………………… 174

3.6　投资业务的会计处理 …………………………………………… 177

3.6.1　投资业务的内容 ………………………………………………… 177

3.6.2　投资业务的流程及主要控制 …………………………………… 177

3.6.3　投资业务常见原始凭证 ………………………………………… 178

3.6.4　投资业务的账务处理 …………………………………………… 179

3.7　筹资业务的会计处理 …………………………………………… 184

3.7.1　筹资业务的内容 ………………………………………………… 184

3.7.2　筹资业务的流程及主要控制 …………………………………… 184

3.7.3　筹资业务常见原始凭证 ………………………………………… 185

3.7.4　筹资业务的账务处理 …………………………………………… 187

3.8　固定资产业务的会计处理 ……………………………………… 189

3.8.1　固定资产业务的内容 …………………………………………… 189

3.8.2　固定资产业务的流程及主要控制 ……………………………… 189

3.8.3　固定资产业务常见原始凭证 …………………………………… 191

3.8.4　固定资产业务的账务处理 ……………………………………… 196

3.9　利润形成与分配业务的会计处理 ……………………………… 201

3.9.1　利润的构成 ……………………………………………………… 201

3.9.2　利润分配的顺序 ………………………………………………… 201

3.9.3　利润形成与分配业务常见原始凭证 …………………………… 202

3.9.4　利润形成与分配的账务处理 …………………………………… 203

第4章　小企业会计报表的编制

4.1　小企业会计报表编制的目的 ……………………………………… 205
4.1.1　会计报表是财务报告的主要内容 ……………………………… 205
4.1.2　小企业会计报表编制的目的 …………………………………… 205
4.2　小企业会计报表的种类 …………………………………………… 206
4.3　小企业会计报表编制的要求 ……………………………………… 206
4.3.1　数字真实 ………………………………………………………… 206
4.3.2　计算准确 ………………………………………………………… 206
4.3.3　内容完整 ………………………………………………………… 206
4.3.4　报送及时 ………………………………………………………… 207
4.4　资产负债表的编制 ………………………………………………… 207
4.4.1　资产负债表的结构 ……………………………………………… 207
4.4.2　资产负债表的编制方法 ………………………………………… 209
4.4.3　资产负债表的编制举例 ………………………………………… 223
4.5　利润表的编制 ……………………………………………………… 226
4.5.1　利润表的结构 …………………………………………………… 226
4.5.2　利润表的编制方法 ……………………………………………… 227
4.5.3　利润表的编制举例 ……………………………………………… 231
4.6　现金流量表的编制 ………………………………………………… 232
4.6.1　现金流量表的相关概念 ………………………………………… 232
4.6.2　现金流量的分类 ………………………………………………… 232
4.6.3　现金流量表的格式 ……………………………………………… 233
4.6.4　现金流量表的编制方法 ………………………………………… 234
4.6.5　现金流量表的编制举例 ………………………………………… 243
4.7　应交增值税明细表的编制 ………………………………………… 246
4.7.1　应交增值税明细表的结构 ……………………………………… 246
4.7.2　应交增值税明细表的编制方法 ………………………………… 247
4.7.3　应交增值税明细表的编制举例 ………………………………… 248
4.8　会计报表附注的编制 ……………………………………………… 249

第5章　小企业纳税申报及主要税种的账务处理

5.1　小企业纳税申报概述 ……………………………………………… 250
5.1.1　纳税申报的概念 ………………………………………………… 250
5.1.2　小企业纳税申报的税种 ………………………………………… 250

5.1.3 纳税申报应报送的资料 …………………………… 250
5.1.4 纳税申报方式 ………………………………… 251
5.2 增值税纳税申报 …………………………………… 251
5.2.1 增值税纳税申报要点 ………………………… 251
5.2.2 增值税纳税申报表（适用于增值税一般纳税人）的
填列方法 …………………………………… 252
5.2.3 增值税一般纳税人申报实务举例 ……………… 257
5.2.4 增值税小规模纳税人申报实务举例 …………… 269
5.3 消费税纳税申报 …………………………………… 271
5.3.1 消费税纳税申报要点 ………………………… 271
5.3.2 消费税纳税申报实务举例 …………………… 272
5.4 营业税纳税申报 …………………………………… 274
5.4.1 营业税纳税申报要点 ………………………… 274
5.4.2 营业税纳税申报实务举例 …………………… 274
5.5 城市维护建设税及教育费附加纳税申报 …………… 276
5.5.1 城市维护建设税及教育费附加纳税申报要点 …… 276
5.5.2 城市维护建设税及教育费附加纳税申报实务举例 … 276
5.6 关税纳税申报 ……………………………………… 277
5.6.1 关税纳税申报要点 …………………………… 277
5.6.2 关税纳税申报实务举例 ……………………… 277
5.7 资源税纳税申报 …………………………………… 278
5.7.1 资源税纳税申报要点 ………………………… 278
5.7.2 资源税纳税申报实务举例 …………………… 279
5.8 城镇土地使用税纳税申报 ………………………… 280
5.8.1 城镇土地使用税纳税申报要点 ……………… 280
5.8.2 城镇土地使用税纳税申报实务举例 ………… 280
5.9 房产税纳税申报 …………………………………… 281
5.9.1 房产税纳税申报要点 ………………………… 281
5.9.2 房产税纳税申报实务举例 …………………… 281
5.10 车船税纳税申报 ………………………………… 282
5.10.1 车船税纳税申报要点 ……………………… 282
5.10.2 车船税纳税申报实务举例 ………………… 282
5.11 印花税纳税申报 ………………………………… 284
5.11.1 印花税纳税申报要点 ……………………… 284
5.11.2 印花税纳税申报实务举例 ………………… 284
5.12 契税纳税申报 …………………………………… 286
5.12.1 契税纳税申报要点 ………………………… 286
5.12.2 契税纳税申报实务举例 …………………… 286

5.13　企业所得税纳税申报 ································· 288

5.13.1　企业所得税纳税申报要点 ··················· 288

5.13.2　企业所得税月（季）度预缴纳税申报表（**A**类）

填列方法 ······································· 288

5.13.3　企业所得税年度纳税申报表（**A**类）填列方法 ········· 289

5.13.4　企业所得税月（季）度预缴纳税申报实务举例 ········· 293

5.13.5　企业所得税年度纳税申报实务举例 ············· 294

5.14　个人所得税纳税申报 ································· 309

5.14.1　个人所得税纳税申报要点概述 ··············· 309

5.14.2　个人所得税纳税申报实务举例 ··············· 309

5.15　小企业主要税种纳税业务的账务处理 ··················· 310

5.15.1　增值税纳税业务的账务处理 ················· 310

5.15.2　消费税纳税业务的账务处理 ················· 313

5.15.3　营业税纳税业务的账务处理 ················· 313

5.15.4　企业所得税纳税业务的账务处理 ·············· 314

第6章　小企业会计基础工作规范

6.1　会计机构设置和会计人员配备规范 ··················· 315

6.1.1　会计机构设置 ························· 315

6.1.2　会计人员配备 ························· 316

6.1.3　会计工作岗位设置的规范 ·················· 317

6.1.4　会计工作交接的规范 ···················· 317

6.2　会计核算环节的工作规范 ······················· 319

6.2.1　填制和审核会计凭证工作规范 ··············· 319

6.2.2　登记账簿工作规范 ····················· 325

6.2.3　编制财务报告的要求 ···················· 330

6.2.4　会计档案工作规范 ····················· 330

6.3　内部会计监督工作规范 ························· 332

6.3.1　内部会计监督的依据 ···················· 332

6.3.2　内部会计监督制度的要求 ·················· 333

6.3.3　内部会计监督的内容 ···················· 333

6.3.4　内部会计监督中的职责权限 ················· 334

6.4　内部会计管理工作规范 ························· 334

6.4.1　小企业内部会计管理制度的制定原则 ············ 335

6.4.2　小企业内部会计管理体系 ·················· 335

6.4.3　内部会计管理制度的内容 ·················· 335

5.13 企业所得税纳税申报 ………………………………………… 288

5.13.1 季度预缴纳税申报的方法 …………………………………… 288

5.13.2 企业所得税月（季）度预缴纳税申报表（A类）填列方法 ……………………………………………………… 289

5.13.3 季度预缴纳税申报表（A类）填列示范 ……………… 289

5.13.4 企业所得税年度（季）度纳税申报表填列方法 …… 299

5.14 个人所得税纳税申报 ………………………………………… 306

5.14.1 个人所得税纳税申报的基本要求 ………………… 306

5.14.2 个人所得税纳税申报表填列示范 …………………… 306

5.15 小企业主要税种纳税申报的基本处理 ……………… 310

5.15.1 增值税纳税业务的账务处理 ………………………… 310

5.15.2 消费税纳税业务的账务处理 ………………………… 312

5.15.3 营业税纳税业务的账务处理 ………………………… 313

5.15.4 企业所得税纳税业务的账务处理 …………………… 314

第6章 小企业会计基础工作规范

6.1 会计机构的设置和会计人员配备规范 ……………… 315

6.1.1 会计机构的设置 ………………………………………… 315

6.1.2 会计人员配备 ……………………………………………… 316

6.1.3 会计工作岗位的设置规范 …………………………… 317

6.1.4 会计工作交接的规范 ………………………………… 318

6.2 会计核算基本的工作规范 …………………………………… 319

6.2.1 明确的会计核算工作规范 …………………………… 319

6.2.2 会计凭证工作规范 ……………………………………… 325

6.2.3 会计账簿管理规范 ……………………………………… 329

6.2.4 会计报表工作规范 ……………………………………… 330

6.3 内部会计监督工作规范 ……………………………………… 332

6.3.1 内部会计监督的特点 ………………………………… 332

6.3.2 内部会计监督制度的内容 …………………………… 333

6.3.3 内部会计监督的方法 ………………………………… 333

6.3.4 内部会计监督中的障碍及对策 ……………………… 334

6.4 内部会计控制工作规范 …………………………………… 335

6.4.1 小企业内部会计控制的原则和基本要求 ………… 335

6.4.2 小企业内部控制规范的具体体系 ………………… 355

6.4.3 内部会计控制制度的内容 …………………………… 355

1 第 1 章
CHAPTER 总 论

▮ 1.1 会计概述

1.1.1 会计的本质

会计是以货币为主要计量单位，以经济活动过程中产生的会计资料为依据，采用专门的技术方法和程序，对会计主体的经济活动进行核算与监督并提供会计信息的一种管理活动。

会计的本质是以提供会计信息为主要目标的管理活动，任何组织都需要建立自己的会计信息系统，以满足会计信息使用者的需要，并帮助他们做出更好的决策。

1.1.2 会计的职能

会计具有会计核算与会计监督两种基本职能。

1. 核算职能

会计核算职能是指会计对经济业务事项的确认、计量、记录、算账和报账的工作过程。确认，是指是否将发生的经济业务事项作为资产、负债等会计要素加以记录和列入报表的过程；计量，是用货币或其他量度单位计算各项经济业务事项和结果的过程；记录，是用专门的会计方法在会计凭证、会计账簿、财务会计报告中登记经济业务事项的过程；算账，是指在记账的基础上，对一定时期的收入、费用（成本）、利润和一定时期的资产、负债、所有者权益进行的计算过程；报账，是指在算账的基础上，对一定时期的财务状况、经营成果和现金流量情况，以财务会计报告的形式向有关方面进行的报告过程。

2. 监督职能

会计监督是指会计对经济业务事项的合法性、真实性和完整性进行监督审查的工作过程。

合法性，是指会计确认经济业务事项或生成会计资料的程序必须符合会计法律法规和其他相关法律法规的规定；

真实性，是指会计计量、记录的经济业务事项必须是实际发生或按规定生成的会计资料，避免会计资料因人为因素而失真；

完整性，是指在会计核算过程中形成和提供的各种会计资料应当齐全。

随着社会生产力水平的日益提高，会计在市场经济中的作用日益重要，会计的职能将不断丰富和发展。除上述基本职能外，会计还具有预测经济前景、参与经济决策、控制经济运行过程、评价经营业绩等功能。

1.1.3 会计的对象

1. 会计的一般对象

会计对象是指会计所反映和监督的内容。通常表述为企业的资金运动，或企业在生产经营过程中可以用货币表现的经济活动。

在商品货币经济环境下，对生产经营活动及过程的管理应该以价值为中心，并广泛利用各种价值指标。会计是一种管理活动，主要利用货币计量，对生产经营活动及过程进行反映和监督。因此，企业的再生产过程中能够用货币表现的经济活动，就构成了会计的一般对象。

2. 会计的具体对象

企业再生产过程中能以货币表现的经济活动，也就是企业再生产过程中的资金运动。资金运动按其运动的程序可分为资金投入、资金周转、资金退出三个基本环节。以工业企业为例，工业企业生产经营过程可以划分为供应过程、生产过程和销售过程。随着企业供、产、销等生产经营过程的不断进行，其资金也在不断地循环和周转，由货币资金转化为固定资金、储备资金，再转化为生产资金、成品资金，最后又转化为货币资金。在资金的循环与周转过程中，资金的取得、运用和退出等运动必然要引起企业各项财产物资的增减变动、各项生产费用的支出和产品成本的形成，以及企业销售收入的取得和利润的实现、分配等，从而构成了工业企业会计的具体对象。

3. 会计要素

（1）会计要素的含义

为了满足会计上分类核算和系统地提供会计信息的需要，会计核算时需要对会计的对象进行进一步的分类，具体化为会计要素，即按照会计要素反映企业的财务状况和经营成果。

因此，所谓会计要素就是对会计对象按经济业务的特性所划分的类别，包括资产、负债、所有者权益、收入、费用和利润。

（2）会计要素的分类

会计对象根据交易或者事项的经济特征划分成的会计要素，是对经济业务事项进行确认和计量的依据，是确定会计报表结构和内容的基础。会计要素一般分成财务状况要素和经营成果要素两类。具体分类见图1-1。

（3）会计基本要素之间的数量关系

会计的六个要素反映了企业资金运动的静态和动态两个方面，从而构成了两个会计等式。

会计要素	财务状况要素 （反映企业在某一时点财务状况的静态要素，也是资产负债表的构成要素）	资产
		负债
		所有者权益
	经营成果要素 （反映企业在一定期间经营成果形成的动态要素，也是利润表的构成要素）	收入
		费用
		利润

图 1 - 1　会计要素分类图

第一等式：资产 = 负债 + 所有者权益

资产是投入资本和借入资金的实物形态。其中，归属于所有者的部分，形成企业的所有者权益；归属于债权人的部分，形成企业的负债（债权人权益）。因此，有一定数额的资产，必定有一定数额的负债和所有者权益；反之，有一定数额的负债和所有者权益，也必定有一定数额的资产。也就是说，资产与负债及所有者权益之间在数量上必然相等，用公式表示称作会计平衡公式或会计恒等式。

会计平衡公式反映了企业资产的产权归属关系，是设置会计科目、复式记账和编制会计报表等会计核算方法建立的理论依据，在会计核算中有着非常重要的地位。

第二等式：收入 - 费用 = 利润

企业在生产经营活动过程中，一方面会取得收入，另一方面要发生各种费用，一定时期所获得的收入扣除所发生的各项费用后的余额，即企业实现的利润。

收入、费用和利润之间的数量关系，是编制利润表的依据。

由于利润最终表现为所有者权益的增加，会计六个要素之间的数量关系可以用以下公式表示：

$$资产 = 负债 + 所有者权益 + 利润（收入 - 费用）$$

或　　　　　　　　$$资产 + 费用 = 负债 + 所有者权益 + 收入$$

1.1.4　会计计量

企业将符合确认条件的会计要素登记入账并列报于会计报表及其附注时，应当按照规定的会计计量属性进行计量，确定其金额。会计计量属性主要包括历史成本、重置成本、可变现净值、现值及公允价值。企业在对会计要素进行计量时，一般应当采用历史成本，采用重置成本、可变现净值、现值、公允价值计量的，应当保证所确定的会计要素金额能够取得并可靠计量。

1. 历史成本

在历史成本计量下，资产按照购置时支付的现金或者现金等价物的金额，或者按照购置资产时所付出的对价的公允价值计量。负债按照因承担现时义务而实际收到的款项或者资产的金额，或者承担现时义务的合同金额，或者按照日常活动中为偿还负债预期需要支付的现金或者现金等价物的金额计量。

2. 重置成本

在重置成本计量下，资产按照现在购买相同或者相似资产所需支付的现金或者现金等价物的金额计量。负债按照现在偿付该项债务所需支付的现金或者现金等价物的金额计量。

3. 可变现净值

在可变现净值计量下，资产按照其正常对外销售所能收到现金或者现金等价物的金额扣减该资产至完工时估计将要发生的成本、估计的销售费用以及相关税费后的金额计量。

4. 现值

在现值计量下，资产按照预计从其持续使用和最终处置中所产生的未来净现金流入量的折现金额计量。负债按照预计期限内需要偿还的未来净现金流出量的折现金额计量。

5. 公允价值

在公允价值计量下，资产和负债按照在公平交易中，熟悉情况的交易双方自愿进行资产交换或者债务清偿的金额计量。

1.1.5 会计核算方法

会计核算方法是对会计对象进行完整的、连续的、系统的反映的专门方法，是将经济业务转换成会计信息的过程。即，经济业务发生后，经办人员要填制或取得原始凭证，经会计人员审核整理后，按照设置的会计科目，运用复式记账法，编制记账凭证，并据以登记账簿；在此基础上，要依据凭证和账簿记录对生产经营过程中发生的各项费用进行成本计算，并依据财产清查对账簿记录加以核实，以保证账实相符。期末，根据账簿资料编制会计报表。

1. 设置会计科目和账户

设置会计科目是对会计对象的具体内容进行分类核算的方法。所谓会计科目，就是对会计对象的具体内容进行分类核算的项目。企业应根据会计科目在账簿中开立账户，并分类、连续地记录各项经济业务，反映由于各经济业务的发生而引起的各项会计要素的增减变动情况和结果。

2. 复式记账

复式记账是一种记账方法。这种方法的特点是对每一项经济业务都要以相等的金额，同时记入两个或两个以上相互关联的账户。借贷记账法是各种复式记账法中应用最广泛的一种方法，它是以"借"、"贷"作为记账符号，反映各项会计要素增减变动情况的一种记账方法。

3. 填制和审核凭证

填制和审核会计凭证是指任何一项经济业务发生后都必须取得或填制会计凭证，并经过会计机构、会计人员审核。只有经过审核并认为正确无误的会计凭证，才能作为登记账簿的依据。填制和审核会计凭证，不仅为经济管理提供真实可靠的数据资料，也是实行会计监督的一个重要方面。

4. 登记账簿

登记账簿是将会计凭证记录的经济业务，序时、分类地记入有关簿籍中开立的各个账户。登记账簿必须以凭证为依据，并定期进行结账、对账，以便为编制会计报表提供完整而又系统的会计数据。

5. 成本计算

成本计算是指在生产经营过程中，按照一定对象归集和分配发生的各种费用支出，以确定该对象的总成本和单位成本的一种专门方法。通过成本计算，可以确定材料的采购成本、产品的生产成本和销售成本，可以反映和监督生产经营过程中发生的各项费用是否节约或超支，并据以考核企业的各项经营效益。

6. 财产清查

财产清查是指通过盘点实物、核对账目，保证账实相符的一种专门方法。通过财产清查，可以查明各项财产物资和货币资金的保管和使用情况，以及往来款项的结算情况；监督各项财产物资的安全与合理使用。在清查中如发现财产物资和货币资金的实存数与账面结存数额不一致，应及时查明原因，通过一定审批手续进行处理，并调整账簿记录，使账面数额与实存数额保持一致，以保证会计核算资料的正确性和真实性。

7. 编制会计报表

编制会计报表，就是按照会计制度的要求，定期向报表使用者编报各种会计报表。向会计报表使用者提供与企业财务状况、经营成果和现金流量等有关的会计信息，反映企业管理者受托责任的履行情况，有助于会计报表使用者做出经济决策。

1.2　小企业会计核算的一般规定

1.2.1　小企业的界定

企业是依法设立的以营利为目的从事生产经营活动的独立核算的经济组织。企业按照资产的多少、经营能力的大小，可以分为大型企业、中型企业和小型企业等规模不同的企业。现行的小企业界定标准依据原国家经济贸易委员会、原国家发展计划委员会、财政部、国家统计局于 2003 年制定的《中小企业标准暂行规定》。该规定根据企业职工人数、销售额、资产总额等指标并结合行业特点制定了中小企业划分标准。

依据《中小企业标准暂行规定》，小企业界定的具体标准为：

（1）工业，中小型企业须符合以下条件：职工人数 2 000 人以下，或销售额 30 000 万元以下，或资产总额 40 000 万元以下。其中，中型企业须同时满足职工人数 300 人及以上，销售额 3 000 万元及以上，资产总额 4 000 万元及以上；其余为小型企业。

（2）建筑业，中小型企业须符合以下条件：职工人数 3 000 人以下，或销售额 30 000 万元以下，或资产总额 40 000 万元以下。其中，中型企业须同时满足职工人数 600 人及以上，销售额 3 000 万元及以上，资产总额 4 000 万元及以上；其余为小型企业。

（3）批发和零售业，零售业中小型企业须符合以下条件：职工人数 500 人以下，或销售额 15 000 万元以下。其中，中型企业须同时满足职工人数 100 人及以上，销售额 1 000 万元及以上；其余为小型企业。批发业中小型企业须符合以下条件：职工人数 200 人以下，或销售额 30 000 万元以下。其中，中型企业须同时满足职工人数 100 人及以上，销售额 3 000 万元及以上；其余为小型企业。

（4）交通运输和邮政业，交通运输业中小型企业须符合以下条件：职工人数 3 000 人以下，或销售额 30 000 万元以下。其中，中型企业须同时满足职工人数 500 人及以上，销售额 3 000 万元及以上；其余为小型企业。邮政业中小型企业须符合以下条件：职工人数 1 000 人以下，或销售额 30 000 万元以下。其中，中型企业须同时满足职工人数 400 人及以上，销售额 3 000 万元及以上；其余为小型企业。

（5）住宿和餐饮业，中小型企业须符合以下条件：职工人数 800 人以下，或销售额 15 000 万元以下。其中，中型企业须同时满足职工人数 400 人及以上，销售额 3 000 万元及以上；其余为小型企业。

在上述规定中，职工人数以现行统计制度中的年末从业人员数代替；工业企业的销售额以现行统计制度中的年产品销售收入代替；建筑业企业的销售额以现行统计制度中的年工程结算收入代替；批发和零售业以现行统计制度中的年销售额代替；交通运输和邮政业，住宿和餐饮业企业的销售额以现行统计制度中的年营业收入代替；资产总额以现行统计制度中的资产合计代替。

1.2.2　小企业会计核算的一般规定

（1）小企业应当根据会计业务的需要设置会计机构，或者在有关机构中设置会计人员并指定会计主管人员；不具备设置条件的，应当委托经批准设立从事会计代理记账业务的中介机构代理记账。

（2）小企业填制会计凭证、登记会计账簿、管理会计档案等，应按照《会计基础工作规范》和《会计档案管理办法》的规定执行。

（3）小企业的会计核算应当以持续、正常的生产经营活动为前提。会计核算应当划分会计期间，分期结算账目，会计期末编制财务会计报告。

会计期间，分为年度和月度，年度和月度均按公历起讫日期确定。会计期末，是指月末和年末。

（4）小企业的会计核算以人民币为记账本位币。

业务收支以人民币以外的货币为主的小企业，可以选定其中一种货币作为记账本位币，但编报的财务会计报告应当折算为人民币。

小企业发生外币业务时，应当将有关外币金额折合为记账本位币金额记账。除另有规定外，所有与外币业务有关的账户，应当采用业务发生时的汇率或业务发生当期期初的汇率折合。

期末，小企业的各种外币账户的外币余额应当按照期末汇率折合为记账本位币。

（5）小企业的会计记账采用借贷记账法。

（6）小企业会计记录的文字应当使用中文。在民族自治地方，会计记录可以同时使用当地通用的一种民族文字。

1.3　小企业会计核算的原则

1.3.1　基本原则

小企业在会计核算时，应当遵循以下基本原则：

1. 真实性原则

小企业的会计核算应当以实际发生的交易或事项为依据，如实反映其财务状况和经营成果。

2. 实质重于形式原则

小企业应当按照交易或事项的经济实质进行会计核算，而不应仅以法律形式作为会计核算的依据。

3. 有用性原则

小企业提供的会计信息应当能够满足会计信息使用者的需要。

4. 一贯性原则

小企业的会计核算方法前后各期应当保持一致，不得随意变更。如有必要变更，应将变更的内容和理由、变更的累积影响数，或累积影响数不能合理确定的理由等，在会计报表附注中予以说明。

5. 可比性原则

小企业的会计核算应当按照规定的会计处理方法进行，会计指标应当口径一致、相互可比。

6. 及时性原则

小企业的会计核算应当及时进行，不得提前或延后。

7. 清晰性原则

小企业的会计核算和编制的财务会计报告应当清晰明了，便于理解和运用。

8. 权责发生制原则

小企业的会计核算应当以权责发生制为基础。凡在当期已经实现的收入和已经发生或应当负担的费用，不论款项是否收付，都应作为当期的收入和费用；凡是不属于当期的收入和费用，即使款项已在当期收付，也不应作为当期的收入和费用。

9. 配比原则

小企业在进行会计核算时，收入与其成本、费用应当相互配比，同一会计期间内的各项收入与其相关的成本、费用，应当在该会计期间内确认。

10. 实际成本原则

小企业的各项资产在取得时应当按照实际成本计量。其后，各项资产账面价值的调整，应按照《小企业会计制度》的规定执行。除法律、法规和国家统一会计制度另有规定外，企业不得自行调整其账面价值。

11. 划分收益性支出与资本性支出原则

小企业的会计核算应当合理划分收益性支出与资本性支出的界限。凡支出的效益仅及于本年度（或一个营业周期）的，应当作为收益性支出；凡支出的效益及于几个会计年度（或几个营业周期）的，应当作为资本性支出。

12. 谨慎性原则

小企业在进行会计核算时，应当遵循谨慎性原则。

13. 重要性原则

小企业的会计核算应当遵循重要性原则，在会计核算过程中对交易或事项应当区别其重要性程度，采用不同的核算方法。

1.3.2 非货币性交易处理原则

小企业如发生非货币性交易，应按以下原则处理：

1. 应以换出资产的账面价值，加上应支付的相关税费，作为换入资产的入账价值。

2. 非货币性交易中如果发生补价，应区别不同情况处理：

（1）支付补价的小企业，应以换出资产的账面价值加上补价和应支付的相关税费，作为换入资产的入账价值。

（2）收到补价的小企业，应按以下公式确定换入资产的入账价值和应确认的损益：

$$换入资产入账价值 = 换出资产账面价值$$
$$-（补价 ÷ 换出资产公允价值）× 换出资产账面价值$$
$$-（补价 ÷ 换出资产公允价值）× 应交的税金及教育费附加$$
$$+ 应支付的相关税费$$
$$应确认的损益 = 补价 × [1 -（换出资产账面价值 + 应交的税金及教育费附加）$$
$$÷ 换出资产公允价值]$$

3. 小企业在非货币性交易中，如果同时换入多项资产，应按换入各项资产的公允价值占换入资产公允价值总额的比例，对换出资产的账面价值总额和应支付的相关税费等进行分配，以确定各项换入资产的入账价值。

1.3.3 债务重组处理原则

小企业如发生债务重组事项，应按以下规定处理：

1. 以低于债务账面价值的现金清偿某项债务的，债务人应将重组债务的账面价值与支付的现金之间的差额，确认为资本公积；债权人应将重组债权的账面价值与收到的现金之间的差额，确认为当期损失。

2. 以非现金资产清偿债务的，债务人应将重组债务的账面价值与转让的非现金资产账面价值和相关税费之和的差额，确认为资本公积或当期损益；债权人应将重组债权的账面价值作为受让的非现金资产的入账价值。

如果债务人以多项非现金资产清偿债务的，债权人应按取得的各项非现金资产的公允价值占非现金资产公允价值总额的比例，对重组应收债权的账面价值和应支付的相关税费之和进行分配，按分配后的价值作为各项非现金资产的入账价值。

3. 以债务转为资本的，债务人应将重组债务的账面价值与债权人因放弃债权而享有的股权的账面价值之间的差额确认为资本公积；债权人应将重组债权的账面价值作为受让的股权的入账价值。

4. 以修改其他债务条件进行债务重组的，应分别情况处理：

（1）作为债务人，如果重组债务的账面价值大于将来应付金额，应将重组债务的账面价值减记至将来应付金额，减记的金额确认为资本公积；如果重组债务的账面价值等于或小于将来应付金额，则不作账务处理。

（2）作为债权人，如果重组债权的账面价值大于将来应收金额，应将重组债权的账面价值减记至将来应收金额，减记的金额确认为当期损失；如果重组债权的账面余额等于或小于将来应收金额，则不作账务处理。

1.4　小企业会计要素的具体内容

1.4.1　资产要素

1. 资产定义

资产是指企业过去的交易或者事项形成的、由企业拥有或者控制的、预期会给企业带来经济利益的资源。

2. 资产的确认

符合资产定义的资源，在同时满足以下条件时，确认为资产：

（1）与该资源有关的经济利益很可能流入企业；

（2）该资源的成本或者价值能够可靠地计量。

符合资产定义和资产确认条件的项目，应当列入资产负债表；符合资产定义、但不符合资产确认条件的项目，不应当列入资产负债表。

3. 小企业资产的内容

（1）货币资金。货币资金是企业在生产经营过程中处于货币形态的那部分资金。包括库存现金、银行存款、其他货币资金。

（2）短期投资。短期投资是指企业持有的、能够随时变现并且持有时间不准备超过 1 年（含 1 年）的投资，包括股票、债券、基金等。

（3）应收及预付款项。应收及预付款项是企业在日常经营活动中形成的债权，包括应收账款、应收票据、预付账款及其他应收款。

应收账款，是指企业因赊销商品或劳务而发生的在一年或一个营业周期内收回的款项。它是企业在正常经营过程中客户所欠的款项，包括商品、产品或接受劳务的价款以及为购货方垫付的运杂费等。

应收票据，是指企业持有的还没有到期、尚未兑现的商业汇票。

预付账款，是指企业按照购货、劳务合同规定预付给供应单位的款项。

其他应收款，是指企业除应收票据、应收账款、预付账款等以外的其他各种应收、暂付款项，包括应收的各种赔款、罚款；出租包装物租金；应向职工收取的各种垫付款项；向企业有关部门拨出的备用金；存出保证金；预付账款转入；其他各种应收、暂付款项等。

（4）存货。存货是指企业在正常生产经营过程中持有以备出售的产成品或商品，或者为了出售仍然处在生产过程中的在产品，或者将在生产过程或提供劳务过程中耗用的材料、物料等。

（5）长期投资。长期投资是指短期投资以外的投资。包括长期债权投资和长期股权投资。

（6）固定资产。固定资产是指企业为生产产品、提供劳务、出租或经营管理而持有的、使用年限超过一年、单位价值较高的资产。

（7）无形资产及其他资产。无形资产是指企业为生产商品或者提供劳务、出租给他人、或因管理目的而持有的没有实物形态的非货币性长期资产。如专利权、商标权、土地使用权、非专利技术等；其他资产是指企业流动资产、长期投资、固定资产和无形资产以外的资产，如长期待摊费用等。

1.4.2 负债要素

1. 负债定义

负债是指企业过去的交易或者事项形成的、预期会导致经济利益流出企业的现时义务。

2. 负债的确认

符合本负债定义的义务，在同时满足以下条件时，确认为负债：

（1）与该义务有关的经济利益很可能流出企业；

（2）未来流出的经济利益的金额能够可靠地计量。

符合负债定义和负债确认条件的项目，应当列入资产负债表；符合负债定义、但不符合负债确认条件的项目，不应当列入资产负债表。

3. 小企业负债的内容

（1）短期借款。短期借款是指企业为了满足正常生产经营的需要而向银行或其他金融机构借入的期限在1年以下（含1年）的各种借款。

（2）应付及预收款。应付及预收款项是企业在日常经营活动中形成的债务，包括应付账款、应付票据、预收账款及其他应付款。

应付账款，是指企业因购买材料、商品和接受劳务等应支付给供应单位的款项。应付账款的入账时间应为商品货物的所有权发生转移的时间。

应付票据，是指企业采用商业汇票支付方式购买商品、产品时应偿付的商业汇票。

预收账款，是指企业按照合同规定，向购货单位预先收取的款项。根据购销合同的规定，销货企业可向购货企业先收取一部分货款，待向对方发货后再收取其余货款。企业在发货前所收取的货款，就成为企业的负债。与应付账款不同，这一负债不是以货币偿付，而是以货物偿付。

其他应付款，是指企业除了应付票据、应付账款、应付工资等以外，还会发生一些应付、暂收其他单位或个人的款项，如应付租入固定资产和包装物的租金、存入保证金、应付统筹退休金等。这些暂收应付款，构成了企业的一项流动负债。

（3）应交税金。应交税金是指企业在一定时期内取得的营业收入和实现的利润，要按照规定向国家缴纳各种税金，如增值税、消费税、营业税、所得税、资源税、土地增值税、城市维护建设税、房产税、土地使用税、车船使用税、个人所得税等。这些应交税金，按照权责发生制的原则预提计入有关科目，在尚未缴纳之前暂时停留在企业，形成了一项流动负债。

（4）应付工资和应付福利费。应付工资和应付福利费是企业对企业职工的债务。

应付工资，是指企业应付给职工的工资总额。包括在工资总额内的各种工资、奖金、津贴等。

应付福利费，是指企业准备用于企业职工福利方面的资金。按规定用于职工福利方面的资金来源，按职工工资总额的14%提取。职工福利费主要用于职工的医药费（包括企业参加职工医疗保险交纳的医疗保险费），医护人员的工资、医务经费，职工因公负伤赴外地就医路费，职工生活困难补助，职工浴室、理发室、幼儿园、托儿所人员的工资等。

（5）应付利润或应付股利。应付利润或应付股利是指企业分配给投资者的现金股利或利润，在未支付给投资者之前，形成了一项负债。

（6）预提费用。预提费用是企业在日常经营活动中发生的某些费用，这些费用不一定当期支付，但按照权责发生制原则，属于当期的费用应该计入当期。企业按期预提计入费用的金额，同时也形成一项负债。预提费用还包括预提租金、保险费、短期借款利息等。

（7）其他应交款。其他应交款包括教育费附加、矿产资源补偿费、其他暂收及应付款等应交款项。教育费附加是国家为了发展我国的教育事业，提高人民的文化素质而征收的一项费用，按照企业缴纳流转税的一定比例计算，并与流转税一起缴纳。

（8）待转资产价值。待转资产价值是指企业接受捐赠的资产价值中需要在以后年度结转的部分。包括企业接受捐赠货币性资产价值和非货币性资产价值。

（9）长期借款。长期借款是指企业向银行等金融机构借入的偿还期在 1 年以上（不含 1 年）的债务，一般用于固定资产的购建、改扩建工程、大修理工程以及流动资产的正常需要等方面。它是企业长期负债的重要组成部分，必须加强管理与核算。

（10）长期应付款。长期应付款是指企业发生的除了长期借款以外的长期负债，长期应付款主要指企业发生的应付融资租赁款，即融资租入固定资产所产生的长期负债。

1.4.3　所有者权益要素

1. 所有者权益定义

所有者权益是指企业资产扣除负债后由所有者享有的剩余权。

2. 小企业所有者权益的内容

所有者权益的来源包括所有者投入的资本、直接计入所有者权益的利得和损失、留存收益等。

直接计入所有者权益的利得和损失，是指不应计入当期损益、会导致所有者权益发生增减变动的、与所有者投入资本或者向所有者分配利润无关的利得或者损失。

所有者权益主要包括实收资本、资本公积、盈余公积和未分配利润。

（1）实收资本。实收资本是投资者实际投入企业经营活动的各种资产。根据资金来源渠道可以分为国家投入资本、法人投入资本、个人投入资本和外商投入资本。按照资本投入的形态分为，有形资产投资（如现金、房屋、设备等投资）和无形资产投资（企业长期使用但没有实物形态的资产，例如专利权、商标权、土地使用权、非专利技术、商誉等）。

（2）资本公积。资本公积是指企业由于投入资本和资本交易等带来的资本增值。它不是由于企业正常经营活动所产生的，与企业生产经营活动没有关系，如：股本溢价、法定资产重估增值、接受捐赠资产的价值等。

（3）盈余公积。盈余公积是指企业按照规定从缴纳所得税后的利润中提取的公积金。它一般包括盈余公积金和公益金两种。一般盈余公积金可以用于增加实收资本或弥补亏损，公益金则专门用于职工集体福利设施支出。

（4）未分配利润。未分配利润是指企业实现的利润在缴纳所得税、提取盈余公积金，向投资者分配利润后的余额，留作以后分配或待分配的利润，是所有者权益的一部分。

1.4.4　收入要素

1. 收入的定义

收入是指企业在日常活动中形成的、会导致所有者权益增加的、与所有者投入资本无关的经济利益的总流入。

2. 收入的确认

收入只有在经济利益很可能流入从而导致企业资产增加或者负债减少、且经济利益的流入额能够可靠计量时才能予以确认。

符合收入定义和收入确认条件的项目，应当列入利润表。

3. 小企业收入的内容

（1）主营业务收入。主营业务收入是指企业在销售商品、提供劳务等日常活动中所产生的收入。

（2）其他业务收入。其他业务收入是指企业除主营业务收入以外的其他销售或其他业务的收入，如材料销售、无形资产出租、包装物出租等收入。

（3）投资收益。投资收益是指企业对外投资所取得的收益或发生的损失。

1.4.5 费用要素

1. 费用的定义

费用是指企业在日常活动中发生的、会导致所有者权益减少的、与向所有者分配利润无关的经济利益的总流出。

2. 费用的确认

费用只有在经济利益很可能流出从而导致企业资产减少或者负债增加、且经济利益的流出额能够可靠计量时才能予以确认。

企业为生产产品、提供劳务等发生的可归属于产品成本、劳务成本等的费用，应当在确认产品销售收入、劳务收入等时，将已销售产品、已提供劳务的成本等计入当期损益。

小企业发生的支出不产生经济利益的，或者即使能够产生经济利益但不符合或者不再符合资产确认条件的，应当在发生时确认为费用，计入当期损益。

企业发生的交易或者事项导致其承担了一项负债而又不确认为一项资产的，应当在发生时确认为费用，计入当期损益。

符合费用定义和费用确认条件的项目，应当列入利润表。

3. 小企业费用的内容

（1）主营业务成本

主营业务成本，是指企业销售商品、提供劳务等日常活动发生的实际成本。

（2）主营业务税金及附加

主营业务税金及附加，是指企业日常经营活动应负担的税金及附加，包括营业税、消费税、城市维护建设税、资源税、土地增值税和教育费附加等。

（3）营业费用

营业费用，是指企业在销售产品过程中发生的费用，包括运输费、装卸费、包装费、保险费、展览费和广告费等各种费用以及专设销售机构的经费。

（4）管理费用

管理费用，是指小企业行政管理部门为组织和管理生产经营而发生的各项费用，主要包括行政管理部门在经营管理中发生的工资及福利费、办公费、折旧费、工会经费、职工教育经费、业务招待费、坏账损失、房产税、土地使用税、印花税、劳动保险费等。

（5）财务费用

财务费用，是指企业为筹集生产经营所需资金等而发生的各项费用，包括银行借款利息支出（减存款的利息收入）、汇兑损失（减汇兑收益）以及相关的手续费等。

（6）其他业务支出

其他业务支出，是指企业除主营业务成本以外的其他销售或其他业务所发生的支出，包括销售材料、提供劳务等而发生的相关成本、费用等。

（7）所得税。所得税是企业依照国家税法的规定，对某一会计期间经营所得，按照规定的税率计算缴纳的税款。企业所得税通常是按年计算，分期预交。

1.4.6　利润要素

1. 利润定义

利润是指企业在一定会计期间的经营成果。利润包括收入减去费用后的净额、直接计入当期利润的利得和损失等。

直接计入当期利润的利得和损失，是指应当计入当期损益、会导致所有者权益发生增减变动的、与所有者投入资本或者向所有者分配利润无关的利得或者损失。

2. 利得定义

利得是指由企业非日常活动所形成的、会导致所有者权益增加的、与所有者投入资本无关的经济利益的流入。

3. 损失定义

损失是指由企业非日常活动所发生的、会导致所有者权益减少的、与向所有者分配利润无关的经济利益的流出。

4. 小企业利润的形成

利润金额取决于收入和费用、直接计入当期利润的利得和损失金额的计量。

（1）直接计入当期利润的利得。直接计入当期利润的利得，即营业外收入，是指企业发生的与其生产经营无直接关系的各项收入，包括固定资产盘盈、处置固定资产净收益、出售无形资产净收益、罚款净收入等。

（2）直接计入当期利润的损失。直接计入当期利润的损失，即营业外支出，是指那些与企业生产经营活动无直接关系的支出，如固定资产的盘亏、处理固定资产的净损失、捐赠支出、罚款支出以及由于自然灾害造成的损失等。

计算公式：

$$主营业务利润 = 主营业务收入 - 主营业务成本 - 主营业务税金及附加$$
$$其他业务利润 = 其他业务收入 - 其他业务支出$$
$$营业利润 = 主营业务利润 + 其他业务利润 - 营业费用 - 管理费用 - 财务费用$$
$$利润总额 = 营业利润 + 投资收益 + 补贴收入 + 营业外收入 - 营业外支出$$
$$净利润 = 利润总额 - 所得税$$

2 CHAPTER

第 2 章
会计科目的设置和应用

■ 2.1　设置会计科目的意义和要求

2.1.1　设置会计科目的意义

设置会计科目是正确组织会计核算的一个重要条件。为了全面、系统地反映和监督各项会计要素的增减变动情况，分门别类地为经济管理提供各种会计信息，小企业需要设置会计科目，并根据规定的会计科目在账簿中开设账户。根据会计科目开设账户是会计核算的专门方法，以此为基础通过运用借贷记账法等会计核算专门方法进行各种会计记录并形成会计报告。

2.1.2　会计科目的内容和级次

会计科目作为一个体系，包括科目的内容和科目的级次。会计科目的内容反映各科目之间的横向联系，会计科目级次反映科目内部的纵向联系。

1.　会计科目的内容

《小企业会计制度》依据会计要素的客观性质并结合经济管理的需要将会计科目划分成资产、负债、所有者权益、成本及损益等五类，具体内容见表2-1、表2-2、表2-3、表2-4和表2-5。

表 2-1　　　　　　　　　　　　　　　　资产类会计科目表

顺序号	科目编号	科目名称	
		一级科目	二级科目
1	1001	现金	
2	1002	银行存款	
3	1009	其他货币资金	
	100901		外埠存款
	100902		银行本票存款
	100903		银行汇票存款

续表

顺序号	科目编号	科目名称	
		一级科目	二级科目
	100904		信用卡存款
	100905		信用保证金存款
	100906		存出投资款
4	1101	短期投资	
	110101		股票
	110102		债券
	110103		基金
	110110		其他
5	1102	短期投资跌价准备	
6	1111	应收票据	
7	1121	应收股息	
8	1131	应收账款	
9	1133	其他应收款	
10	1141	坏账准备	
11	1201	在途物资	
12	1211	材料	
13	1231	低值易耗品	
14	1243	库存商品	
15	1244	商品进销差价	
16	1251	委托加工物资	
17	1261	委托代销商品	
18	1281	存货跌价准备	
19	1301	待摊费用	
20	1401	长期股权投资	
	140101		股票投资
	140102		其他股权投资
21	1402	长期债权投资	
	140201		债券投资
	140202		其他债权投资
22	1501	固定资产	
23	1502	累计折旧	
24	1601	工程物资	
25	1603	在建工程	
	160301		建筑工程
	160302		安装工程
	160303		技术改造工程
	160304		其他支出
26	1701	固定资产清理	
27	1801	无形资产	
28	1901	长期待摊费用	

表 2-2 负债类会计科目表

顺序号	科目编号	科目名称		
		一级科目	二级科目	三级科目
29	2101	短期借款		
30	2111	应付票据		
31	2121	应付账款		
32	2151	应付工资		
33	2153	应付福利费		
34	2161	应付利润		
35	2171	应交税金		
	217101		应交增值税	
	21710101			进项税额
	21710102			已交税金
	21710103			减免税款
	21710104			出口抵减内销产品应纳税额
	21710105			转出未交增值税
	21710106			销项税额
	21710107			出口退税
	21710108			进项税额转出
	21710109			转出多交增值税
	217102		未交增值税	
	217103		应交营业税	
	217104		应交消费税	
	217105		应交资源税	
	217106		应交所得税	
	217107		应交土地增值税	
	217108		应交城市维护建设税	
	217109		应交房产税	
	217110		应交土地使用税	
	217111		应交车船使用税	
	217112		应交个人所得税	
36	2176	其他应交款		
37	2181	其他应付款		
38	2191	预提费用		
39	2201	待转资产价值		
	220101		接受捐赠货币性资产价值	
	220102		接受捐赠非货币性资产价值	
40	2301	长期借款		
41	2321	长期应付款		

表 2 - 3　　　　　　　　　　　　　　　　所有者权益类会计科目表

顺序号	科目编号	科目名称 一级科目	科目名称 二级科目
42	3101	实收资本	
43	3111	资本公积	
	311101		资本溢价
	311102		接受捐赠非现金资产准备
	311106		外币资本折算差额
	311107		其他资本公积
44	3121	盈余公积	
	312101		法定盈余公积
	312102		任意盈余公积
	312103		法定公益金
45	3131	本年利润	
46	3141	利润分配	
	314101		其他转入
	314102		提取法定盈余公积
	314103		提取法定公益金
	314109		提取任意盈余公积
	314110		应付利润
	314111		转作资本的利润
	314115		未分配利润

表 2 - 4　　　　　　　　　　　　　　　　成本类会计科目表

顺序号	科目编号	科目名称 一级科目	科目名称 二级科目
47	4101	生产成本	
	410101		基本生产成本
	410102		辅助生产成本
48	4105	制造费用	

表 2 - 5　　　　　　　　　　　　　　　　损益类会计科目表

顺序号	科目编号	科目名称 一级科目	科目名称 二级科目
49	5101	主营业务收入	
50	5102	其他业务收入	
51	5201	投资收益	
52	5301	营业外收入	
53	5401	主营业务成本	
54	5402	主营业务税金及附加	
55	5405	其他业务支出	
56	5501	营业费用	
57	5502	管理费用	
58	5503	财务费用	
59	5601	营业外支出	
60	5701	所得税	

2. 会计科目的级次

为了兼顾会计信息使用者的需要，提供详细程度不同的核算指标，需要对会计科目进行分级。一般情况下，会计科目的级次可分为总分类科目和明细分类科目两类。

（1）总分类科目

总分类科目是对会计要素具体内容所作的总括分类，是提供总括性核算指标的科目。如"银行存款"、"固定资产"等科目。

（2）明细分类科目

明细分类科目是对总分类科目所含内容所作的进一步分类，是提供详细、具体核算指标的科目。如"应付账款"总分类科目下按具体单位分设的明细分类科目"××公司"、"××工厂"等，则具体反映应付某公司、某工厂的货款。

2.1.3 设置会计科目的要求

小企业应按《小企业会计制度》的规定，设置和使用会计科目。

1. 在不影响对外提供统一财务会计报告的前提下，可以根据实际情况自行增设或减少某些会计科目。

小企业可以根据实际需要，对规定会计科目作必要的增减或合并情况如下：

（1）采用计划成本进行材料日常核算的小企业，可以增设"物资采购"和"材料成本差异"科目。

（2）预收款项和预付款项较多的小企业，可设置"预收账款"和"预付账款"科目。

（3）低值易耗品较少的小企业，可以将其并入"材料"科目。

（4）小企业内部各部门周转使用的备用金，可以增设"备用金"科目。

（5）小企业接受其他单位委托代销商品，可以增设"受托代销商品"、"代销商品款"科目。

（6）小企业根据自身的规模和管理等要求，可以将"生产成本"、"制造费用"科目合并为"生产费用"科目，并设置相关的明细科目。

（7）对外提供劳务较多的小企业，可以增设"劳务成本"科目，核算所提供劳务的成本。

2. 明细分类科目的设置，除《小企业会计制度》已有规定外，在不违反该制度统一要求的前提下，可以根据需要自行确定。

3.《小企业会计制度》统一规定会计科目的编号，以便于编制会计凭证，登记账簿，查阅账目，实行会计电算化。小企业不应当随意打乱重编。某些会计科目之间留有空号，供增设会计科目之用。

2.2 资产类会计科目的设置和应用

2.2.1 "现金"科目

1. 设置目的及设置要求

设置"现金"科目的目的是用来核算小企业库存现金的收支业务，反映库存现金增减变动及结存情况。

小企业除设置"现金"科目外，还应当设置"现金日记账"，进行明细核算。有外币现金的小企业，应当分别人民币和各种外币设置"现金日记账"。

2. "现金" 科目核算的内容

"现金"科目核算的内容见图 2-1。

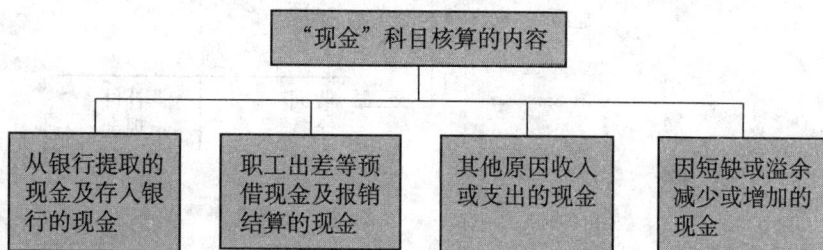

图 2-1

3. "现金" 科目的应用

（1）从银行提取现金及将现金存入银行

小企业从银行提取现金，根据支票存根记载的提取金额，借记"现金"科目，贷记"银行存款"科目。其账户对应关系见图 2-2。

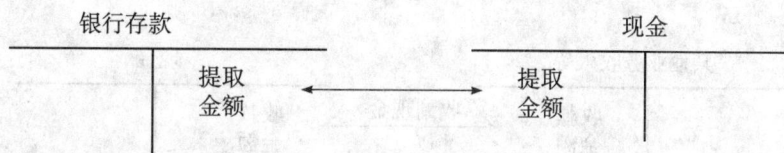

图 2-2

小企业将现金存入银行，根据银行退回给收款单位的收款凭证联，借记"银行存款"科目，贷记"现金"科目。其账户对应关系见图 2-3。

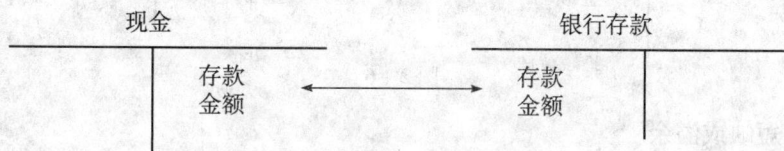

图 2-3

（2）职工出差等预借现金及报销结算

小企业因支付职工出差等原因预借的现金，按支出凭证所记载的金额，借记"其他应收款"等科目，贷记"现金"科目。其账户对应关系见图 2-4。

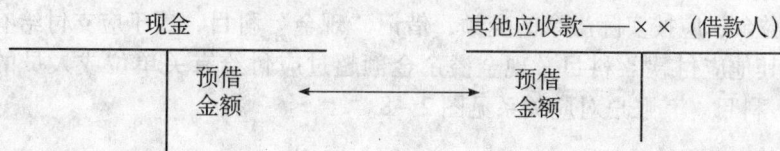

图 2-4

收到出差人员交回的差旅费剩余款并结算时，按实际收回的现金，借记"现金"科目，按应报销的金额，借记"管理费用"等科目，按实际借出的现金，贷记"其他应收款"科目。其账户对应关系见图 2 - 5。

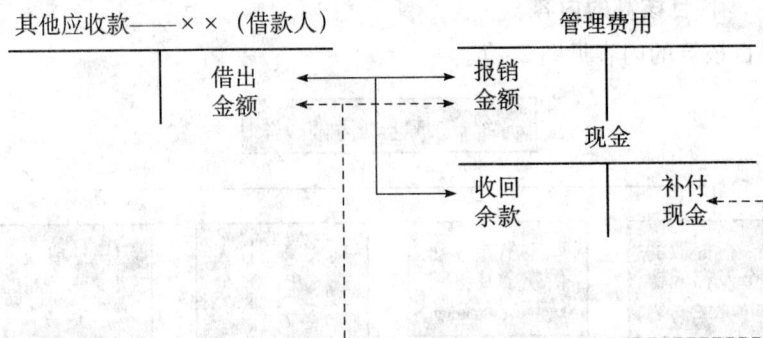

注：- - ► 表示报销金额大于预借现金，应补付借款人现金的情况

图 2 - 5

（3）其他原因收支的现金

小企业因其他原因收到现金，借记"现金"科目，贷记有关科目，如"其他业务收入"等；支出现金，借记有关科目，如"管理费用"等，贷记"现金"科目。其账户对应关系见图 2 - 6。

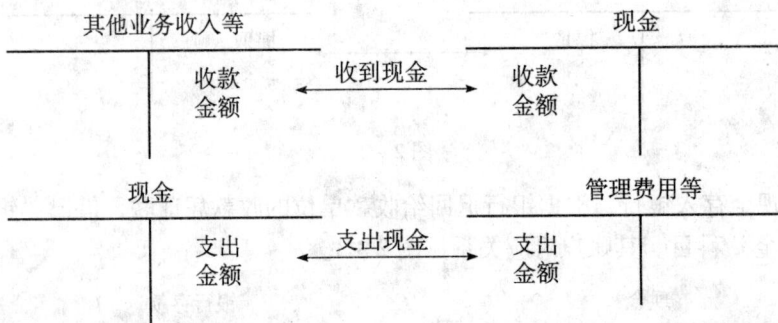

图 2 - 6

（4）现金短缺或溢余

小企业每日终了结算现金收支以及财产清查等发现的现金短缺或溢余，应当计入当期损益。

对于现金短缺，属于应由责任人赔偿的部分，借记"其他应收款"或"现金"等科目，按实际短缺的金额扣除应由责任人赔偿的部分后的金额，借记"管理费用"科目，贷记"现金"科目。其账户对应关系见图 2 - 7。

对于现金溢余，应按实际溢余的金额，借记"现金"科目，属于应支付给有关人员或单位的，贷记"其他应付款"科目，现金溢余金额超过应付给有关单位或人员的部分，贷记"营业外收入"科目。其账户对应关系见图 2 - 8。

2.2.2 "银行存款"科目

1. 设置目的及设置要求

设置"银行存款"科目的目的是核算小企业存入银行的各种存款。小企业如有存入其他

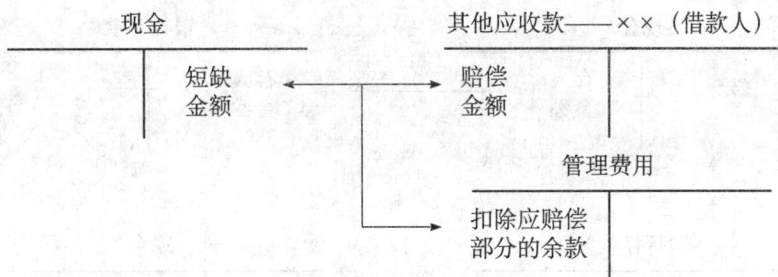

图 2 - 7

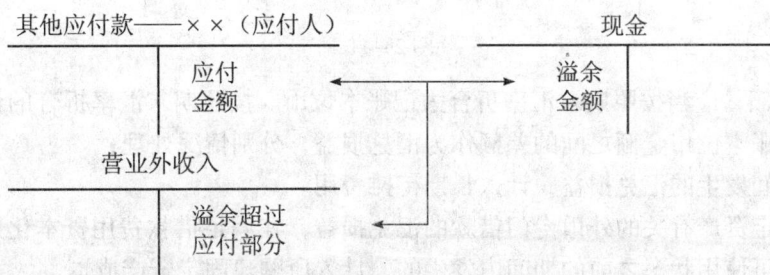

图 2 - 8

金融机构的存款，也在"银行存款"科目核算。

有外币存款的小企业，应分别人民币和各种外币设置"银行存款日记账"进行明细核算。小企业发生外币业务时，应将有关外币金额折合为记账本位币记账。除另有规定外，所有与外币业务有关的账户，应采用业务发生时的汇率，也可以采用业务发生当期期初的汇率折合。

2. "银行存款" 科目核算的内容

"银行存款"科目核算的内容见图 2 - 9。

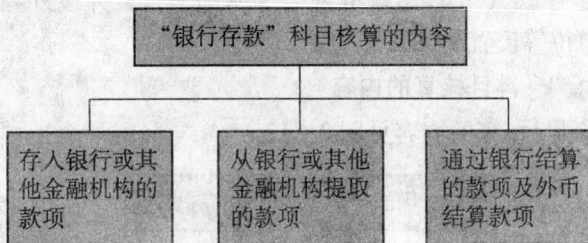

图 2 - 9

3. "银行存款" 科目的应用

（1）将款项存入银行等金融机构或提取款项

小企业将款项存入银行或其他金融机构时，借记"银行存款"科目，贷记"现金"等有关科目。其账户对应关系见图 2 - 10。

小企业提取和支出存款时，借记"现金"等有关科目，贷记"银行存款"科目。其账户对应关系见图 2 - 11。

（2）外币结算

期末，小企业各种外币账户（包括外币现金、外币银行存款、以外币结算的债权和债务

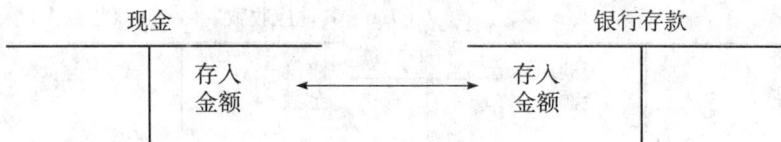

图 2 – 10

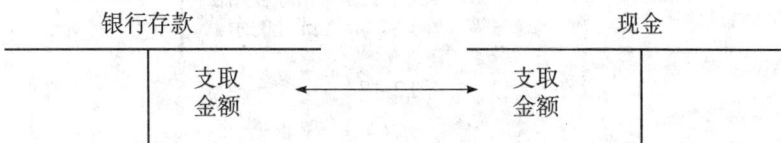

图 2 – 11

等）的外币余额，应当按照期末汇率折合为记账本位币。按照期末汇率折合的记账本位币金额与原账面记账本位币金额之间的差额作为汇兑损益，分别情况处理：

在筹建期间发生的汇兑损益，计入长期待摊费用。

与购建固定资产有关的外币专门借款的汇兑损益，在满足借款费用资本化条件时至固定资产达到预定可使用状态之前的期间内发生的，计入所购建固定资产成本。

除上述情况外，小企业的其他汇兑损益均计入当期财务费用。

2.2.3 "其他货币资金" 科目

1. 设置目的及设置要求

设置"其他货币资金"科目的目的是用来核算小企业的外埠存款、银行汇票存款、银行本票存款、信用卡存款、信用证保证金存款、存出投资款等各种其他货币资金。

其他货币资金科目应设置"外埠存款"、"银行汇票存款"、"银行本票存款"、"信用卡存款"、"信用证保证金存款"、"存出投资款"等明细科目，并按外埠存款的开户银行、银行汇票或本票的收款单位等设置明细账。

2. "其他货币资金" 科目核算的内容

"其他货币资金"科目核算的内容见图 2 – 12。

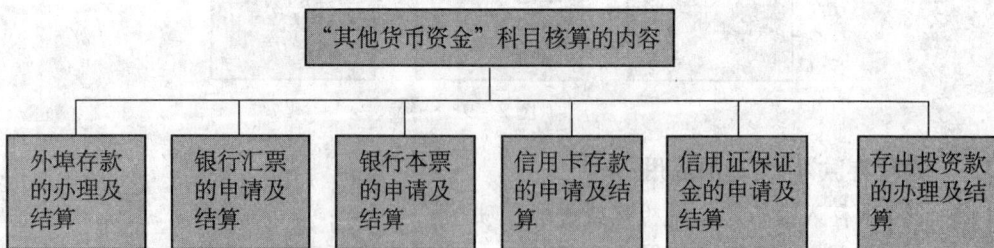

图 2 – 12

3. "其他货币资金" 科目的应用

（1）外埠存款

小企业的外埠存款是到外地临时或零星采购时，汇往采购地银行开立采购专户的款项。

小企业将款项委托当地银行汇往采购地开立专户时，借记"其他货币资金——外埠存款"科目,贷记"银行存款"科目。其账户对应关系见图2-13。

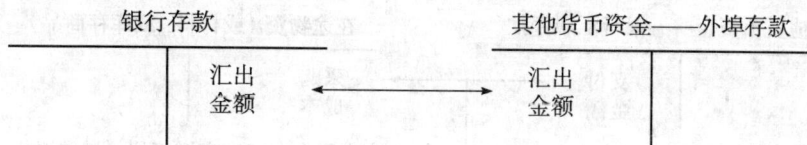

图2-13

小企业收到采购员交来供应单位发票账单等报销凭证时,借记"在途物资"、"材料"、"库存商品"、"应交税金——应交增值税(进项税额)"等科目,贷记"其他货币资金——外埠存款"科目。其账户对应关系见图2-14。

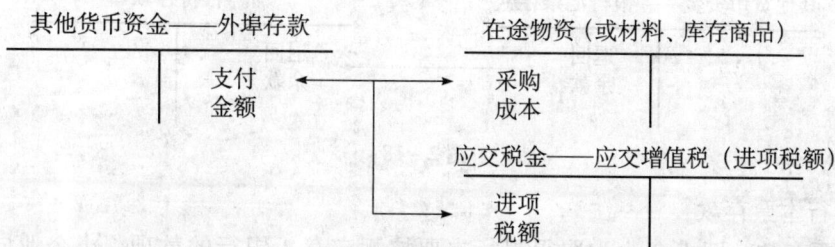

图2-14

小企业在采购结束时,将多余的外埠存款转回当地银行。根据银行的收账通知,借记"银行存款"科目,贷记"其他货币资金——外埠存款"科目。其账户对应关系见图2-15。

图2-15

(2)银行汇票存款

银行汇票存款,即小企业为取得银行汇票按规定存入银行的款项。小企业在填送"银行汇票申请书"并将款项交存银行,取得银行汇票后,根据银行盖章退回的申请书存根联,借记"其他货币资金——银行汇票存款"科目,贷记"银行存款"科目。其账户对应关系见图2-16。

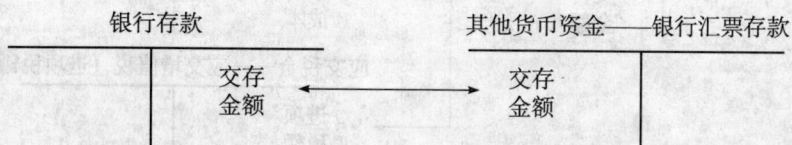

图2-16

小企业采购存货使用银行汇票结算后,根据发票账单等有关凭证,借记"在途物资"、"材料"、"库存商品"、"应交税金——应交增值税(进项税额)"等科目,贷记"银行存款"科目。其账户对应关系见图2-17。

采购结束,如有多余款或因汇票超过付款期等原因而退回款项,则需根据开户行转来的银行汇票第四联(多余款收账通知),借记"银行存款"科目,贷记"其他货币资金——银行汇票存款"科目。其账户对应关系见图2-18。

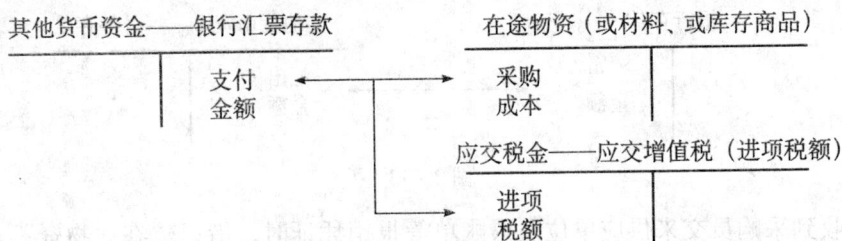

图2-17

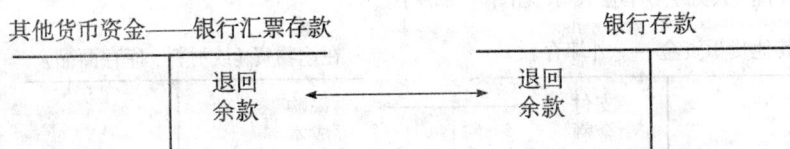

图2-18

（3）银行本票存款

银行本票存款，即小企业为取得银行本票按规定存入银行的款项。小企业向银行提交"银行本票申请书"并将款项交存银行，取得银行本票后，根据银行盖章退回的申请书存根联，借记"其他货币资金——银行本票存款"科目，贷记"银行存款"科目。其账户对应关系见图2-19。

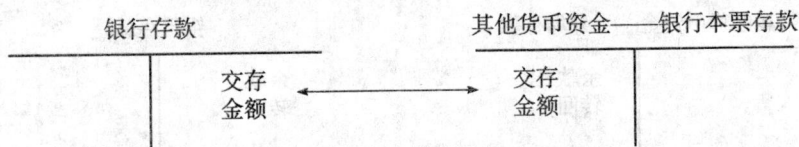

图2-19

小企业采购存货等使用银行本票结算后，根据发票账单等有关凭证，借记"在途物资"、"材料"、"库存商品"、"应交税金——应交增值税（进项税额）"等科目，贷记"其他货币资金——银行本票存款"科目。其账户对应关系见图2-20。

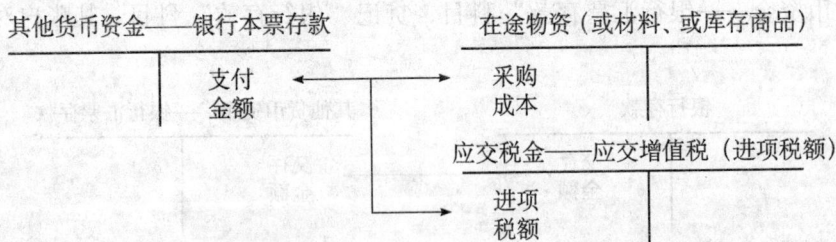

图2-20

小企业因本票超过付款期等原因而要求退款时，应当填制进账单一式两联，连同本票一并送交银行，根据银行盖章退回的进账单第一联，借记"银行存款"科目，贷记"其他货币资金——银行本票存款"科目。其账户对应关系见图2-21。

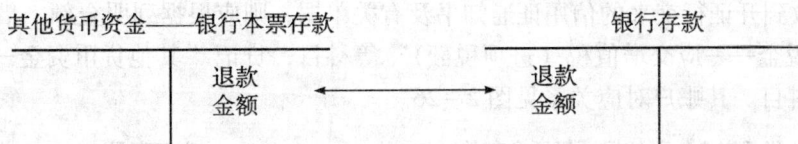

其他货币资金——银行本票存款		银行存款	
	退款 金额　←——→	退款 金额	

图 2－21

（4）信用卡存款

信用卡存款，即小企业为取得信用卡按照规定存入银行的款项。小企业应按规定填制申请表，连同支票和有关资料一并送交发卡银行，根据银行盖章退回的进账单第一联，借记"其他货币资金——信用卡存款"科目，贷记"银行存款"科目。其账户对应关系见图 2－22。

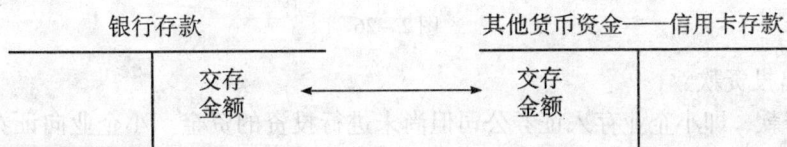

银行存款		其他货币资金——信用卡存款	
	交存 金额　←——→	交存 金额	

图 2－22

小企业用信用卡购物或支付有关费用，借记"管理费用"等科目，贷记"其他货币资金——信用卡存款"科目。其账户对应关系见图 2－23。

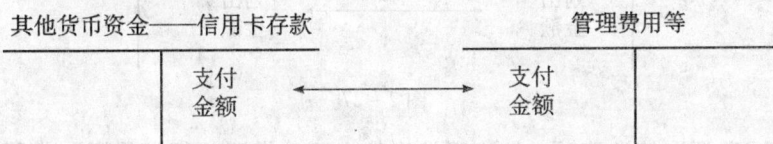

其他货币资金——信用卡存款		管理费用等	
	支付 金额　←——→	支付 金额	

图 2－23

小企业信用卡在使用过程中，需向其账户续存资金的，借记"其他货币资金——信用卡存款"科目，贷记"银行存款"科目。其账户对应关系见图 2－24。

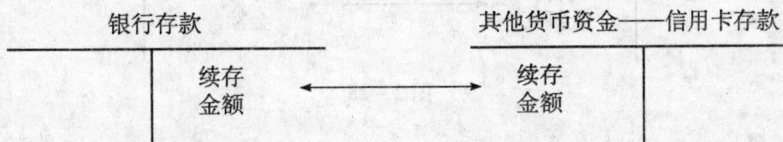

银行存款		其他货币资金——信用卡存款	
	续存 金额　←——→	续存 金额	

图 2－24

（5）信用证保证金存款

信用证保证金存款，即小企业为取得信用证按规定存入银行的保证金。小企业向银行交纳保证金，根据银行退回的进账单第一联，借记"其他货币资金——信用证保证金存款"科目，贷记"银行存款"科目。其账户对应关系见图 2－25。

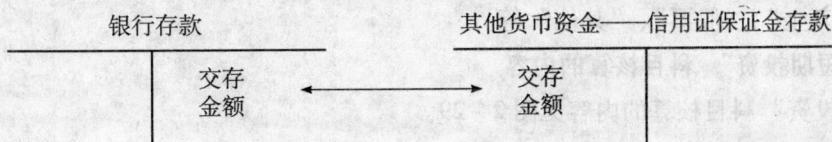

银行存款		其他货币资金——信用证保证金存款	
	交存 金额　←——→	交存 金额	

图 2－25

小企业收到开证行交来的信用证通知书及有关单据，则应根据列明金额，借记"库存商品"、"应交税金——应交增值税（进项税额）"等科目，贷记"其他货币资金——信用证保证金存款"科目。其账户对应关系见图 2 – 26。

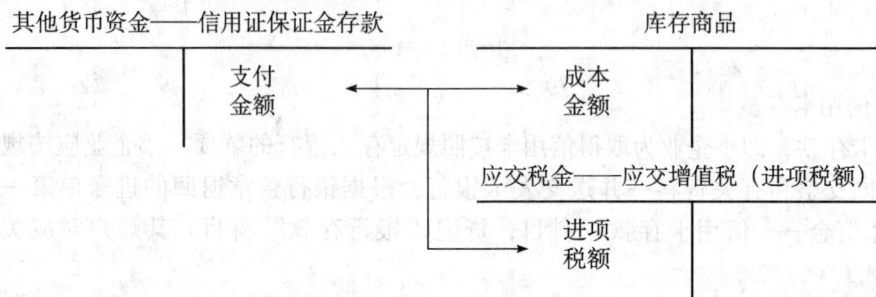

图 2 – 26

（6）存出投资款

存出投资款，即小企业存入证券公司但尚未进行投资的资金。小企业向证券公司划出资金时，应按实际划出的金额，借记"其他货币资金——存出投资款"科目，贷记"银行存款"科目。其账户对应关系见图 2 – 27。

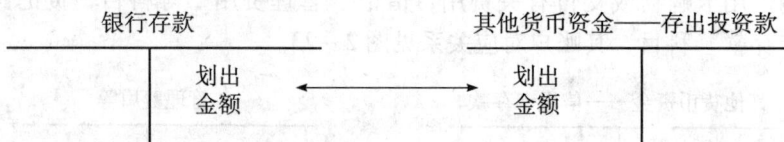

图 2 – 27

小企业购买股票、债券等时，按实际发生的金额，借记"短期投资"等科目，贷记"其他货币资金——存出投资款"科目。其账户对应关系见图 2 – 28。

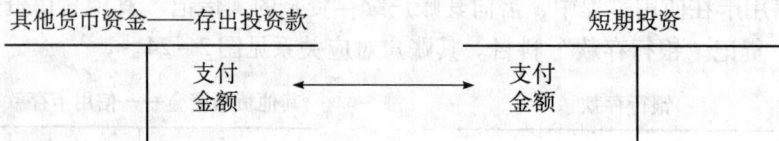

图 2 – 28

2.2.4 "短期投资"科目

1. 设置目的及设置要求

设置"短期投资"科目的目的是用来核算小企业购入能随时变现并且持有时间不准备超过 1 年（含 1 年）的投资，包括各种股票、债券、基金等。

短期投资科目应按短期投资种类设置明细账，进行明细核算。按交易的种类可以分为"债券"、"基金"、"股票"、"其他"等。

2. "短期投资"科目核算的内容

"短期投资"科目核算的内容见图 2 – 29。

3. "短期投资" 科目的应用

（1）购入的股票或债券

小企业购入的各种股票、债券，应按照实际支付的价款减去已宣告但尚未领取的现金股利，或已到付息期但尚未领取的债券利息后的金额，借记"短期投资"科目，按应领取的股利、利息等，借记"应收股息"科目，按实际支付价款，贷记"银行存款"科目。其账户对应关系见图2-30。

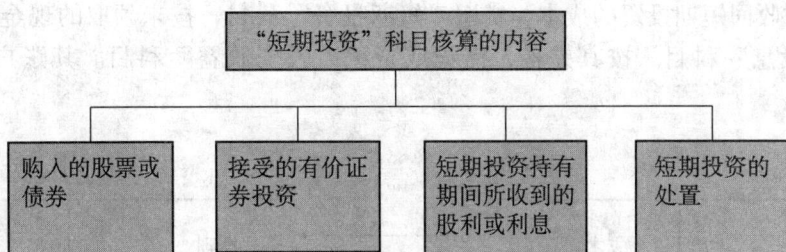

图2-29

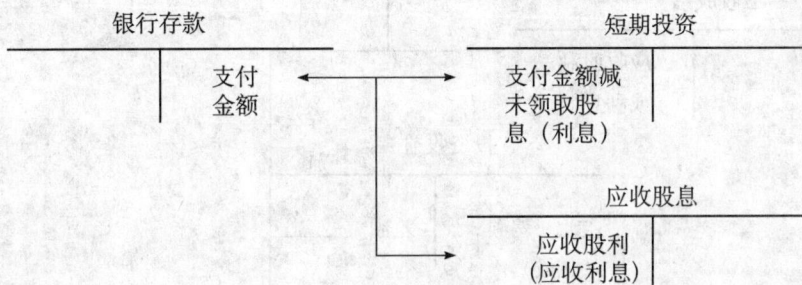

图2-30

（2）接受有价证券投资

小企业应按投资各方确认的价值作为短期投资的实际成本。借记"短期投资"科目，贷记"实收资本"等科目。其账户对应关系见图2-31。

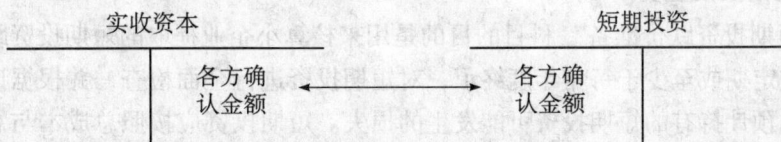

图2-31

（3）短期投资持有期间收到的股利或利息

小企业收到被投资单位发放的现金股利或利息时，借记"银行存款"等科目，贷记"短期投资"科目。其账户对应关系见图2-32。

小企业持有股票期间所获得的股票股利，不作账务处理，但应在备查簿中登记所增加的股份。

（4）出售短期投资

小企业出售有价证券所获得的价款，减去短期投资的账面价值以及尚未收到的已记入"应收股息"科目的股利、利息等后的余额，作为投资收益或损失，计入当期损益。

27

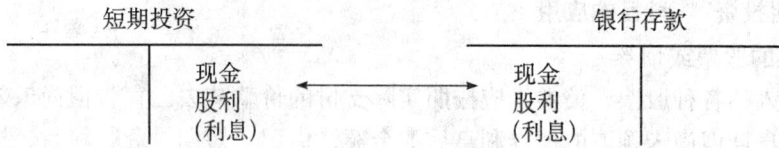

短期投资 | 银行存款

现金
股利
（利息）

现金
股利
（利息）

图 2 – 32

小企业出售股票、债券或到期收回债券本息，按实际收到的金额，借记"银行存款"科目，按出售或收回短期投资的成本，贷记"短期投资"科目，按未领取的现金股利或利息，贷记"应收股息"科目，按其差额，借记或贷记"投资收益"科目。其账户对应关系见图 2 – 33。

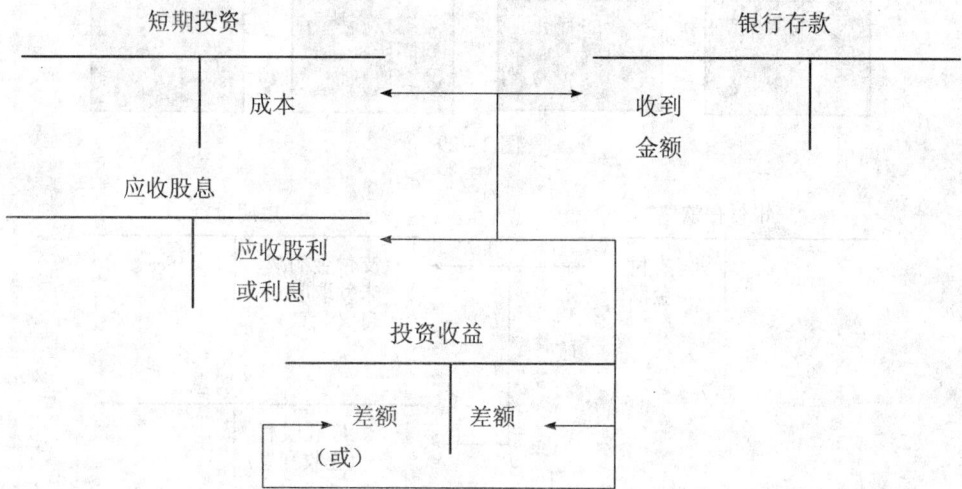

短期投资 | 银行存款

成本

收到
金额

应收股息

应收股利
或利息

投资收益

差额

差额

（或）

图 2 – 33

2.2.5 "短期投资跌价准备" 科目

1. 设置目的及设置要求

设置"短期投资跌价准备"科目的目的是用来核算小企业提取的短期投资跌价准备。

小企业应定期或至少于每年年度终了，对短期投资进行全面检查，并根据谨慎性原则的要求，合理地预计持有的短期投资可能发生的损失。短期投资应按照总成本与总市价孰低计量，当总市价低于总成本时，应当计提短期投资跌价准备。

2. "短期投资跌价准备" 科目核算的内容

"短期投资跌价准备"科目核算的内容见图 2 – 34。

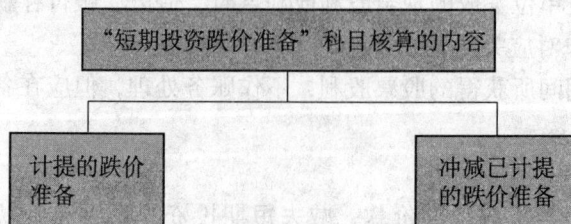

"短期投资跌价准备"科目核算的内容

计提的跌价
准备

冲减已计提
的跌价准备

图 2 – 34

3. "短期投资跌价准备" 科目的应用

当期应提取的短期投资跌价准备 = 当期短期投资总市价低于总成本的金额 - 本科目的贷方余额

出售短期投资时，按出售价款，借记"银行存款"等科目，按短期投资的账面余额，贷记"短期投资"科目，差额部分借记或贷记"投资收益"科目。除债务重组和非货币性交易等以外，出售的短期投资已计提的短期投资跌价准备可在期末一并调整。

（1）总市价低于总成本

小企业持有的短期投资总市价低于总成本且大于本科目的贷方余额，借记"投资收益"科目，贷记"短期投资跌价准备"科目。其账户对应关系见图 2 - 35。

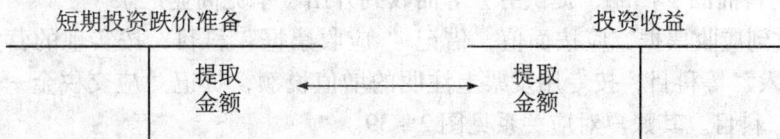

图 2 - 35

小企业持有的短期投资总市价低于总成本的金额且小于本科目的贷方余额，按差额冲减已计提跌价准备，贷记"投资收益"科目，借记"短期投资跌价准备"科目。其账户对应关系见图 2 - 36。

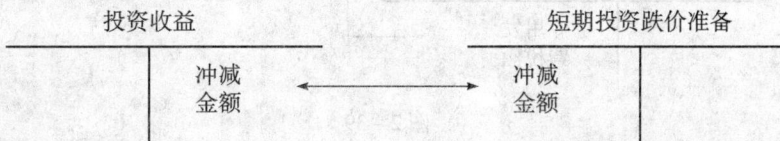

图 2 - 36

（2）总市价高于总成本

小企业短期投资总市价高于总成本时，应当全部冲回短期投资跌价准备，贷记"投资收益"科目，借记"短期投资跌价准备"科目。其账户对应关系见图 2 - 37。

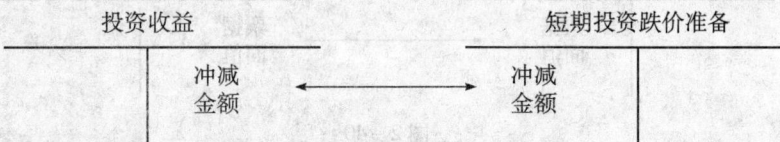

图 2 - 37

2.2.6 "应收票据"科目

1. 设置目的及设置要求

设置"应收票据"科目的目的是用来核算小企业因销售商品、产品、提供劳务等而收到的商业汇票，包括银行承兑汇票和商业承兑汇票。

2. "应收票据" 科目核算的内容

"应收票据"科目核算的内容见图 2 - 38。

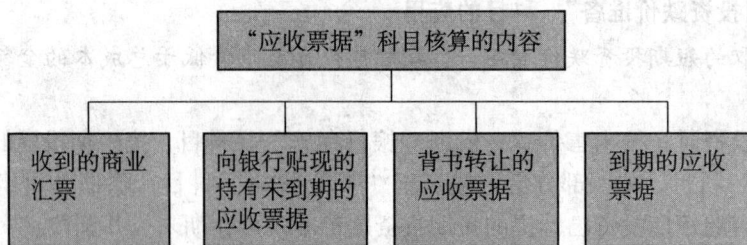

图 2 – 38

3. "应收票据" 科目的应用

（1）因销售商品、产品，提供劳务等而收到开出、承兑商业汇票

小企业收到应收票据，应按面值，借记" 应收票据"科目，按实现的营业收入，贷记"主营业务收入"等科目，按专用发票上注明的增值税额，贷记"应交税金——应交增值税（销项税额）"科目。其账户对应关系见图 2 – 39。

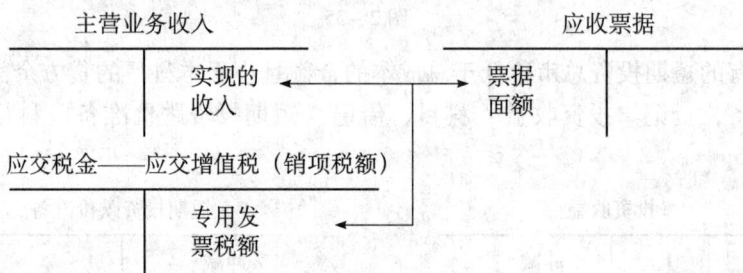

图 2 – 39

（2）收到用以抵偿应收账款的商业汇票

小企业收到应收票据以抵偿应收账款，按应收票据面值，借记" 应收票据"科目，贷记"应收账款"科目。其账户对应关系见图 2 – 40。

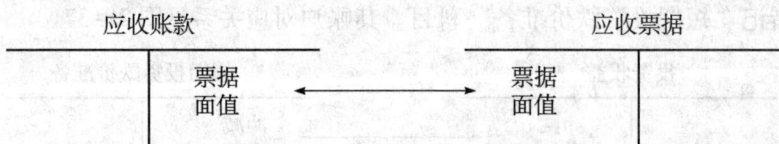

图 2 – 40

小企业收到带息商业汇票，应于期末时，按应收票据的票面价值和确定的利率计提利息，计提的利息增加应收票据的账面余额，借记" 应收票据"科目，贷记"财务费用"科目。其账户对应关系见图 2 –41。

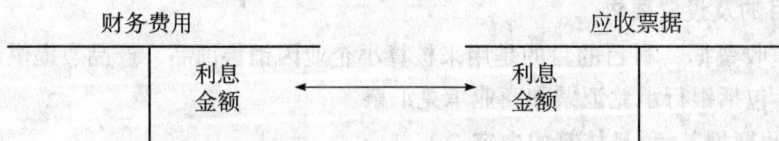

图 2 – 41

（3）持未到期的应收票据向银行贴现

小企业持未到期的应收票据向银行贴现时，应根据银行盖章退回的贴现凭证第四联收账通知，按实际收到金额（即减去贴现息后的净额），借记"银行存款"科目，按贴现息部分，借记"财务费用"科目，按应收票据的票面余额，贷记"应收票据"科目。其账户对应关系见图 2–42。

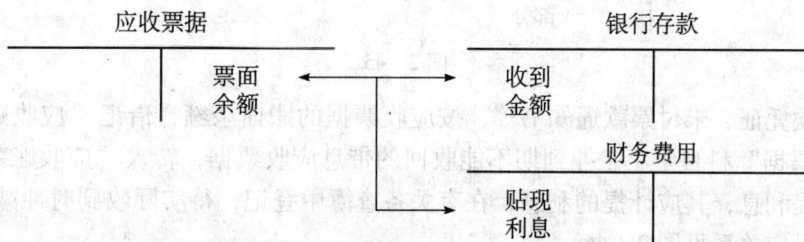

图 2–42

小企业贴现的商业承兑汇票到期，因承兑人的银行账户余额不足支付，申请贴现的企业收到银行退回的应收票据、支款通知和拒绝付款理由书，按所付本息，借记"应收账款"科目，贷记"银行存款"科目。其账户对应关系见图 2–43。

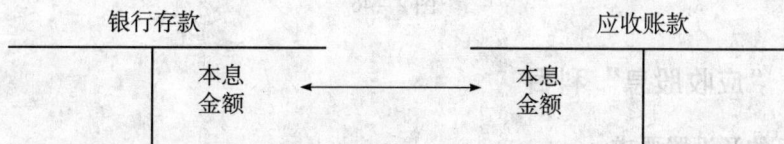

图 2–43

（4）持有的应收票据背书转让

小企业将持有的应收票据背书转让取得所需物资，按应计入取得物资成本的价值，借记"材料"、"库存商品"等科目，按专用发票上注明的增值税额，借记"应交税金——应交增值税（进项税额）"科目，按应收票据的账面余额，贷记"应收票据"科目。其账户对应关系见图 2–44。

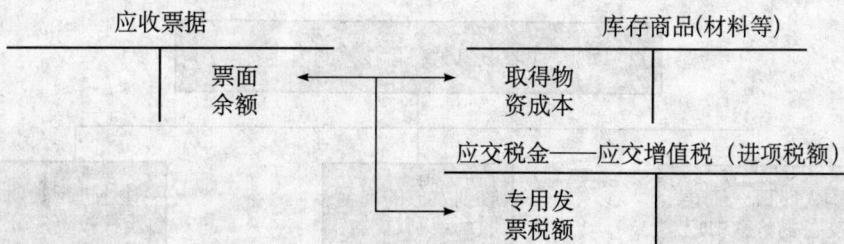

图 2–44

（5）应收票据到期

第一种情况：小企业收回应收票据，按实际收到的金额，借记"银行存款"科目，按应收票据的账面余额，贷记"应收票据"科目，按其差额，贷记"财务费用"科目。其账户对应关系见图 2–45。

第二种情况：票据到期时，付款人无力支付票款，小企业收到银行退回的商业承兑汇

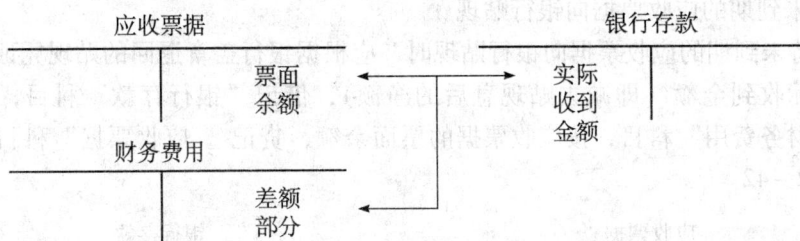

应收票据		银行存款	
	票面余额	实际收到金额	
财务费用			
	差额部分		

图 2 - 45

票、委托收款凭证、未付票款通知书等，按应收票据的账面余额，借记"应收账款"科目，贷记"应收票据"科目。小企业到期不能收回的带息应收票据，转入"应收账款"科目后，期末不再计提利息，其应计提的利息，在有关备查簿中登记，待实际收到时冲减当期财务费用。其账户对应关系见图2-46。

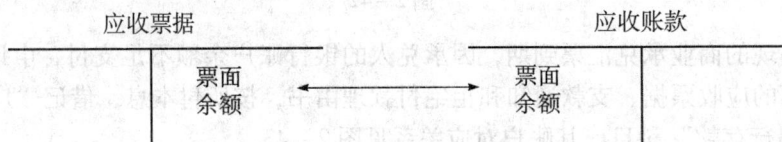

应收票据		应收账款	
	票面余额	票面余额	

图 2 - 46

2.2.7　"应收股息"科目

1. 设置目的及设置要求

设置"应收股息"科目的目的是用来核算小企业因进行股权投资应收取的现金股利及进行债权投资应收取的利息。企业应收被投资单位的利润，以及购入股权投资时包含的已经宣告但尚未发放的现金股利和购入的债券投资中包含的已到付息期但尚未领取的债券利息，也在本科目核算。

2. "应收股息"科目核算的内容

"应收股息"科目核算的内容见图2-47。

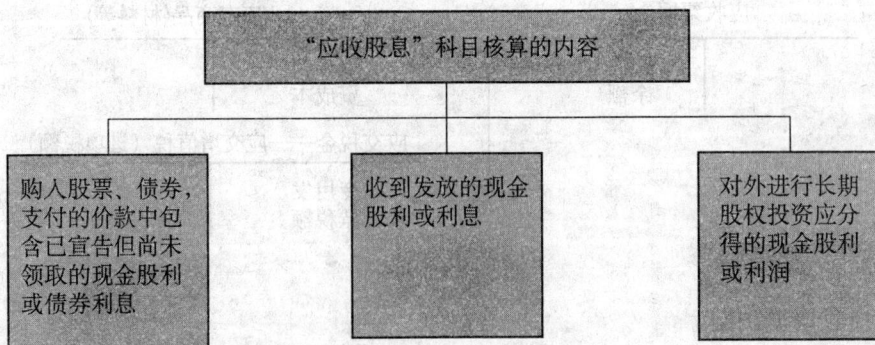

```
              "应收股息"科目核算的内容
    ┌──────────────┬──────────────┬──────────────┐
 购入股票、债券，   收到发放的现金    对外进行长期
 支付的价款中包     股利或利息       股权投资应分
 含已宣告但尚未                     得的现金股利
 领取的现金股利                     或利润
 或债券利息
```

图 2 - 47

3. "应收股息"科目的应用

（1）购入股票、债券，支付价款中包含已宣告但尚未领取的现金股利或债券利息

小企业购入股票、债券，支付价款中包含已宣告但尚未领取的现金股利或债券利息。应按实际成本（实际支付的价款减去已宣告但尚未领取的现金股利），借记"短期投资"、"长期股权投资"、"长期债权投资"科目，按应领取的现金股利或利息，借记"应收股息"科目，按实际支付的价款，贷记"银行存款"科目。其账户对应关系见图 2 - 48。

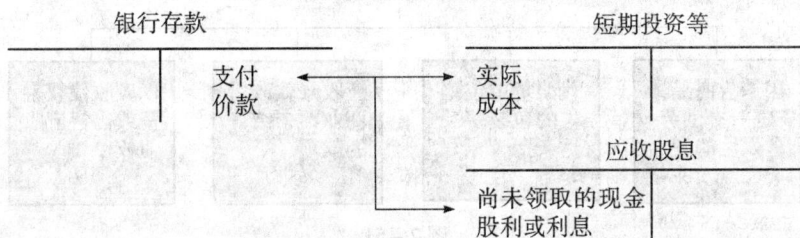

图 2 - 48

（2）收到发放的现金股利或利息

小企业收到发放的现金股利或利息时，借记"银行存款"科目，贷记"应收股息"科目。其账户对应关系见图 2 - 49。

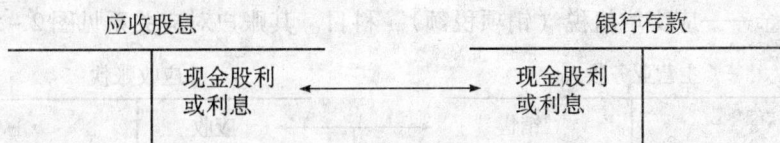

图 2 - 49

（3）对外进行长期股权投资应分得的现金股利或利润

小企业应于被投资单位宣告发放现金股利或分派利润时，借记"应收股息"科目，贷记"投资收益"或"长期股权投资"等科目。其账户对应关系见图 2 - 50。

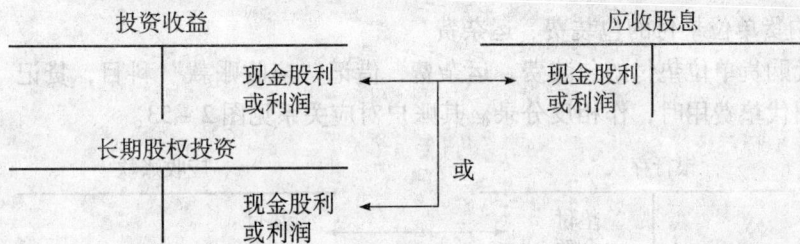

图 2 - 50

2.2.8 "应收账款"科目

1. 设置目的及设置要求

设置"应收账款"科目的目的是用来核算小企业因销售商品、产品、提供劳务等，应向购货单位或接受劳务单位收取的款项。

中小企业设置"应收账款"科目，应按购货单位或接受劳务的单位分类，并按不同的债务人设置明细科目，进行明细核算。

2. "应收账款" 科目核算的内容

"应收账款"科目核算的内容见图2–51。

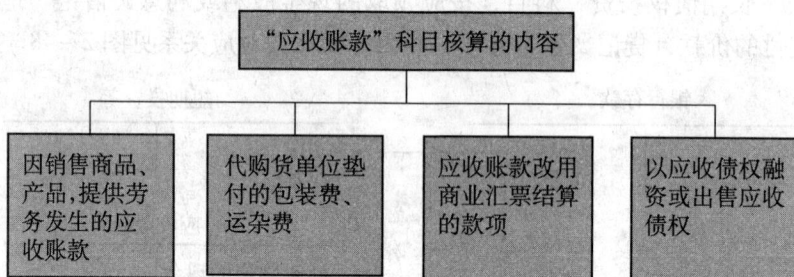

图2–51

3. "应收账款" 科目的应用

（1）因销售商品、产品，提供劳务发生的应收账款

小企业因销售商品、产品，提供劳务发生应收账款时，按应收金额，借记"应收账款"科目，按实现的销售收入，贷记"主营业务收入"科目等，按专用发票上注明的增值税额，贷记"应交税金——应交增值税（销项税额）"科目。其账户对应关系见图2–52。

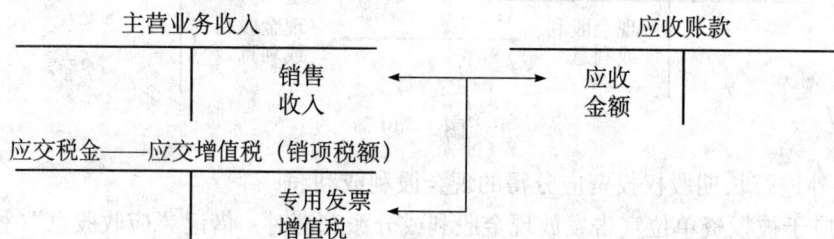

图2–52

（2）代购货单位垫付的包装费、运杂费

小企业代购货单位垫付的包装费、运杂费，借记"应收账款"科目，贷记"银行存款"等科目；收回代垫费用时，作相反分录。其账户对应关系见图2–53。

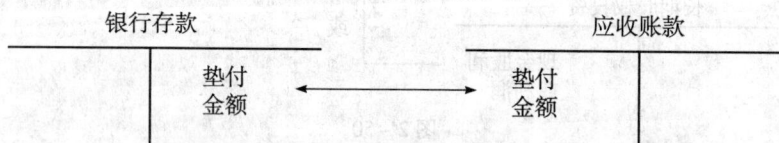

图2–53

（3）应收账款改用商业汇票结算的款项

小企业应收账款改用商业汇票结算，在收到承兑的商业汇票时，按票面价值，借记"应收票据"科目，贷记"应收账款"科目。其账户对应关系见图2–54。

（4）以应收债权融资或出售应收债权

小企业以应收账款等应收债权为质押取得银行借款时，应按照实际收到的款项，借记"银行存款"科目，按实际支付的手续费，借记"财务费用"科目，按银行借款本金并考虑借款期限，贷记"应收账款"等科目。其账户对应关系见图2–55。

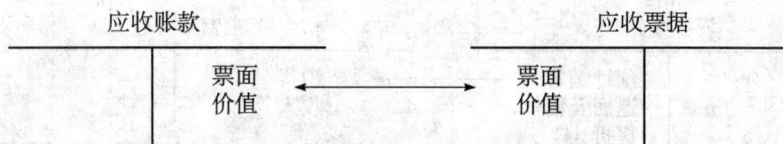

图 2 – 54

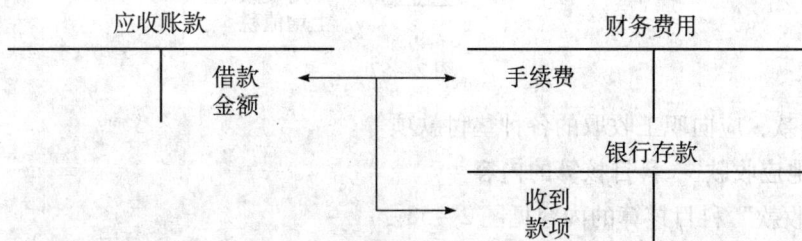

图 2 – 55

小企业将应收债权出售给银行等金融机构时，按实际收到款项，借记"银行存款"科目，按售出债权已提取的坏账准备金额，借记"坏账准备"科目，按照应支付的相关手续费，借记"财务费用"科目，按售出债权的账面余额，贷记"应收账款"科目。其账户对应关系见图 2 – 56。

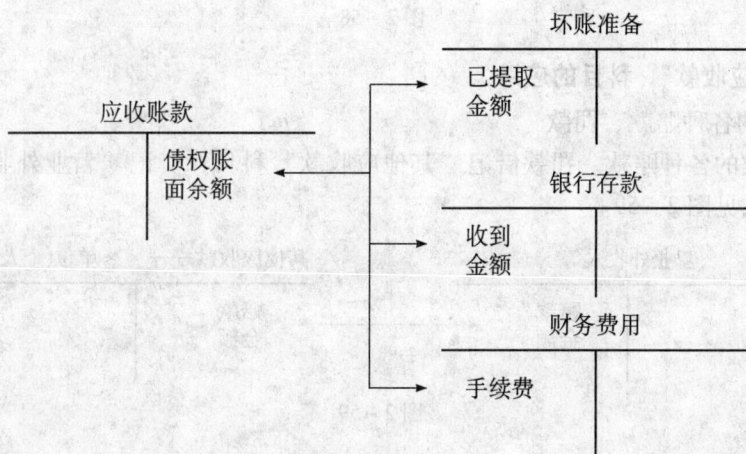

图 2 – 56

（5）因销售退回及销售折让冲减应收账款

小企业实际发生销售退回及销售折让时，如果原已记入"应收账款"科目金额，应按实际金额，借记"主营业务收入"科目，按可冲减的增值税额，借记"应交税金——应交增值税（销项税额）"科目，按原记入"应收账款"科目的预计销售退回和销售折让金额，贷记"应收账款"科目。其账户对应关系见图 2 – 57。

2.2.9　"其他应收款"科目

1. 设置目的及设置要求

设置"其他应收款"科目的目的是用来核算小企业除应收票据、应收账款、应收股息以外的其他各种应收、暂付款项，包括不设置"备用金"科目的小企业拨出的备用金，应收的

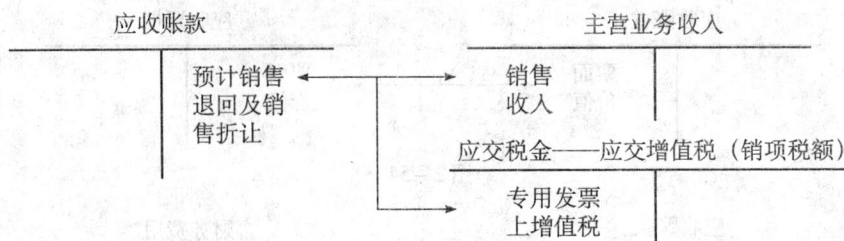

图 2 – 57

各种赔款、罚款，应向职工收取的各种垫付款项等。

2. "其他应收款" 科目核算的内容

"其他应收款"科目核算的内容见图 2 – 58。

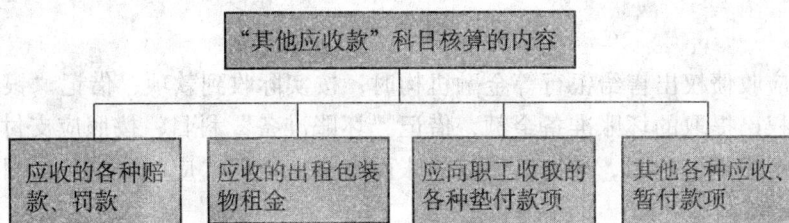

图 2 – 58

3. "其他应收款" 科目的应用

（1）应收的各种赔款、罚款

小企业应收的各种赔款、罚款借记"其他应收款"科目，贷记"营业外收入"等科目。其账户对应关系见图 2 – 59。

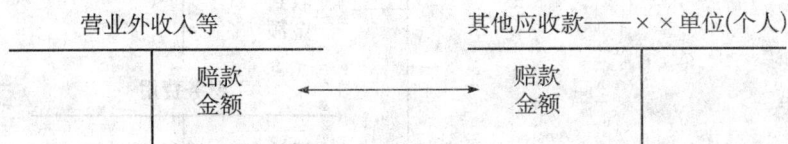

图 2 – 59

（2）应收的出租包装物租金

小企业应收出租包装物租金借记"其他应收款"科目，贷记"材料——包装物"科目。其账户对应关系见图 2 – 60。

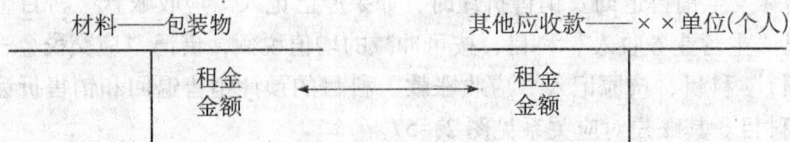

图 2 – 60

（3）应向职工收取的各种垫付款项

小企业因支付职工出差费用等原因所需的现金，按支出凭证所记载的金额，借记"其他应收款——××（借款人）"等科目，贷记"现金"科目。其账户对应关系见图 2 – 61。

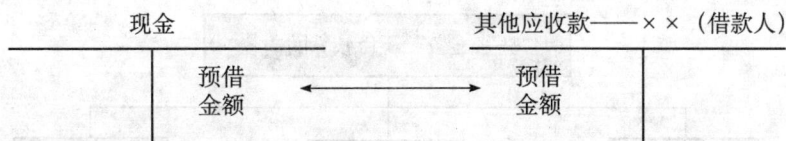

现金		其他应收款——××（借款人）	
	预借 金额		预借 金额

图 2 – 61

小企业收回垫付款时，按实际收回的现金，借记"现金"科目，贷记"其他应收款——××（借款)"科目。其账户对应关系见图 2 – 62。

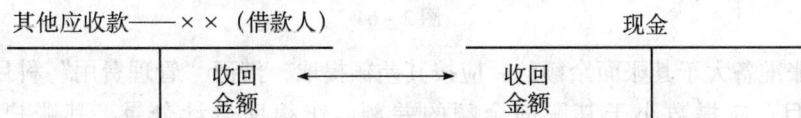

其他应收款——××（借款人）		现金	
	收回 金额		收回 金额

图 2 – 62

（4）其他应收、暂付款项

小企业其他应收、暂付款项，借记"其他应收款"科目，贷记有关科目，如"材料"等；收到款项时，借记有关科目，如"现金"等，贷记"其他应收款"科目。其账户对应关系见图 2 – 63。

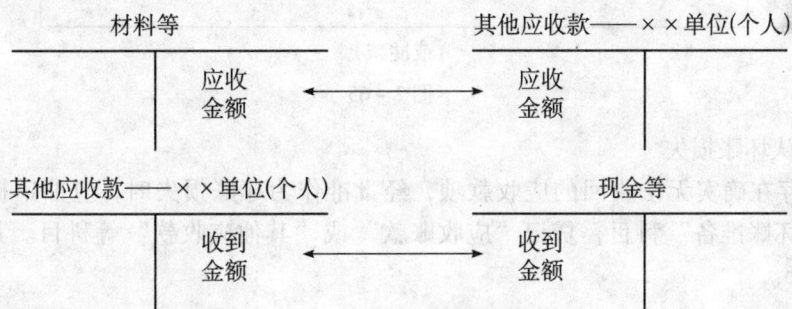

材料等		其他应收款——××单位（个人）	
	应收 金额		应收 金额

其他应收款——××单位（个人）		现金等	
	收到 金额		收到 金额

图 2 – 63

2.2.10　"坏账准备"科目

1. 设置目的及设置要求

设置"坏账准备"科目的目的是用来核算小企业提取的坏账准备。

当期应提取的坏账准备 = 当期按应收款项计算应计提坏账准备金额 –（或 +）本科目的贷方余额（或借方余额）

当期按应收款项计算应提取的坏账准备金额大于本科目的贷方余额，应按其差额提取坏账准备；如果当期按应收款项计算应提取坏账准备的金额小于本科目的贷方余额，应按其差额冲减已计提的坏账准备；如果当期按应收款项计算应提坏账准备的金额为零，应将本科目的余额全部冲回。

2. "坏账准备"科目核算的内容

"坏账准备"科目核算的内容见图 2 – 64。

3. "坏账准备"科目的应用

（1）提取坏账准备

小企业提取坏账准备时，应借记"管理费用"科目，贷记"坏账准备"科目。若本期

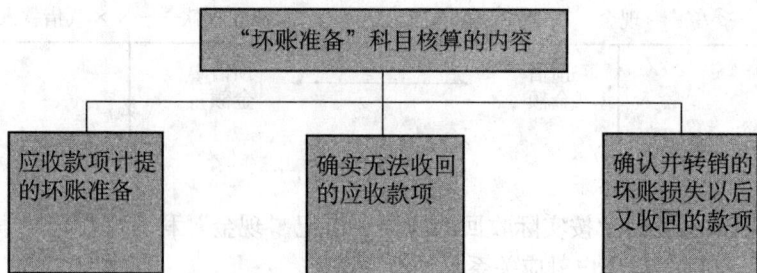

图 2 – 64

应提取的坏账准备大于其账面余额的，应按其差额提取，借记"管理费用"科目，贷记"坏账准备"科目；应提数小于其账面余额的差额，作相反会计分录。其账户对应关系见图 2 –65。

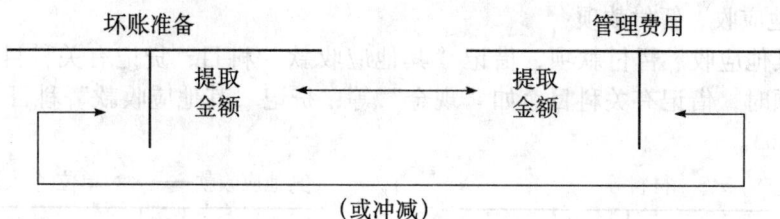

（或冲减）

图 2 – 65

（2）确认坏账损失

小企业存在确实无法收回的应收款项，经批准作为坏账损失时，应冲销提取的坏账准备，借记"坏账准备"科目，贷记"应收账款"或"其他应收款"等科目。其账户对应关系见图 2 –66。

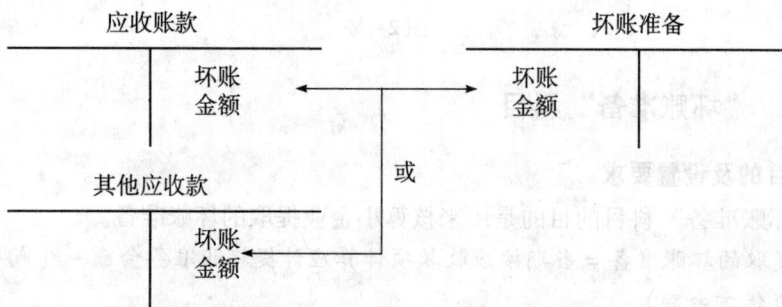

图 2 – 66

（3）确认并转销的坏账损失后又收回

小企业已确认并转销的坏账损失后又收回，应按实际收回的金额，借记"应收账款"、"其他应收款"等科目，贷记"坏账准备"科目；同时，借记"银行存款"科目，贷记"应收账款"、"其他应收款"等科目。其账户对应关系见图 2 –67。

2.2.11 "在途物资"科目

1. 设置目的及设置要求

设置"在途物资"科目的目的是用来核算小企业已支付货款但尚未运抵验收入库的材料

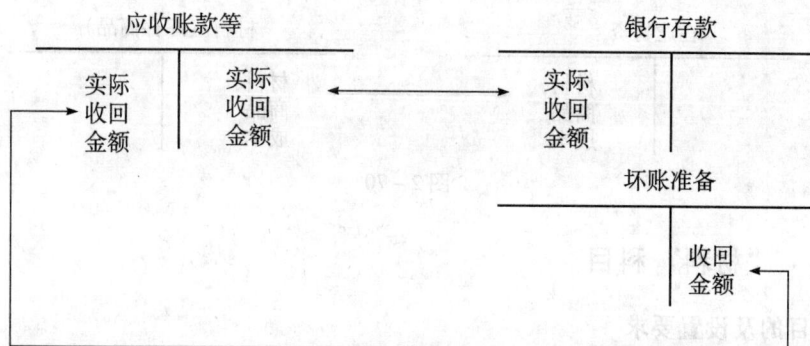

图 2 – 67

或商品的实际成本。

2. "在途物资" 科目核算的内容

"在途物资" 科目核算的内容见图 2 – 68。

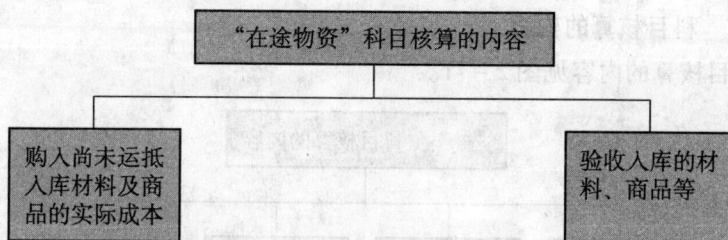

图 2 – 68

3. "在途物资" 科目的应用

（1）小企业购入材料及商品未运抵入库

小企业购入材料及商品，如果已取得发票等凭证或已支付货款但材料或商品等尚未运抵，应按购入材料的实际成本，借记 "在途物资" 科目，按取得的增值税专用发票上注明的税额，借记 "应交税金——应交增值税（进项税额）" 科目，按已支付或应支付的金额，贷记 "银行存款" 或 "应付账款" 等科目。其账户对应关系见图 2 – 69。

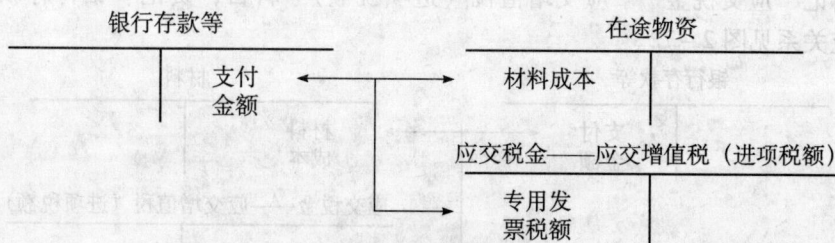

图 2 – 69

（2）购入的材料、商品等运抵企业并验收入库

小企业购入的材料、商品等运抵企业并验收入库时，借记 "材料"、"库存商品" 等科目，贷记 "在途物资" 科目。其账户对应关系见图 2 – 70。

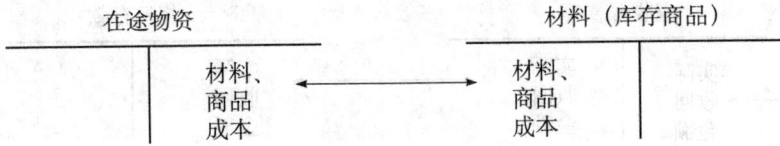

图 2-70

2.2.12 "材料"科目

1. 设置目的及设置要求

设置"材料"科目的目的是用来核算小企业库存的各种材料，包括原料及主要材料、辅助材料、外购半成品（外购件）、修理用备件（备品备件）、燃料、包装物等的实际成本。

"材料"科目应按材料及包装物的保管地点（仓库）、材料的类别、品种和规格设置明细账。企业至少应有一套同时包括数量和金额的材料明细账，由财务会计部门登记，也可以由材料仓库的管理人员登记数量，定期由财务会计部门稽核并登记金额。

2. "材料"科目核算的内容

"材料"科目核算的内容见图 2-71。

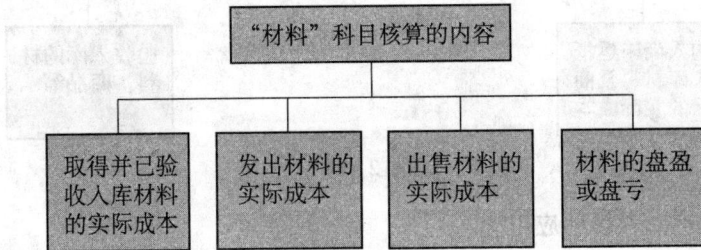

图 2-71

3. "材料"科目的应用

（1）取得并已验收入库的材料

小企业购入并已验收入库的材料，按实际成本，借记"材料"科目，按专用发票上注明的税额，借记"应交税金——应交增值税（进项税额）"科目，贷记"银行存款"等科目。其账户对应关系见图 2-72。

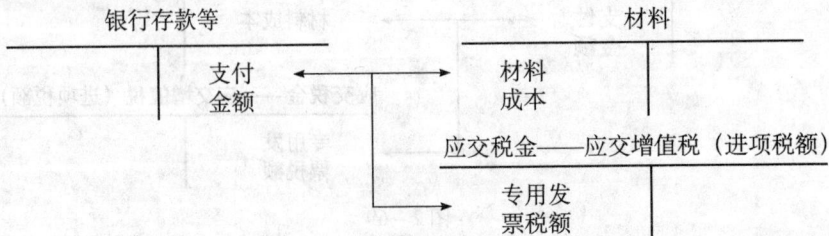

图 2-72

小企业自制并已验收入库的材料，应按生产过程中发生的实际成本，借记"材料"科目，贷记"生产成本"科目。其账户对应关系见图 2-73。

小企业发给外单位加工的材料，应按实际成本，借记"委托加工物资"科目，贷记

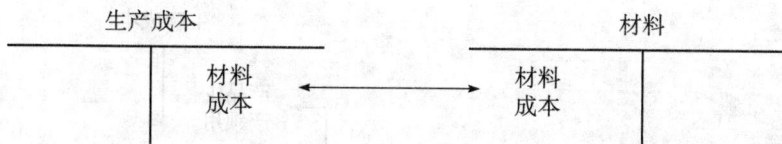

图 2 - 73

"材料"科目。委托外单位加工完成并已验收入库的材料，作相反分录。其账户对应关系见图 2 - 74。

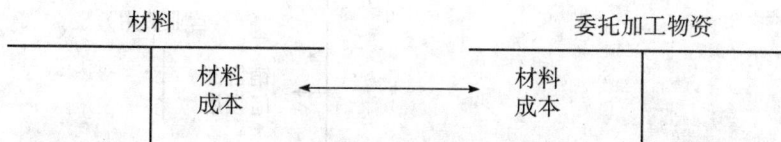

图 2 - 74

小企业接受投资者投入的材料，则应按投资各方确认的价值，借记"材料"科目，按专用发票上注明的增值税额，借记"应交税金——应交增值税（进项税额）"科目，按两者之和，贷记"实收资本"等科目。其账户对应关系见图 2 - 75。

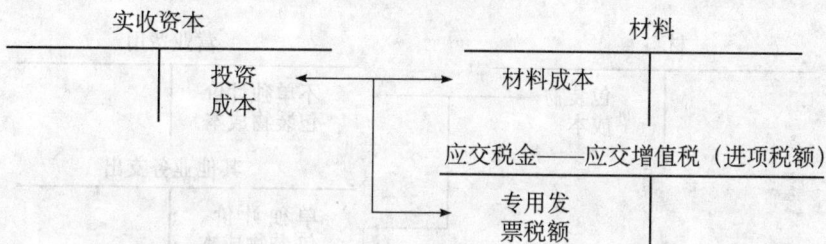

图 2 - 75

小企业接受捐赠的材料，应按材料的成本，加上应支付的相关税费，作为实际成本，借记"材料"科目，按专用发票上注明的增值税额，借记"应交税金——应交增值税（进项税额）"科目，贷记"待转资产价值"科目。其账户对应关系见图 2 - 76。

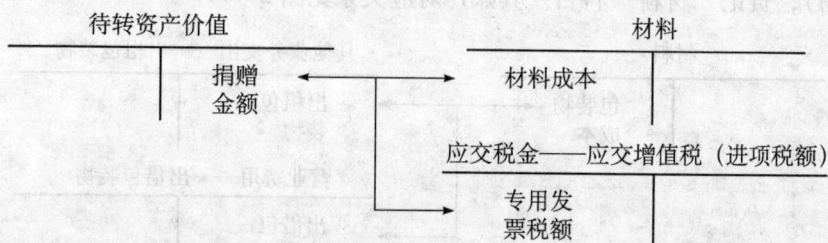

图 2 - 76

（2）发出材料

小企业生产经营中领用材料，按实际成本，借记"生产成本"、"制造费用"、"营业费用"、"管理费用"等科目，贷记"材料"科目。其账户对应关系见图 2 - 77。

小企业随同商品出售但不单独计价的包装物，按实际成本，借记"营业费用"科目，贷记"材料"科目；随同商品出售并单独计价的包装物，按实际成本，借记"其他业务支出"科目，贷记"材料"科目。其账户对应关系见图 2 - 78。

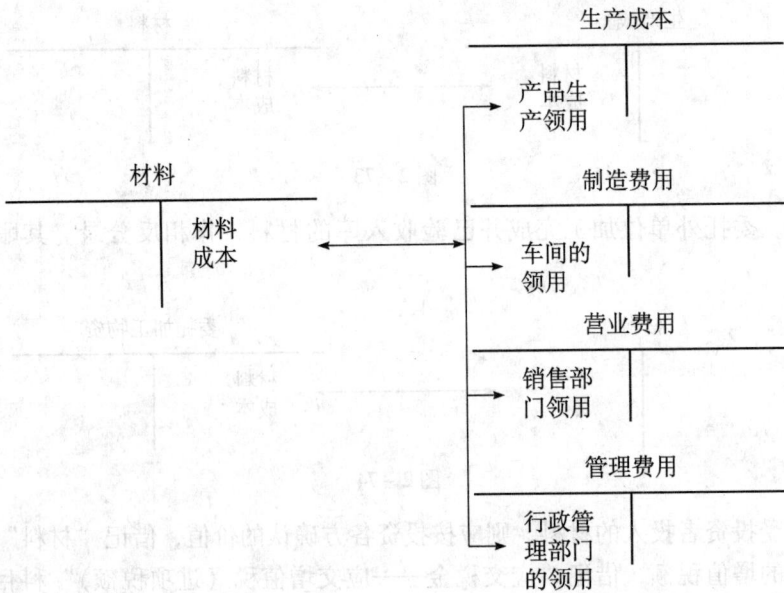

图 2－77

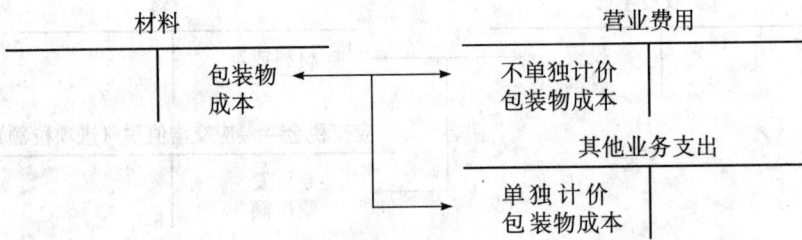

图 2－78

小企业出租、出借包装物，在第一次领用新包装物时，应结转成本，对于出租包装物，应借记"其他业务支出"科目（出租包装物）；对于出借包装物，应借记"营业费用"科目（出借包装物），贷记"材料"科目。其账户对应关系见图 2－79。

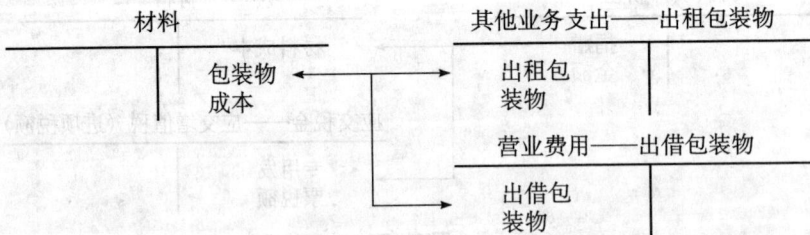

图 2－79

（3）出售材料

小企业出售材料，应按已收或应收的价款，借记"银行存款"等，按实现的销售收入，贷记"其他业务收入"等科目，按专用发票上注明的税额，贷记"应交税金——应交增值税（销项税额）"科目。其账户对应关系见图 2－80。

月度终了，小企业应按出售材料的实际成本，借记"其他业务支出"科目，贷记"材

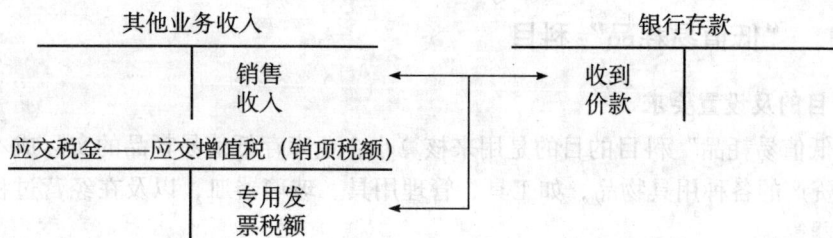

图 2 - 80

料"科目。其账户对应关系见图 2 - 81。

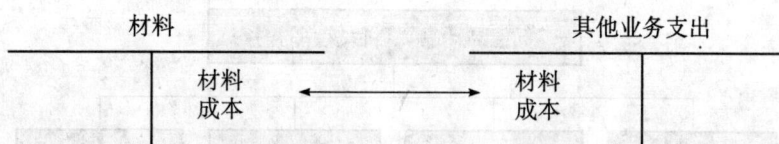

图 2 - 81

（4）材料的清查

小企业财产清查中盘盈的各种材料，按该材料的市价或同类、类似材料的市场价格，冲减当期管理费用。其账户对应关系见图 2 - 82。

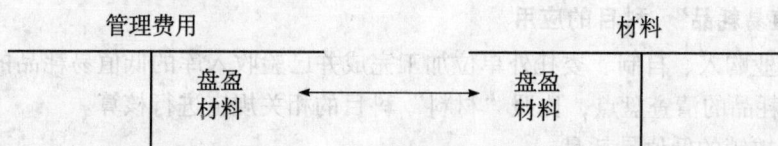

图 2 - 82

小企业财产清查中盘亏或毁损的材料，其相关的成本及不可抵扣的增值税进项税额，在减去过失人或者保险公司等赔款和残料价值之后，属于自然灾害造成的，计入当期营业外支出，属于其他情况的，计入当期管理费用。其账户对应关系见图 2 - 83。

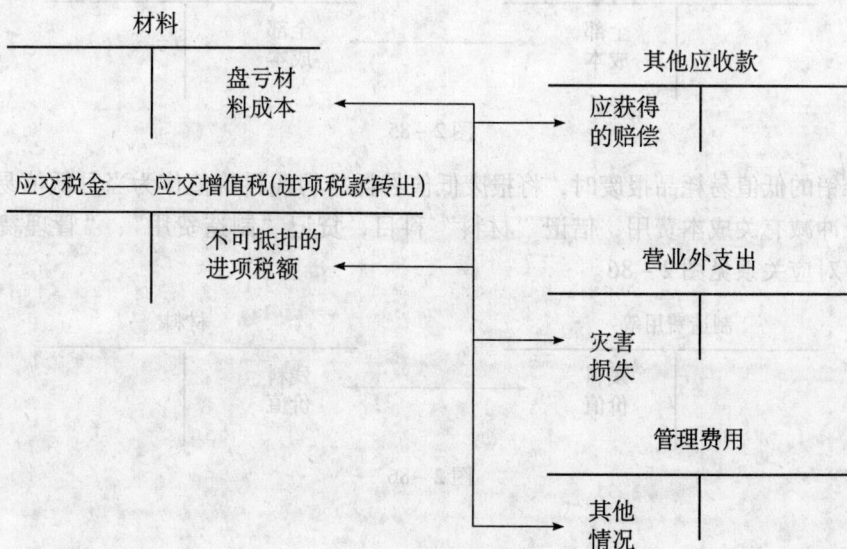

图 2 - 83

2.2.13 "低值易耗品"科目

1. 设置目的及设置要求

设置"低值易耗品"科目的目的是用来核算小企业库存低值易耗品的实际成本。包括不能作为固定资产的各种用具物品，如工具、管理用具、玻璃器皿，以及在经营过程中周转使用的包装容器等。

2. "低值易耗品"科目核算的内容

"低值易耗品"科目核算的内容见图2-84。

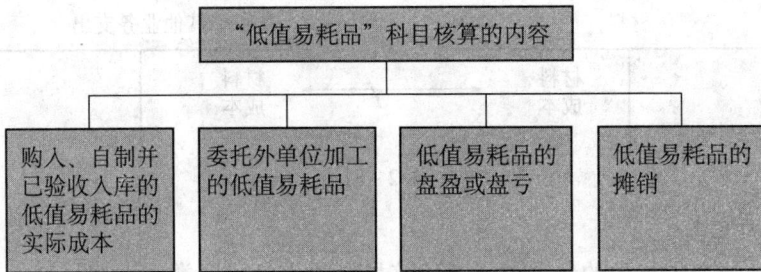

图2-84

3. "低值易耗品"科目的应用

（1）小企业购入、自制、委托外单位加工完成并已验收入库的低值易耗品的实际成本构成以及低值易耗品的清查盘点，比照"材料"科目的相关规定进行核算。

（2）一次摊销的低值易耗品

小企业采用一次摊销法摊销的低值易耗品，在领用时将其全部价值摊入有关的成本费用，借记"制造费用"、"管理费用"等科目，贷记"低值易耗品"科目。其账户对应关系见图2-85。

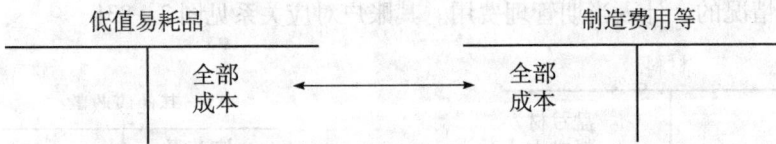

图2-85

一次摊销的低值易耗品报废时，将报废低值易耗品的残料价值作为当月低值易耗品摊销额的减少，冲减有关成本费用，借记"材料"科目，贷记"制造费用"、"管理费用"等科目。其账户对应关系见图2-86。

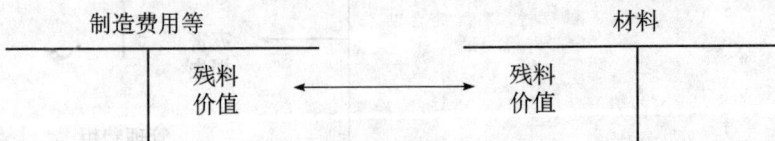

图2-86

（3）分次摊销的低值易耗品

小企业采用分次摊销法摊销的低值易耗品，领用低值易耗品时，借记"待摊费用"或"长期待摊费用"等科目，贷记"低值易耗品"科目。其账户对应关系见图 2 - 87。

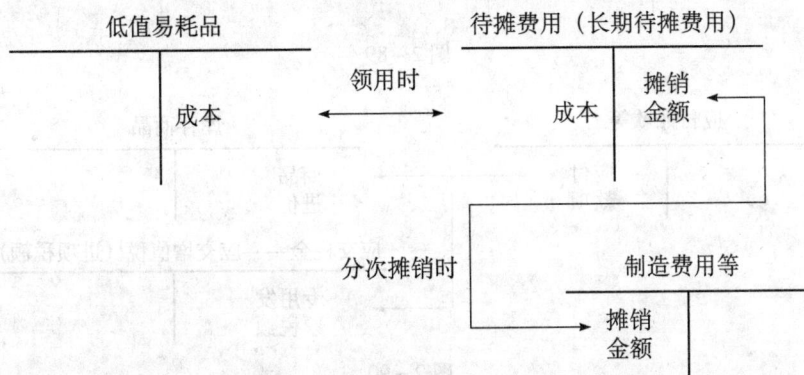

图 2 - 87

2. 2. 14 "库存商品"科目

1. 设置目的及设置要求

设置"库存商品"科目的目的是用来核算小企业库存各种商品的实际成本，包括库存的外购商品、自制商品产品等。

小企业接受外来原材料加工制造的代制品和为外单位加工修理的代修品，在制造和修理完成验收入库后，视同本企业的产品，在本科目核算。

2. "库存商品"科目核算的内容

"库存商品"科目核算的内容见图 2 - 88。

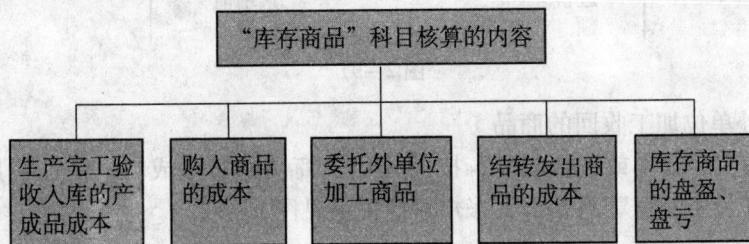

图 2 - 88

3. "库存商品"科目的应用

（1）生产完工验收入库的产成品

小企业生产完工验收入库的产成品，应按实际成本，借记"库存商品"科目，贷记"生产成本"科目。其账户对应关系见图 2 - 89。

（2）购入的商品的核算

小企业采用进价核算的，购入的商品在到达验收入库后，按商品进价，借记"库存商品"科目，按专用发票上注明的增值税额，借记"应交税金——应交增值税（进项税额）"科目，按实际应付款项，贷记"应付账款"等科目。其账户对应关系见图 2 - 90。

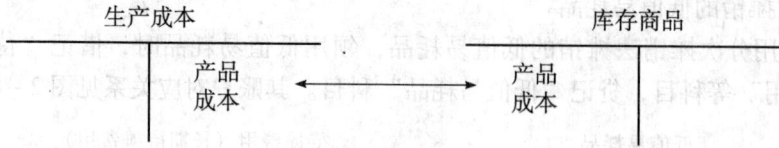

图 2-89

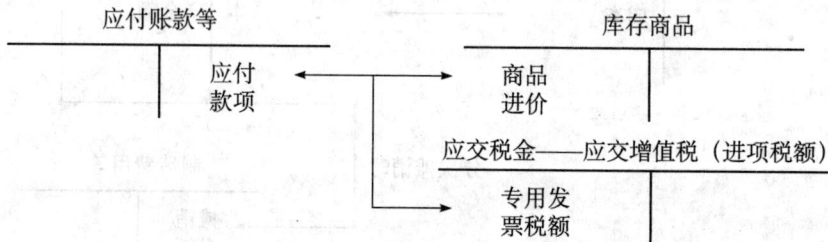

图 2-90

小企业如为商品流通企业采用售价核算的，购入的商品到达验收入库，按售价，借记"库存商品"科目，按专用发票上注明的增值税额，借记"应交税金——应交增值税（进项税额）"科目，按实际应付款项，贷记"应付账款"科目，按售价与进价差额，贷记"商品进销差价"科目。其账户对应关系见图 2-91。

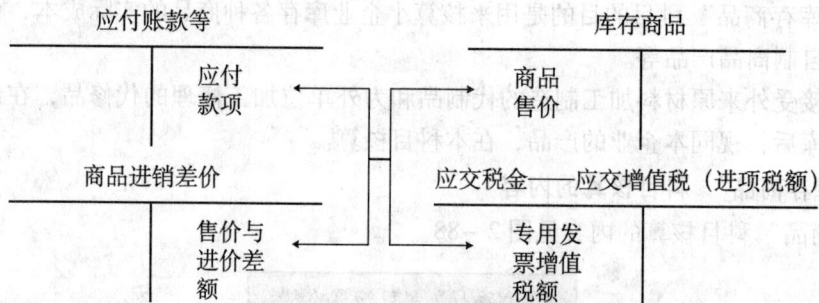

图 2-91

（3）委托外单位加工收回的商品

小企业采用实际成本或进价核算，按委托加工商品的实际成本，借记"库存商品"科目，贷记"委托加工物资"科目。其账户对应关系见图 2-92。

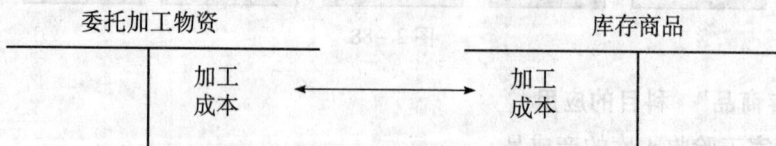

图 2-92

小企业如为商品流通企业采用售价核算的，按商品售价，借记"库存商品"科目，按委托加工商品的实际成本，贷记"委托加工物资"科目，按商品售价与进价的差额，贷记"商品进销差价"科目。其账户对应关系见图 2-93。

（4）结转发出商品的成本

小企业采用进价核算，结转发出商品的成本，借记"主营业务成本"科目，贷记"库存

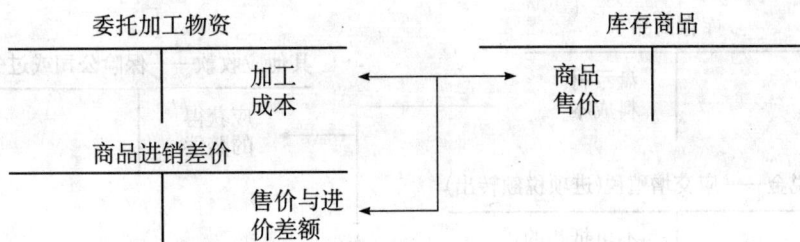

图 2-93

商品"科目。其账户对应关系见图 2-94。

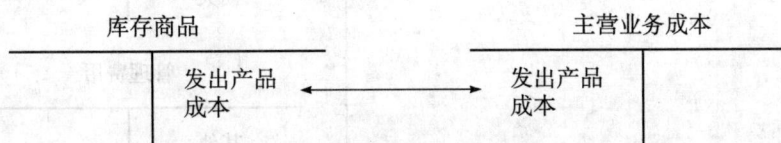

图 2-94

小企业采用售价核算，平时可按商品售价结转销售成本，借记"主营业务成本"科目，贷记"库存商品"科目。

月度终了，应按商品进销差价率计算分摊本月已销商品应分摊的进销差价，借记"商品进销差价"科目，贷记"主营业务成本"科目。其账户对应关系见图 2-95。

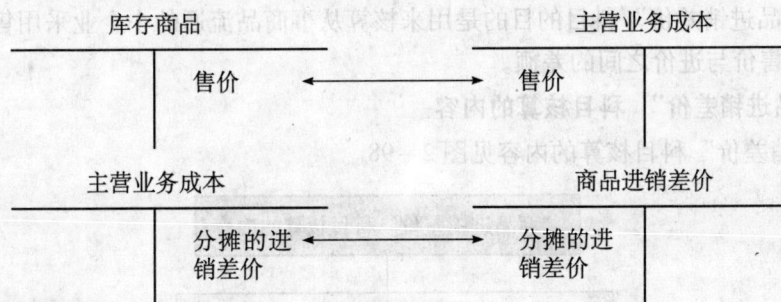

图 2-95

（5）库存商品盘盈、盘亏的核算

小企业清查盘点中发现的库存商品盘盈，应按该商品的市价或同类、类似商品的市场价格作为实际成本，借记"库存商品"科目，贷记"管理费用"科目。其账户对应关系见图 2-96。

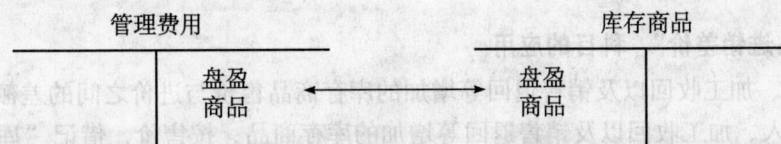

图 2-96

发现的库存商品盘亏或毁损，其相应的成本及不可抵扣的增值税进项税额，在减去过失人或者保险公司等赔款和残料价值之后，属于自然灾害，计入当期营业外支出；属于其他情况，计入当期管理费用。其账户对应关系见图 2-97。

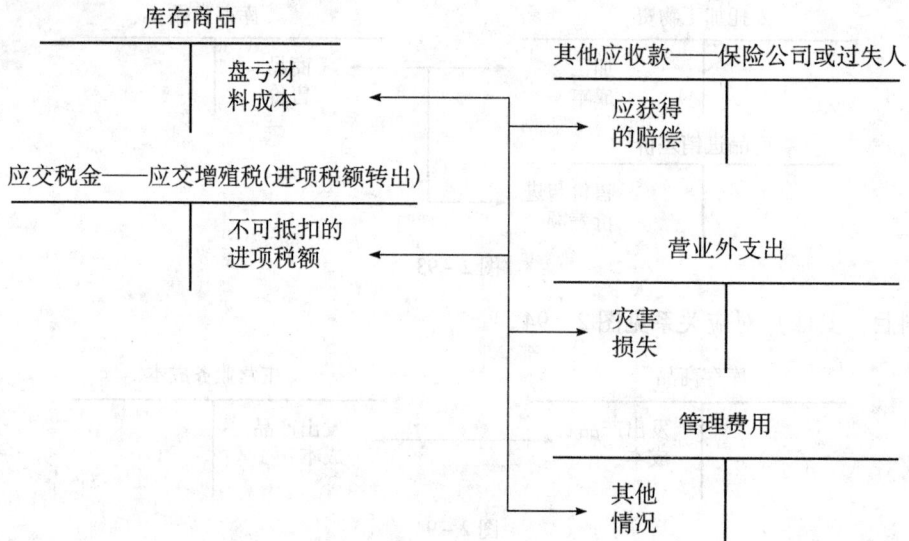

图 2-97

2.2.15 "商品进销差价"科目

1. 设置目的及设置要求

设置"商品进销差价"科目的目的是用来核算从事商品流通的小企业采用售价核算的情况下，其商品售价与进价之间的差额。

2. "商品进销差价"科目核算的内容

"商品进销差价"科目核算的内容见图 2-98。

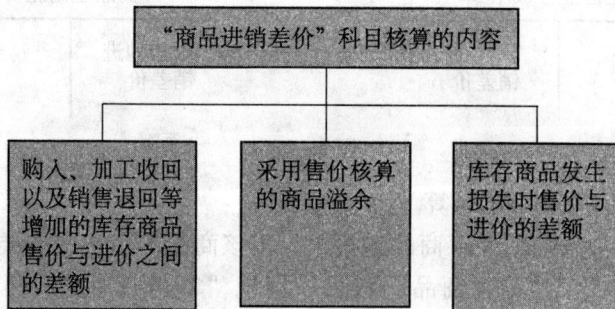

图 2-98

3. "商品进销差价"科目的应用

（1）购入、加工收回以及销售退回等增加的库存商品售价与进价之间的差额

小企业购入、加工收回以及销售退回等增加的库存商品，按售价，借记"库存商品"科目，按进价，贷记"银行存款"等科目，按售价与进价之间的差额，贷记"商品进销差价"科目。其账户对应关系见图 2-99。

（2）采用售价核算的商品发生溢余

小企业采用售价核算的商品发生溢余，应按商品售价，借记"库存商品"科目，按进

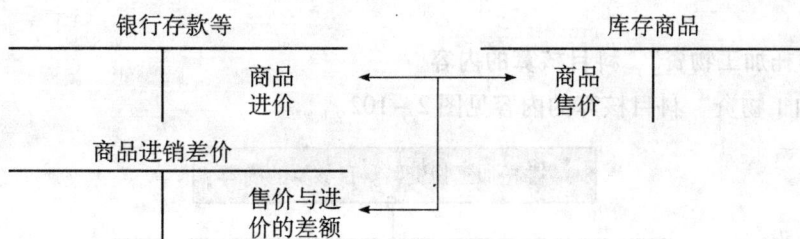

图 2 - 99

价，贷记"管理费用"科目，按售价与进价的差额，贷记"商品进销差价"科目。其账户对应关系见图 2 - 100。

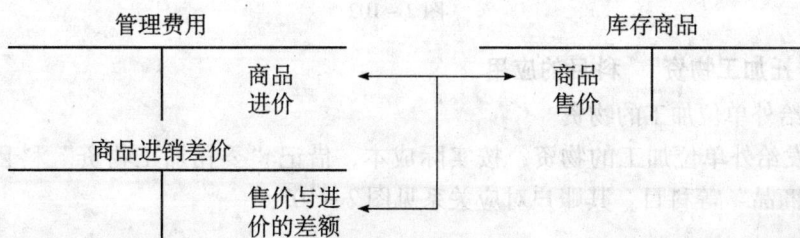

图 2 - 100

（3）库存商品发生损失时售价与进价的差额

小企业库存商品发生损失，按进价和不可抵扣的增值税进项税额的合计金额减去过失人或者保险公司等赔款之后的余额，借记"管理费用"科目，按应由过失人或保险公司负责的赔款，借记"其他应收款"科目，按售价，贷记"库存商品"科目，按不可抵扣的增值税进项税额，贷记"应交税金——应交增值税（进项税额转出）"科目，按售价与进价的差额，借记"商品进销差价"科目。其账户对应关系见图 2 - 101。

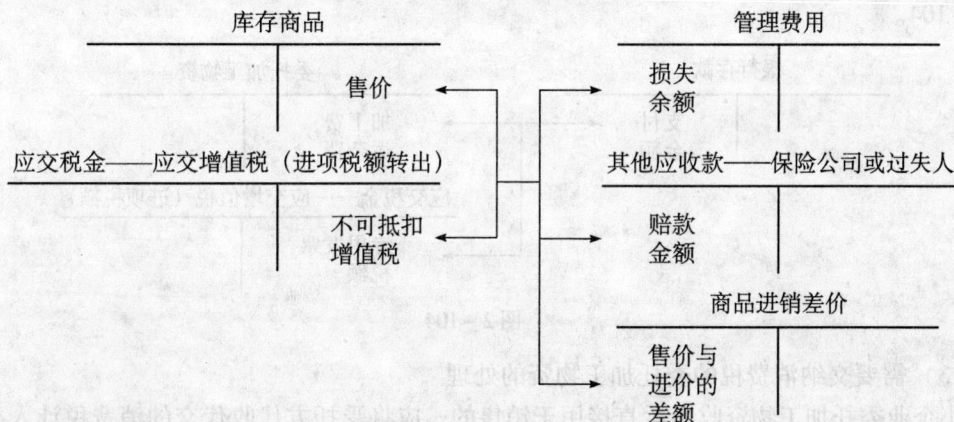

图 2 - 101

2.2.16　"委托加工物资"科目

1. 设置目的及设置要求

设置"委托加工物资"科目的目的是用来核算小企业委托外单位加工各种物资的实际

成本。

2. "委托加工物资" 科目核算的内容

"委托加工物资"科目核算的内容见图2-102。

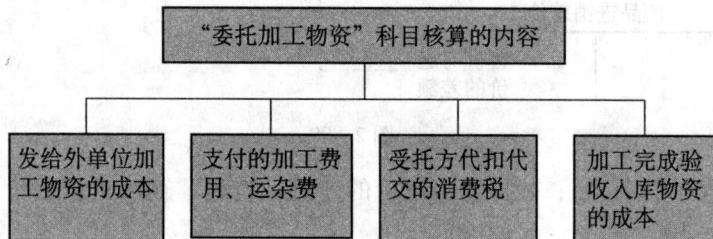

图2-102

3. "委托加工物资" 科目的应用

（1）发给外单位加工的物资

小企业发给外单位加工的物资，按实际成本，借记"委托加工物资"科目，贷记"材料"、"库存商品"等科目。其账户对应关系见图2-103。

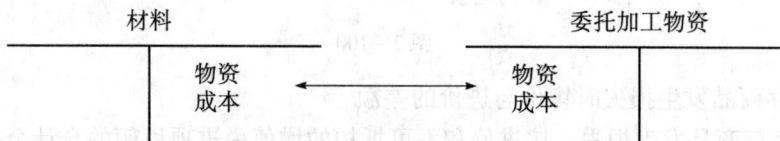

图2-103

（2）委托加工支付的加工费用、应负担的运杂费

小企业支付的加工费用、应负担的运杂费等，借记"委托加工物资"科目、"应交税金——应交增值税（进项税额）"科目，贷记"银行存款"等科目。其账户对应关系见图2-104。

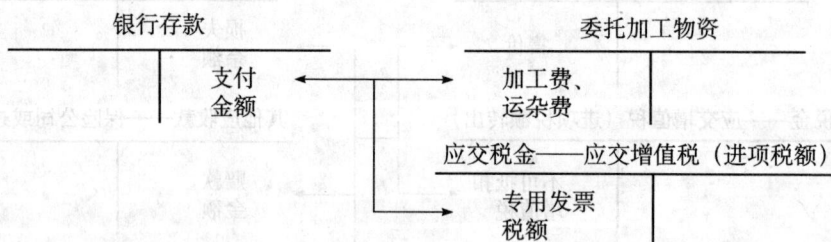

图2-104

（3）需要交纳消费税的委托加工物资的处理

小企业委托加工物资收回后直接用于销售的，应将受托方代收代交的消费税计入委托加工物资的成本，借记"委托加工物资"科目，贷记"应付账款"、"银行存款"等科目。其账户对应关系见图2-105。

小企业委托加工物资收回后用于连续生产按规定准予抵扣的，按受托方代收代交的消费税，借记"应交税金——应交消费税"科目，贷记"应付账款"、"银行存款"等科目。其账户对应关系见图2-106。

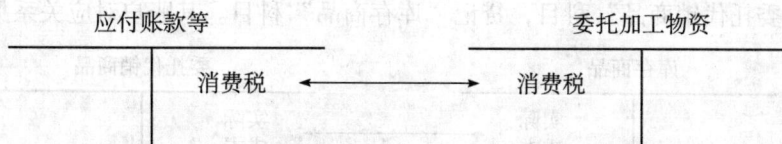

图 2 - 105

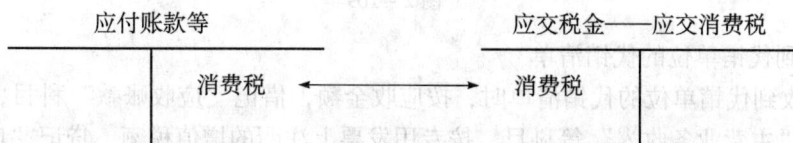

图 2 - 106

（4）收回加工物资并验收入库

小企业加工完成验收入库的物资，按收回物资的实际成本和剩余物资的实际成本，借记"材料"、"库存商品"等科目，贷记"委托加工物资"科目。其账户对应关系见图 2 - 107。

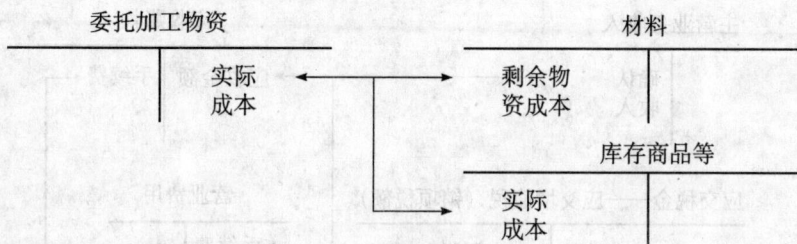

图 2 - 107

2.2.17 "委托代销商品"科目

1. 设置目的及设置要求

设置"委托代销商品"科目的目的是用来核算小企业委托其他单位代销商品的实际成本、进价（或售价）。

2. "委托代销商品" 科目核算的内容

"委托代销商品"科目核算的内容见图 2 - 108。

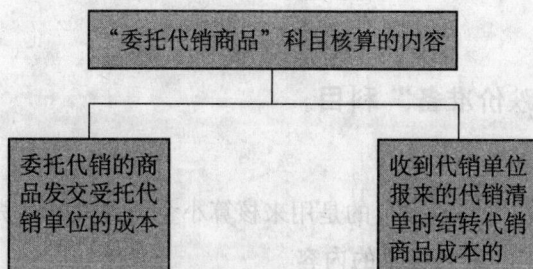

图 2 - 108

3. "委托代销商品" 科目的应用

（1）将委托代销的商品发交受托代销单位

小企业将委托代销的商品发交受托代销单位时，按实际成本（采用售价核算的，按售价），借记"委托代销商品"科目，贷记"库存商品"科目。其账户对应关系见图 2 - 109。

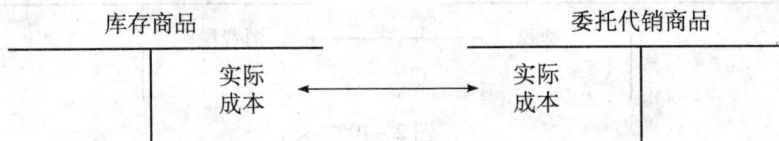

图 2 - 109

（2）收到代销单位的代销清单

小企业收到代销单位的代销清单时，按应收金额，借记"应收账款"科目，按应确认的收入，贷记"主营业务收入"等科目，按专用发票上注明的增值税额，贷记"应交税金——应交增值税（销项税额）"科目。

小企业收到代销单位的代销清单时，按应支付的手续费等，借记"营业费用"科目，贷记"应收账款"科目。

上述账户对应关系见图 2 - 110。

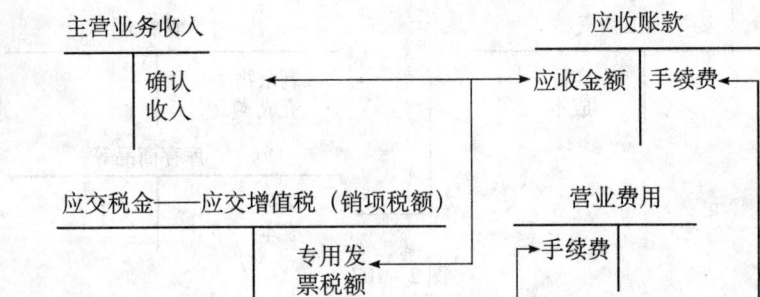

图 2 - 110

小企业收到供销单位代销清单结转商品成本，按代销商品的实际成本（或售价），借记"主营业务成本"等科目，贷记"委托代销商品"科目。其账户对应关系见图 2 - 111。

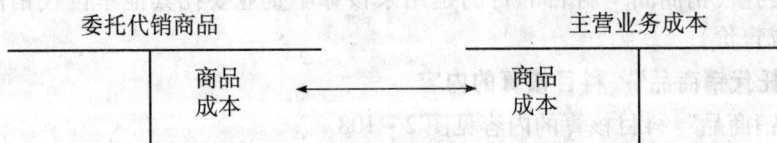

图 2 - 111

2.2.18 "存货跌价准备"科目

1. 设置目的及设置要求

设置"存货跌价准备"科目的目的是用来核算小企业提取的存货跌价准备。

2. "存货跌价准备" 科目核算的内容

"存货跌价准备"科目核算的内容见图 2 - 112。

3. "存货跌价准备" 科目的应用

（1）存货可变现净值低于成本的差额

会计期末，小企业计算出存货可变现净值低于成本的差额，应按该差额，借记"管理费

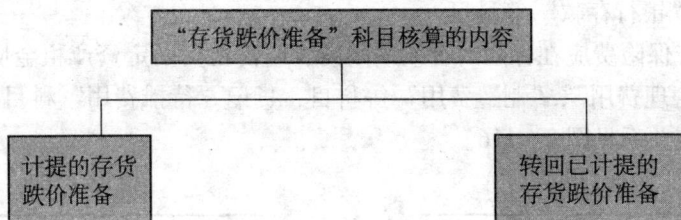

图 2 - 112

用"科目,贷记"存货跌价准备"科目。其账户对应关系见图 2 - 113。

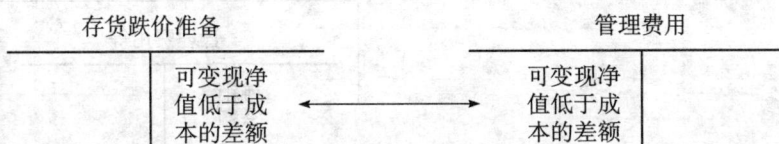

图 2 - 113

(2)转回已计提的存货跌价准备

小企业已计提跌价准备的存货,其价值以后得以恢复,应转回已计提的存货跌价准备,借记"存货跌价准备"科目,贷记"管理费用"科目。转回的存货跌价准备应以原计提的金额为限。其账户对应关系见图 2 - 114。

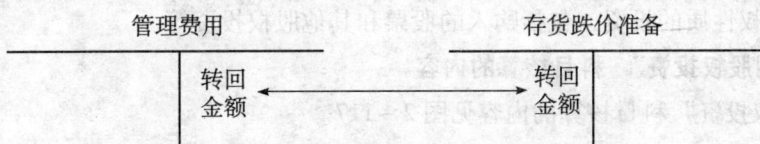

图 2 - 114

2.2.19 "待摊费用"科目

1. 设置目的及设置要求

设置"待摊费用"科目的目的是用来核算小企业已经支出,但应由本期和以后各期负担的分摊期限在 1 年以内(包括 1 年)的各项费用,如低值易耗品摊销、预付保险费摊销等。

2. "待摊费用"科目核算的内容

"待摊费用"科目核算的内容见图 2 - 115。

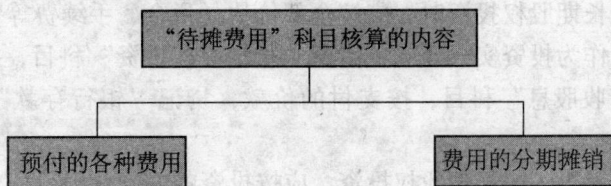

图 2 - 115

3. "待摊费用"科目的应用

小企业预付给保险公司的财产保险费、预付经营租赁固定资产租金时,借记"待摊费用"科目，贷记"银行存款"等科目。

小企业的财产保险费应在保险的有效期限内、经营租赁固定资产租金应在租赁期间内平均摊销，借记"管理费用"、"制造费用"等科目，贷记"待摊费用"科目。

上述账户对应关系见图2-116。

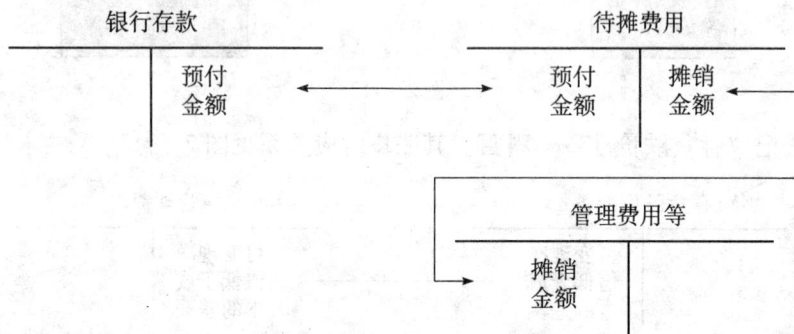

图 2-116

2.2.20 "长期股权投资"科目

1. 设置目的及设置要求

设置"长期股权投资"科目的目的是用来核算小企业投出的期限在1年以上（不含1年）的各种股权性质的投资，包括购入的股票和其他股权投资等。

2. "长期股权投资"科目核算的内容

"长期股权投资"科目核算的内容见图2-117。

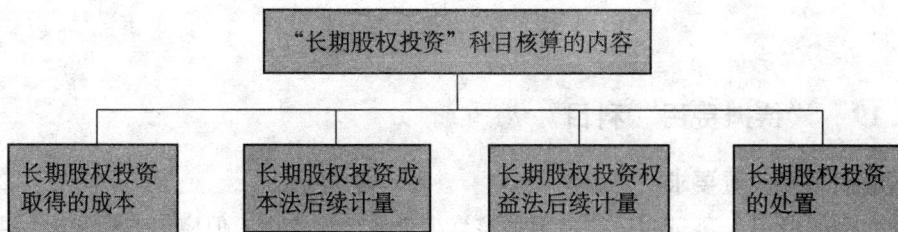

图 2-117

3. "长期股权投资"科目的应用

（1）取得长期股权投资

小企业现金购入长期股权投资时，应按全部价款（税金、手续费等费用）减去已宣告但未领取的现金股利，作为投资实际成本，借记"长期股权投资"科目，按已宣告但未领取的现金股利，借记"应收股息"科目，按支付的价款，贷记"银行存款"科目。其账户对应关系见图2-118。

小企业接受投资者投入的长期股权投资，应按投资各方确认的价值作为实际成本，借记"长期股权投资"科目，贷记"实收资本"等科目。其账户对应关系见图2-119。

（2）长期股权投资成本法后续计量

小企业在长期股权投资股权持有期间，应于被投资单位宣告发放现金股利或利润时确认

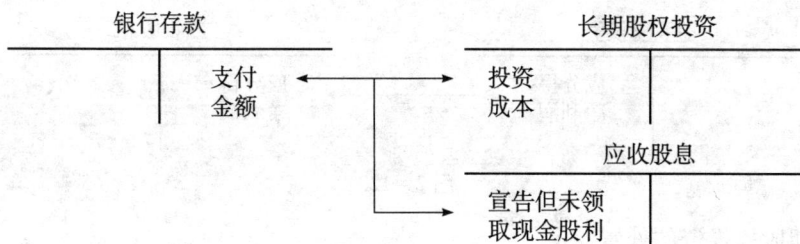

图 2 - 118

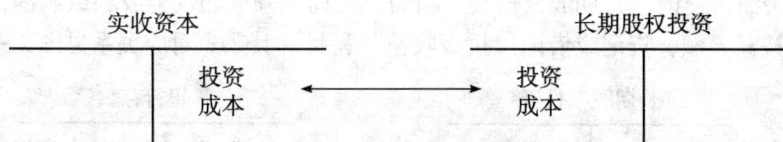

图 2 - 119

投资收益。按被投资单位宣告发放的现金股利或利润中属于应由本企业享有的部分，借记"应收股息"科目，贷记"投资收益"科目。收到现金股利或利润时，借记"银行存款"科目，贷记"应收股息"科目。其账户对应关系见图 2 - 120。

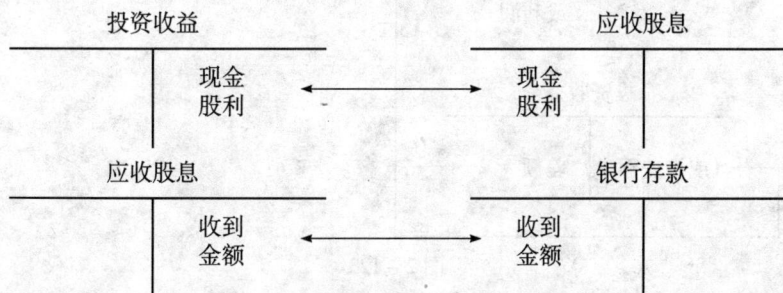

图 2 - 120

（3）长期股权投资权益法

小企业采用权益法核算时，长期股权投资的账面余额应根据企业享有被投资单位所有者权益份额的变动，对长期股权投资的账面余额进行调整。

被投资单位实现净利润，小企业应按应享有的份额，借记"长期股权投资"科目，贷记"投资收益"科目。如被投资单位发生净亏损，则应作相反分录，但以长期股权投资的账面余额减记至零为限。其账户对应关系见图 2 - 121。

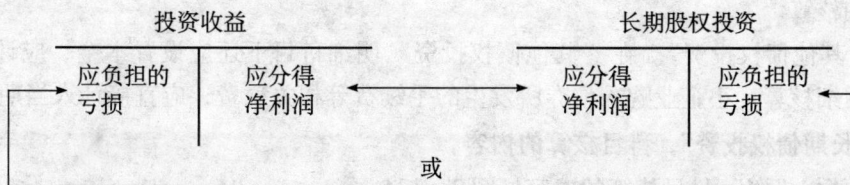

图 2 - 121

被投资单位宣告分派现金股利或利润，小企业应按持股比例计算应享有的份额，借记"应收股息"科目，贷记"长期股权投资"科目。其账户对应关系见图 2 - 122。

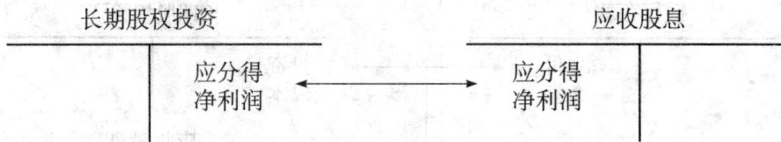

图 2 – 122

（4）长期股权投资的处置

小企业长期股权投资处置时，应按实际取得的价款，借记"银行存款"等科目，按长期股权投资的账面余额，贷记"长期股权投资"科目，按尚未领取的现金股利或利润，贷记"应收股息"科目，按其差额，贷记或借记"投资收益"科目。其账户对应关系见图 2 – 123。

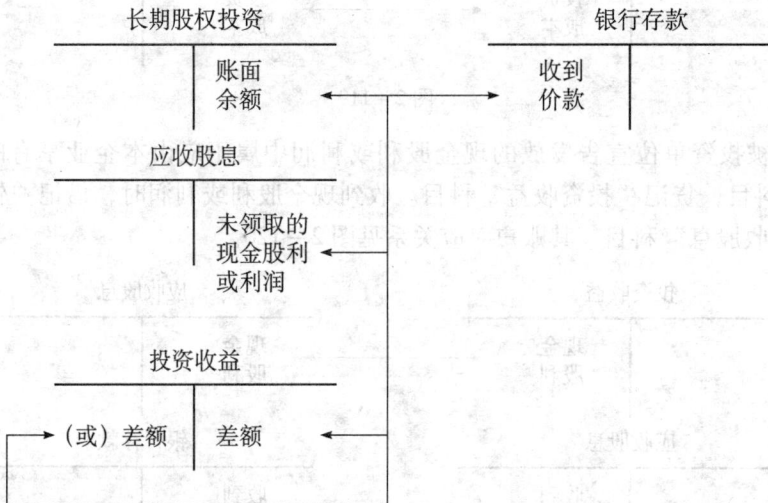

图 2 – 123

2.2.21 "长期债权投资"科目

1. 设置目的及设置要求

设置"长期债权投资"科目的目的是用来核算小企业购入的在 1 年内（不含 1 年）不能变现或不准备随时变现的债券和其他债权投资。

小企业的"长期债权投资"科目应当设置以下明细科目：

（1）"债券投资"。在"债券投资"明细科目下还应设置面值、溢折价、应计利息明细账进行明细核算。

（2）"其他债权投资"。在"其他债权投资"明细科目下还应设置本金、应计利息等明细账进行明细核算。小企业购入债券所发生的手续费等相关税费，应直接计入当期损益。

2. "长期债权投资"科目核算的内容

"长期债权投资"科目核算的内容见图 2 – 124。

3. "长期债权投资"科目的应用

（1）购入的长期债权投资

小企业购入长期债券，应按债券面值，借记"长期债权投资"（债券投资——面值）科

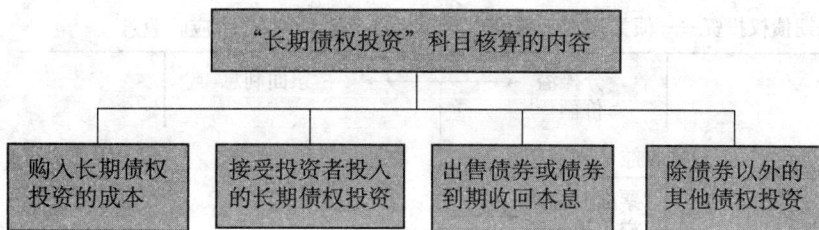

图 2 - 124

目，按支付的税金、手续费，借记"财务费用"科目，按支付的价款，贷记"银行存款"科目，按其差额，借记或贷记"长期债权投资"（债券投资——溢折价）科目，如实际支付的价款中包含已到付息期但尚未领取的债券利息，应借记"应收股息"科目。其账户对应关系见图 2 - 125。

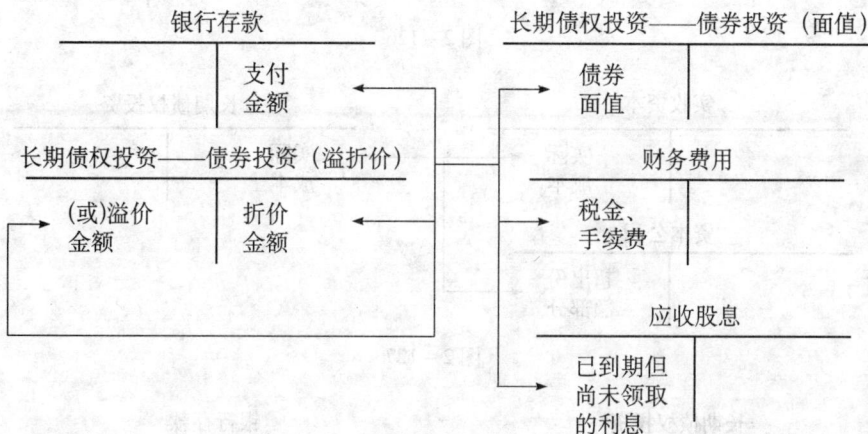

图 2 - 125

小企业购入溢价发行的债券，应于每期结账时，按应计的利息，借记"应收股息"科目，按应分摊的溢价金额，贷记"长期债权投资"（债券投资——溢折价）科目，按其差额，贷记"投资收益"科目。企业购入折价发行的债券，对于每期应分摊的折价金额，应增加投资收益。

上述账户对应关系见图 2 - 126。

（2）接受投资者投入的债券等长期债权投资

小企业接受投资者投入的长期债权投资，应按投资各方确认的价值作为实际成本，借记"长期债权投资"科目，贷记"实收资本"、"资本公积"等科目。其账户对应关系见图 2 - 127。

（3）出售债券或债券到期收回本息

小企业出售债券或债券到期收回本息，按收回金额，借记"银行存款"科目，按债券账面余额，贷记"长期债权投资"科目，对于记入"应收股息"科目的应收利息，应贷记"应收股息"科目，差额贷记或借记"投资收益"科目。其账户对应关系见图 2 - 128。

（4）除债券以外的其他债权投资

小企业的其他债权投资到期收回本息，应按实际收到的金额，借记"银行存款"科目，按其他债权投资的实际成本，贷记"长期债权投资"科目，按其差额，贷记"投资收益"

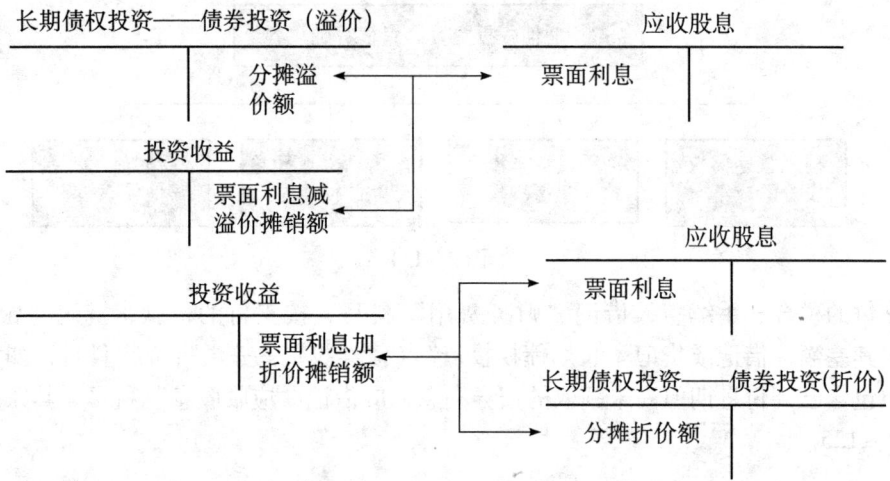

图 2 - 126

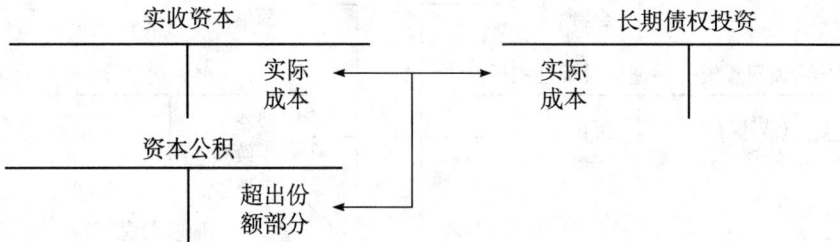

图 2 - 127

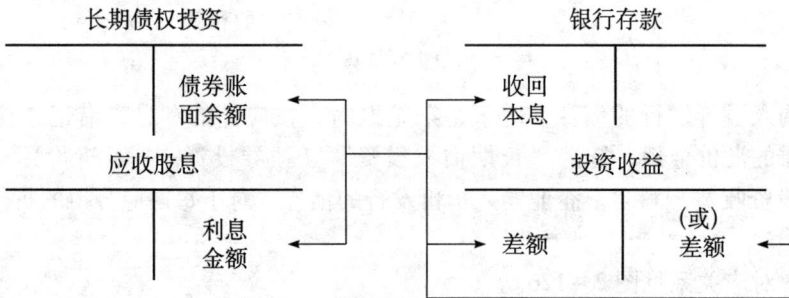

图 2 - 128

科目。其账户对应关系见图 2 - 129。

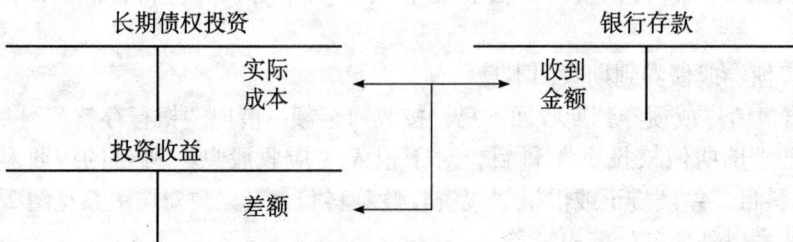

图 2 - 129

2.2.22　"固定资产"科目

1. 设置目的及设置要求

设置"固定资产"科目的目的是用来核算小企业固定资产的原价,一般指为生产产品、提供劳务、出租或经营管理而持有的、使用年限超过一年、单位价值较高的资产。

小企业应当设置"固定资产登记簿"和"固定资产卡片",按固定资产类别、使用部门和每项固定资产进行明细核算。

2. "固定资产"科目核算的内容

"固定资产"科目核算的内容见图 2 – 130。

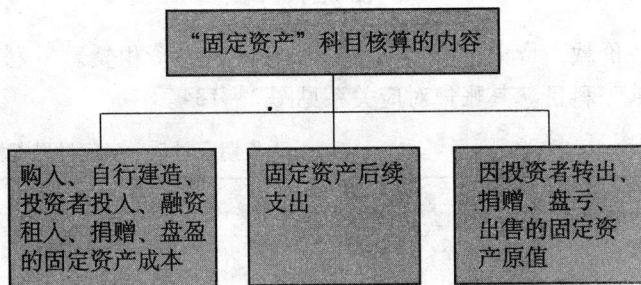

图 2 – 130

3. "固定资产"科目的应用

(1) 因购入、自行建造、投资者投入、融资租入、捐赠、盘盈增加的固定资产

小企业购入不需要安装的固定资产,应按买价加相关费用以及使固定资产达到预定可使用状态前的其他支出作为入账价值,借记"固定资产"科目;按照允许抵扣的增值税进项税额,借记"应交税金——应交增值税"科目,贷记"银行存款"科目。购入需要安装的,先记入"在建工程"科目,待安装完毕交付使用时再转入"固定资产"科目。其账户对应关系见图 2 – 131。

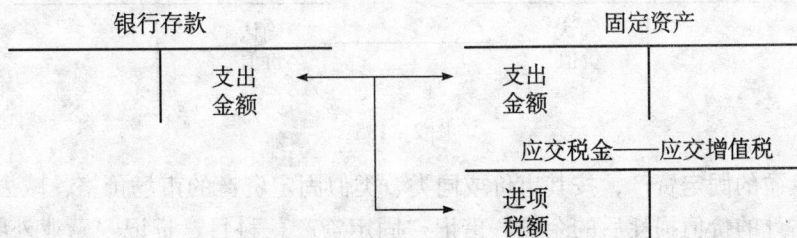

图 2 – 131

小企业自行建造完成的固定资产,按建造资产达到预定可使用状态前所发生的必要支出作为入账价值,借记"固定资产"科目,贷记"在建工程"科目。其账户对应关系见图 2 – 132。

投资者投入小企业的固定资产,应按投资各方确认的价值,借记"固定资产"科目,贷记"实收资本"等科目。其账户对应关系见图 2 – 133。

小企业融资租入固定资产,应按租赁协议或合同确定价款、运输费、保险费、安装调试费及固定资产达到预定可使用状态前发生的借款费用等,借记"固定资产"科目,按租赁协

```
        在建工程                              固定资产
              |  工程                            |  工程
              |  成本         ←——————→           |  成本
——————————————|              ←——————→  ——————————|
```

图 2 - 132

```
        实收资本                              固定资产
              |  确认                            |  确认
              |  价值         ←——————→           |  价值
——————————————|              ←——————→  ——————————|
```

图 2 - 133

议或合同确定的设备价款，贷记"长期应付款——应付融资租赁款"科目，支付的其他费
用，贷记"银行存款"科目。其账户对应关系见图 2 - 134。

```
        固定资产                    长期应付款——应付融资租赁款
    实际    |                                   |  设备    ←——
    成本    |                                   |  价款
————————————|                       ————————————|
                                         银行存款
                                                 |  其他    ←——
                                                 |  费用
                                     ————————————|
```

图 2 - 134

小企业接受捐赠的固定资产，应按确定的入账价值，借记"固定资产"科目，贷记"待
转资产价值"科目。其账户对应关系见图 2 - 135。

```
        待转资产价值                          固定资产
              |  确认                            |  确认
              |  价值         ←——————→           |  价值
——————————————|              ←——————→  ——————————|
```

图 2 - 135

小企业盘盈的固定资产，按其市价或同类、类似固定资产的市场价格，减去按该项资产
的新旧程度估计的价值损耗后的余额，借记"固定资产"科目，贷记"营业外收入"科目。
其账户对应关系见图 2 - 136。

```
        营业外收入                            固定资产
              |  确认                            |  确认
              |  余额         ←——————→           |  余额
——————————————|              ←——————→  ——————————|
```

图 2 - 136

小企业中经批准无偿调入的固定资产，按确定的成本，借记"固定资产"科目，贷记

"资本公积"科目。其账户对应关系见图2-137。

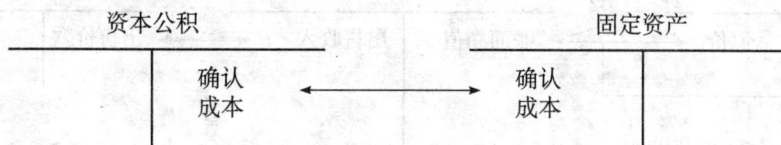

图 2-137

（2）固定资产后续支出

小企业中可资本化的固定资产后续支出发生时，借记"在建工程"等科目，贷记"银行存款"等科目。其账户对应关系见图2-138。

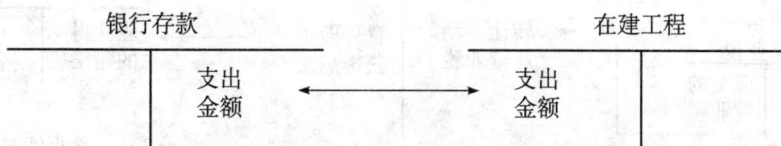

图 2-138

（3）固定资产盘亏

小企业中盘亏的固定资产，应按其账面净值，借记"营业外支出"科目，按已提折旧，借记"累计折旧"科目，按固定资产原价，贷记"固定资产"科目。其账户对应关系见图2-139。

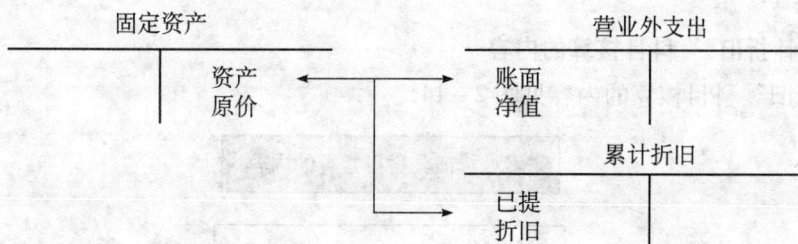

图 2-139

（4）固定资产处置

小企业因出售、报废和毁损等原因减少的固定资产，应按减少的固定资产账面净值，借记"固定资产清理"科目，按已提折旧，借记"累计折旧"科目，按固定资产原价，贷记"固定资产"科目。

小企业捐赠转出的固定资产，应按固定资产净值，转入"固定资产清理"科目，对于应支付的相关税费，也应通过"固定资产清理"科目进行归集，按"固定资产清理"科目的余额，借记"营业外支出"科目，贷记"固定资产清理"科目。

上述账户对应关系见图2-140。

2.2.23　"累计折旧"科目

1. 设置目的及设置要求

设置"累计折旧"科目的目的是用来核算小企业固定资产的累计折旧。

累计折旧科目只进行总分类核算，不进行明细分类核算。需要查明某项固定资产的已提

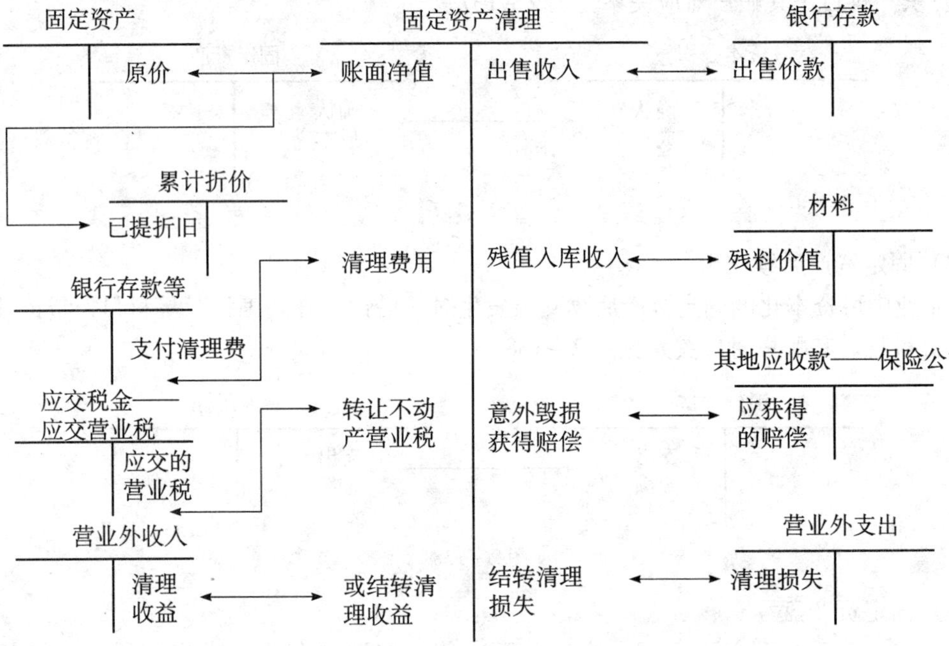

图 2 - 140

折旧，可以根据固定资产卡片上所记载的该项固定资产原价、折旧率和实际使用年数等资料进行计算。

2. "累计折旧" 科目核算的内容

"累计折旧"科目核算的内容见图 2 - 141。

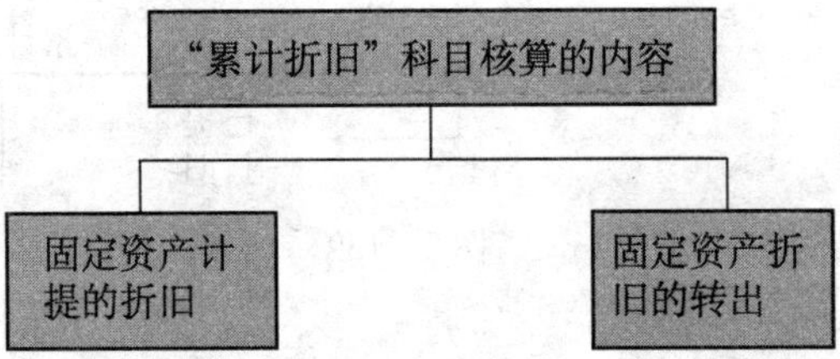

图 2 - 141

3. "累计折旧" 科目的应用

小企业按月计提固定资产折旧时，应借记"制造费用"、"管理费用"、"其他业务支出"等科目，贷记"累计折旧"科目。其账户对应关系见图 2 - 142。

2.2.24 "工程物资" 科目

1. 设置目的及设置要求

设置"工程物资"科目的目的是用来核算小企业为基建工程等购入的各种物资的实际成本，包括为工程准备的材料、尚未安装的设备的实际成本等。

2. "工程物资" 科目核算的内容

"工程物资"科目核算的内容见图 2 - 143。

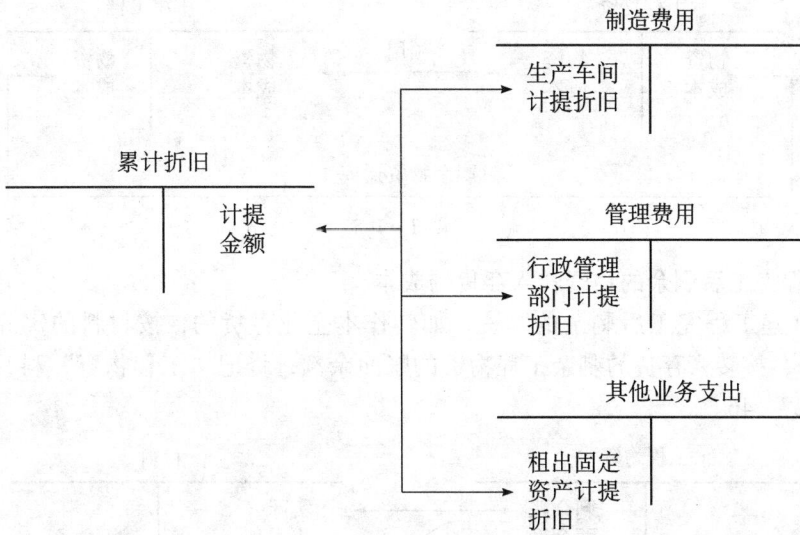

图 2 – 142

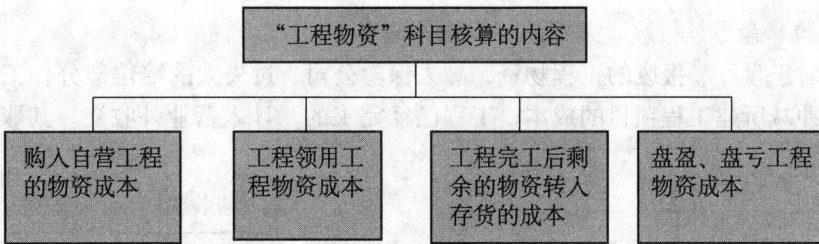

图 2 – 143

3. "工程物资" 科目的应用

（1）购入为工程准备的物资成本

小企业购入为工程准备的物资，应按实际成本，借记"工程物资"科目，按专用发票上注明的增值税额，借记"应交税金——应交增值税进项税额"科目，贷记"银行存款"、"应付账款"等科目。其账户对应关系见图 2 – 144。

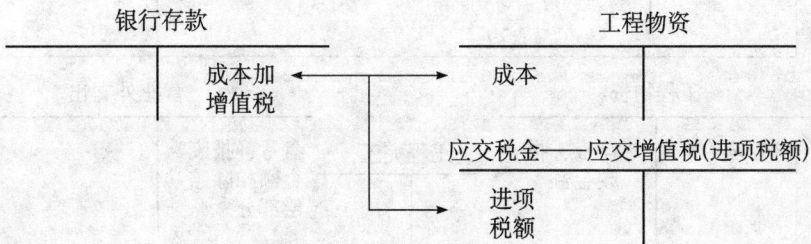

图 2 – 144

（2）工程领用工程物资成本

小企业的在建工程领用工程物资时，应借记"在建工程"科目，贷记"工程物资"科目。工程完工对领出的剩余工程物资应办理退库手续，并作相反的会计分录。其账户对应关系见图 2 – 145。

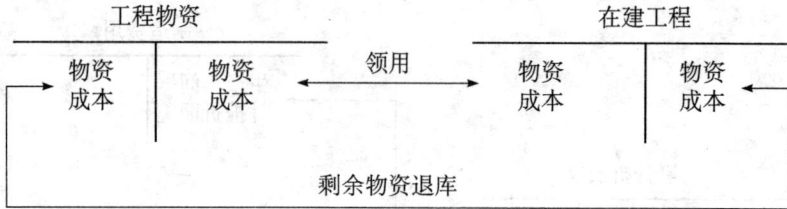

图 2 – 145

（3）工程完工后剩余的物资转入存货的成本

小企业在建工程完工后剩余的物资，如转作本企业存货的，按材料的实际成本，借记"材料"科目，按转入存货的剩余工程物资的账面余额，贷记"工程物资"科目。其账户对应关系见图 2 – 146。

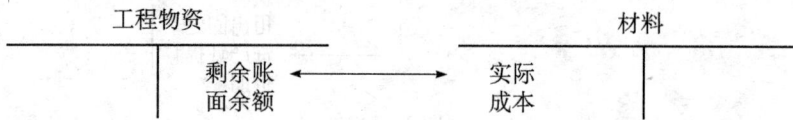

图 2 – 146

（4）盘盈、盘亏、报废、毁损的工程物资成本

小企业对于盘亏、报废的工程物资，减去保险公司、过失人的赔偿部分，工程尚未完工的，计入或冲减所建工程项目的成本；工程已经完工的，计入营业外收支。其账户对应关系见图 2 – 147。

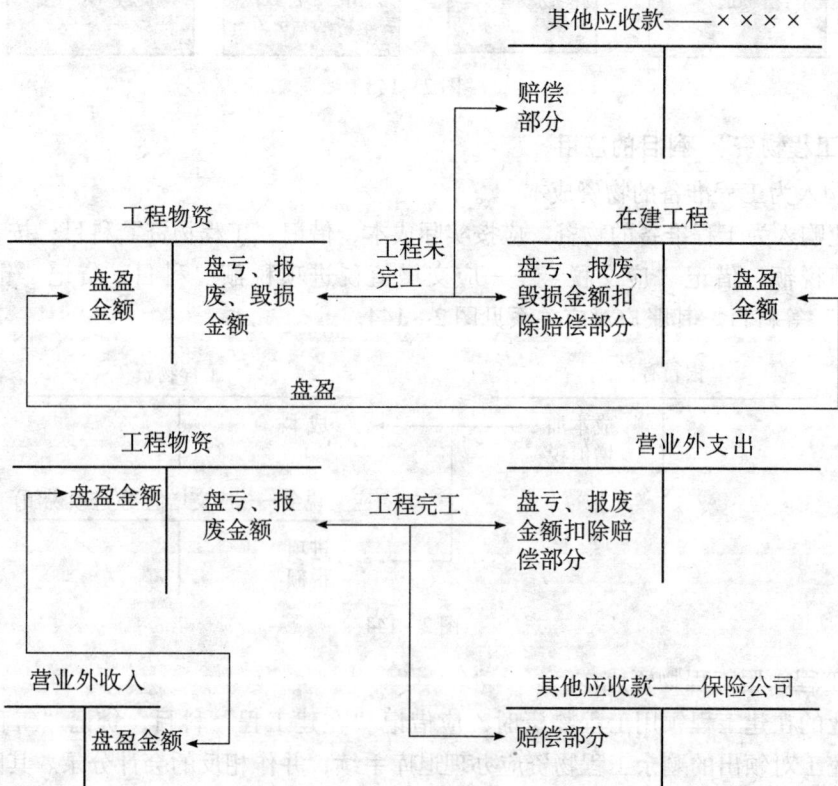

图 2 – 147

2. 2. 25　"在建工程"科目

1. 设置目的及设置要求

设置"在建工程"科目的目的是用来核算小企业进行建筑工程、安装工程、技术改造工程等发生的实际成本。

在建工程科目应当设置以下明细科目：

(1) 建筑工程；

(2) 安装工程；

(3) 技术改造工程；

(4) 其他支出。

2. "在建工程"科目核算的内容

"在建工程"科目核算的内容见图 2 – 148。

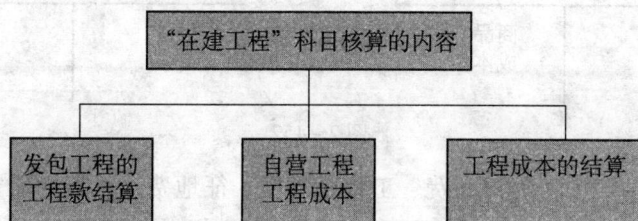

图 2 – 148

3. "在建工程"科目的应用

(1) 发包的工程，按合同规定向承包企业预付工程款、备料款

小企业的发包工程，按合同规定向承包企业预付工程款、备料款时，应根据支付的价款，借记"在建工程"科目（建筑工程、安装工程等），贷记"银行存款"科目；与承包企业办理工程价款结算时，补付的工程款，借记"在建工程"科目（建筑工程、安装工程等），贷记"银行存款"、"应付账款"科目等。其账户对应关系见图 2 – 149。

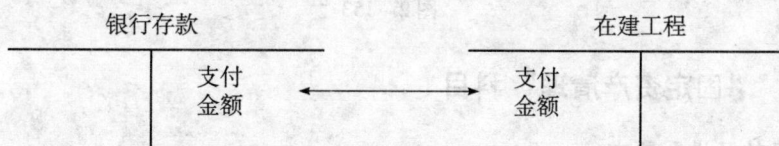

图 2 – 149

小企业以拨付给承包企业的材料抵作预付备料款的，应按工程物资的实际成本，借记"在建工程"（建筑工程、安装工程等）科目，贷记"工程物资"科目；将需要安装的设备交付承包企业进行安装时，应按设备的成本，借记"在建工程"（建筑工程、安装工程等）科目，贷记"工程物资"科目。其账户对应关系见图 2 – 150。

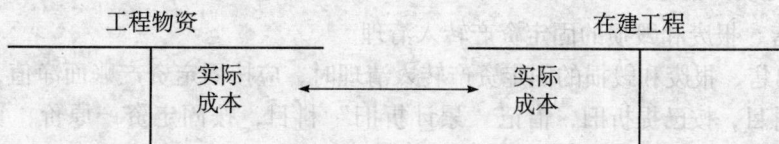

图 2 – 150

(2) 自营的工程，领用工程用物资

小企业的自营工程，领用工程用物资时，应按工程物资的实际成本，借记"在建工程"（建筑工程、安装工程等）科目，贷记"工程物资"科目。其账户对应关系见图 2 – 151。

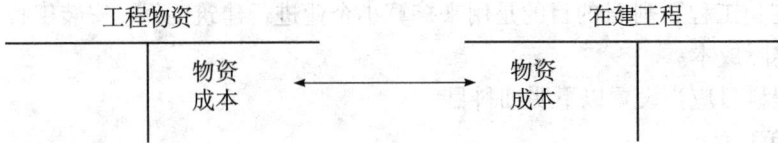

图 2 – 151

小企业自营工程领用本企业的商品或产品时，应按商品或产品的实际成本，借记"在建工程"（建筑工程、安装工程等）科目，按库存商品的实际成本，贷记"库存商品"科目，相关增值税问题见第 83 页图 2 – 203。其账户对应关系见图 2 – 152。

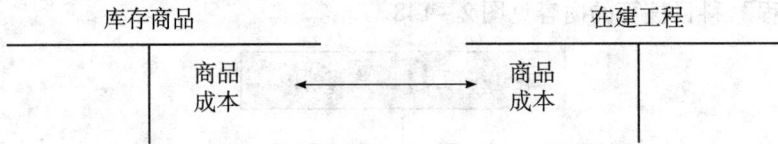

图 2 – 152

(3) 工程负担的职工工资福利费、工程管理费、征地费、可行性研究费、临时设施费、公证费、监理费等

小企业的自营工程发生的工程管理费、征地费、可行性研究费、临时设施费、公证费、监理费等时，应借记"在建工程"（其他支出）科目，贷记"银行存款"等科目。工程在达到预定可使用状态前发生的有关测试费用，应计入在建工程成本。其账户对应关系见图 2 – 153。

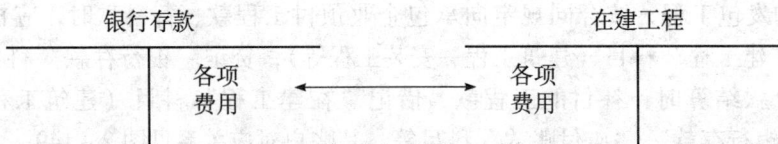

图 2 – 153

2.2.26 "固定资产清理"科目

1. 设置目的及设置要求

设置"固定资产清理"科目的目的是用来核算小企业因出售、报废和毁损等原因转入清理的固定资产价值及在清理过程中发生的清理费用和清理收入等。

2. "固定资产清理" 科目核算的内容

"固定资产清理"科目核算的内容见图 2 – 154。

3. "固定资产清理" 科目的应用

(1) 出售、报废和毁损的固定资产转入清理

小企业出售、报废和毁损的固定资产转入清理时，应按固定资产账面净值，借记"固定资产清理"科目，按已提折旧，借记"累计折旧"科目，按固定资产原价，贷记"固定资产"科目。其账户对应关系见图 2 – 155。

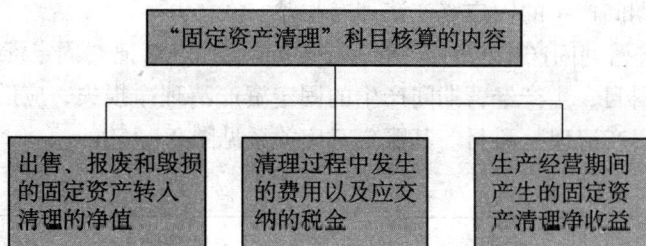

图 2 – 154

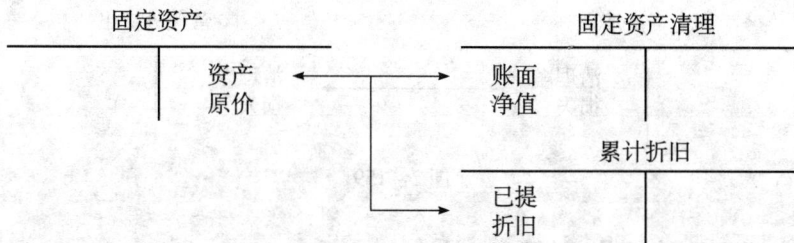

图 2 – 155

（2）清理过程中发生的费用以及应交纳的税金

小企业在清理固定资产的过程中发生的费用以及应交纳的税金，借记"固定资产清理"科目，贷记"银行存款"、"应交税金"等科目。其账户对应关系见图 2 – 156。

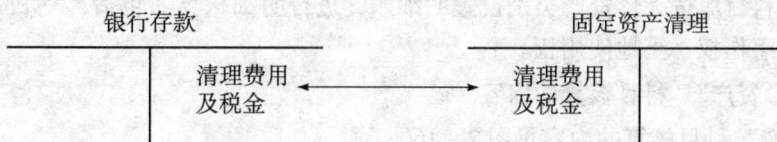

图 2 – 156

小企业收回出售固定资产的价款、残料价值和变价收入等时，应借记"银行存款"、"材料"等科目，贷记"固定资产清理"科目。其账户对应关系见图 2 – 157。

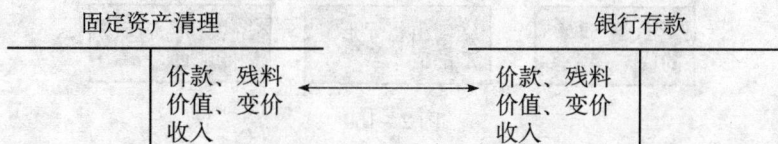

图 2 – 157

小企业清理固定资产时，应当由保险公司或过失人赔偿的损失，应借记"其他应收款"等科目，贷记"固定资产清理"科目。其账户对应关系见图 2 – 158。

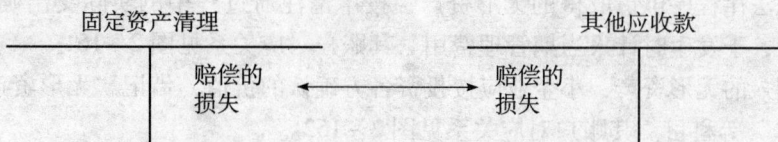

图 2 – 158

（3）生产经营期间产生的固定资产清理净收益

小企业于生产经营期间产生的固定资产清理净收益，应借记"固定资产清理"科目，贷记"营业外收入"科目；生产经营期间产生的固定资产清理净损失，应借记"营业外支出"科目，贷记"固定资产清理"科目。其账户对应关系见图 2－159。

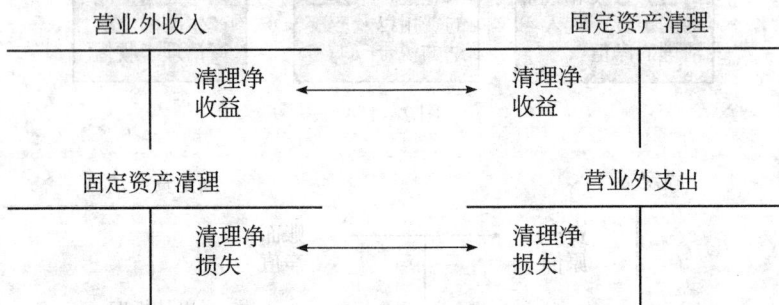

图 2－159

2.2.27 "无形资产"科目

1. 设置目的及设置要求

设置"无形资产"科目的目的是用来核算小企业持有的专利权、非专利技术、商标权、著作权、土地使用权等各种无形资产的价值。

无形资产科目应按无形资产类别设置明细账，进行明细核算。包括：专利权、非专利技术、商标权、著作权、土地使用权。

2. "无形资产"科目核算的内容

"无形资产"科目核算的内容见图 2－160。

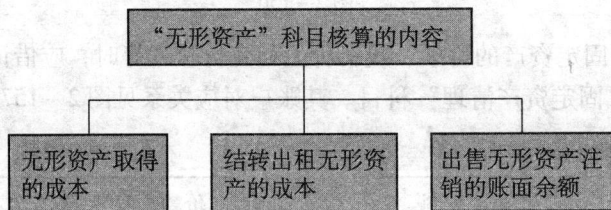

图 2－160

3. "无形资产"科目的应用

（1）无形资产的取得

小企业购入的无形资产，按价款应借记"无形资产"科目，贷记"银行存款"科目。自行开发并按法律程序申请取得的无形资产，按申请注册过程中的实际支出确认入账价值。相关研发费用，于发生时计入当期管理费用。其账户对应关系见图 2－161。

投资者投入的无形资产，小企业应按投资各方确认的价值，借记"无形资产"科目，贷记"实收资本"等科目。其账户对应关系见图 2－162。

小企业接受捐赠的无形资产，应按确定的实际成本，借记"无形资产"科目，贷记"待转资产价值"科目。其账户对应关系见图 2－163。

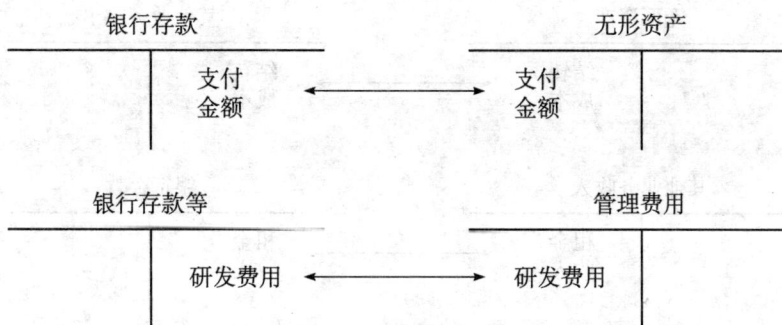

图 2 - 161

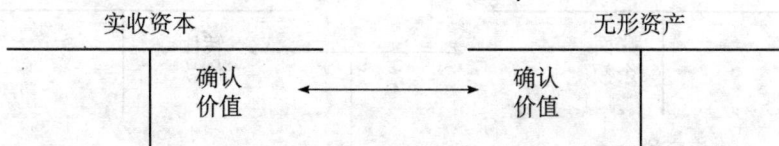

图 2 - 162

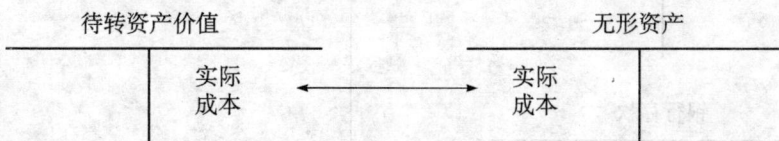

图 2 - 163

小企业以支付土地出让金方式取得的土地使用权,应按照实际支付的价款,借记"无形资产"科目,贷记"银行存款"等科目;待该项土地开发时,再将其账面价值转入相关在建工程,借记"在建工程"等科目,贷记"无形资产"科目。其账户对应关系见图 2 - 164。

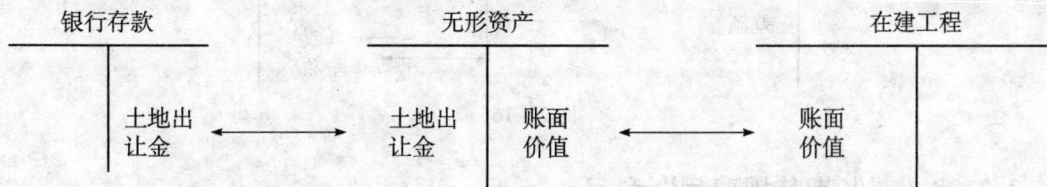

图 2 - 164

(2)出租无形资产

小企业出租无形资产所取得的租金收入,借记"银行存款"等科目,贷记"其他业务收入"等科目;结转出租无形资产的成本时,借记"其他业务支出"科目,贷记"无形资产"科目。其账户对应关系见图 2 - 165。

(3)出售无形资产

小企业出售无形资产时,应按实际取得的转让价款,借记"银行存款"等科目,按无形资产的账面余额,贷记"无形资产"科目,按应支付的相关税费,贷记"银行存款"、"应交税金"等科目,按其差额,贷记"营业外收入"科目或借记"营业外支出"科目。其账户对应关系见图 2 - 166。

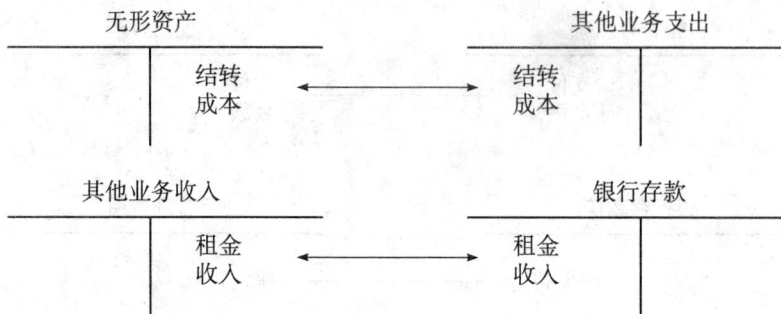

图 2 – 165

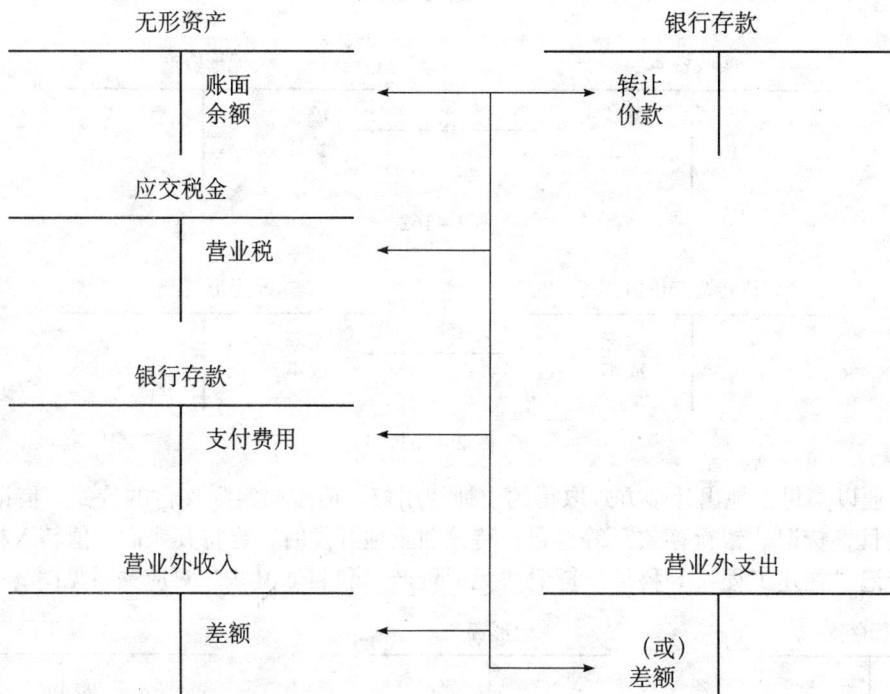

图 2 – 166

2.2.28 "长期待摊费用"科目

1. 设置目的及设置要求

设置"长期待摊费用"科目的目的是用来核算小企业已经支出，但摊销期限在 1 年以上（不含 1 年）的各项费用。

长期待摊费用科目应按费用的种类设置明细账，进行明细核算。

2. "长期待摊费用" 科目核算的内容

"长期待摊费用"科目核算的内容见图 2 – 167。

3. "长期待摊费用" 科目的应用

（1）筹建期间内发生的费用

小企业在筹建期间内发生的费用应于发生时，借记"长期待摊费用"科目，贷记"银行存款"等科目；在开始生产经营的当月转入当期损益，借记"管理费用"科目，贷记"长

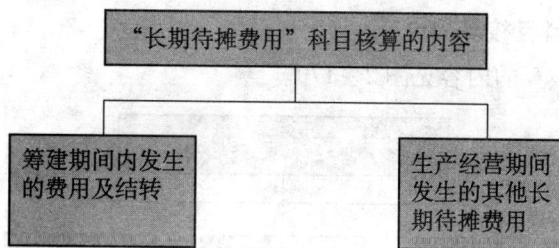

图 2 – 167

期待摊费用"科目。其账户对应关系见图 2 – 168。

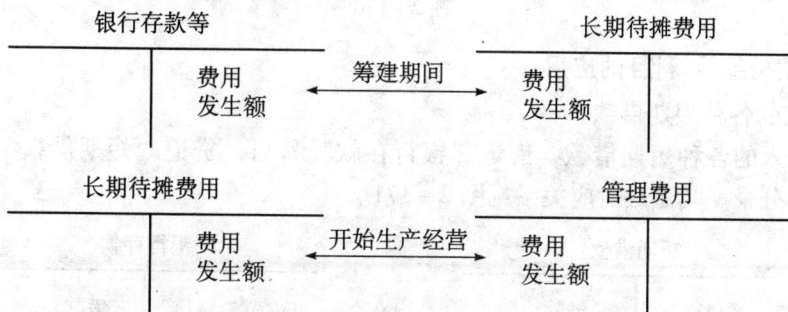

图 2 – 168

（2）其他长期待摊费用

小企业发生的其他长期待摊费用，应借记"长期待摊费用"科目，贷记"银行存款"等科目。摊销时，借记"制造费用"、"管理费用"等科目，贷记"长期待摊费用"科目。其账户对应关系见图 2 – 169。

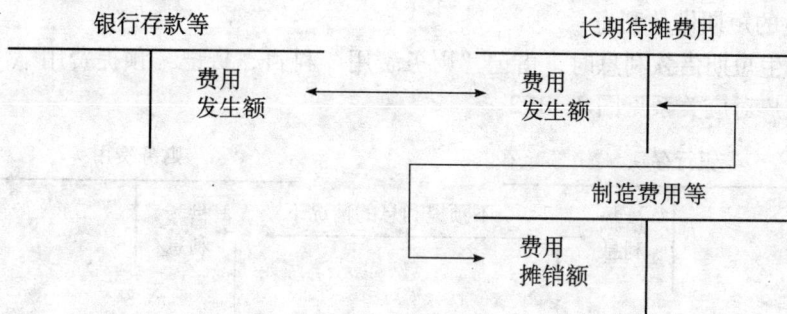

图 2 – 169

2.3 负债类会计科目的设置和应用

2.3.1 "短期借款"科目

1. 设置目的及设置要求

设置"短期借款"科目的目的是用来核算小企业向银行或其他金融机构借入的期限在 1 年以下（含 1 年）的各种借款。

2. "短期借款" 科目核算的内容

"短期借款" 科目核算的内容见图 2 - 170。

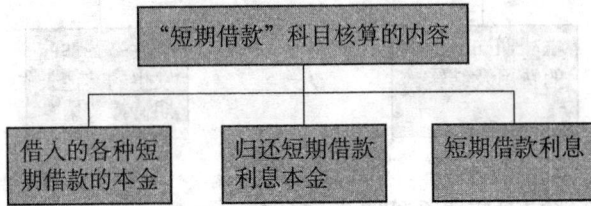

图 2 - 170

3. "短期借款" 科目的应用

（1）借入的各种短期借款

小企业借入的各种短期借款，借记"银行存款"科目，贷记"短期借款"科目；归还借款时作相反分录。其账户对应关系见图 2 - 171。

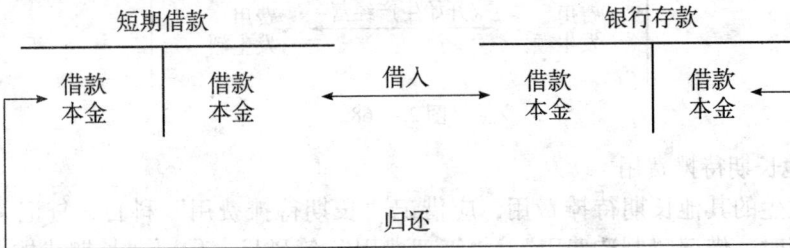

图 2 - 171

（2）发生的短期借款利息

小企业发生短期借款利息时，借记"财务费用"科目，贷记"预提费用"、"银行存款"等科目。其账户对应关系见图 2 - 172。

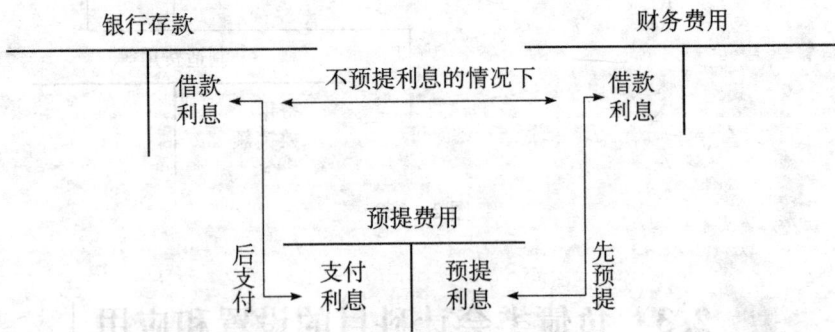

图 2 - 172

2.3.2 "应付票据" 科目

1. 设置目的及设置要求

设置"应付票据"科目的目的是用来核算小企业购买材料、商品和接受劳务供应等开出、承兑的商业汇票。

小企业应当设置"应付票据备查簿"，详细登记每一应付票据的种类、号数、签发日期、到期日、票面金额、合同交易号、收款人姓名或单位名称，以及付款日期和金额等资料。

2. "应付票据"科目核算的内容

"应付票据"科目核算的内容见图 2 – 173。

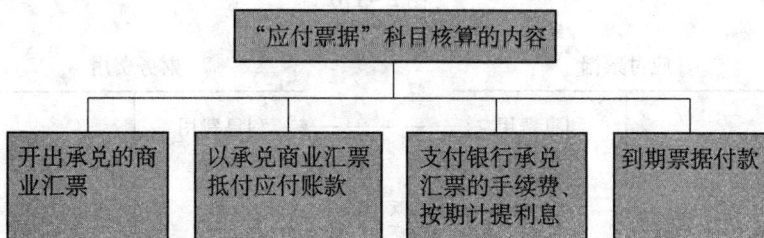

图 2 – 173

3. "应付票据"科目的应用

（1）购进存货等开出承兑的商业汇票

小企业在购进业务中开出、承兑商业汇票时，借记"材料"、"库存商品"、"应交税金——应交增值税（进项税额）"等科目，贷记"应付票据"科目。其账户对应关系见图 2 – 174。

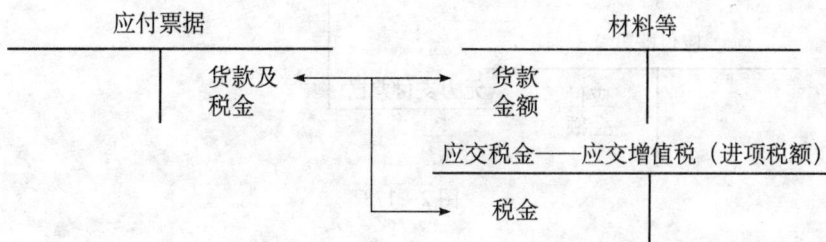

图 2 – 174

（2）以承兑商业汇票抵付应付账款

小企业以承兑商业汇票抵付应付账款时，借记"应付账款"科目，贷记"应付票据"科目。其账户对应关系见图 2 – 175。

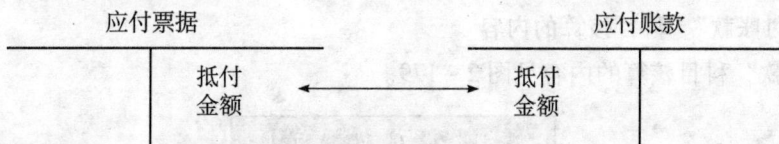

图 2 – 175

（3）支付银行承兑汇票的手续费、计提利息

小企业支付银行承兑汇票的手续费，借记"财务费用"科目，贷记"银行存款"科目。其账户对应关系见图 2 – 176。

小企业若有带息应付票据，应当按期计提利息计入当期财务费用，借记"财务费用"科目，贷记"应付票据"科目。其账户对应关系见图 2 – 177。

（4）票据到期

小企业收到银行支付到期票据的付款通知时，应借记"应付票据"科目，贷记"银行存

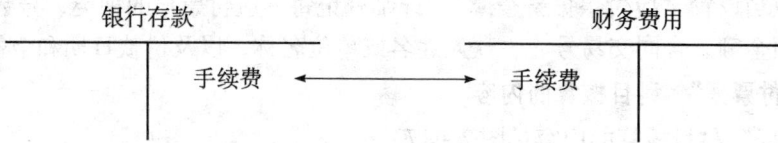

图 2 – 176

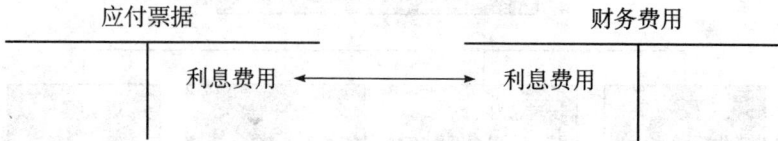

图 2 – 177

款"科目。应付票据到期，如无力支付票款，按应付票据的账面余额，借记"应付票据"科目，贷记"应付账款"科目。其账户对应关系见图 2 – 178。

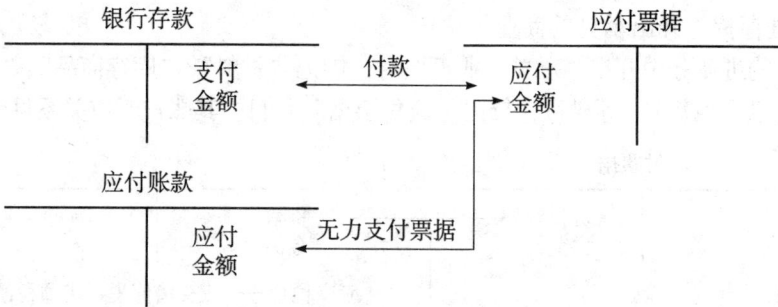

图 2 – 178

2.3.3　"应付账款"科目

1. 设置目的及设置要求

设置"应付账款"科目的目的是用来核算中小企业因购买材料、商品和接受劳务供应等而应付给供应单位的款项。

2. "应付账款"科目核算的内容

"应付账款"科目核算的内容见图 2 – 179。

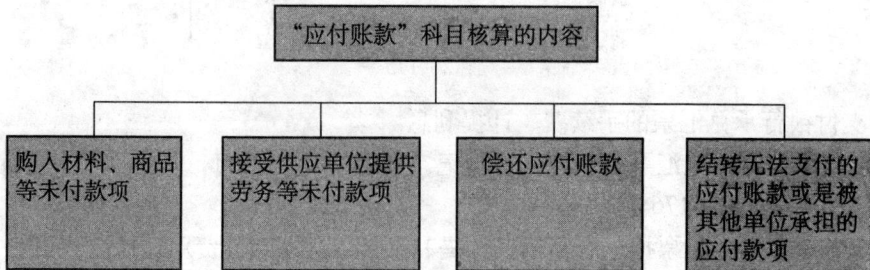

图 2 – 179

3.　"应付账款"　科目的应用

（1）购入材料、商品未付款项

小企业购入材料、商品等验收入库，但货款尚未支付，应根据有关凭证（发票账单、随货同行发票上记载的实际价款或暂估价值），借记"材料"、"库存商品"等科目，按专用发票上注明的增值税额，借记"应交税金——应交增值税（进项税额）"科目，按两者的合计，贷记"应付账款"科目。其账户对应关系见图 2 - 180。

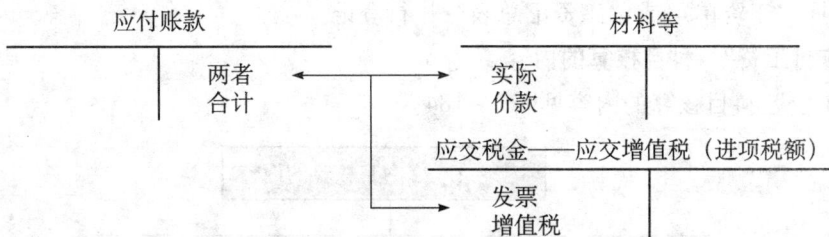

图 2 - 180

（2）接受供应单位提供劳务未付款项

小企业接受供应单位提供劳务而发生的应付未付款项，应根据供应单位的发票账单，借记"生产成本"、"管理费用"等科目，贷记"应付账款"科目。其账户对应关系见图 2 - 181。

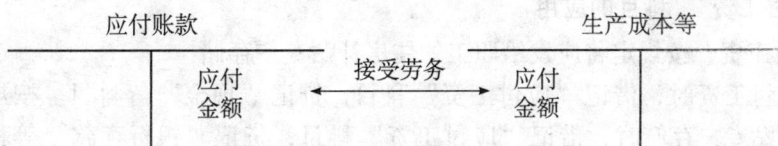

图 2 - 181

（3）偿还应付账款

小企业支付应付的款项时，借记"应付账款"科目，贷记"银行存款"科目。其账户对应关系见图 2 - 182。

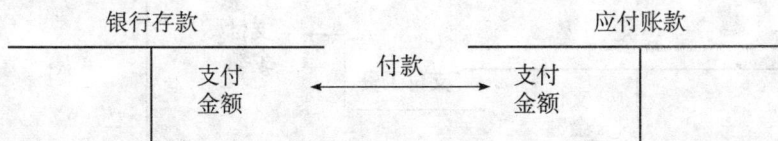

图 2 - 182

（4）无法支付的应付账款或是被其他单位承担的应付款项

小企业如有确实无法支付的应付账款或是被其他单位承担的应付款项，应转入资本公积，借记"应付账款"科目，贷记"资本公积"科目。其账户对应关系见图 2 - 183。

2.3.4　"应付工资"科目

1. 设置目的及设置要求

小企业设置"应付工资"科目的目的是用来核算小企业应付给职工的工资总额。包括在工资总额内的各种工资、奖金、津贴等。

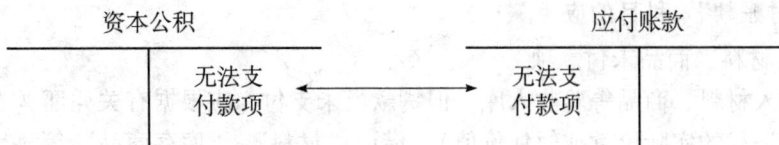

图 2 – 183

小企业应当设置"应付工资明细账",按照职工类别分设账页,按照工资的组成内容分设专栏,根据"工资单"或"工资汇总表"进行登记。

2. "应付工资" 科目核算的内容

"应付工资"科目核算的内容见图 2 – 184。

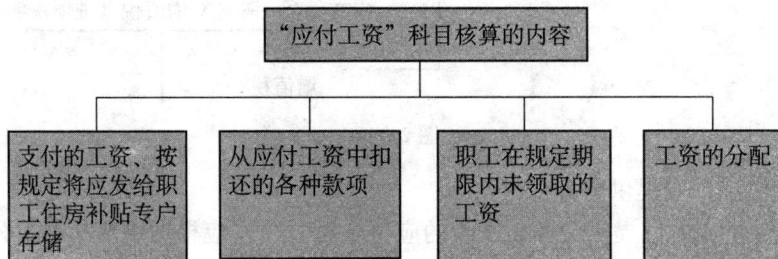

图 2 – 184

3. "应付工资" 科目的应用

（1）支付工资、按规定将应发给职工的住房补贴专户存储

小企业支付工资时,借记"应付工资"科目,贷记"现金"等科目。按规定将应发给职工的住房补贴专户存储时,借记"应付工资"科目,贷记"银行存款"等科目。其账户对应关系见图 2 – 185。

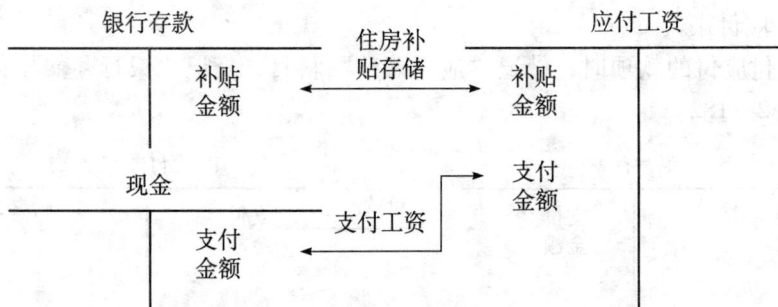

图 2 – 185

（2）从应付工资中扣还的各种款项

小企业从应付工资中扣还各种款项（如代垫的房租、家属药费、个人所得税等）时,应借记"应付工资"科目,贷记"其他应收款"、"应交税金——应交个人所得税"等科目。其账户对应关系见图 2 – 186。

（3）职工在规定期限内未领取的工资

小企业的职工在规定期限内未领取工资时,由发放的单位及时交回财务会计部门,借记"现金"科目,贷记"其他应付款"科目。其账户对应关系见图 2 – 187。

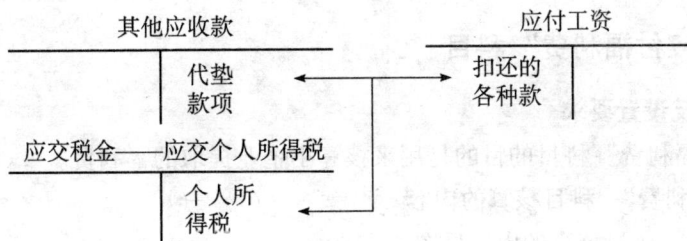

图 2 – 186

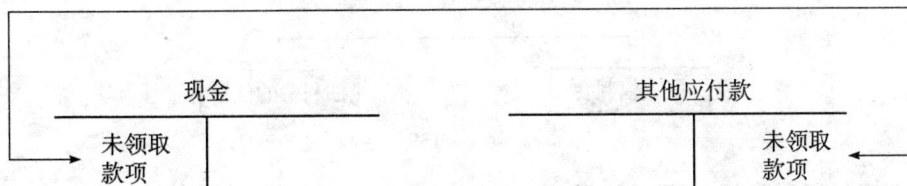

图 2 – 187

（4）工资的分配

月度终了，小企业应将本月应发工资进行分配：生产、管理部门人员工资，借记"生产成本"、"制造费用"、"管理费用"等科目，贷记"应付工资"科目；应由采购、销售开支的人员工资，借记"营业费用"科目，贷记"应付工资"科目；应由工程负担的人员工资，借记"在建工程"科目，贷记"应付工资"科目；应由福利费开支的工资，借记"应付福利费"科目，贷记"应付工资"科目。其账户对应关系见图 2 – 188。

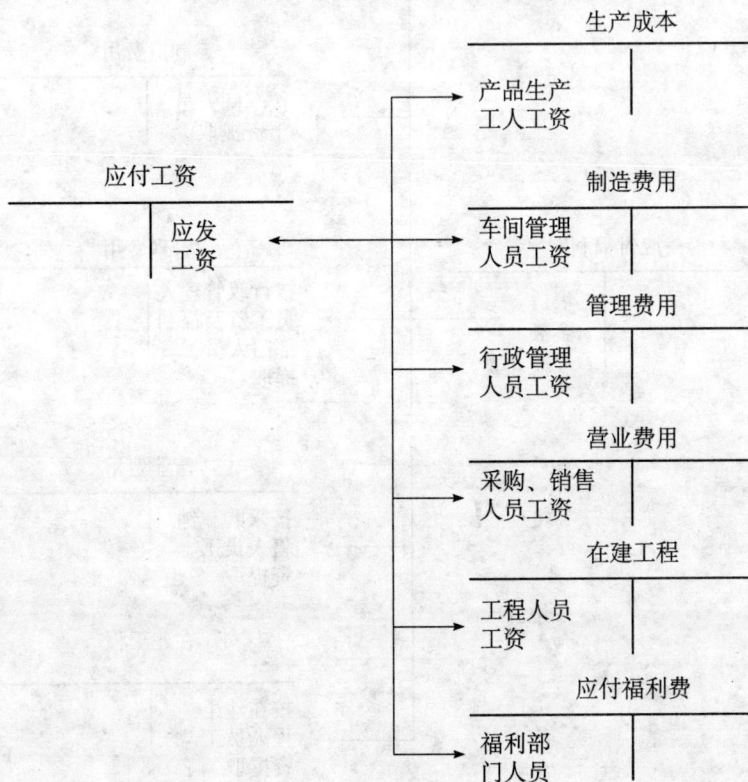

图 2 – 188

77

2.3.5 "应付福利费"科目

1. 设置目的及设置要求

设置"应付福利费"科目的目的是用来核算小企业提取的福利费。

2. "应付福利费"科目核算的内容

"应付福利费"科目核算的内容见图2－189。

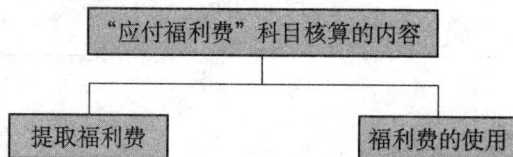

图2－189

3. "应付福利费"科目的应用

（1）提取福利费

小企业提取福利费时，借记"生产成本"、"制造费用"、"营业费用"、"管理费用"、"在建工程"等科目，贷记"应付福利费"科目。其账户对应关系见图2－190。

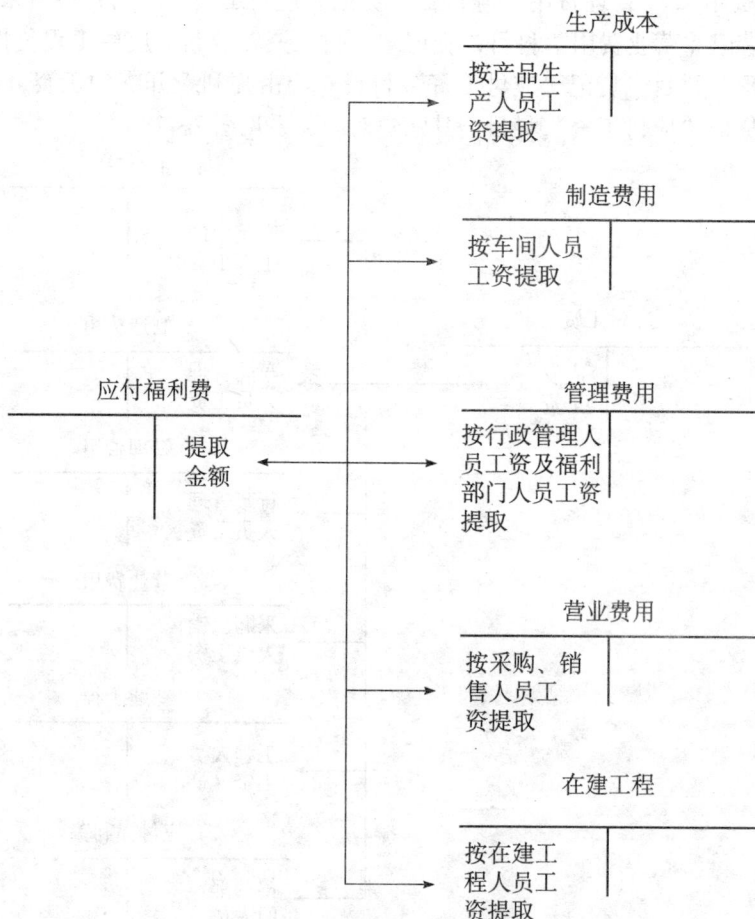

图2－190

（2）支付的福利费

小企业支付的职工医疗卫生费用、职工困难补助和其他福利费等，应借记"应付福利费"科目，贷记"现金"、"银行存款"等科目。其账户对应关系见图 2 – 191。

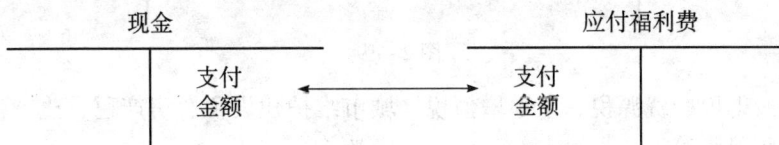

现金		应付福利费	
	支付 金额		支付 金额

图 2 – 191

2.3.6　"应付利润"科目

1. 设置目的及设置要求

设置"应付利润"科目的目的是用来核算小企业经董事会或类似机构决议并经批准分配的利润（含现金股利，下同）。

2. "应付利润" 科目核算的内容

"应付利润"科目核算的内容见图 2 – 192。

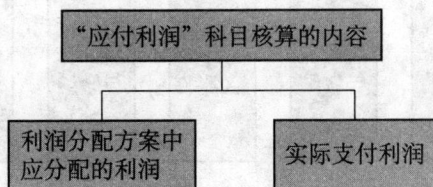

图 2 – 192

3. "应付利润" 科目的应用

（1）利润分配方案中应分配的利润

小企业应当根据批准的利润分配方案，按应分配的利润，借记"利润分配——应付利润"科目，贷记"应付利润"科目。其账户对应关系见图 2 – 193。

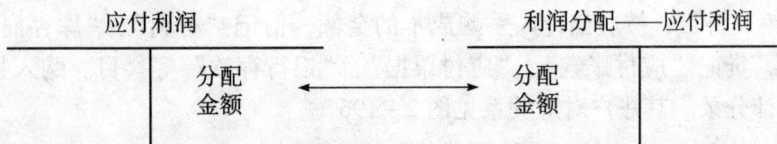

应付利润		利润分配——应付利润	
	分配 金额		分配 金额

图 2 – 193

（2）实际支付利润

小企业实际支付利润时，借记"应付利润"科目，贷记"现金"、"银行存款"等科目。其账户对应关系见图 2 – 194。

2.3.7　"应交税金"科目

1. 设置目的及设置要求

设置"应交税金"科目的目的是用来核算小企业应交纳的各种税金，如增值税、消费

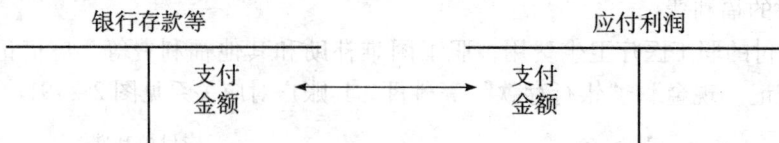

图 2 – 194

税、营业税、所得税、资源税、土地增值税、城市维护建设税、房产税、土地使用税、车船使用税、个人所得税等。

小企业应按不同的税种设置明细账，并且在"应交增值税"明细账内，设置"进项税额"、"已交税金"、"减免税款"、"出口抵减内销产品应纳税额"、"转出未交增值税"、"销项税额"、"出口退税"、"进项税额转出"、"转出多交增值税"等专栏，并按规定进行核算。

2. "应交税金" 科目核算的内容

"应交税金"科目核算的内容见图 2 – 195。

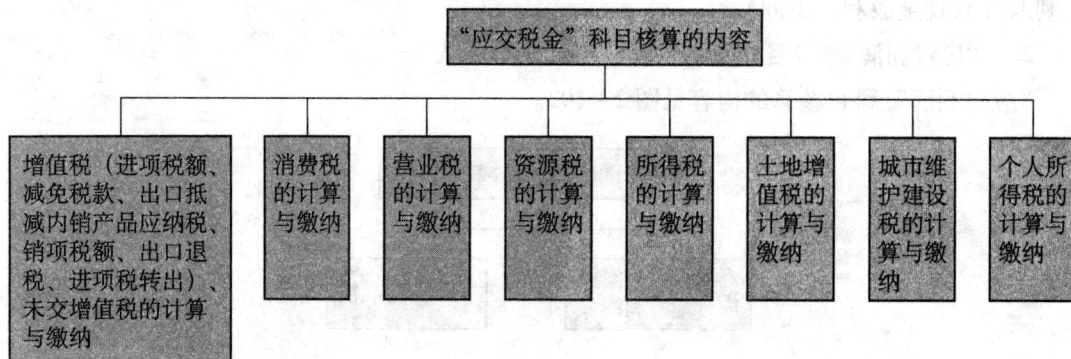

图 2 – 195

3. "应交税金" 科目的应用

（1）增值税

①进项税额

小企业采购物资时，应按专用发票上注明的增值税额，借记"应交税金——应交增值税"（进项税额）科目，按应当计入采购成本的金额，借记"材料"、"库存商品"等科目，按支付的金额，贷记"应付账款"、"应付票据"、"银行存款"等科目。购入物资发生的退货，作相反会计分录。其账户对应关系见图 2 – 196。

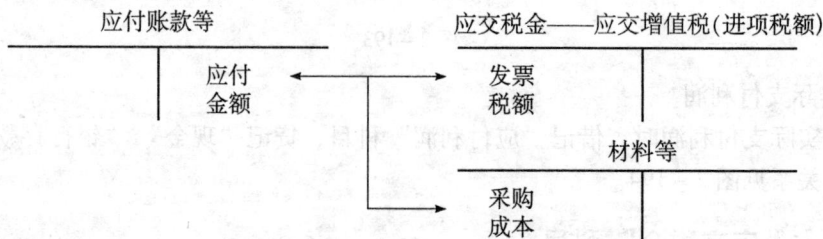

图 2 – 196

小企业接受投资转入物资时，应按专用发票上注明的增值税额，借记"应交税金——应交增值税（进项税额）"科目，按投资各方确定的价值，借记"材料"等科目，按其在注册资本中所占有的份额，贷记"实收资本"科目，按其差额，贷记"资本公积"科目。其账户对应关系见图 2 - 197。

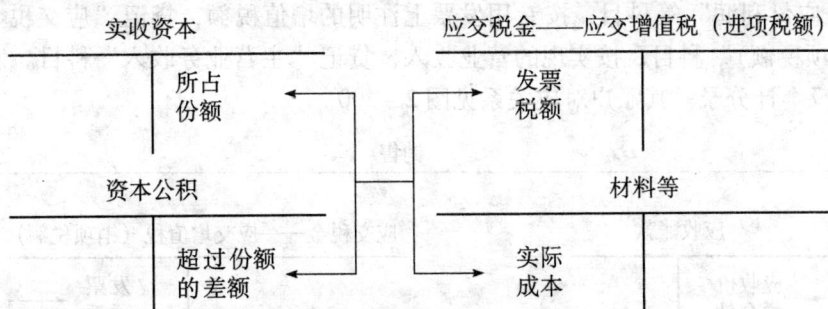

图 2 - 197

　　小企业接受应税劳务，应按专用发票上的增值税额，借记"应交税金——应交增值税（进项税额）"科目，按专用发票上记载的应当计入加工、修理修配等物资成本的金额，借记"生产成本"、"委托加工物资"等科目，按支付的金额，贷记"应付账款"、"银行存款"等科目。其账户对应关系见图 2 - 198。

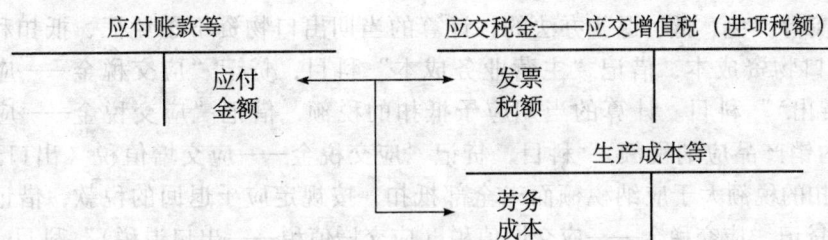

图 2 - 198

　　小企业进口物资时，应按海关提供的完税凭证上的增值税，借记"应交税金——应交增值税（进项税额）"科目，按采购成本的金额，借记"材料"、"库存商品"等科目，按支付的金额，贷记"应付账款"、"银行存款"科目。购进免税农业产品，按购入农产品的买价和规定的税率计算的进项税额，借记"应交税金——应交增值税（进项税额）"科目，按买价减去按规定计算的进项税额后的差额，借记"材料"、"库存商品"科目，按支付的价款，贷记"应付账款"、"银行存款"科目。其账户对应关系见图 2 - 199。

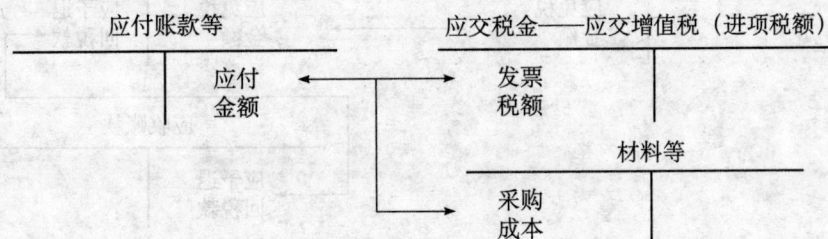

图 2 - 199

②销售税额

小企业销售物资或提供应税劳务（包括将自产、委托加工或购买的货物分配给股东）时，应按实现的营业收入和按规定收取的增值税额，借记"应收账款"、"应收票据"、"银行存款"、"应付利润"等科目，按专用发票上注明的增值税额，贷记"应交税金——应交增值税（销项税额）"科目，按实现的营业收入，贷记"主营业务收入"科目。发生的销售退回，作相反会计分录。其账户对应关系见图2-200。

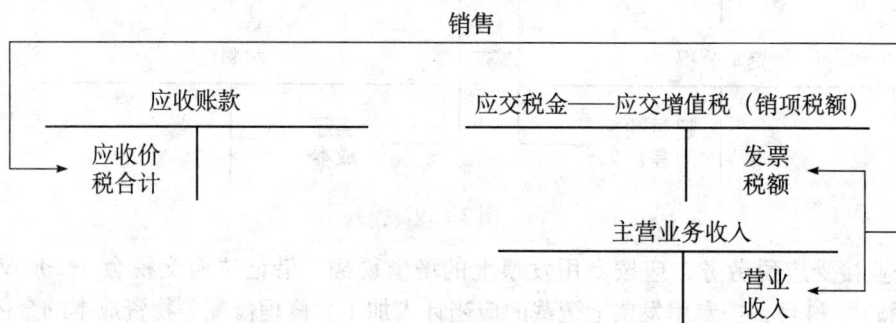

图2-200

③出口退税

小企业实行"免、抵、退"办法的，计算的当期出口物资不予免征、抵扣和退税的税额，计入出口物资成本，借记"主营业务成本"科目，贷记"应交税金——应交增值税（进项税额转出）"科目。计算的当期应予抵扣的税额，借记"应交税金——应交增值税（出口抵减内销产品应纳税额）"科目，贷记"应交税金——应交增值税（出口退税）"科目。因应抵扣的税额大于应纳税额而未全部抵扣，按规定应予退回的税款，借记"应收账款"科目，贷记"应交税金——应交增值税（应交增值税——出口退税）"科目。其账户对应关系见图2-201。

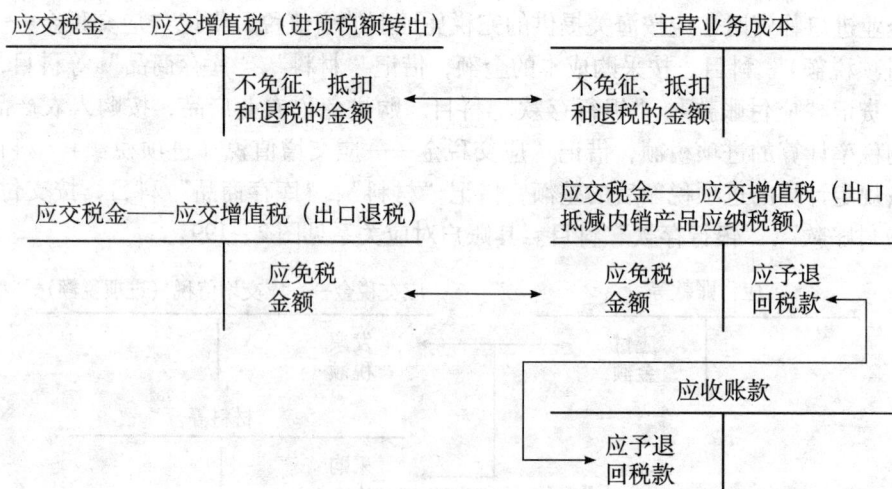

图2-201

④视同销售的销项税额

小企业将自产或委托加工的货物用于非应税项目、作为投资、集体福利消费、赠送他人等的，应视同销售物资计算应交增值税，借记"在建工程"、"长期股权投资"、"应付福利费"、"营业外支出"等科目，贷记"应交税金——应交增值税（销项税额）科目。其账户对应关系见图 2 - 202。

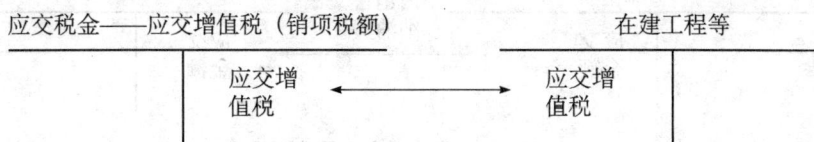

应交税金——应交增值税（销项税额）　　　　　在建工程等

应交增值税　←→　应交增值税

图 2 - 202

⑤进项税额转出

小企业购进的物资、在产品、产品发生非正常损失，及购进物资改变用途等，其进项税额应相应转入有关科目，应借记"管理费用"、"在建工程"、"应付福利费"等科目，贷记"应交税金——应交增值税（进项税额转出）"科目。其账户对应关系见图 2 - 203。

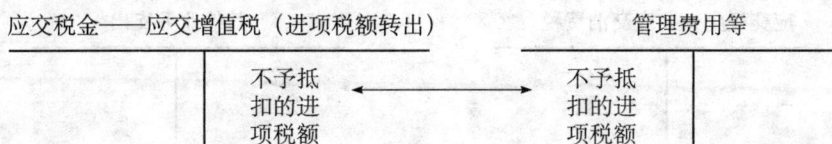

应交税金——应交增值税（进项税额转出）　　　　管理费用等

不予抵扣的进项税额　←→　不予抵扣的进项税额

图 2 - 203

⑥交纳增值税

小企业本月上交应交增值税，借记"应交税金——应交增值税（已交税金）"科目，贷记"银行存款"科目。其账户对应关系见图 2 - 204。

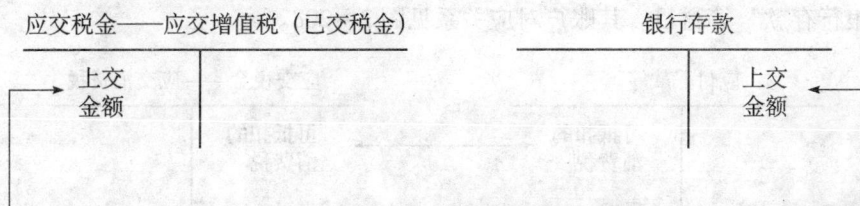

应交税金——应交增值税（已交税金）　　　　　银行存款

上交金额　　　　　　　　　　　上交金额

图 2 - 204

⑦期末结转未交增值税

月终，小企业将应交未交增值税自"转出未交增值税"明细科目转入"未交增值税"明细科目，借记"应交税金——应交增值税（转出未交增值税）"科目，贷记"应交税金——未交增值税"科目。其账户对应关系见图 2 - 205。

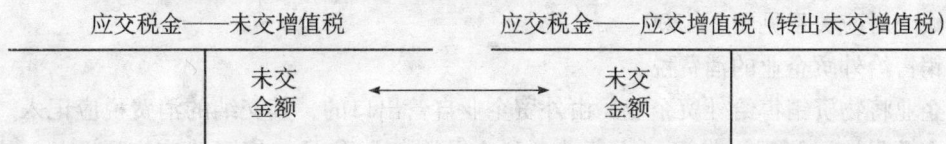

应交税金——未交增值税　　　　应交税金——应交增值税（转出未交增值税）

未交金额　←→　未交金额

图 2 - 205

（2）消费税

①销售应税产品交纳消费税

小企业销售需要交纳消费税的物资应交的消费税，借记"主营业务税金及附加"等科目，贷记"应交税金——应交消费税"科目。退货时作相反会计分录。其账户对应关系见图 2 – 206。

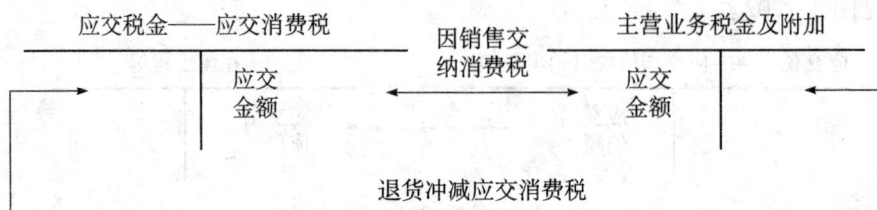

图 2 – 206

②随同产品出售单独计价包装物的消费税

小企业中随同商品出售单独计价的包装物，应按规定应交纳的消费税，借记"其他业务支出"科目，贷记"应交税金——应交消费税"科目。其账户对应关系见图 2 – 207。

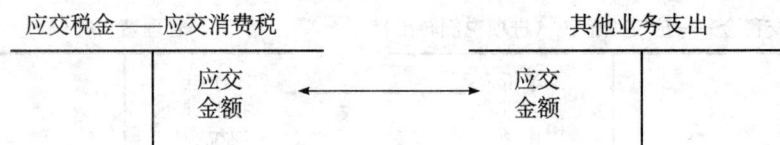

图 2 – 207

③委托加工物资需要交纳的消费税

小企业中有需要交纳消费税的委托加工物资，收回后用于连续生产的，按规定准予抵扣的，对于代收代交准予抵扣的消费税，借记"应交税金——应交消费税"科目，贷记"应付账款"、"银行存款"等科目。其账户对应关系见图 2 – 208。

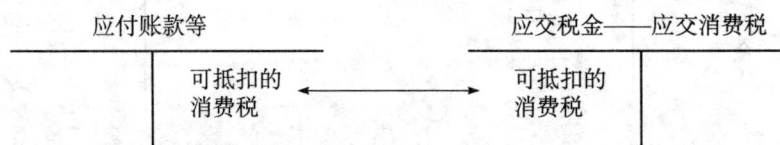

图 2 – 208

④委托代理出口物资的消费税

委托外贸企业代理出口物资的生产性小企业，应在计算消费税时，按应交消费税，借记"应收账款"科目，贷记"应交税金——应交消费税"科目。收到退回的税金，借记"银行存款"科目，贷记"应收账款"科目。发生退关、退货而补交已退的消费税，作相反会计分录。其账户对应关系见图 2 – 209。

⑤销售给外贸企业的消费税

小企业将物资销售给外贸企业，由外贸企业自营出口的，其交纳的消费税应记入"主营业务税金及附加"科目，借记"主营业务税金及附加"科目，贷记"应交税金——应交消费税"科目。其账户对应关系见图 2 – 210。

（3）营业税

①应税经营业务的营业税

小企业发生应交纳营业税的经济业务，应按其营业额和规定的税率，计算应交纳的营业

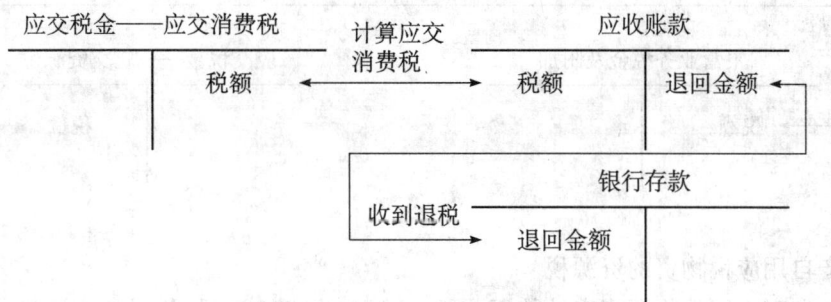

图 2 - 209

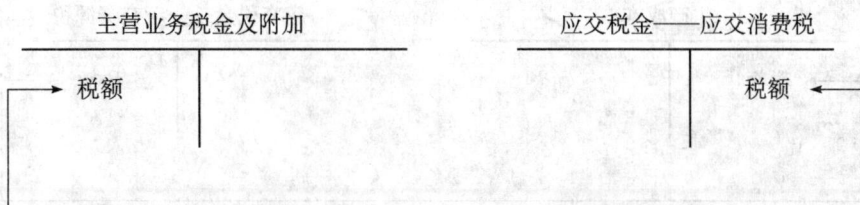

图 2 - 210

税，借记"主营业务税金及附加"等科目，贷记"应交税金——应交营业税"科目。其账户对应关系见图 2 - 211。

图 2 - 211

②销售不动产的营业税

小企业销售不动产，按销售额计算的营业税记入"固定资产清理"科目，借记"固定资产清理"科目，贷记"应交税金——应交营业税"科目。其账户对应关系见图 2 - 212。

图 2 - 212

（4）资源税

①销售应税物资的资源税

小企业销售物资按规定应交纳的资源税，借记"主营业务税金及附加"科目，贷记"应交税金——应交资源税"科目。其账户对应关系见图 2 - 213。

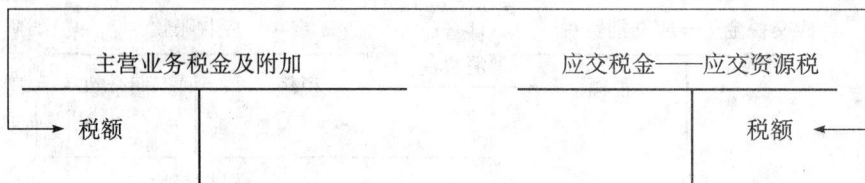

图 2-213

②自产自用应税物资的资源税

小企业自产自用的物资应交纳的资源税，借记"生产成本"科目，贷记"应交税金——应交资源税"科目。其账户对应关系见图 2-214。

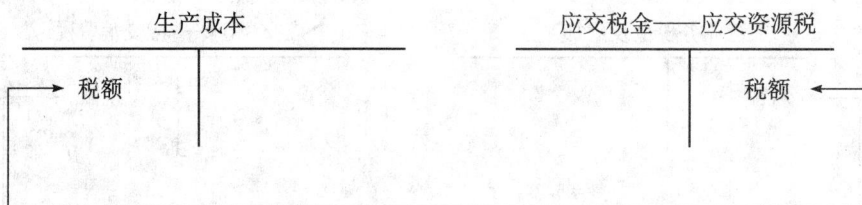

图 2-214

③收购未税矿产品的资源税

小企业收购未税矿产品时，按实际支付的收购款和代扣代交的资源税，借记"材料"等科目，按实际支付的收购款，贷记"银行存款"科目，按代扣代交的资源税，贷记"应交税金——应交资源税"科目。其账户对应关系见图 2-215。

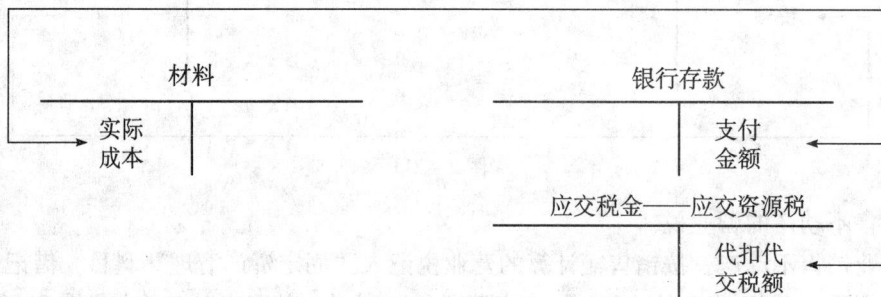

图 2-215

④外购液体盐加工固体盐的资源税

小企业外购液体盐加工固体盐时，在购入液体盐时，按允许抵扣的资源税，借记"应交税金——应交资源税"科目，按外购价款减去允许抵扣资源税后的金额，借记"材料"等科目，按应支付的全部价款，贷记"银行存款"、"应付账款"等科目。其账户对应关系见图 2-216。

（5）应交所得税

小企业计算出当期应交的所得税，借记"所得税"科目，贷记"应交税金——应交所得税"科目。交纳的所得税，借记"应交税金——应交所得税"科目，贷记"银行存款"等科目。其账户对应关系见图 2-217。

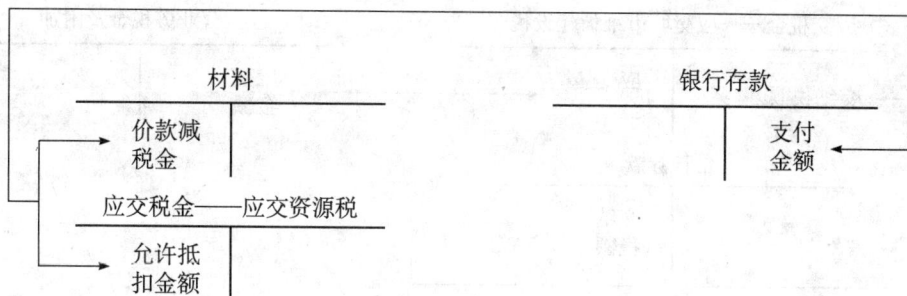

图 2-216

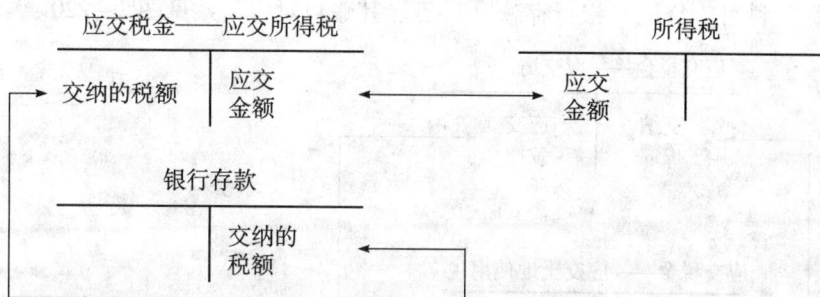

图 2-217

(6) 应交土地增值税

小企业转让的国有土地使用权连同地上建筑物及附着物一并在"固定资产"或"在建工程"等科目核算。转让时,借记"固定资产清理"、"在建工程"等科目,贷记"应交税金——应交土地增值税"科目。交纳的土地增值税,借记"应交税金——应交土地增值税"科目,贷记"银行存款"科目。其账户对应关系见图 2-218。

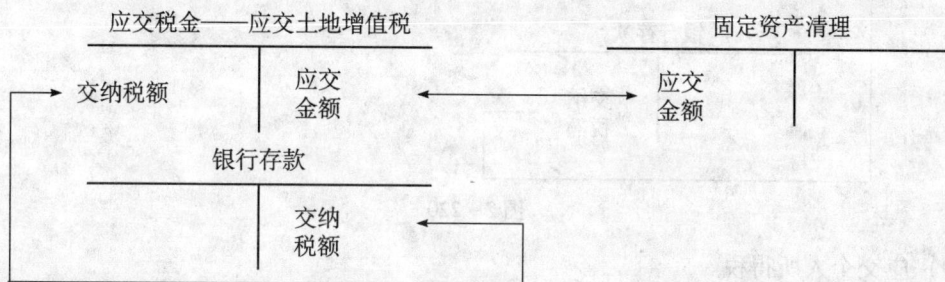

图 2-218

(7) 应交城市维护建设税

小企业按规定计算的应交纳的城市维护建设税,应借记"主营业务税金及附加"等科目,贷记"应交税金——应交城市维护建设税"科目。交纳的城市维护建设税,借记"应交税金——应交城市维护建设税"科目,贷记"银行存款"科目。其账户对应关系见图 2-219。

(8) 应交房产税、土地使用税、车船使用税

小企业按规定计算应交的房产税、土地使用税、车船使用税时,借记"管理费用"科目,贷记"应交税金——应交房产税、应交土地使用税、应交车船使用税"等科目。交纳的房产税、土地使用税、车船使用税,借记"应交税金——应交房产税、应交土地使用税、应

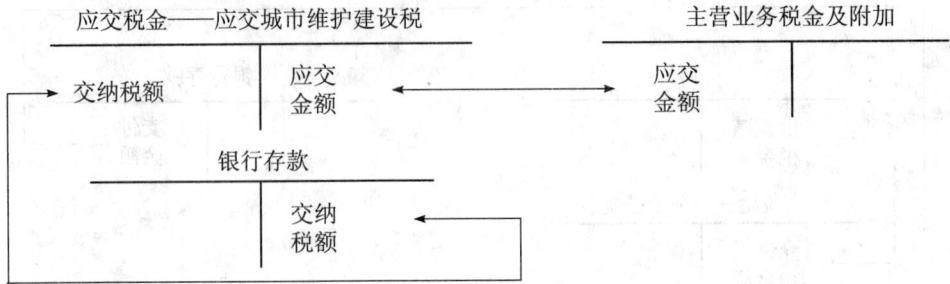

图 2 – 219

交车船使用税"科目,贷记"银行存款"科目。其账户对应关系见图 2 – 220。

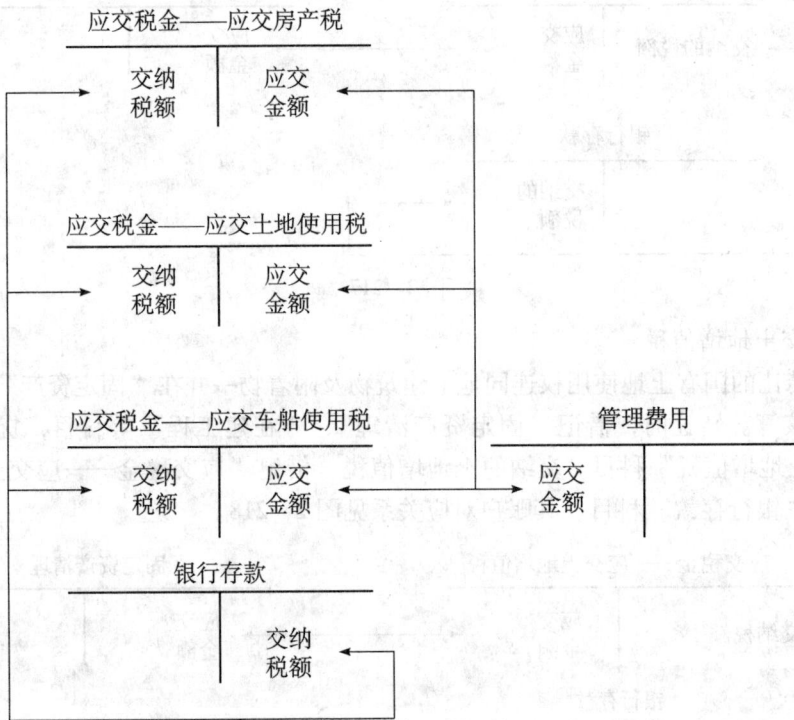

图 2 – 220

(9)应交个人所得税

小企业按规定计算应代扣代交的职工个人所得税,借记"应付工资"科目,贷记"应交税金——应交个人所得税"科目。交纳的个人所得税,借记"应交税金——应交个人所得税"科目,贷记"银行存款"科目。其账户对应关系见图 2 – 221。

2.3.8 "其他应交款"科目

1. 设置目的及设置要求

设置"其他应交款"科目的目的是用来核算小企业除应交税金、应付利润等以外的其他各种应交的款项,包括应交的教育费附加、矿产资源补偿费、住房公积金等。

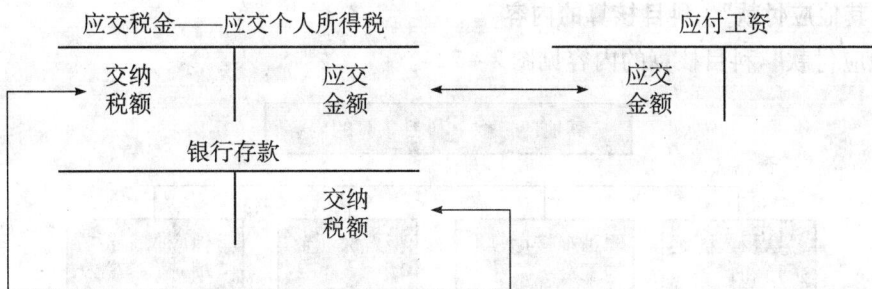

图 2 - 221

2. "其他应交款" 科目核算的内容

"其他应交款"科目核算的内容见图 2 - 222。

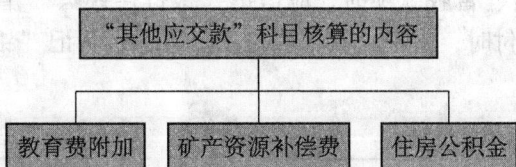

图 2 - 222

3. "其他应交款" 科目的应用

小企业按规定计算出应交纳的各种款项，借记"主营业务税金及附加"、"管理费用"等科目，贷记"其他应交款"科目；交纳时，借记"其他应交款"科目，贷记"银行存款"科目。其账户对应关系见图 2 - 223。

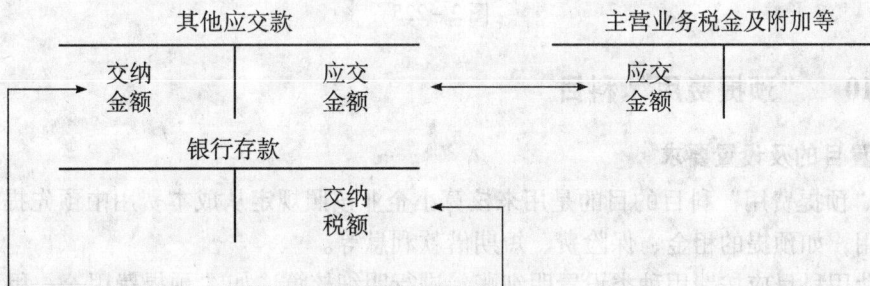

图 2 - 223

2.3.9 "其他应付款" 科目

1. 设置目的及设置要求

设置"其他应付款"科目的目的是用来核算小企业应付、暂收其他单位或个人的款项，如应付租入固定资产和包装物的租金、存入保证金等。

"其他应付款"科目应按应付和暂收款项的类别和单位或个人设置明细账，进行明细核算。具体包括：经营租入固定资产和包装物的租金；职工未按期领取的工资；存入保证金（如收入包装物押金等）；其他应付、暂收款项等。

2. "其他应付款" 科目核算的内容

"其他应付款"科目核算的内容见图 2 – 224。

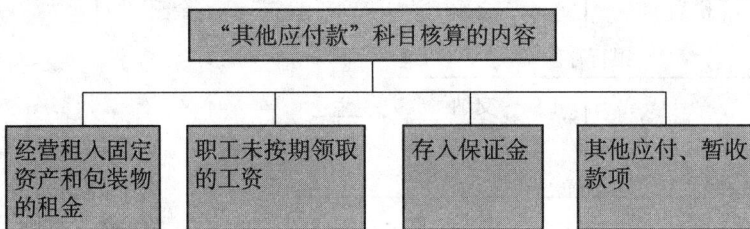

图 2 – 224

3. "其他应付款" 科目的应用

小企业发生各种应付、暂收款项时，应借记"银行存款"、"管理费用"等科目，贷记"其他应付款"科目；支付时，借记"其他应付款"科目，贷记"银行存款"科目。其账户对应关系见图 2 – 225。

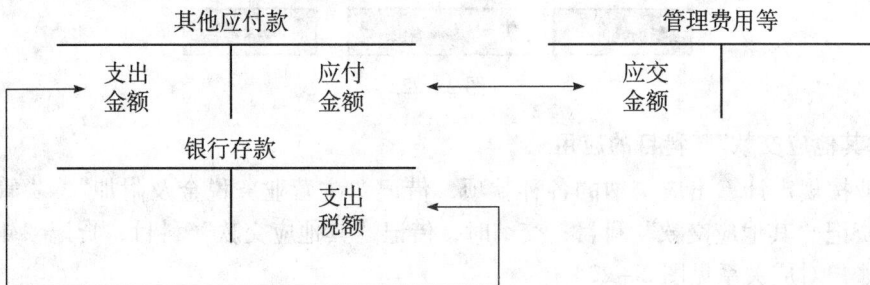

图 2 – 225

2.3.10 "预提费用" 科目

1. 设置目的及设置要求

设置"预提费用"科目的目的是用来核算小企业按照规定从成本费用中预先提取但尚未支付的费用，如预提的租金、保险费、短期借款利息等。

预提费用科目应按费用种类设置明细账，进行明细核算，如"预提费用——租金"、"预提费用——保险费"。

2. "预提费用" 科目核算的内容

"预提费用"科目核算的内容见图 2 – 226。

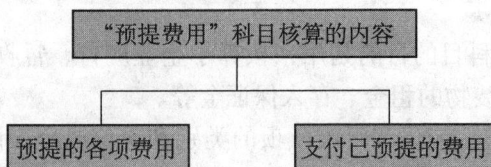

图 2 – 226

3. "预提费用"科目的应用

小企业按规定预提计入本期成本费用的各项支出，借记"制造费用"、"管理费用"、"财务费用"等科目，贷记"预提费用"科目。实际发生的支出大于已经预提的数额，应当计入当期费用。其账户对应关系见图 2 - 227。

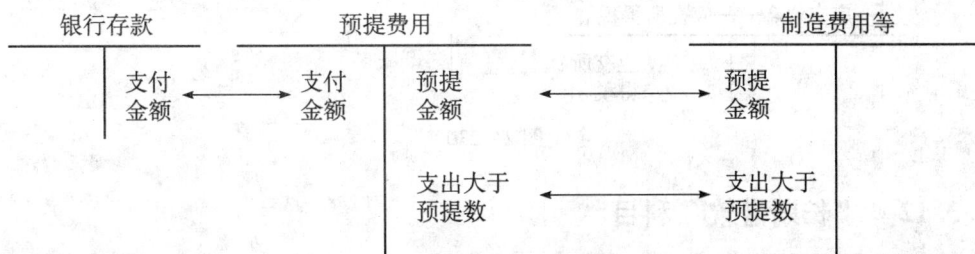

图 2 - 227

2.3.11 "待转资产价值"科目

1. 设置目的及设置要求

设置"待转资产价值"科目的目的是用来核算小企业接受捐赠待转的资产价值。

2. "待转资产价值"科目核算的内容

"待转资产价值"科目核算的内容见图 2 - 228。

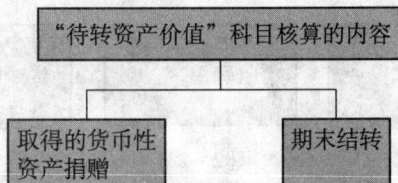

图 2 - 228

3. "待转资产价值"科目的应用

（1）取得的货币性资产捐赠

小企业取得的货币性资产捐赠，应按实际取得的金额，借记"现金"或"银行存款"等科目，贷记"待转资产价值——接受捐赠货币性资产价值"科目。其账户对应关系见图 2 - 229。

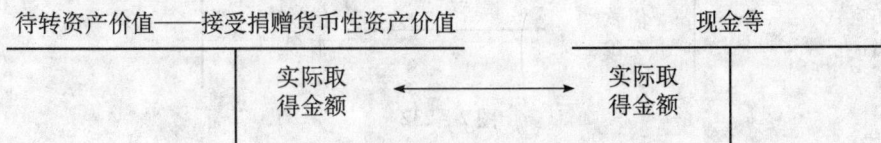

图 2 - 229

（2）期末结转

小企业如果接受捐赠，待转的资产价值全部计入当期应纳税所得额，应按本科目的账面余额，借记"待转资产价值"科目，按按受捐赠待转的资产价值与现行所得税税率计算的应交所得税，或接受捐赠待转的资产价值在抵减当期亏损后的余额与现行所得税税率计算的应交所得税，贷记"应交税金——应交所得税"科目，按其差额，贷记"资本公积——其他资本公积、接受捐赠非现金资产准备"科目。其账户对应关系见图 2－230。

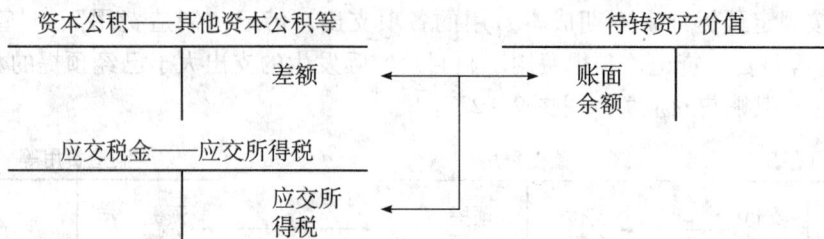

图 2－230

2.3.12 "长期借款"科目

1. 设置目的及设置要求

设置"长期借款"科目的目的是用来核算小企业向银行或其他金融机构借入的期限在 1 年以上（不含 1 年）的各项借款。

2. "长期借款" 科目核算的内容

"长期借款"科目核算的内容见图 2－231。

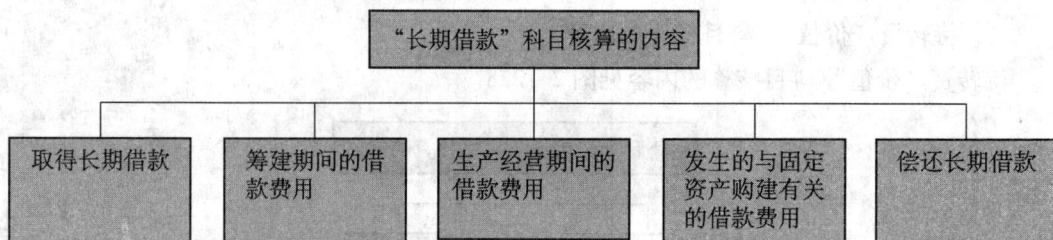

图 2－231

3. "长期借款" 科目的应用

（1）取得长期借款

小企业取得的长期借款，借记"银行存款"科目，贷记"长期借款"科目。其账户对应关系见图 2－232。

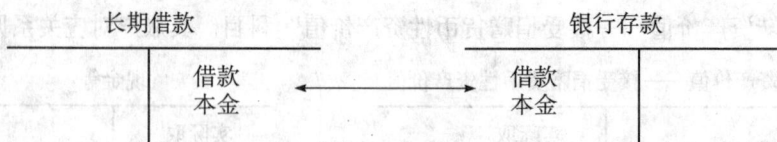

图 2－232

（2）筹建期间的借款费用

小企业筹建期间的借款费用，计入长期待摊费用，借记"长期待摊费用"科目，贷记"长期借款"科目。其账户对应关系见图 2－233。

（3）生产经营期间的借款费用

属于生产经营期间的，计入财务费用，借记"财务费用"科目，贷记"长期借款"等科目。其账户对应关系见图 2－234。

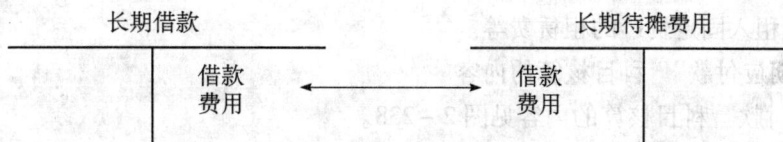

图 2 - 233

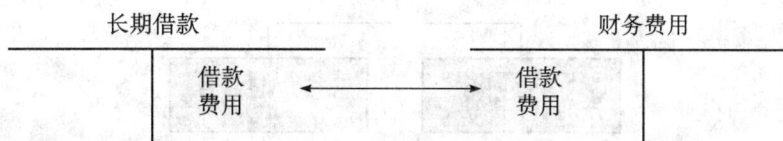

图 2 - 234

（4）发生的与固定资产购建有关的借款费用

小企业发生的与固定资产购建有关的借款费用，在符合开始资本化的条件时至固定资产达到预定可使用状态前发生的，计入固定资产成本，借记"在建工程"科目，贷记"长期借款"科目。其账户对应关系见图 2 - 235。

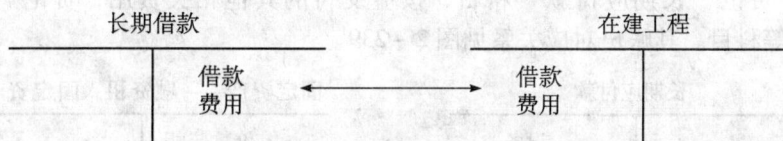

图 2 - 235

小企业固定资产达到预定可使用状态后发生的借款费用，计入财务费用，借记"财务费用"科目，贷记"长期借款"科目。其账户对应关系见图 2 - 236。

图 2 - 236

（5）偿还长期借款

小企业的长期借款到期偿还，应借记"长期借款"，贷记"银行存款"。其账户对应关系见图 2 - 237。

图 2 - 237

2.3.13　"长期应付款"科目

1. 设置目的及设置要求

设置"长期应付款"科目的目的是用来核算小企业除长期借款以外的其他各种长期应付

款，包括融资租入固定资产的租赁费等。

2. "长期应付款" 科目核算的内容

"长期应付款"科目核算的内容见图2－238。

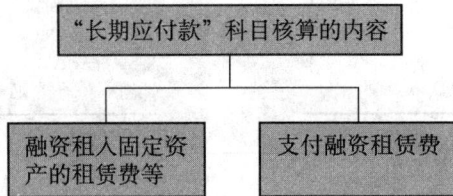

```
        "长期应付款"科目核算的内容
                   │
        ┌──────────┴──────────┐
   融资租入固定资          支付融资租赁费
   产的租赁费等
```

图 2－238

3. "长期应付款" 科目的应用

小企业融资租入的固定资产，应当在租赁开始日，按租赁协议或者合同确定的价款、运输费、途中保险费、安装调试费以及融资租入固定资产达到预定可使用状态前发生的利息支出和汇兑损益等，借记"固定资产——融资租入固定资产"科目，按租赁协议或者合同确定的设备价款，贷记"长期应付款"科目，按应支付的其他相关费用，贷记"银行存款"、"应付账款"等科目。其账户对应关系见图2－239。

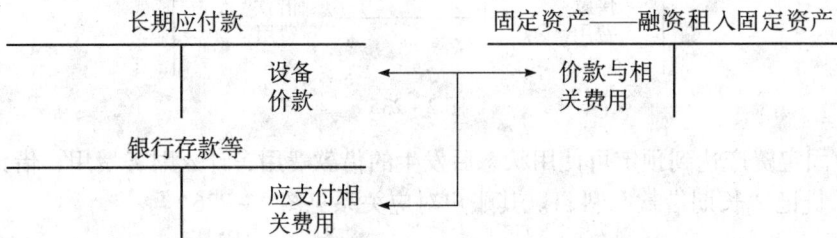

```
      长期应付款              固定资产——融资租入固定资产
              设备   ◄──────►  价款与相
              价款              关费用

      银行存款等
              应支付相  ──────►
              关费用
```

图 2－239

小企业按期支付融资租赁费时，应借记"长期应付款"科目，贷记"银行存款"科目。租赁期满时，如果合同规定将固定资产所有权转归承租企业，应当进行转账，将固定资产从"融资租入固定资产"明细科目转入有关明细科目。其账户对应关系见图2－240。

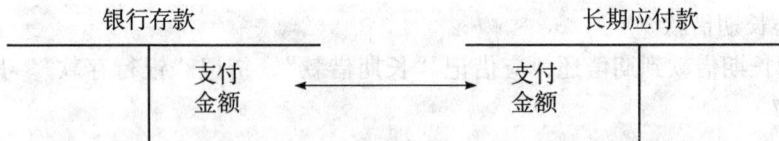

```
      银行存款                    长期应付款
          支付    ◄──────►        支付
          金额                    金额
```

图 2－240

2.4　所有者权益类会计科目的设置和应用

2.4.1　"实收资本"科目

1. 设置目的及设置要求

设置"实收资本"科目的目的是用来核算小企业实际收到投资者投入的资本。

2. "实收资本" 科目核算的内容

"实收资本"科目核算的内容见图2－241。

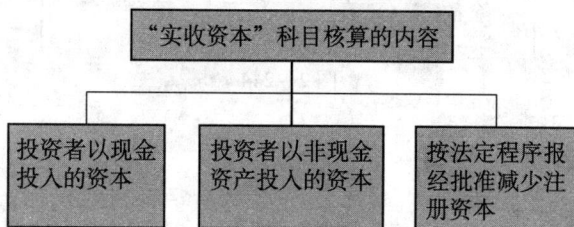

图2－241

3. "实收资本" 科目的应用

（1）投资者以现金投入的资本

投资者以现金投入小企业的资本，应以实际收到或者存入小企业开户银行的金额，借记"银行存款"科目，按投资者应享有小企业注册资本的份额的金额，贷记"实收资本"科目，按其差额，贷记"资本公积——资本溢价"科目。其账户对应关系见图2－242。

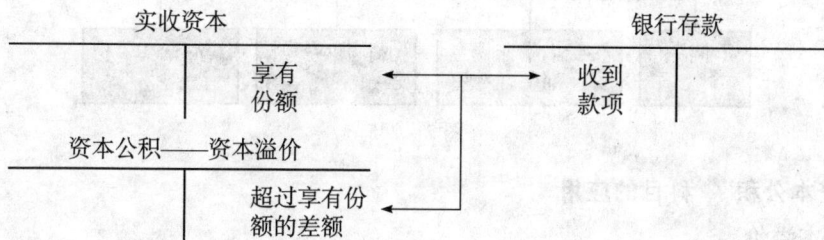

图2－242

（2）投资者以非现金资产投入的资本

投资者以非现金资产投入小企业的资本，应按投资各方确认的价值，借记有关资产科目，按投资者应享有小企业注册资本的份额计算的金额，贷记"实收资本"科目，按其差额，贷记"资本公积——资本溢价"科目。其账户对应关系见图2－243。

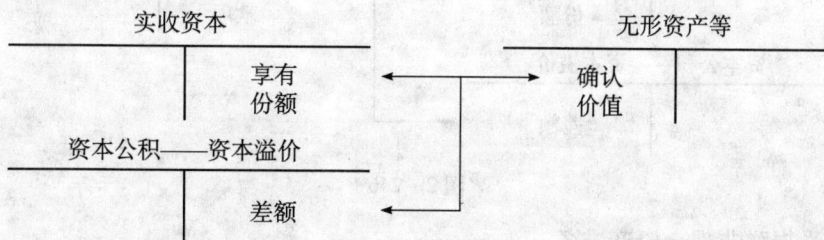

图2－243

（3）按法定程序报经批准减少注册资本

小企业按法定程序报经批准减少注册资本的，应借记"实收资本"科目，贷记"现金"、"银行存款"等科目。其账户对应关系见图2－244。

95

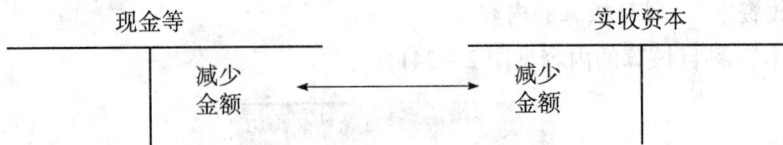

图 2 – 244

2.4.2 "资本公积"科目

1. 设置目的及设置要求

设置"资本公积"科目的目的是用来核算小企业取得的资本公积。

本科目应当设置明细科目为：资本溢价；接受捐赠非现金资产准备；外币资本折算差额；其他资本公积等。

2. "资本公积"科目核算的内容

"资本公积"科目核算的内容见图 2 – 245。

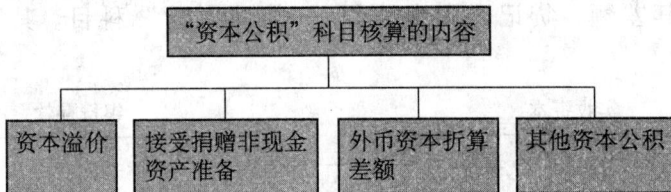

图 2 – 245

3. "资本公积"科目的应用

（1）资本溢价

小企业收到投资者投入的资产，应按实际收到的金额或确定的价值，借记"银行存款"、"固定资产"等科目，按其应享有小企业注册资本的份额计算的金额，贷记"实收资本"科目，按其差额，贷记"资本公积——资本溢价"科目。其账户对应关系见图 2 –246。

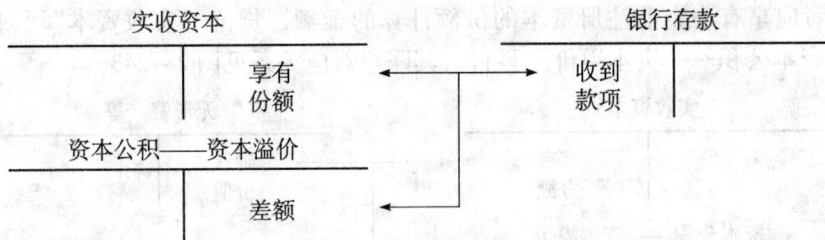

图 2 – 246

（2）接受捐赠非现金资产准备

小企业接受非货币性资产捐赠，如果接受捐赠待转的资产价值全部计入当期应纳税所得额，企业应按接受捐赠待转资产的价值，借记"待转资产价值"科目，资产价值与现行所得税税率计算的应交所得税，或接受捐赠待转的资产价值在抵减当期亏损的余额与现行所得税税率计算的应交所得税，贷记"应交税金——应交所得税"科目，按其差额，贷记"资本公积"科目。其账户对应关系见图 2 – 247。

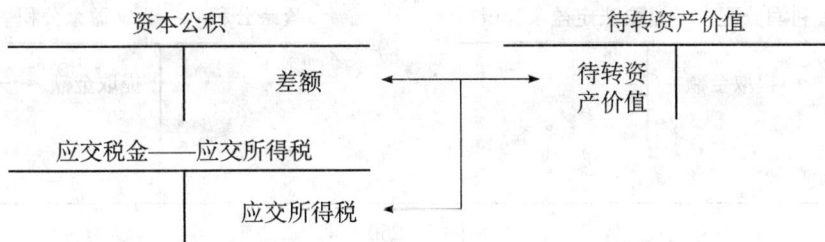

图 2 - 247

（3）外币资本折算差额

小企业收到投资者投入的外币，应按收到外币当日的汇率折合的人民币金额，借记"银行存款"科目，贷记"实收资本"科目。其账户对应关系见图 2 - 248。

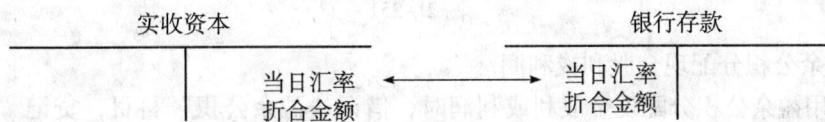

图 2 - 248

2.4.3　"盈余公积"科目

1. 设置目的及设置要求

设置"盈余公积"科目的目的是用来核算小企业从净利润中提取的盈余公积。

本科目应当设置明细科目：法定盈余公积；任意盈余公积；法定公益金。

2. "盈余公积"科目核算的内容

"盈余公积"科目核算的内容见图 2 - 249。

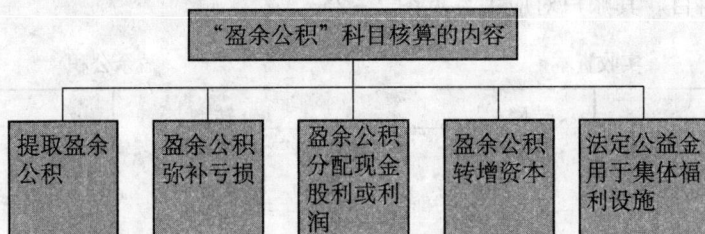

图 2 - 249

3. "盈余公积"科目的应用

（1）提取盈余公积

小企业按照规定提取的盈余公积，应借记"利润分配——提取法定盈余公积、提取法定公益金、提取任意盈余公积"科目，贷记"盈余公积——法定盈余公积、法定公益金、任意盈余公积"科目。其账户对应关系见图 2 - 250。

（2）盈余公积弥补亏损

小企业经董事会或类似机构决议，盈余公积弥补亏损时，应借记"盈余公积"科目，贷记"利润分配——其他转入"科目。其账户对应关系见图 2 - 251。

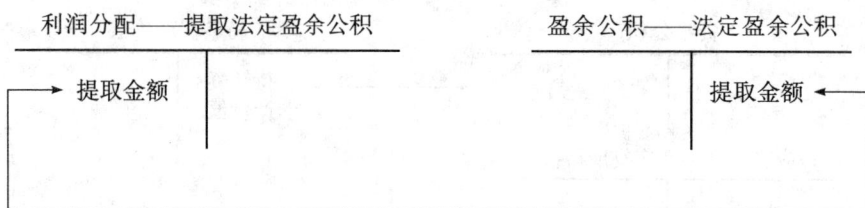

图 2 – 250

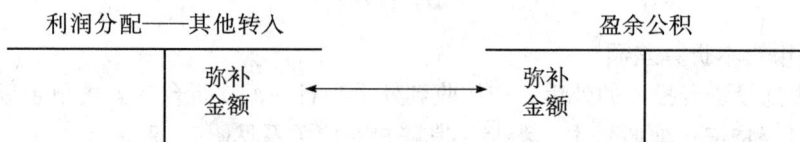

图 2 – 251

（3）盈余公积分配现金股利或利润

小企业用盈余公积分配现金股利或利润时，借记"盈余公积"科目，贷记"应付利润"科目。其账户对应关系见图 2 – 252。

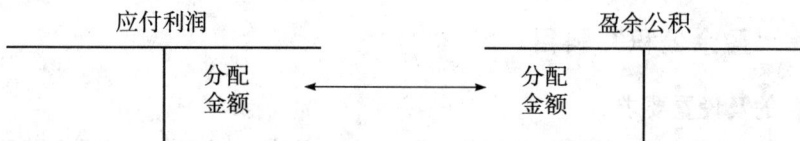

图 2 – 252

（4）盈余公积转增资本

小企业用盈余公积转增资本，应当于实际转增资本时，借记"盈余公积"科目，贷记"实收资本"等科目。其账户对应关系见图 2 – 253。

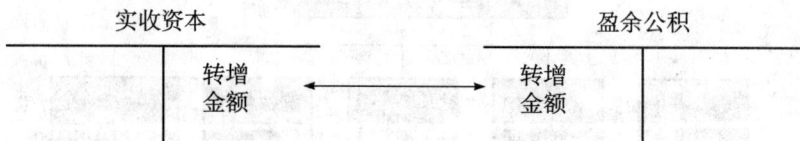

图 2 – 253

（5）法定公益金用于集体福利设施

小企业按规定以法定公益金用于集体福利设施的，应按实际发生的金额，借记"盈余公积——法定公益金"科目，贷记"盈余公积——任意盈余公积"科目。其账户对应关系见图 2 – 254。

2.4.4 "本年利润"科目

1. 设置目的及设置要求

设置"本年利润"科目的目的是用来核算小企业实现的净利润（或发生的净亏损）。

2. "本年利润"科目核算的内容

"本年利润"科目核算的内容见图 2 – 255。

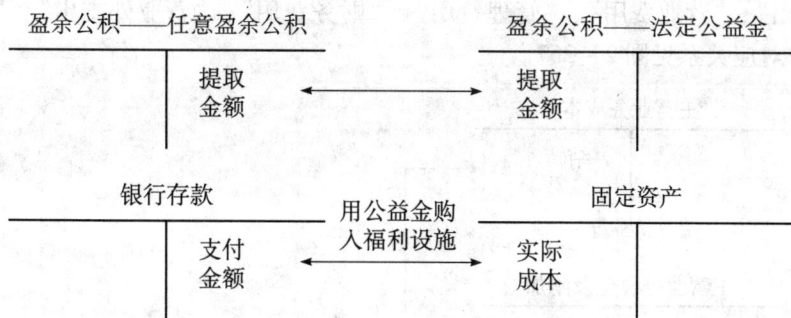

图 2 - 254

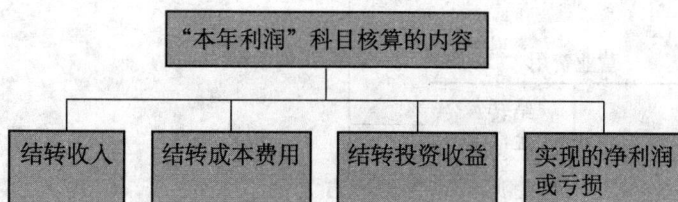

图 2 - 255

3. "本年利润" 科目的应用

（1）结转收入

小企业应将"主营业务收入"、"其他业务收入"、"营业外收入"等科目期末余额，转入"本年利润"科目，借记"主营业务收入"、"其他业务收入"、"营业外收入"等科目，贷记"本年利润"科目。其账户对应关系见图 2 - 256。

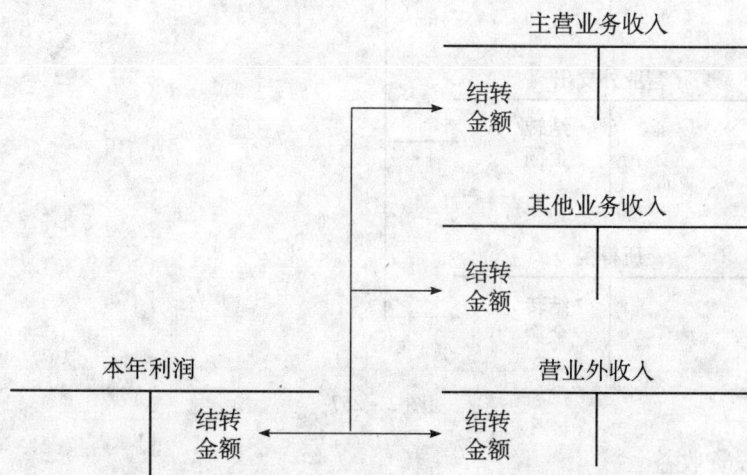

图 2 - 256

（2）结转成本费用

小企业应将"主营业务成本"、"主营业务税金及附加"、"其他业务支出"、"营业费用"、"管理费用"、"财务费用"、"营业外支出"、"所得税"等科目期末余额，转入"本年利润"科目，借记"本年利润"科目，贷记"主营业务成本"、"主营业务税金及附加"、

"其他业务支出"、"营业费用"、"管理费用"、"财务费用"、"营业外支出"、"所得税"等科目。其账户对应关系见图2-257。

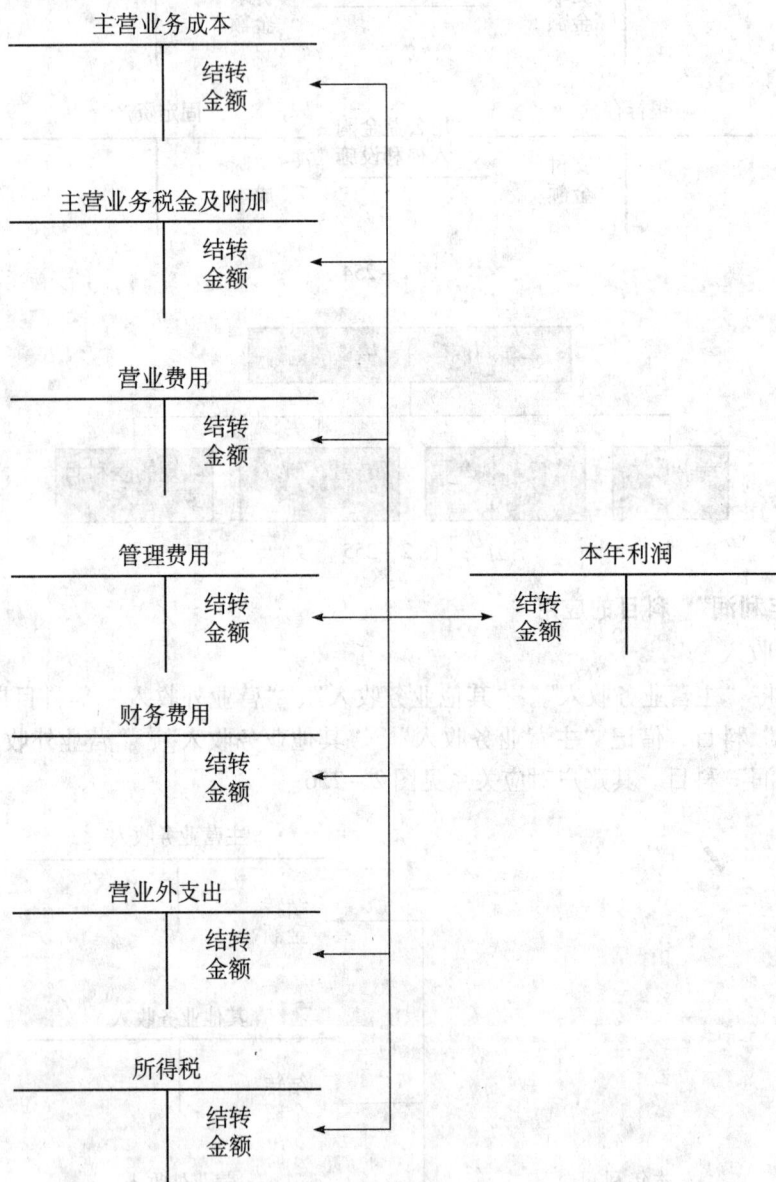

```
        主营业务成本
                  │  结转
                  │  金额  ◄─────────┐
                                     │
        主营业务税金及附加           │
                  │  结转           │
                  │  金额  ◄────────┤
                                     │
        营业费用                     │
                  │  结转           │
                  │  金额  ◄────────┤
                                     │
   管理费用                          │          本年利润
          │  结转                    │     结转     │
          │  金额  ◄────────────────►│     金额     │
                                     │
        财务费用                     │
                  │  结转           │
                  │  金额  ◄────────┤
                                     │
        营业外支出                   │
                  │  结转           │
                  │  金额  ◄────────┤
                                     │
        所得税                       │
                  │  结转           │
                  │  金额  ◄────────┘
```

图 2-257

（3）结转投资收益

小企业应将"投资收益"科目的净收益，转入"本年利润"科目，借记"投资收益"科目，贷记"本年利润"科目；如为净损失，作相反会计分录。其账户对应关系见图2-258。

（4）本年收入和支出相抵后结出的本年实现的净利润

年度终了，小企业应将本年收入和支出相抵后结出的本年实现的净利润，转入"利润分配"科目，借记"本年利润"科目，贷记"利润分配——未分配利润"科目；如为净亏损，作相反会计分录。结转后"本年利润"科目应无余额。其账户对应关系见图2-259。

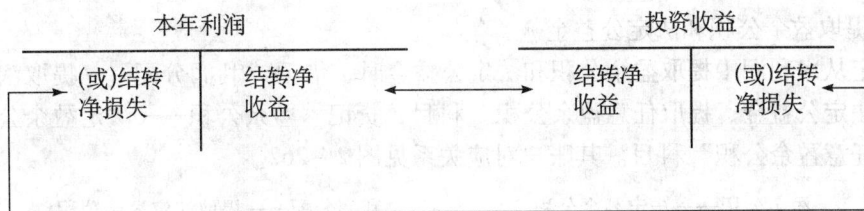

图 2 – 258

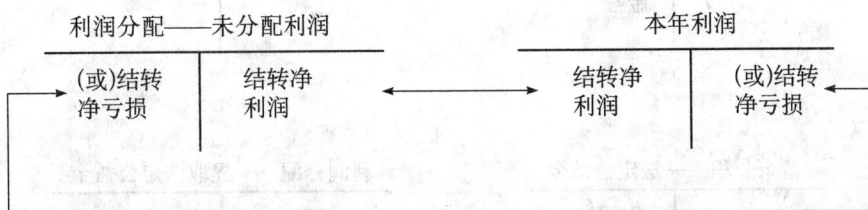

图 2 – 259

2.4.5 "利润分配"科目

1. 设置目的及设置要求

设置"利润分配"科目的目的是用来核算小企业实现利润的分配（或亏损的弥补）和历年分配（或弥补）后的积存余额。

本科目应当设置明细科目：其他转入；提取法定盈余公积；提取法定公益金；提取任意盈余公积；应付利润；转作资本的利润；未分配利润。

2. "利润分配"科目核算的内容

"利润分配"科目核算的内容见图 2 – 260。

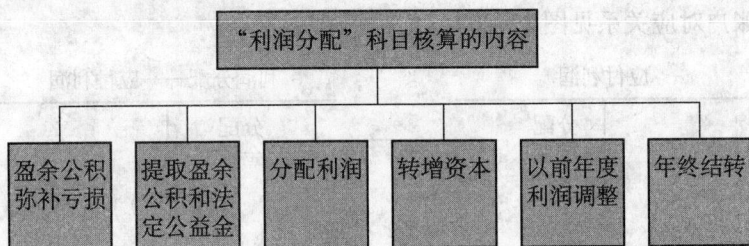

图 2 – 260

3. "利润分配"科目的应用

（1）盈余公积弥补亏损

小企业用盈余公积弥补亏损，借记"盈余公积"科目，贷记"利润分配"（其他转入）科目。其账户对应关系见图 2 – 261。

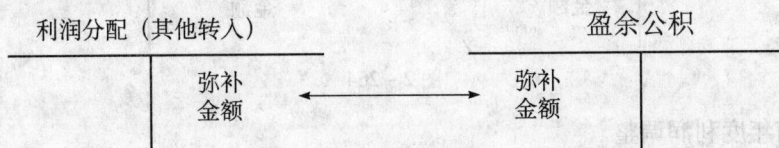

图 2 – 261

（2）提取盈余公积和法定公益金

按规定从净利润中提取盈余公积和法定公益金时，借记"利润分配——提取法定盈余公积、提取法定公益金、提取任意盈余公积"科目，贷记"盈余公积——法定盈余公积、法定公益金、任意盈余公积"科目。其账户对应关系见图2－262。

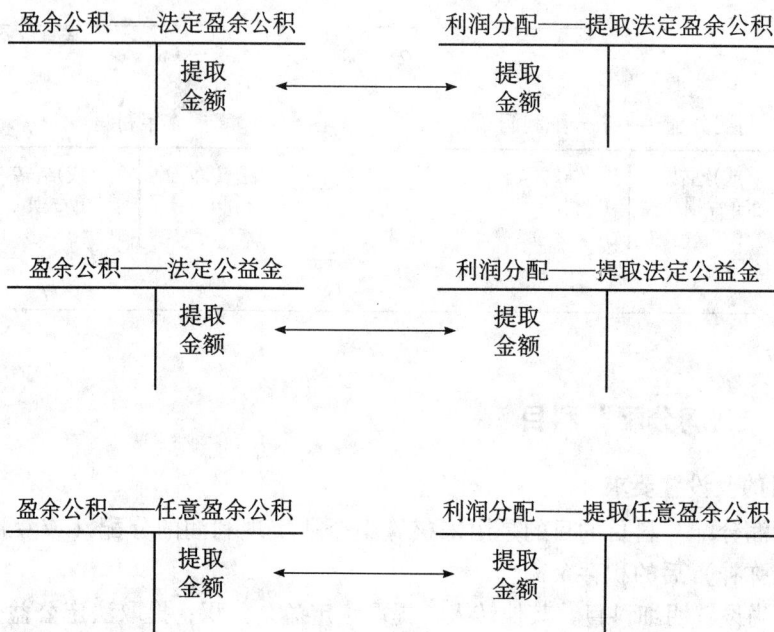

盈余公积——法定盈余公积		利润分配——提取法定盈余公积	
	提取 金额		提取 金额

盈余公积——法定公益金		利润分配——提取法定公益金	
	提取 金额		提取 金额

盈余公积——任意盈余公积		利润分配——提取任意盈余公积	
	提取 金额		提取 金额

图2－262

（3）分配利润

小企业应当分配给投资者的利润，借记"利润分配——应付利润"科目，贷记"应付利润"科目。其账户对应关系见图2－263。

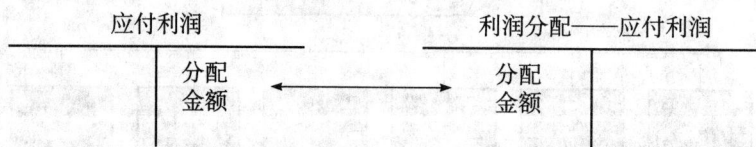

应付利润		利润分配——应付利润	
	分配 金额		分配 金额

图2－263

（4）转增资本

小企业按董事会或类似机构批准的应转增资本的金额，在办理增资手续后，借记"利润分配"科目（转作资本的利润），贷记"实收资本"等科目。其账户对应关系见图2－264。

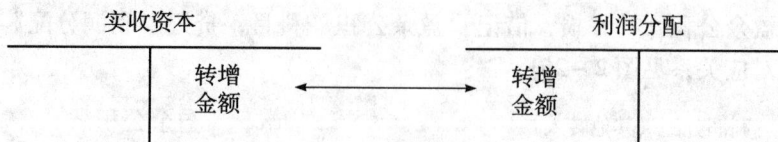

实收资本		利润分配	
	转增 金额		转增 金额

图2－264

（5）以前年度利润调整

小企业经调整后，应将"以前年度损益调整"科目的余额转入"利润分配——未分配利润"科目。"以前年度损益调整"科目如为贷方余额，应借记"以前年度损益调整"科目，贷记"利润分配——未分配利润"科目；"以前年度损益调整"科目如为借方余额，则作相反会计分录。其账户对应关系见图 2－265。

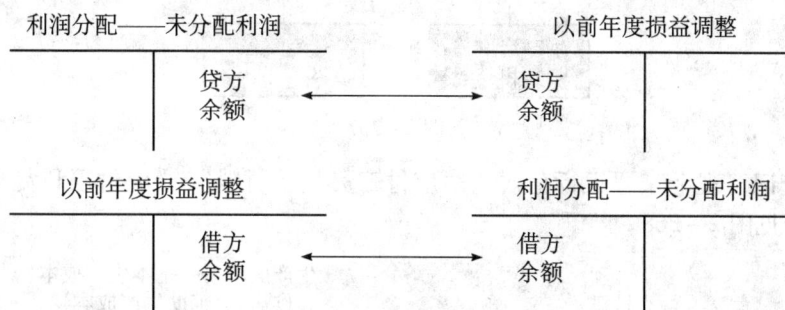

图 2－265

（6）年终结转

年度终了，小企业应将全年实现的净利润，自"本年利润"科目转入"利润分配——未分配利润"科目，借记"本年利润"科目，贷记"利润分配——未分配利润"科目，如为净亏损，作相反会计分录。其账户对应关系见图 2－266。

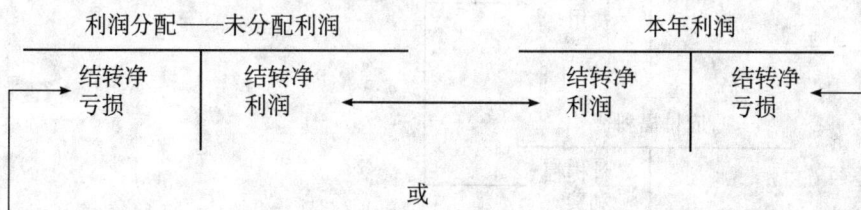

图 2－266

2.5　成本类会计科目的设置和应用

2.5.1　"生产成本"科目

1. 设置目的及设置要求

设置"生产成本"科目的目的是用来核算小企业生产各种产品（包括产成品、自制半成品等）、自制材料、自制工具、自制设备等所发生的生产费用。

本科目应当分别按照基本生产车间和成本核算对象（如产品的品种、类别、定单、批别、生产阶段等）设置明细账（或成本计算单），并按规定的成本项目设置专栏，期末借方余额反映小企业尚未加工完成的各项在产品的成本。

2. "生产成本"科目核算的内容

"生产成本"科目核算的内容见图 2－267。

3. "生产成本"科目的应用

（1）生产费用的归集和分配

小企业发生各项直接生产费用时，应借记"生产成本——基本生产成本、辅助生产成

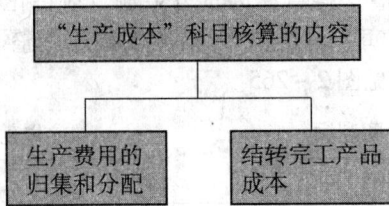

图 2 - 267

本"科目，贷记"现金"、"银行存款"、"应付工资"、"材料"、"应付福利费"等科目。其
账户对应关系见图 2 - 268。

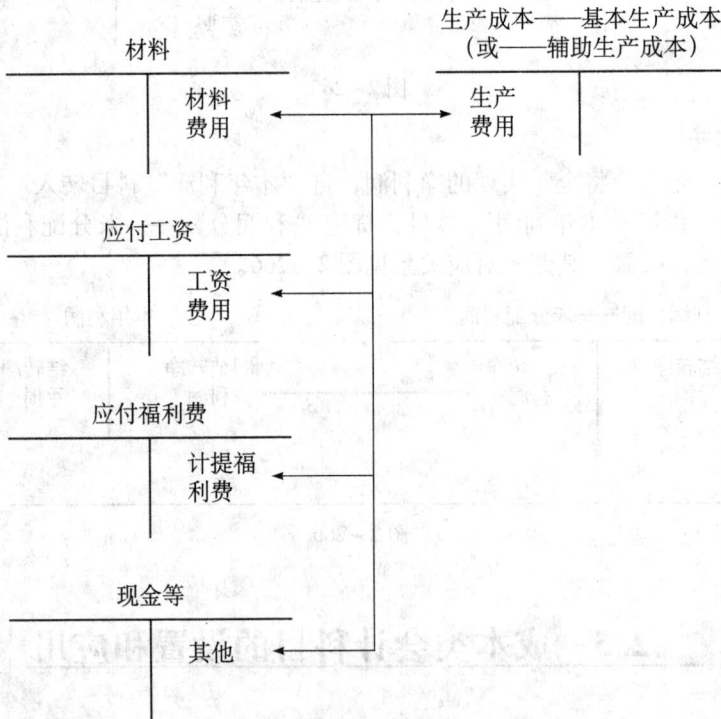

图 2 - 268

小企业各生产车间生产产品应负担制造费用时，应借记"生产成本——基本生产成本、
辅助生产成本"科目，贷记"制造费用"科目。其账户对应关系见图 2 - 269。

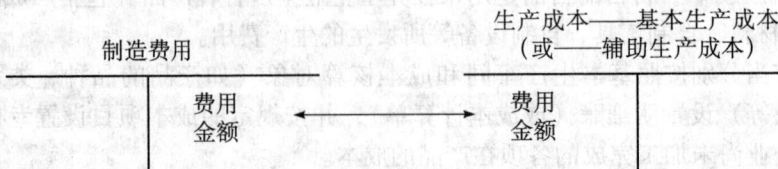

图 2 - 269

小企业的辅助生产车间为基本生产车间、管理部门和其他部门提供的劳务和产品，应于
月度终了，按照一定的分配标准分配给各受益对象，借记"生产成本——基本生产成本"、
"营业费用"、"管理费用"、"在建工程"等科目，贷记"生产成本——辅助生产成本"科

目。其账户对应关系见图 2 – 270。

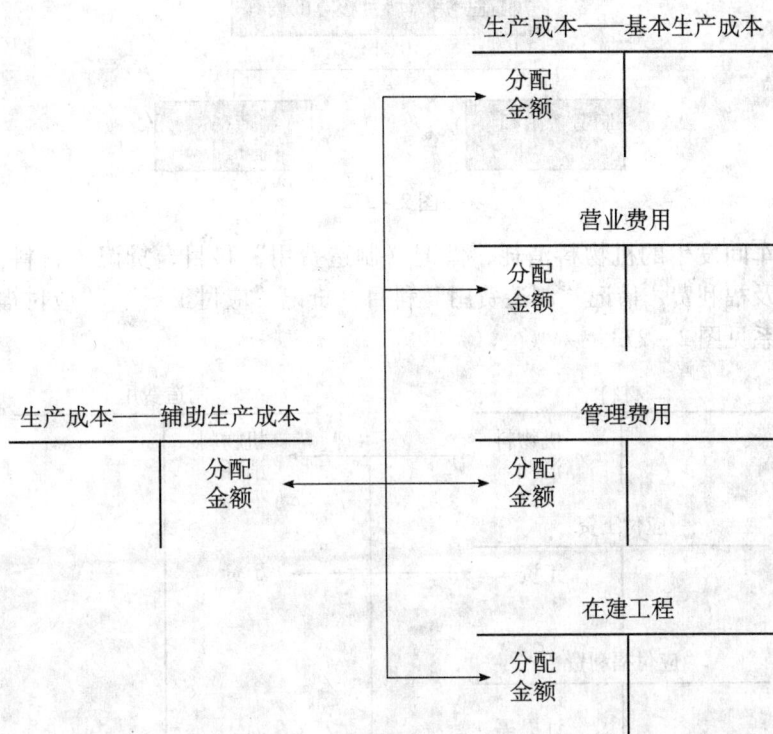

生产成本——基本生产成本
分配金额

营业费用
分配金额

生产成本——辅助生产成本
分配金额

管理费用
分配金额

在建工程
分配金额

图 2 – 270

小企业已经生产完成并已验收入库的产成品，应于月度终了，按实际成本，借记"库存商品"科目，贷记"生产成本——基本生产成本"科目。其账户对应关系见图 2 – 271。

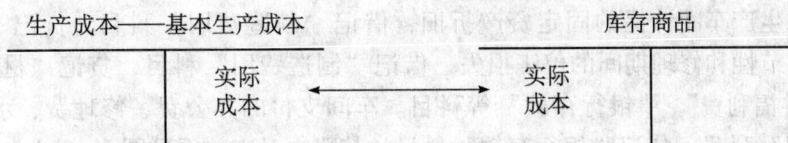

生产成本——基本生产成本
实际成本

库存商品
实际成本

图 2 – 271

2.5.2　"制造费用"科目

1. 设置目的及设置要求

设置"制造费用"科目的目的是用来核算小企业为生产产品和提供劳务而发生的各项间接费用。

本科目核算为生产产品和提供劳务而发生的各项间接费用，包括工资、福利费、折旧费、修理费、办公费、水电费、机物料消耗、劳动保护费、季节性损失、修理期间的停工损失等。

2. "制造费用"科目核算的内容

"制造费用"科目核算的内容见图 2 – 272。

3. "制造费用"科目的应用

（1）制造费用归集

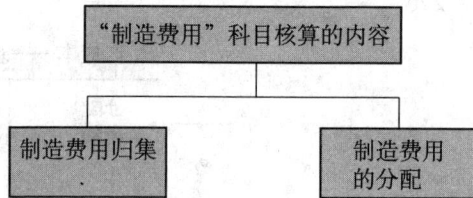

图 2 - 272

小企业的车间发生的机物料消耗，借记"制造费用"科目，贷记"材料"科目。车间管理人员工资及福利费，借记"制造费用"科目，贷记"应付工资"、"应付福利费"科目。其账户对应关系见图 2 - 273。

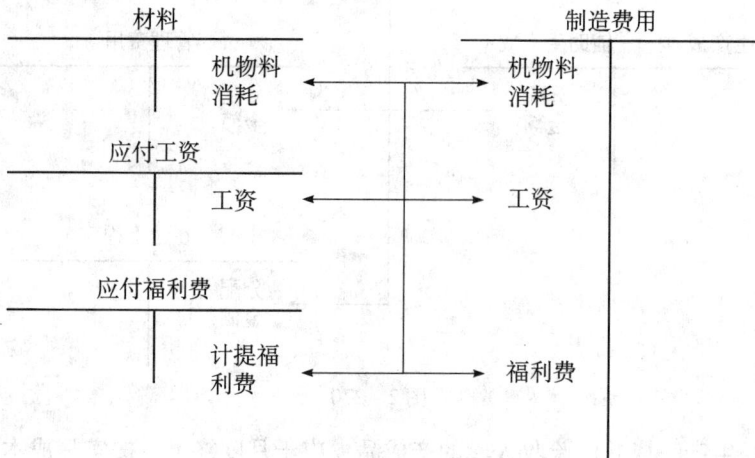

图 2 - 273

小企业的生产车间计提的固定资产折旧，借记"制造费用"科目，贷记"累计折旧"科目。发生季节性和修理期间的停工损失，借记"制造费用"科目，贷记"材料"、"应付工资"、"应付福利费"、"银行存款"等科目。车间支付的办公费、修理费、水电费等，借记"制造费用"科目，贷记"银行存款"科目。其账户对应关系见图 2 - 274。

（2）制造费用的分配

小企业的制造费用应按企业成本核算办法，分配计入有关的成本核算对象，借记"生产成本——基本生产成本、辅助生产成本"科目，贷记"制造费用"科目。其账户对应关系见图 2 - 275。

2.6 损益类会计科目的设置和应用

2.6.1 "主营业务收入"科目

1. 设置目的及设置要求

设置"主营业务收入"科目的目的是用来核算小企业在销售商品、提供劳务等日常活动中所产生的收入。

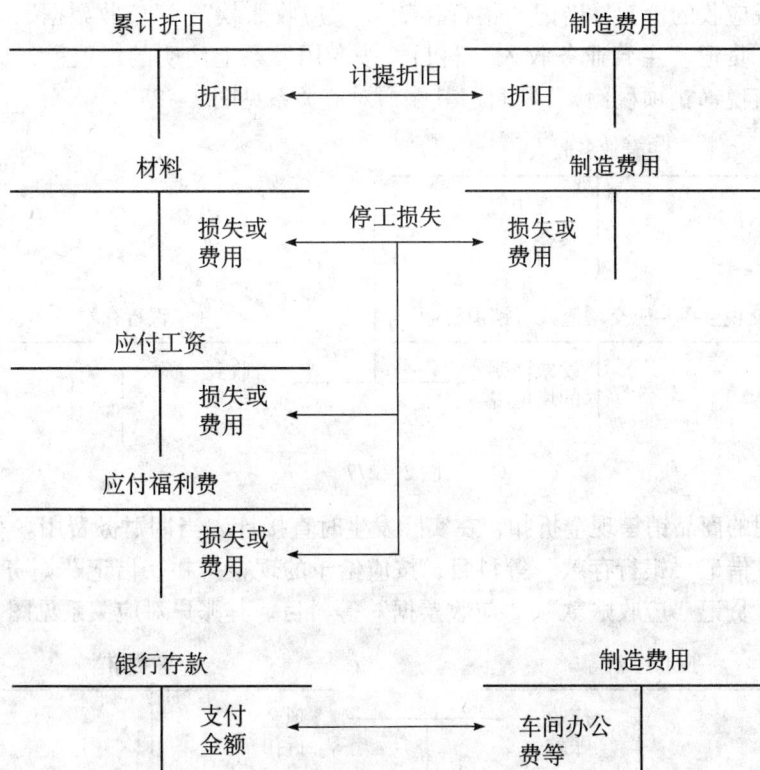

图 2－274

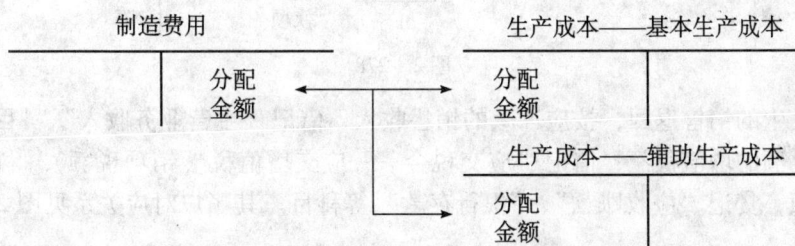

图 2－275

2. "主营业务收入" 科目核算的内容

"主营业务收入"科目核算的内容见图 2－276。

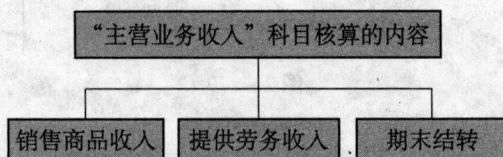

图 2－276

3. "主营业务收入" 科目的应用

（1）销售商品收入

小企业实现的商品销售收入，应按收到或应收价款入账。确认本期实现的商品销售收入时，应按收到或应收的价款，借记"银行存款"、"应收账款"、"应收票据"等科目，按实现的销售收入，贷记"主营业务收入"科目，按专用发票上注明的增值税，贷记"应交税金——应交增值税（销项税额）"科目。其账户对应关系见图2–277。

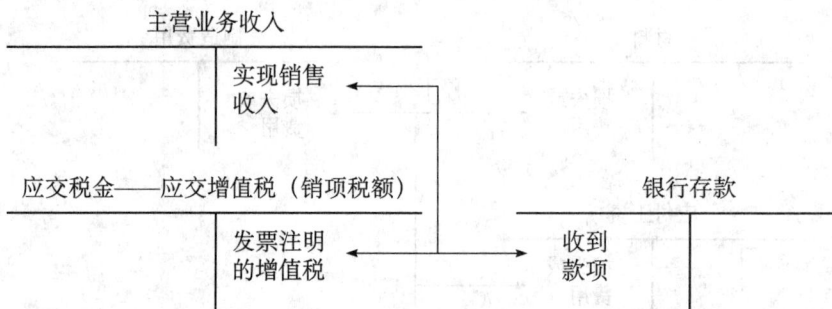

图 2–277

小企业实现的商品销售现金折扣，在实际发生时直接计入当期财务费用。小企业应按实际收到的金额，借记"银行存款"等科目，按应给予的现金折扣，借记"财务费用"科目，按应收的账款，贷记"应收账款"、"应收票据"等科目。其账户对应关系见图2–278。

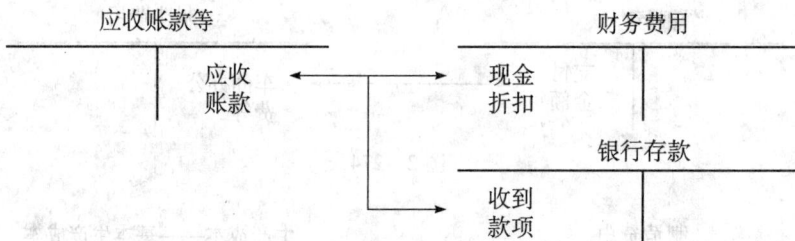

图 2–278

小企业发生的销售退回，按应冲减的销售收入，借记"主营业务收入"科目，按允许扣减当期销项税额的增值税额，借记"应交税金——应交增值税（销项税额）"科目，按已付或应付的金额，贷记"应收账款"、"银行存款"等科目。其账户对应关系见图2–279。

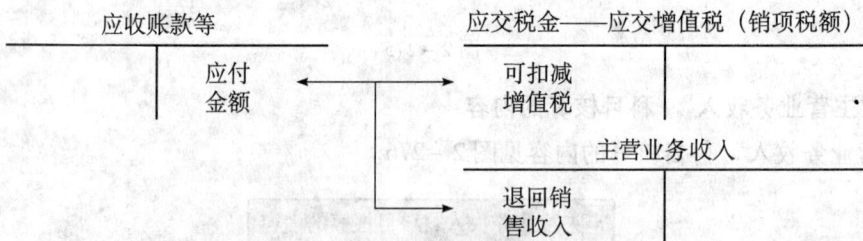

图 2–279

（2）提供劳务收入

小企业实现的劳务收入，应按实际收到或应收的价款入账。在提供劳务取得收入时，应按已收或应收的金额，借记"银行存款"、"应收账款"等科目，按实现的劳务服务收入，贷记"主营业务收入"科目，应交纳增值税的，还应按专用发票上注明的增值税额，贷记"应交税金——应交增值税（销项税额）"科目。其账户对应关系见图2–280。

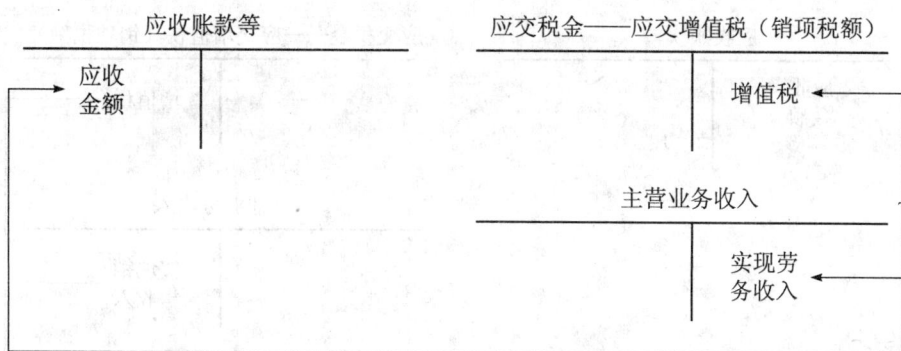

图 2 - 280

（3）期末结转

期末，小企业为了正确计算当期损益，应将"主营业务收入"科目的余额转入"本年利润"科目，结转后本科目应无余额。其账户对应关系见图 2 - 281。

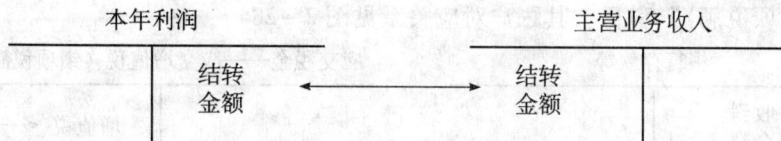

图 2 - 281

2.6.2　"其他业务收入"科目

1. 设置目的及设置要求

设置"其他业务收入"科目的目的是用来核算小企业除主营业务收入以外的其他销售或其他业务的收入，如材料销售、无形资产出租、包装物出租等收入。

2. "其他业务收入"科目核算的内容

"其他业务收入"科目核算的内容见图 2 - 282。

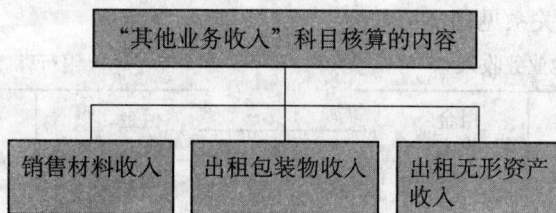

图 2 - 282

3. "其他业务收入"科目的应用

（1）销售材料收入

小企业销售剩余或不需用的材料，按售价和应收的增值税，借记"银行存款"、"应收账款"等科目，按实现的营业收入，贷记"其他业务收入"科目，按专用发票上注明的增值税额，贷记"应交税金——应交增值税（销项税额）"科目。其账户对应关系见图 2 - 283。

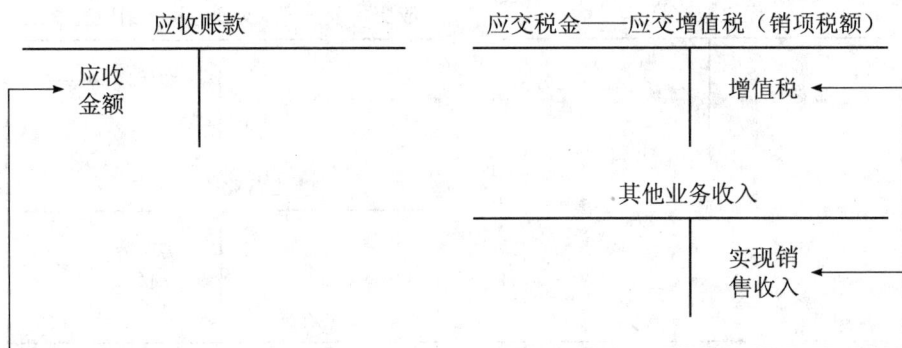

图 2 - 283

（2）出租包装物收入

小企业出租包装物收到的租金，应借记"现金"、"银行存款"等科目，按实现的收入金额，贷记"其他业务收入"科目，按专用发票上注明的增值税额，贷记"应交税金——应交增值税（销项税额）"科目。其账户对应关系见图 2 - 284。

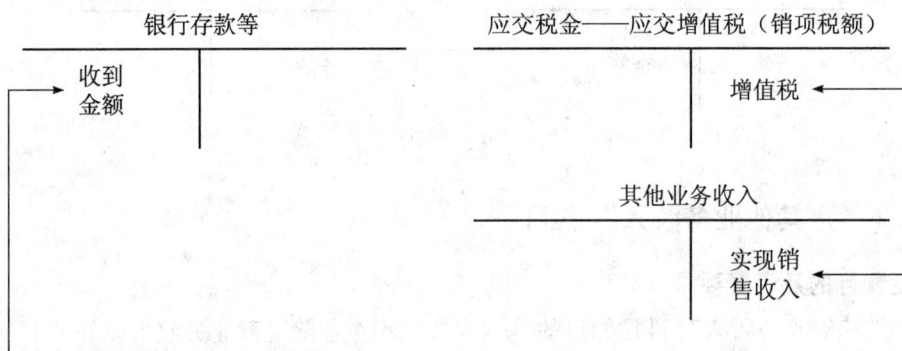

图 2 - 284

（3）出租无形资产收入

小企业出租无形资产所取得的租金收入，借记"银行存款"等科目，贷记"其他业务收入"科目。其账户对应关系见图 2 - 285。

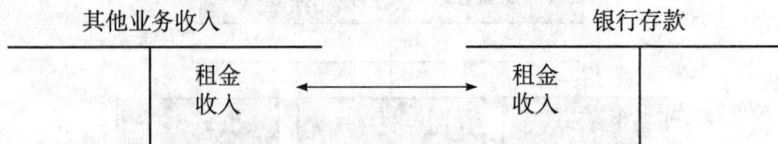

图 2 - 285

2.6.3 "投资收益"科目

1. 设置目的及设置要求

设置"投资收益"科目的目的是用来核算小企业对外投资所取得的收益或发生的损失。

2. "投资收益"科目核算的内容

"投资收益"科目核算的内容见图 2 - 286。

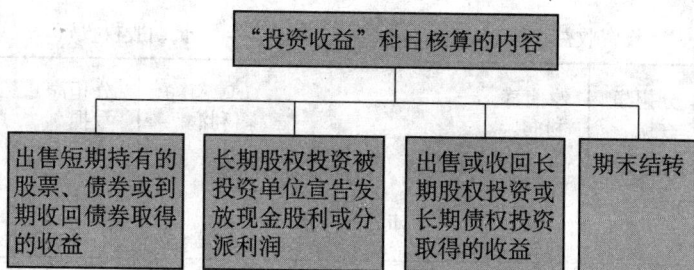

图 2 - 286

3. "投资收益" 科目的应用

（1）出售短期持有的股票、债券或到期收回债券

小企业出售短期持有的股票、债券或到期收回债券时，应按实际收到的金额，借记"银行存款"科目，按短期投资的账面价值，贷记"短期投资"科目，按未领取的现金股利、利润或利息，贷记"应收股息"科目，按其差额，借记或贷记"投资收益"科目。其账户对应关系见图 2 - 287。

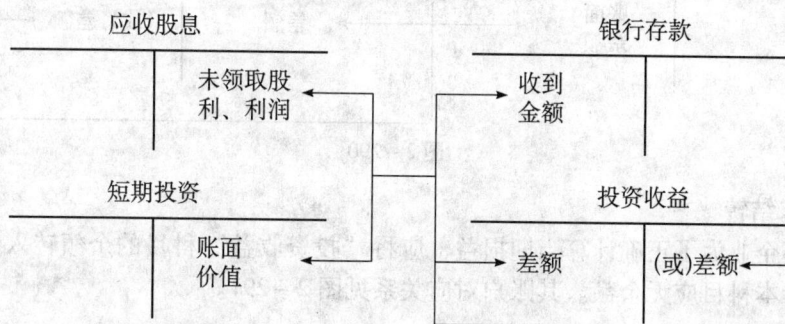

图 2 - 287

（2）长期股权投资被投资单位宣告发放现金股利或分派利润

小企业持有的长期股权投资采用成本法核算的，被投资单位宣告发放现金股利或分派利润时，应借记"应收股息"等科目，贷记"投资收益"科目。其账户对应关系见图 2 - 288。

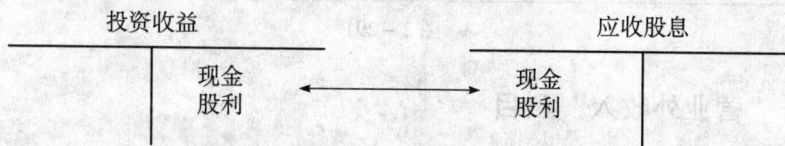

图 2 - 288

小企业的长期股权投资采用权益法核算的，在期末应按持股比例计算应享有的被投资单位实现的净利润，借记"长期股权投资"科目，贷记"投资收益"科目；如为净亏损，作相反分录，但应以长期股权投资的账面价值减记至零为限。其账户对应关系见图 2 - 289。

（3）出售或收回长期股权投资或长期债权投资

小企业出售或收回长期股权投资或长期债权投资时，按实际收到的金额，借记"银行存款"科目，按长期股权投资或债权投资的账面余额，贷记"长期股权投资"或"长期债权投资"等科目，按未领取的现金股利、利润或利息，贷记"应收股息"科目，按其差额，贷

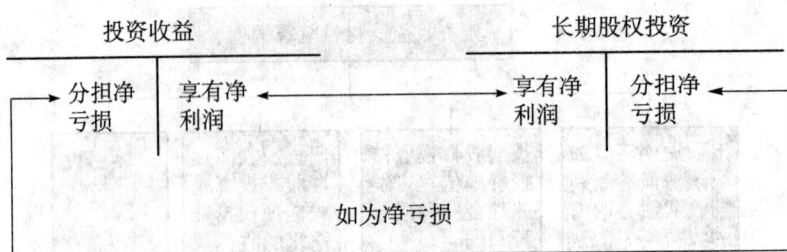

图 2 – 289

记或借记"投资收益"科目。其账户对应关系见图 2 – 290。

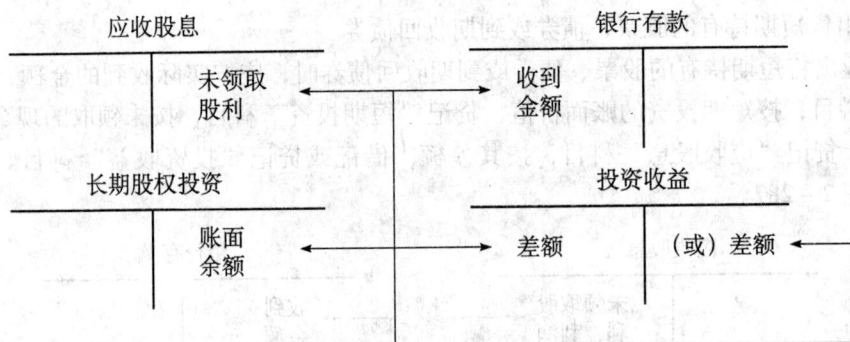

图 2 – 290

（4）期末结转

期末，小企业为了正确计算当期损益，应将"投资收益"科目的余额转入"本年利润"科目，结转后本科目应无余额。其账户对应关系见图 2 – 291。

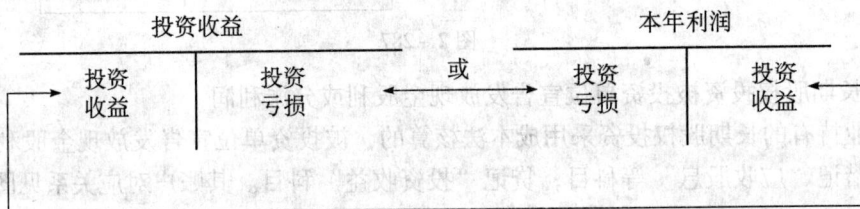

图 2 – 291

2.6.4 "营业外收入"科目

1. 设置目的及设置要求

设置"营业外收入"科目的目的是用来核算小企业发生的与其生产经营无直接关系的各项收入。

本科目核算包括固定资产盘盈、处置固定资产净收益、出售无形资产净收益、罚款净收入等。

2. "营业外收入" 科目核算的内容

"营业外收入"科目核算的内容见图 2 – 292。

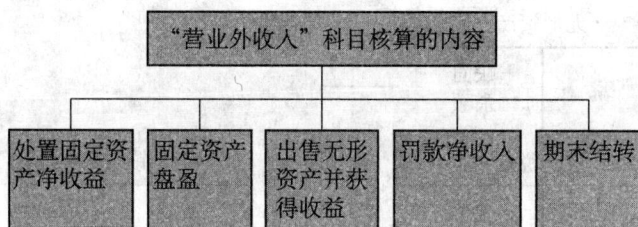

图 2 – 292

3. "营业外收入" 科目的应用

（1）处置固定资产净收益

小企业在生产经营期间，固定资产清理所取得的收益，应借记"固定资产清理"科目，贷记"营业外收入"科目。其账户对应关系见图 2 – 293。

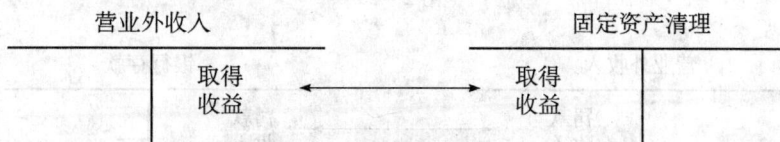

图 2 – 293

（2）固定资产盘盈

小企业在清查财产过程中，对于查明的固定资产盘盈，按确定的价值（市价或同类、类似资产的价值），借记"固定资产"科目，贷记"营业外收入"科目。其账户对应关系见图 2 – 294。

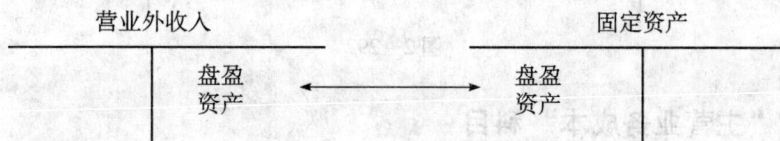

图 2 – 294

（3）出售无形资产并获得收益

小企业出售无形资产，按实际取得的转让收入，借记"银行存款"科目，按无形资产的账面余额，贷记"无形资产"科目，按应支付的相关税费，贷记"应交税金"科目，按取得的转让收入大于无形资产账面余额与相关税费之和的差额，贷记"营业外收入"科目。其账户对应关系见图 2 – 295。

（4）罚款净收入

小企业取得的罚款净收入，借记"银行存款"等科目，贷记"营业外收入"科目。其账户对应关系见图 2 – 296。

（5）期末结转

期末，小企业为了正确计算当期损益，应将"主营业务收入"科目的余额转入"本年利润"科目，结转后本科目应无余额。其账户对应关系见图 2 – 297。

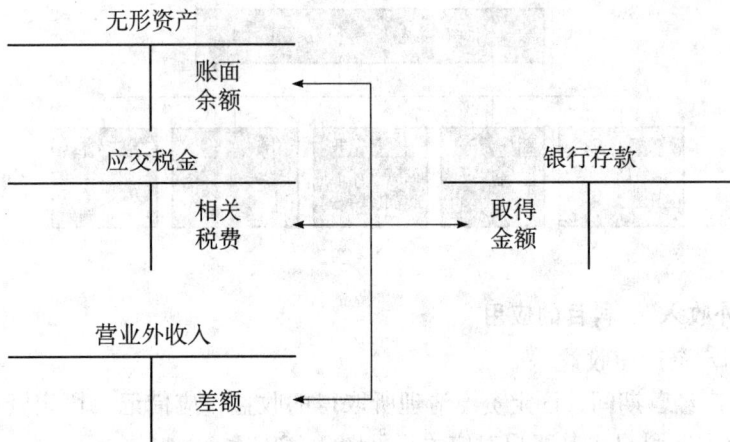

图 2 - 295

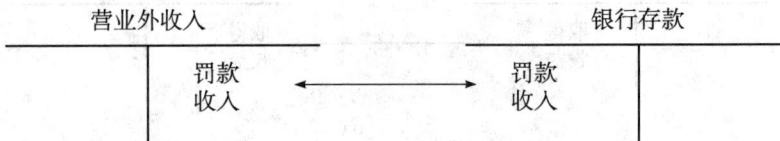

图 2 - 296

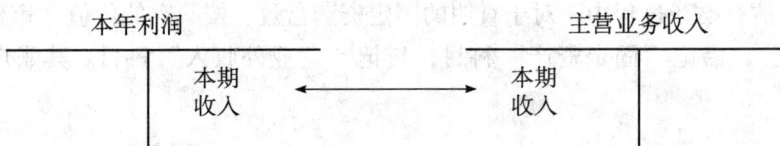

图 2 - 297

2.6.5 "主营业务成本"科目

1. 设置目的及设置要求

设置"主营业务成本"科目的目的是用来核算小企业销售商品、提供劳务等日常活动发生的实际成本。

2. "主营业务成本" 科目核算的内容

"主营业务成本"科目核算的内容见图 2 - 298。

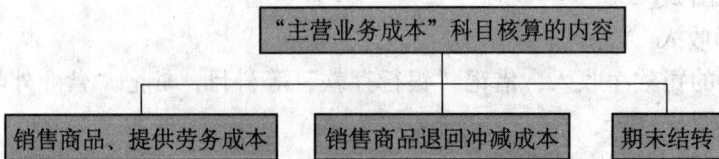

图 2 - 298

3. "主营业务成本" 科目的应用

（1）销售商品成本

小企业应当根据本月销售的各种商品、提供的各种劳务等的实际成本，计算应结转的主营业务成本，借记"主营业务成本"科目，贷记"库存商品"科目。其账户对应关系见图 2 – 299。

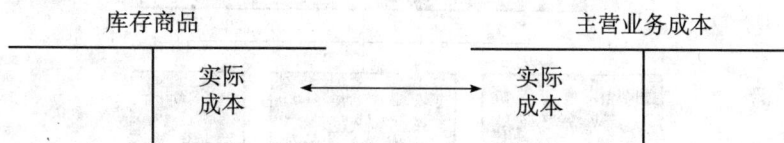

图 2 – 299

（2）销售商品退回冲减成本

小企业发生本月的销售商品退回，可以单独计算退回商品的成本，借记"库存商品"科目，贷记"主营业务成本"科目；如本月销售商品尚未结转成本的，也可以直接从本月的销售商品数量中减去。其账户对应关系见图 2 – 300。

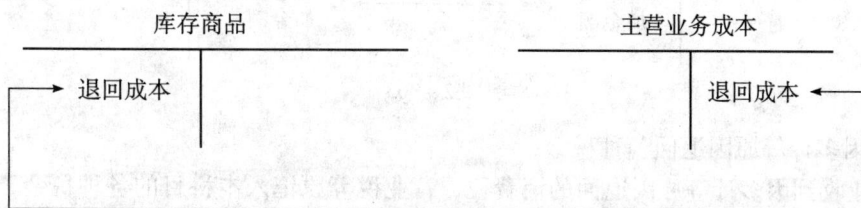

图 2 – 300

（3）期末结转

期末，小企业为了正确计算当期损益，应将"主营业务成本"科目的余额转入"本年利润"科目，结转后本科目应无余额。其账户对应关系见图 2 – 301。

图 2 – 301

2.6.6　"主营业务税金及附加"科目

1. 设置目的及设置要求

设置"主营业务税金及附加"科目的目的是用来核算小企业日常主要经营活动应负担的税金及附加。

本科目的明细科目根据所交税种的不同，包括营业税、消费税、城市维护建设税、资源税、土地增值税和教育费附加等。

2. "主营业务税金及附加"科目核算的内容

"主营业务税金及附加"科目核算的内容见图 2 – 302。

3. "主营业务税金及附加"科目的应用

（1）日常销售业务负担的税金及附加

小企业按照规定计算出应由日常销售业务负担的税金及附加，应借记"主营业务税金及

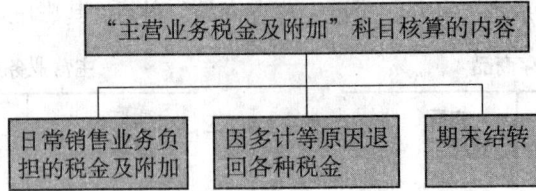

图 2 - 302

附加"科目，贷记"应交税金——应交营业税"、"应交税金——应交消费税"、"其他应交款"等科目。其账户对应关系见图 2 - 303。

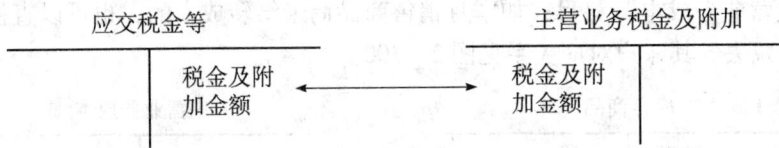

图 2 - 303

（2）因多计等原因退回各种税金

小企业收到因多计等原因退回的消费税、营业税等原记入本科目的各种税金，应于收到时冲减当期的主营业务税金及附加，借记"银行存款"科目，贷记"主营业务税金及附加"科目。其账户对应关系见图 2 - 304。

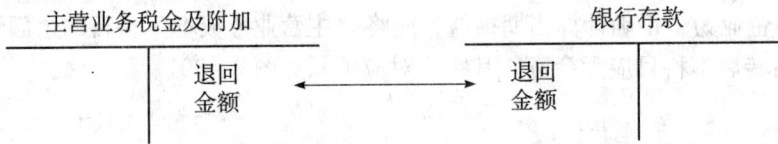

图 2 - 304

（3）期末结转

期末，小企业为了正确计算当期损益，应将"主营业务税金及附加"科目的余额转入"本年利润"科目，结转后本科目应无余额。其账户对应关系见图 2 - 305。

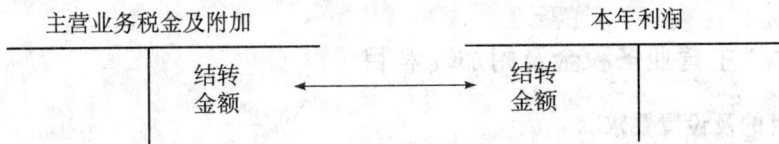

图 2 - 305

2.6.7 "其他业务支出"科目

1. 设置目的及设置要求

设置"其他业务支出"科目的目的是用来核算小企业除主营业务成本以外的其他销售或其他业务所发生的支出。

2. "其他业务支出"科目核算的内容

"其他业务支出"科目核算的内容见图 2 - 306。

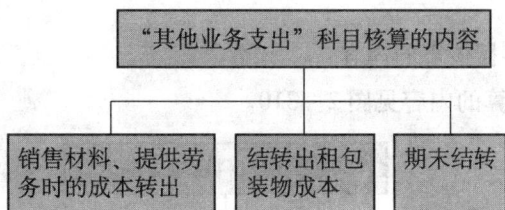

图 2 - 306

3. "其他业务支出" 科目的应用

（1）销售材料、提供劳务时的成本转出

月度终了，小企业销售材料、提供劳务时的成本转出，应按出售材料的实际成本，借记"其他业务支出"科目，贷记"材料"科目。其账户对应关系见图 2 - 307。

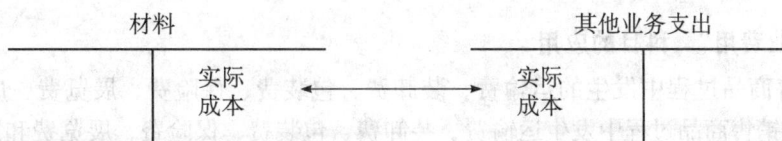

图 2 - 307

（2）出租包装物

小企业出租包装物，在第一次领用新包装物时，应当结转成本，借记"其他业务支出"科目，贷记"材料"科目。其账户对应关系见图 2 - 308。

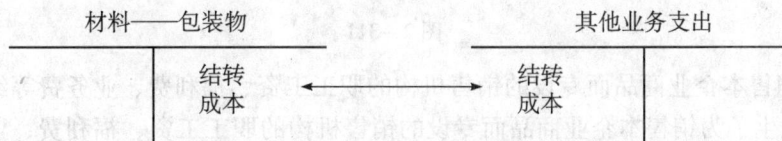

图 2 - 308

（3）期末结转

期末，小企业为了正确计算当期损益，应将"其他业务支出"科目的余额转入"本年利润"科目，结转后本科目应无余额。其账户对应关系见图 2 - 309。

图 2 - 309

2.6.8 "营业费用"科目

1. 设置目的及设置要求

设置"营业费用"科目的目的是用来核算小企业销售商品过程中发生的费用。

本科目核算包括运输费、装卸费、包装费、保险费、展览费和广告费，以及为销售本企业商品而专设的销售机构（含销售网点、售后服务网点等）的职工工资、类似工资性质的费用、业务费等经营费用。

2. "营业费用" 科目核算的内容

"营业费用"科目核算的内容见图 2－310。

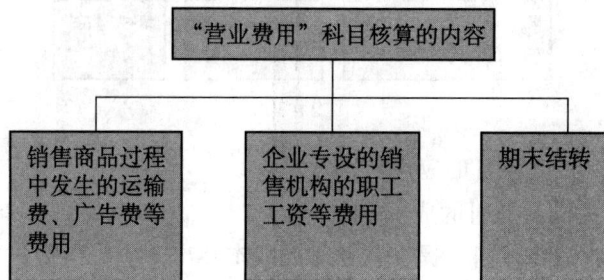

图 2－310

3. "营业费用" 科目的应用

（1）销售商品过程中发生的运输费、装卸费、包装费、保险费、展览费、广告费

小企业在销售商品过程中发生运输费、装卸费、包装费、保险费、展览费和广告费时，应借记"营业费用"科目，贷记"现金"、"银行存款"等科目。其账户对应关系见图 2－311。

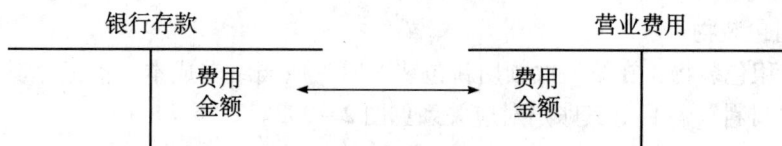

图 2－311

（2）为销售本企业商品而专设的销售机构的职工工资、福利费、业务费等经营费用

小企业发生了为销售本企业商品而专设的销售机构的职工工资、福利费、业务费等经营费用时，应借记"营业费用"科目，贷记"应付工资"、"应付福利费"、"银行存款"等科目。其账户对应关系见图 2－312。

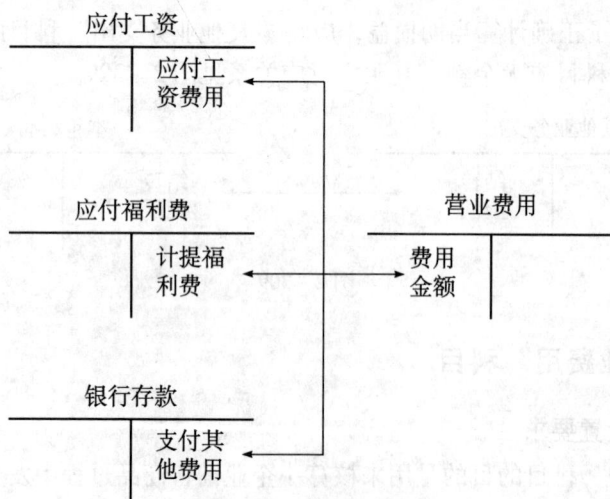

图 2－312

（3）期末结转

期末，小企业为了正确计算当期的净损益，应将"营业费用"科目的余额转入"本年利润"，结转后本科目应无余额。其账户对应关系见图 2-313。

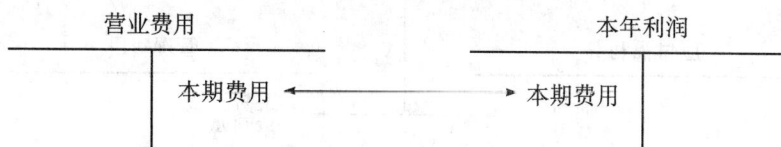

営业费用　　　　　　　　　　　　　　　　本年利润

本期费用　←　　　　　　　　　　　→　本期费用

图 2-313

2.6.9　"管理费用"科目

1. 设置目的及设置要求

设置"管理费用"科目的目的是用来核算小企业为组织和管理企业生产经营所发生的管理费用。

本科目核算包括小企业的行政管理部门在经营管理中发生的公司经费（包括行政管理部门职工工资、修理费、物料消耗、低值易耗品摊销、办公费和差旅费等）、工会经费、待业保险费、劳动保险费、聘请中介机构费、咨询费（含顾问费）、诉讼费、业务招待费、房产税、车船使用税、土地使用税、印花税、技术转让费、矿产资源补偿费、无形资产摊销、职工教育经费、研究与开发费、排污费、存货盘亏或盘盈（不包括应计入营业外支出的存货损失）、计提的坏账准备、存货跌价准备等。

2. "管理费用"科目核算的内容

"管理费用"科目核算的内容见图 2-314。

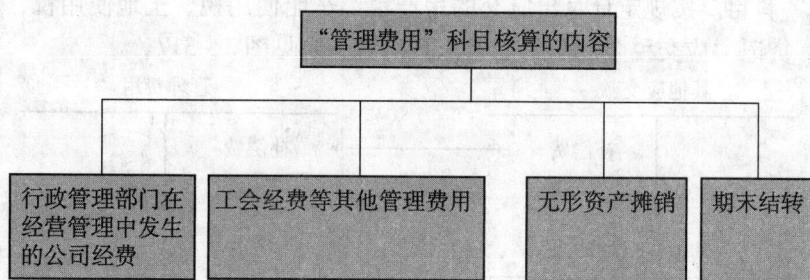

图 2-314

3. "管理费用"科目的应用

（1）行政管理部门在经营管理中发生的公司经费

小企业计算行政管理部门人员的工资及福利费时，应借记"管理费用"科目，贷记"应付工资"、"应付福利费"等科目。行政管理部门计提的固定资产折旧，借记"管理费用"科目，贷记"累计折旧"科目。其账户对应关系见图 2-315。

小企业发生办公费、修理费、水电费等时，应借记"管理费用"科目，贷记"银行存款"科目。交纳待业保险费、劳动保险费时，借记"管理费用"科目，贷记"银行存款"科目。发生业务招待费、聘请中介机构费、咨询费、诉讼费、技术转让费、职工教育经费、研究开发费时，借记"管理费用"科目，贷记"银行存款"。其账户对应关系见图 2-316。

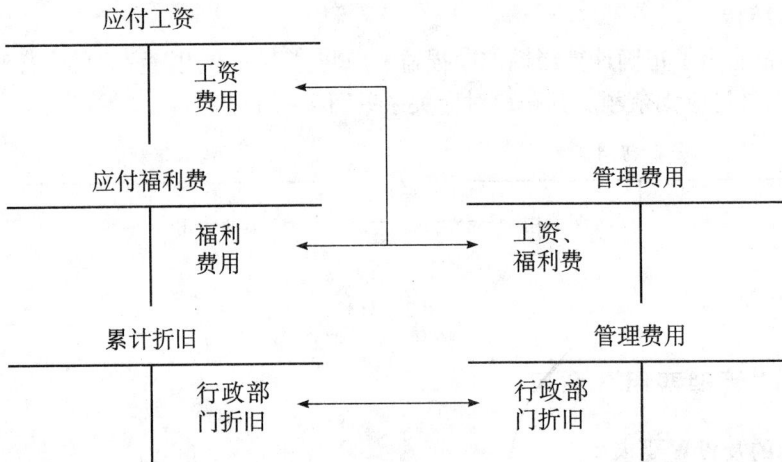

图 2－315

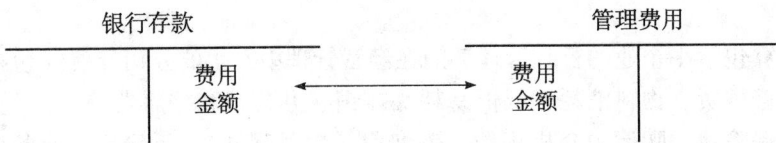

图 2－316

（2）工会经费、待业保险费、劳动保险费、聘请中介机构费、咨询费（含顾问费）、诉讼费、业务招待费、房产税、车船使用税、土地使用税、印花税、技术转让费、矿产资源补偿费

小企业应按规定计算出应交的矿产资源补偿费，借记"管理费用"科目，贷记"其他应交款"科目。按规定计算出应交给工会部门的工会经费，借记"管理费用"科目，贷记"其他应付款"科目。按规定计算出应交的房产税、车船使用税、土地使用税，借记"管理费用"科目，贷记"应交税金"科目。其账户对应关系见图 2－317。

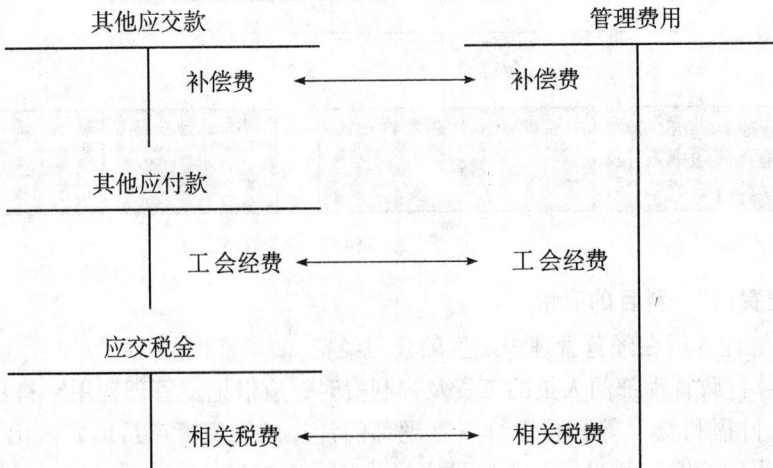

图 2－317

（3）无形资产摊销

小企业的无形资产、长期待摊费用按规定摊销时，应借记"管理费用"科目，贷记"无形资产"、"长期待摊费用"等科目。其账户对应关系见图 2－318。

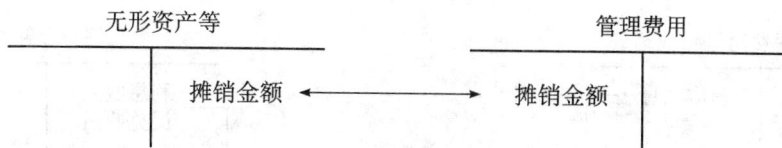

```
   无形资产等                          管理费用
  ─────────────              ─────────────
        │  摊销金额  ◄────────────────►  摊销金额  │
```

图 2－318

（4）期末结转

期末，小企业为了正确计算当期的净损益，应将"管理费用"科目的余额转入"本年利润"，结转后本科目应无余额。其账户对应关系见图 2－319。

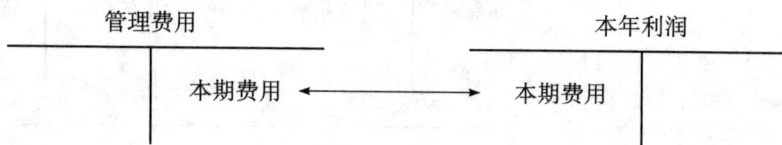

```
   管理费用                          本年利润
  ─────────────              ─────────────
        │  本期费用  ◄────────────────►  本期费用  │
```

图 2－319

2.6.10 "财务费用"科目

1. 设置目的及设置要求

设置"财务费用"科目的目的是用来核算小企业为筹集生产经营所需资金等而发生的费用。本科目核算包括利息支出（减利息收入）、汇兑损失（减汇兑收益）以及相关的手续费等。为购建固定资产的专门借款所发生的借款费用，在固定资产达到预定可使用状态前按规定应予资本化的部分，不包括在本科目的核算范围内。

2. "财务费用"科目核算的内容

"财务费用"科目核算的内容见图 2－320。

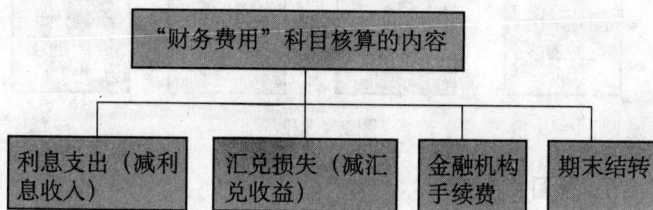

```
        ┌─────────────────────────┐
        │  "财务费用"科目核算的内容  │
        └─────────────────────────┘
                    │
    ┌───────────┬───────────┬───────────┐
 ┌────────┐ ┌────────┐ ┌────────┐ ┌────────┐
 │利息支出 │ │汇兑损失 │ │金融机构 │ │期末结转 │
 │（减利  │ │（减汇  │ │手续费  │ │        │
 │息收入） │ │兑收益） │ │        │ │        │
 └────────┘ └────────┘ └────────┘ └────────┘
```

图 2－320

3. "财务费用"科目的应用

小企业发生的财务费用，借记"财务费用"科目，贷记"预提费用"、"银行存款"、"长期借款"等科目；发生的应冲减财务费用的利息收入、汇兑收益等，应借记"银行存款"等科目，贷记"财务费用"科目；期末，应将"财务费用"科目的余额转入"本年利润"，结转后应无余额。其账户对应关系见图 2－321。

2.6.11 "营业外支出"科目

1. 设置目的及设置要求

设置"营业外支出"科目的目的是用来核算小企业发生的与其生产经营无直接关系的各

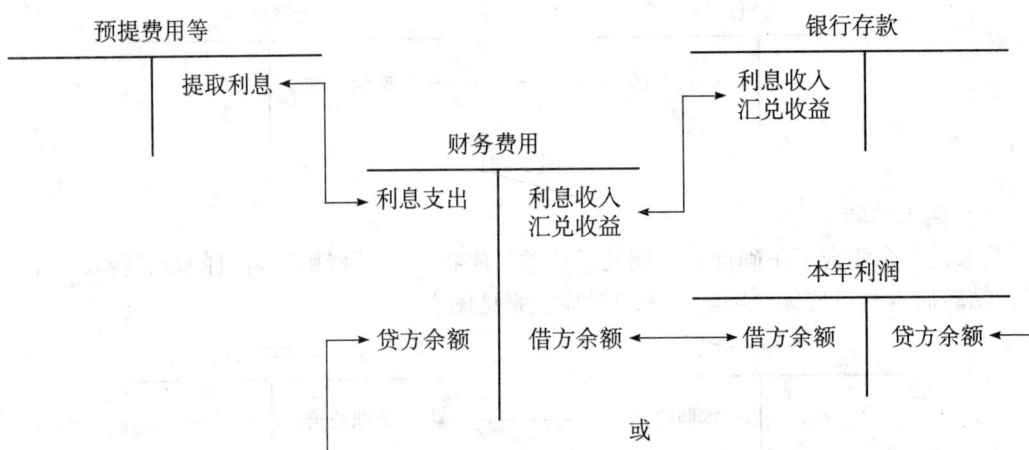

图 2-321

项支出。

本科目应按支出项目设置明细账，进行明细核算。例如"营业外支出——固定资产盘亏"、"营业外支出——处置固定资产净损失"、"营业外支出——出售无形资产净损失"、"营业外支出——罚款支出"、"营业外支出——非常损失"等。

2. "营业外支出" 科目核算的内容

"营业外支出"科目核算的内容见图 2-322。

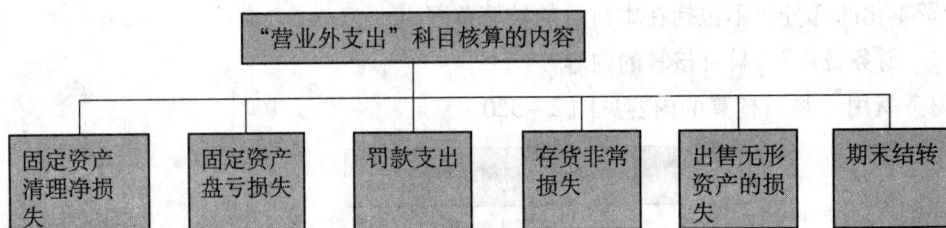

图 2-322

3. "营业外支出" 科目的应用

（1）固定资产清理所发生的损失

小企业在生产经营期间，进行固定资产清理所发生的损失，应借记"营业外支出"科目，贷记"固定资产清理"科目。其账户对应关系见图 2-323。

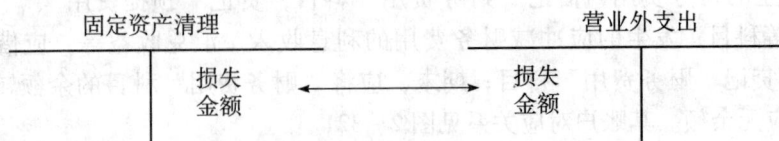

图 2-323

（2）固定资产盘亏

小企业在清查财产过程中查明的固定资产盘亏，应借记"营业外支出"科目，贷记"固定资产"科目。其账户对应关系见图 2-324。

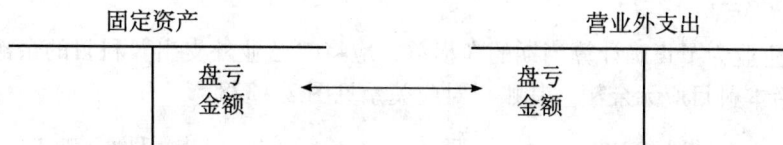

图 2 – 324

（3）罚款支出

小企业发生罚款支出时，应借记"营业外支出"科目，贷记"银行存款"等科目。其账户对应关系见图 2 – 325。

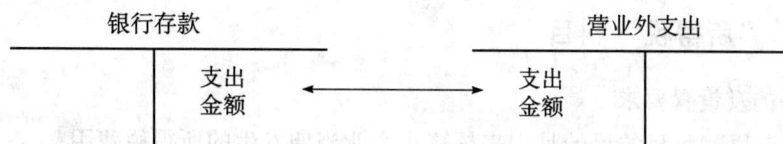

图 2 – 325

（4）存货非常损失

小企业的物资在运输途中等发生的非常损失，应借记"营业外支出"科目，贷记"在途物资"等科目。其账户对应关系见图 2 – 326。

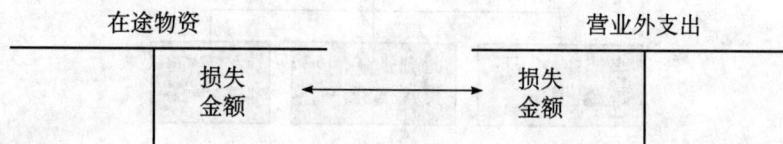

图 2 – 326

（5）出售无形资产

小企业出售无形资产时，应按实际取得的转让收入，借记"银行存款"等科目，按无形资产的账面余额，贷记"无形资产"科目，按应支付的相关税费，贷记"应交税金"等科目，按实际取得的转让收入小于无形资产账面余额与相关税费之和的差额，借记"营业外支出"科目。其账户对应关系见图 2 – 327。

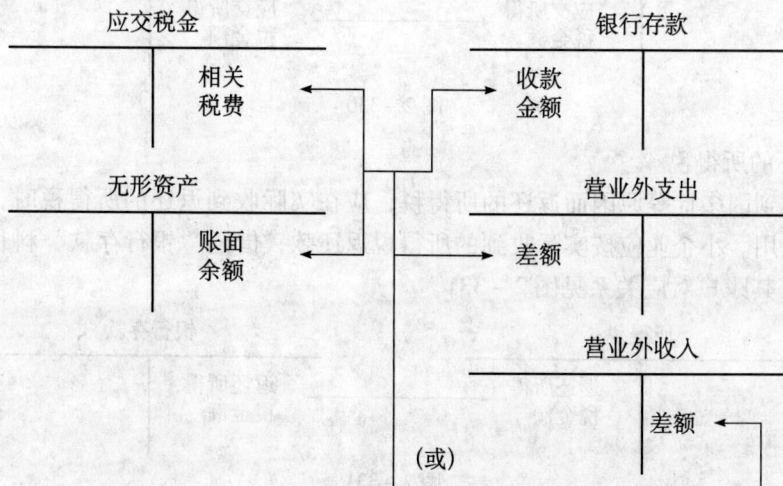

图 2 – 327

（6）期末结转

期末，小企业为了正确计算当期的净损益，应将"营业外支出"科目的余额转入"本年利润"，结转后本科目应无余额。其账户对应关系见图2-328。

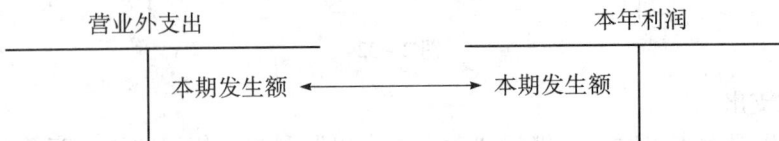

图2-328

2.6.12 "所得税"科目

1. 设置目的及设置要求

设置"所得税"科目的目的是用来核算小企业当期发生的所得税费用。

2. "所得税"科目核算的内容

"所得税"科目核算的内容见图2-329。

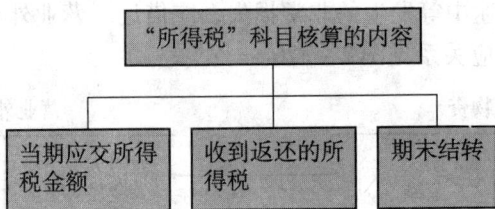

图2-329

3. "所得税"科目的应用

（1）当期所得税金额

小企业计算的当期所得税金额，应借记"所得税"科目，贷记"应交税金——应交所得税"科目。其账户对应关系见图2-330。

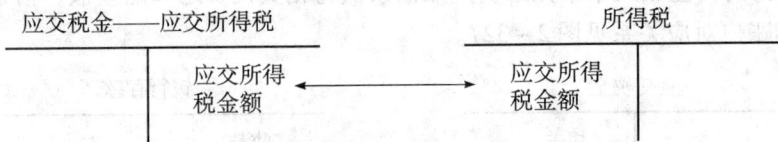

图2-330

（2）返还的所得税

小企业收到因多计等原因而返还的所得税，应在实际收到返还的所得税时，冲减收到当期的所得税费用。小企业应按实际收到的所得税返还款，借记"银行存款"科目，贷记"所得税"科目。其账户对应关系见图2-331。

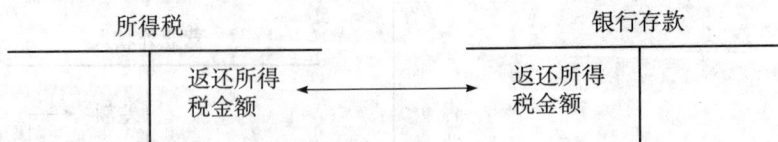

图2-331

（3）期末结转

期末，小企业为了正确计算当期的净损益，应将"所得税"科目的余额转入"本年利润"，结转后本科目应无余额。其账户对应关系见图 2-332。

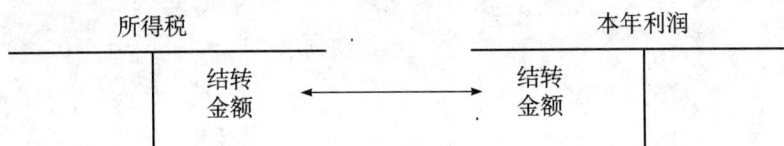

所得税		本年利润	
	结转金额 ← →		结转金额

图 2-332

3

CHAPTER

第 3 章
日常业务的会计处理

■ 3.1 货币资金业务的会计处理

3.1.1 货币资金业务的内容

1. 货币资金的内容

货币资金，是指企业在生产经营过程中处于货币形态的那部分资金。包括库存现金、银行存款、其他货币资金。

（1）库存现金

库存现金是指存放于企业财会部门，由出纳人员负责经管的货币，包括库存的人民币和各种外币。

（2）银行存款

银行存款是指企业存入银行和其他金融机构的各种存款。

（3）其他货币资金

其他货币资金是指存放地点和用途都与库存现金和银行存款不同的货币资金。包括外埠存款、银行汇票存款、银行本票存款、信用证保证金存款、存出投资款、信用卡存款等。

2. 货币资金业务

货币资金业务主要包括货币资金收入、货币资金支出、货币资金保管及银行存款账户的管理。

（1）货币资金收入

小企业的货币资金收入主要有当期的营业收入，收回以前各期的应收款项、借款，收回对外投资等。

（2）货币资金支出

小企业的货币资金支出业务涉及的范围非常广泛，主要有支付购货款、各项费用、上缴税金、偿还债务、支付工资及劳务费用等。

（3）货币资金保管

货币资金保管主要涉及库存现金的盘点、银行存款的核对及备用金的保管等。

（4）银行存款账户管理

小企业应严格按照规定开立账户，办理款项存、取和结算。同时，还应定期检查、清理银行账户的开立和使用情况，及时发现问题并处理。

3.1.2　货币资金业务的流程及主要控制

1. 货币资金收入业务的流程及主要控制

为了保证收入的货币资金安全、完整，小企业货币资金收入业务的流程及主要控制措施如下：

（1）业务部门收入货款并出具收据和发票，填制收款凭证，编制收款日报表。

（2）业务部门将收取的货款及相关凭证交给出纳，经核对无误后，由出纳将款项存入银行，并编制收款凭证，登记日记账。

（3）会计岗位对收款及送存银行的有关凭证进行核对，并进行会计记录。

此外，与货币资金收入相关的控制还包括：

● 严格控制收款日期和收款金额；

● 所有收款收据和发票等收款凭证都必须连续编号，并建立一套严格详细的领用和回收制度；

● 建立现金、支票、汇票等货币资金收入凭证的防伪检验制度。

2. 货币资金支出业务的流程及主要控制

小企业所有的付款业务都要有符合规定的原始凭证，并经业务人员签字证明、主管领导批准，经会计部门审核后出纳才据以付款。货币资金支出业务的流程及主要控制措施如下：

（1）支付申请

小企业有关部门或个人用款时，应提前向审批人提交货币资金支付申请，注明款项的用途、金额、支付方式等内容，并附有经济合同或相关证明。

（2）支付审批

审批人根据其职责、权限对支付申请进行审批。对不符合规定的货币资金支付申请，审批人应当拒绝批准。

（3）支付复核

复核人应当对批准后的货币资金支付申请进行复核，如金额计算是否准确，是否超出预算范围或标准，支付方式是否妥当等。

（4）办理支付

出纳人员应当根据复核无误的支付申请，按规定办理货币资金支付手续。并严格按《现金管理暂行条例》规定的范围使用现金。

此外，与货币资金支付业务相关的控制还包括：

● 遵守库存现金的限额管理制度；

● 对现金支付量较多的部门建立备用金制度；

● 指定专人签发支票等支付工具并妥善保管，严格按票据顺序号签发；

● 款项付讫后，出纳必须及时在付款凭证上加盖"现金付讫"等戳记，以防止重付或者漏付等。

3. 货币资金保管的主要控制

（1）库存现金保管的主要控制

① 出纳人员的日常盘点

出纳人员必须在每日终了结出现金日记账余额，并实地盘点现金，将现金日记账余额与实地盘点结果相核对。如发现账实不符，应立即报告主管人员，以便及时查明原因并采取处理措施。

② 财产清查人员的定期和不定期盘点

由专门的财产清查人员定期或不定期对库存现金进行清查，并审核现金收、付款凭证和有关账簿等资料，检查现金收付业务的合理性、合法性。清查结果填列在"库存现金清查盘点报告"上，并由清查人员和现金出纳签字盖章。

（2）银行存款保管的主要控制

银行存款保管主要是通过企业与银行核对账目的方式进行。小企业根据银行发出的"银行存款对账单"与银行存款日记账逐笔核对，以保证银行存款的账面记录的真实性。

3.1.3 货币资金业务常见原始凭证

小企业在货币资金收入、支出和保管业务等的会计处理中，常见的原始凭证如下：

1. 银行结算类原始凭证

（1）现金支票

现金支票用于提取现金业务，现金支票的格式见图 3-1。

图 3-1

（2）转账支票

"转账支票"用于单位和个人在同一票据交换区域的各种款项结算，"转账支票"的格式见图 3-2。

××××银行转账支票存根	××××银行**转账支票**	（京）支票号码：

××××银行转账支票存根

支票号码

科　目

对方科目

出票日期　年　月　日

收款人：

金　额：

用　途：

单位主管　　会计

本支票付款期十天

××××银行**转账支票**　　　　（京）支票号码：

付款行名称

出票人账号

出票日期（大写）　　年　　月　　日

收款人

人民币（大写）	千	百	十	万	千	百	十	元	角	分

用途＿＿＿＿＿

本支票款项请从我账户内支付

科目（借）＿＿＿＿＿＿＿

对方科目（贷）＿＿＿＿＿＿

转账日期　　年　　月　　日

出票人签章　　　　复核　　　　记账

此区域供打印磁性字码

图 3-2

小企业应当对收到的"转账支票"按照相关合同的规定进行审核。确定与所发生经济业务事项相符后，填制一式两联的"银行进账单"，连同"转账支票"一并送交开户银行。"银行进账单"的格式见图 3-3。

××××银行**进 账 单**（收 账 通 知）1

年　　月　　日　　　　　　　　第　号

出票人	全　称		收款人	全　称											
	账　号			账　号											
	开户银行			开户银行											
人民币（大写）					千	百	十	万	千	百	十	元	角	分	
票据种类															
票据张数															
单位主管　会计　复核　记账						出票人开户行盖章									

此联是持票人开户银行交给持票人的收账通知

图 3-3

（3）银行汇票申请书及银行汇票

银行汇票是指汇款人将款项交存当地出票银行，由出票银行签发的，由其在见票时，按照实际结算金额无条件支付给收款人或持票人的票据。银行汇票具有使用灵活、票随人到、兑现性强等特点，适用于先收款后发货或钱货两清的交易。单位和个人的各种款项结算均可使用银行汇票。

　　小企业支付购货款等款项时，应向出票银行填写"银行汇票申请书"，填明收款人名称、支付金额、申请人、申请日期等事项并签章，签章为其预留银行的印鉴。银行受理银行汇票申请书，收妥款项后签发银行汇票，并用压数机压印出票金额，然后将"银行汇票"和"解讫通知"一并交给汇款人。

　　"银行汇票申请书"、"银行汇票解讫通知"的格式见图3-4、3-5、3-6。

××××银行**汇票申请书**（存根）1

申请日期　　年　　月　　日　　　　第　号

申　请　人		收　款　人										
账号或住址		账号或住址										
用　　途		代理付款行										
汇 票 金 额	人民币（大写）		千	百	十	万	千	百	十	元	角	分

备注

科　目＿＿＿＿＿＿
对方科目＿＿＿＿＿＿

财务主管　　复核　　经办

此联申请人留存

图3-4

××××银行　　汇票号码

银行汇票　2　　第　号

付款期限 壹 个 月

出票日期（大写）　年 月 日／代理付款行　　　行号：

收款人		账号									
出票金额　人民币（大写）											
人民币 实际结算金额（大写）		千	百	十	万	千	百	十	元	角	分

申请人 ＿＿＿＿＿　　账号：＿＿＿＿＿
出票行 ＿＿＿＿＿
行　号 ＿＿＿＿＿
用　途 ＿＿＿＿＿
出票行盖章

| 多余金额 | | | | | | | | |
| 千 | 百 | 十 | 万 | 千 | 百 | 十 | 元 | 角 | 分 |

科目（借）＿＿＿＿＿
对方科目（贷）＿＿＿＿＿
兑付日期　年 月 日
复核　记账

此联代理付款行付款后作联行往账借方凭证附件

图3-5

××××银行　　　　汇票号码

银行汇票（解讫通知）**3**　第　号

| 付款期限 |
| 壹个月 |

出票日期（大写）　　年　月　日／代理付款行：　　　　　　　行号：

收　款　人：　　　　　　　　　　　账号：

出票金额：人民币（大写）

实际结算金额	人民币（大写）	千	百	十	万	千	百	十	元	角	分

申请人：＿＿＿＿＿＿＿　　　账号：＿＿＿＿＿＿＿

出票行：＿＿＿＿＿＿＿

行　号：＿＿＿＿＿＿＿

用　途：＿＿＿＿＿＿＿

代理付款行盖章

复核　　经办

多余金额								
千	百	十	万	千	百	十	元	角	分

科目（贷）＿＿＿＿＿

对方科目（借）＿＿＿＿＿

转账日期　　年　月　日

复核　记账

此联代理付款行付款后随报单寄出票行，由出票行作多余款贷方凭证

图 3－6

此外，收款的企业在收到付款单位交来的银行汇票时，应在出票金额以内，根据实际需要的款项办理结算，并将实际结算金额和多余金额准确、清晰地填入银行汇票和解讫通知的有关栏内，银行汇票的实际结算金额低于出票金额的，其多余金额由出票银行退交申请人。"银行汇票多余款收账通知"见图 3－7。

××××银行　　　　汇票号码

银行汇票（多余款）**4**　第　号

收账通知

| 付款期限 |
| 壹个月 |

出票日期（大写）　　年　月　日／代理付款行　　　　　　　　行号

收　款　人　　　　　　　　　　　账号

出票金额人民币（大写）

实际结算金额	人民币（大写）	千	百	十	万	千	百	十	元	角	分

申请人＿＿＿＿＿＿　　账号＿＿＿＿＿＿

出票行＿＿＿＿＿＿　　行号＿＿＿＿＿＿

行　号＿＿＿＿＿＿

用　途＿＿＿＿＿＿

出票行盖章

　　年　月　日

多余金额								
千	百	十	万	千	百	十	元	角	分

左列退回多余金额已收入你账户内

财务主管　复核　经办

此联出票行结清多余款后交申请人

图 3－7

（4）托收承付凭证

托收承付是根据购销合同由收款人发货后委托银行向异地付款人收取款项，由付款人向银行承认付款的结算方式。使用托收承付结算方式的收款单位和付款单位必须是国有企业、供销合作社以及经营管理较好、并经开户银行审查同意的城乡集体所有制工业企业。办理托收承付结算的款项，必须是商品交易，以及因商品交易而产生的劳务供应的款项。代销、寄销、赊销商品的款项，不得办理托收承付结算。"托收承付凭证"的格式见图3－8。

邮	**托收承付**凭证（收 账 通 知）4	第　号 托收号码	
	委托日期　　年　月　日	承付期限 到期　年　月　日	

付款人	全　称		收款人	全　称											此联是收款人开户银行在款项收妥后给收款人的收账通知
	账号或地址			账　号											
	开户银行			开户银行					行号						

托收金额	人民币（大写）			千	百	十	万	千	百	十	元	角	分

附　件		商品发运情况	合同名称号码	
附寄单证张数或册数				

备注：	本托收款项已由付款人开户行全额划回并收入你账户内。 收款人开户银行盖章　　月　日	科目＿＿＿＿＿＿＿ 对方科目＿＿＿＿＿ 转账　　　年　月　日 单位主管　　会计 复核　　　记账

付款人开户行收到日期　　年　月　日　　　　　　支付日期　　年　月　日

图3－8

（5）商业汇票

商业汇票是指出票人签发的，委托付款人在指定日期无条件支付确定的金额给收款人或者持票人的票据。商业汇票分为商业承兑汇票和银行承兑汇票。以银行承兑汇票为例，银行承兑汇票由银行承兑，由在承兑银行开立存款账户的存款人签发。承兑银行按票面金额向出票人收取万分之五的手续费。

购货的小企业应于汇票到期前将票款足额交存其开户银行，以备由承兑银行在汇票到期日或到期日后的见票当日支付票款。销货小企业应在汇票到期时将汇票连同进账单送交开户银行以便转账收款。承兑银行凭汇票将承兑款项无条件转给销货企业，如果购货小企业于汇票到期日未能足额交存票款时，承兑银行除凭票向持票人无条件付款外，对出票人尚未支付的汇票金额按照每天万分之五计收罚息。

"银行承兑汇票"的格式见图3－9。

银行承兑汇票 2

<table>
<tr><td colspan="4"></td><td colspan="2">出票日期</td><td colspan="3">汇票号码</td></tr>
<tr><td colspan="2">（大写）</td><td>年</td><td>月</td><td>日</td><td></td><td colspan="3">第　　号</td></tr>
</table>

<table>
<tr><td>出票人全称</td><td colspan="3"></td><td rowspan="3">收
款
人</td><td>全　　称</td><td colspan="3"></td></tr>
<tr><td>出票人账号</td><td colspan="3"></td><td>账　　号</td><td colspan="3"></td></tr>
<tr><td>付款行全称</td><td></td><td>行号</td><td></td><td>开户银行</td><td></td><td>行号</td><td></td></tr>
<tr><td rowspan="2">汇票金额</td><td colspan="3">人民币</td><td colspan="2" rowspan="2">千 百 十 万 千 百 十 元 角 分</td></tr>
<tr><td colspan="3">（大写）</td></tr>
<tr><td>汇票到期日期　年 月 日</td><td colspan="3" rowspan="2">本汇票已经承兑，到期日
由本行付款。</td><td colspan="2">承兑协议编号</td></tr>
<tr><td rowspan="2">　本汇票请你行承兑，到期无
条件付款。</td><td colspan="2">科目（借）</td></tr>
<tr><td colspan="3">承兑行签章</td><td colspan="2">对方科目（贷）</td></tr>
<tr><td rowspan="2">出票人签章
年　　月　　日</td><td colspan="3">承兑日期　年　　月　　日</td><td colspan="2">转账　年　　月　　日</td></tr>
<tr><td colspan="3">备注：</td><td colspan="2">复核　　　　记账</td></tr>
</table>

此联收款人开户行随委托收款凭证寄付　款行作借方凭证

图 3－9

（6）委托收款凭证

委托收款是收款人委托银行向付款人收取款项的结算方式。无论单位还是个人都可凭已承兑商业汇票、债券、存单等付款人债务证明办理收取同城或异地款项。委托收款还适用于收取电费、电话费等付款人众多、分散的公用事业费等有关款项。

小企业办理委托收款业务的"委托收款凭证"格式见图3－10。

<table>
<tr><td rowspan="2">委邮</td><td colspan="4">委托收款凭证（回单）1</td><td colspan="2">第　　号</td></tr>
<tr><td colspan="4">委托日期　年 月 日</td><td colspan="2">委托号码</td></tr>
</table>

<table>
<tr><td rowspan="3">付
款
人</td><td>全　　称</td><td colspan="2"></td><td rowspan="3">收
款
人</td><td>全　　称</td><td colspan="2"></td></tr>
<tr><td>账号或地址</td><td colspan="2"></td><td>账　　号</td><td colspan="2"></td></tr>
<tr><td>开户银行</td><td colspan="2"></td><td>开户银行</td><td>行号</td><td></td></tr>
<tr><td rowspan="2">委收
金额</td><td colspan="2">人民币</td><td colspan="4">千 百 十 万 千 百 十 元 角 分</td></tr>
<tr><td colspan="2">（大写）</td><td colspan="4"></td></tr>
<tr><td>款项内容</td><td colspan="2">委托收款凭据名称</td><td colspan="4">附寄单证张数</td></tr>
<tr><td rowspan="2">备注：</td><td colspan="6"></td></tr>
<tr><td colspan="3">款项收妥日期
年　月　日</td><td colspan="3">收款人开户银行盖章　　月　　日</td></tr>
</table>

单位主管　　　会计　　　　复核　　　　记账

此联是收款人开户银行给收款人的回单

图 3－10

（7）汇兑结算凭证

汇兑是汇款人委托银行将其款项支付给收款人的结算方式。单位和个人的各种款项的结算，均可使用汇兑结算方式。汇兑分为信汇、电汇两种，适用于异地之间的各种款项结算。

小企业采用汇兑结算方式，汇出款项时，应填写汇款凭证，以信汇为例，"信汇凭证"的格式见图 3 - 11。

××××银行信汇凭证（回单 1）

委托日期　年　月　日　　　　　　　　　　第　号

汇款人	全　　称			收款人	全　　称				此联是汇出行给汇款人的回单
	账号或地址				账号或住址				
	汇出地点		汇出行名称		汇入地点		汇出行名称		
金额	人民币（大写）					千百十万千百十元角分			
汇款用途：									
单位主管　会计　复核　记账				汇出行盖章　　年　月　日					

图 3 - 11

2. 银行结息通知单

小企业在银行的存款利息结算，以收到的银行结息通知单为依据。"银行存款利息通知单"的格式见图 3 - 12。

××××银行存款利息通知单

年　月　日

户　　名		账号			
利息计息时间	年　月　日起　年　月　日止	利息积数		利率	
利息金额	人民币（大写）		十万千百十元角分		
以上利息已存入你单位账户　　银行盖章　　年　月　日		科目　　　对方科目　　　记账　复核　制单			

图 3 - 12

3. 现金送款簿

小企业对当天收入的现金或超过库存限额的现金，应及时送存开户银行。根据整理点好的现金金额填写"现金送款簿"（缴款单），并将"现金送款簿"和整理清点好的票币提交银行办理送存业务。"现金送款簿"的格式见图 3 - 13。

××××银行 现金送款簿

对方科目：　　　　　　　交款日期：　　年　月　日

收款单位名称								开户银行 科目账号									第一联：回单
款项来源													金　额				
人民币 （人写）										百 十 万 千 百 十 元 角 分							
券别 数额	一百元	五十元	十元	五元	二元	一元	五角	二角	一角	五分	二分	一分	合计金额	收款银行盖章			
整把券																	

图 3 - 13

4. 借款单

"借款单"是小企业内部职工因出差等原因向单位借款应填写的凭证。"借款单"的格式见图 3 - 14。

借款单
年　　　月　　　日

借款部门		借款人		使用部门	
款项类别	现金□　　支票□　　支票号码：				
借款用途 及理由					
借款金额	（大写）			¥	
还款方式					
批准人		财务核准	财务审核	部门审核	
附件（张）		备 注			

图 3 - 14

5. 差旅费报销单

"差旅费报销单"是小企业职工报销差旅费的依据，其格式见图 3 - 15。

差旅费报销单

姓名＿＿＿＿＿＿　职别＿＿＿＿＿＿　　年　月　日　　金额单位：元

起日		止日		合计天数	各项补助费									车船杂支费							合计金额	附件
					伙食补助			住宿补助			未买卧铺补助			夜间乘硬座超过12小时补助	火车费	汽车费	轮船费	飞机费	市内交通	住宿费	其他杂支		
月	日	月	日		天数	标准	金额	天数	标准	金额	票价	标准	金额										张
合计人民币大写						万		仟		佰		拾		元		角		分					
原借差旅费＿＿＿＿元　　报销＿＿＿＿元　　剩余交回＿＿＿＿元																							
出差事由																							

审批人签字：　　　会计主管签字：　　　报账人签字：　　　领款人签字：

图 3 - 15

6. "收据"

"收据"是财务部门收到企业职工现金的证明。如报销差旅费时，交回借款余额等。其格式见图3－16。

收　据

年　月　日　　　　　　NO.

今收到＿＿＿＿＿＿＿＿＿＿＿＿＿＿＿＿＿＿＿＿＿＿＿＿＿＿＿＿＿＿＿＿＿

交　来＿＿＿＿＿＿＿＿＿＿＿＿＿＿＿＿＿＿＿＿＿＿＿＿＿＿＿＿＿＿＿＿＿

人民币（大写）＿＿＿＿＿＿＿＿＿＿＿＿＿＿＿＿＿　¥＿＿＿＿＿＿＿＿＿

收款单位（盖章）

第二联　　会计

收款人		交款人	

图3－16

7. 库存现金盘点报告表

通过实地盘点对库存现金进行清查，要根据清点结果编制"库存现金盘点报告表"。"库存现金盘点报告表"的格式见图3－17。

库存现金盘点报告表　　　　编号：
年　月　日　　　　　　存放地点：

实存金额	账存金额	对比结果		备　注
		盘　盈	盘　亏	

盘点人签章：　　　　　　　　出纳员签章：

图3－17

8. 银行对账单和银行存款余额调节表

小企业"银行存款日记账"应定期与"银行对账单"核对，至少每月核对一次。核对过程中如发现未达账项，应进行调节，编制"银行存款余额调节表"。如果没有记账错误，调节后的双方余额应相等。"银行对账单"和"银行存款余额调节表"的格式见图3－18、图3－19。

××××银行对账单

（人民币存款户）

开户单位：　　　　　账号：　　　　　金额单位：元　　　　　第　页

年		凭证种类号码	摘　要	收　入	支　出	结　存
月	日					

复核　　　　　　　　　　　　　　记账

图 3－18

银行存款余额调节表

年　　月　　日　　　　　　　　　　　　单位：元

项　　目	金　额	项　　目	金　额
银行存款日记账余额 加：银行已收、企业未收		银行对账单余额 加：企业已收、银行未收	
减：银行已付、企业未付		减：企业已付、银行未付	
调节后的银行存款余额		调节后的银行存款余额	

图 3－19

3.1.4　货币资金业务的账务处理

1. 提取现金业务

【业务1】200×年6月4日，华伦公司开出现金支票一张，从开户银行提取备用金10 000元。

此项业务应根据"支票"存根记载的提取金额，进行如下账务处理：

借：现金　　　　　　　　　　　　　　　　　　　　　　　　　10 000

　　贷：银行存款　　　　　　　　　　　　　　　　　　　　　　　　　10 000

2. 现金存入银行业务

【业务2】　200×年6月5日，华伦公司将当日收到的现金30 000元存入银行。

此项业务应根据"现金送款簿"回单联上的金额，进行如下账务处理：

借：银行存款   30 000

    贷：现金   30 000

3. 职工因出差等原因预借现金业务

【业务3】　200×年6月6日，华伦公司王洁出差，预借现金2 500元。

此项业务应根据"借款单"所记载的金额，进行如下账务处理：

借：其他应收款——王洁   2 500

    贷：现金   2 500

【业务4】　200×年6月14日，王洁出差回来，凭发票等单据报销2 300元，交回预借的差旅费剩余款200元。

此项业务应根据实际收回现金开出的"收据"、发票单据等，进行如下账务处理：

借：现金   200

    管理费用——差旅费   2 300

    贷：其他应收款——王洁   2 500

4. 现金短缺或溢余的处理业务

（1）现金短缺

【业务5】　200×年6月30日，华伦公司在现金清查中发现库存现金短缺600元。经查明，其中400元是出纳员李立的责任。经批准，出纳员李立应赔偿400元，其余短缺的金额计入管理费用。

此项业务应根据"库存现金盘点报告表"及经批准的处理决定，进行如下账务处理：

借：其他应收款——李立   400

    管理费用   200

    贷：现金   600

（2）现金溢余

【业务6】　200×年7月31日，华伦公司在现金清查中发现现金溢余130元，其中有50元是应支付给张伟的。经批准，支付给张伟50元，其余溢余的金额计入营业外收入。

此项业务应根据"库存现金盘点报告表"及经批准的处理决定，进行如下账务处理：

借：现金   130

    贷：其他应付款——张伟   50

    营业外收入   80

5. 存、贷款利息业务

（1）存款利息收入业务

【业务7】　200×年7月3日，华伦公司收到开户银行结息通知单，银行存款利息收入2 000元入账。

此项业务应根据银行结息通知单所记载的金额，进行如下账务处理：

借：银行存款   2 000

    贷：财务费用   2 000

（2）支付贷款利息业务

【业务8】　200×年7月31日，华伦公司支付为购建固定资产的专门借款发生的借款利息 5 000 元。该固定资产尚未达到预定可使用状态。

此项业务应根据银行结息通知单所记载的金额，进行如下账务处理：

借：在建工程 5 000

　　贷：银行存款 5 000

6. 外币业务

小企业应将有关外币金额折合为记账本位币金额记账。除另有规定外，所有与外币业务有关的账户，应当采用业务发生当日中国人民银行公布的人民币外汇牌价的中间价，即"即期汇率"或业务发生当期期初的汇率折算。

（1）购入外币业务

【业务 9】　华伦公司外币业务采用即期汇率折算（下同）。200×年 5 月 6 日因外汇支付需要，从银行购入 1 万美元，当日银行美元卖出价为 1 美元 ＝6.98 元人民币，即期汇率为 1 美元 ＝6.90 元人民币。

此项业务应根据取得的外币按当日即期汇率折合的记账本位币金额和实际支付的记账本位币金额，进行如下账务处理：

借：银行存款——美元户（10 000 美元×6.90） 69 000

　　财务费用 800

　　贷：银行存款——人民币户（10 000 美元×6.98） 69 800

（2）卖出外币业务

【业务 10】　200×年 6 月 8 日，华伦公司将 30 000 美元到银行兑换为人民币，当日的银行美元买入价为 1 美元 ＝6.92 元人民币，该日的即期汇率为 1 美元 ＝ 6.90 元人民币。

此项业务应根据实际收到的记账本位币金额以及卖出的外币按当日即期汇率折合的记账本位币金额，进行如下账务处理：

借：银行存款——人民币户（30 000 美元×6.92） 207 600

　　贷：银行存款——美元户（30 000 美元×6.90） 207 000

　　　　财务费用 600

（3）购入材料、商品或设备，以外币结算业务

【业务 11】　200×年 6 月 28 日，华伦公司从国外 GH 公司购入 A 材料，价款为 10 000 美元（不含税），已经通过美元户支付部分价款 5 000 美元，增值税 11 730 元及进口关税 4 140元已经通过人民币户支付，购入当日美元对人民币的市场汇率为 1 美元 ＝ 6.90 元人民币。

此项业务应按购入当日或期初的市场汇率将支付的外币或应支付的外币折算为记账本位币入账，进行如下账务处理：

借：材料——A 材料 73 140

　　应交税金——应交增值税（进项税额） 11 730

　　贷：银行存款——美元户 34 500

　　　　应付账款——美元户 34 500

　　　　银行存款——人民币户 15 870

（4）销售商品或产品，以外币结算时

【业务 12】　200×年 7 月 28 日，华伦公司将其生产的产品售给美国的 RS 公司，价款

为 10 000 美元，已于当日收到 5 000 美元，当日即期汇率为 1 美元 ＝ 6.90 元人民币。

此项业务应根据交易当日即期汇率将获得的外币或应收的外币金额，折算为记账本位币入账，进行如下账务处理：

借：银行存款——美元户   34 500

  应收账款——美元户   34 500

  贷：主营业务收入   69 000

（5）外币借款

【业务 13】 200×年 5 月 25 日，华伦公司从银行借入 100 000 美元，期限 3 年，用于购买设备。当日即期汇率为 1 美元 ＝ 6.93 元人民币。

此项业务应根据借入外币时即期汇率折算为记账本位币入账，进行如下账务处理：

借：银行存款——美元户   693 000

  贷：长期借款——美元户   693 000

（6）接受外币资本投资

【业务 14】 200×年 8 月 25 日，华伦公司收到 NG 公司投入的 200 000 美元，当日即期汇率为 1 美元 ＝ 6.89 元人民币。

此项业务应根据收到出资额当日的即期汇率折合的记账本位币金额，进行如下账务处理：

借：银行存款——美元户   1 378 000

  贷：实收资本——NG 公司   1 378 000

7. 汇兑损益

期末，各种外币账户的外币余额应当按照期末汇率折合为记账本位币。按照期末汇率折合的记账本位币金额与原账面记账本位币金额之间的差额，作为汇兑损益。

汇兑损益应分别以下情况处理：

（1）汇兑收益

【业务 15】 200×年 12 月，华伦公司美元账户发生汇兑收益 1 500 元，其中，"银行存款——美元户"账户发生 100 元，"应收账款——美元户"账户发生 400 元，为购建尚未达到预期使用状态的固定资产的专门"长期借款——美元户"发生 1 000 元。

此项业务应根据外币业务的处理规定，进行如下账务处理：

借：银行存款——美元户   100

  应收账款——美元户   400

  贷：财务费用   500

借：长期借款——美元户   1 000

  贷：在建工程   1 000

（2）汇兑损失

【业务 16】 200×年 12 月，华伦公司美元账户发生汇兑损失 1 800 元，其中，"银行存款——美元户"账户发生 200 元，"应收账款——美元户"账户发生 500 元，为购建尚未达到预期使用状态的固定资产的专门"长期借款——美元户"发生 1 100 元。

此项业务应根据外币业务的处理规定，进行如下账务处理：

借：财务费用   700

　　　贷：银行存款——美元户　　　　　　　　　　　　　　　　　　　200

　　　　　应收账款——美元户　　　　　　　　　　　　　　　　　　　500

　　借：在建工程　　　　　　　　　　　　　　　　　　　　　　　　1 100

　　　贷：长期借款——美元户　　　　　　　　　　　　　　　　　　1 100

8. 外埠存款业务

（1）开立采购专户

【业务 17】　200×年 8 月 20 日，华伦公司将款项 100 000 元汇往天津滨海开发区工商银行开立采购专户，以备在当地采购材料。

　　此项业务应根据在开户行办理汇款的凭证，进行如下账务处理：

　　借：其他货币资金——外埠存款　　　　　　　　　　　　　　　100 000

　　　贷：银行存款　　　　　　　　　　　　　　　　　　　　　　100 000

（2）采购结算

【业务 18】　200×年 8 月 23 日，华伦公司在天津滨海开发区购买原材料，价款 80 000 元，增值税 13 600 元，运费 1 400 元，材料尚未运到公司。

　　此项业务应根据"增值税专业发票"、"运费发票"及结算单据等，进行如下账务处理：

　　借：在途物资　　　　　　　　　　　　　　　　　　　　　　　81 400

　　　　应交税金——应交增值税（进项税额）　　　　　　　　　　13 600

　　　贷：其他货币资金——外埠存款　　　　　　　　　　　　　　95 000

（3）采购结束，将多余的外埠存款转回当地银行

【业务 19】　200×年 8 月 26 日，华伦公司将在天津采购剩余的外埠存款 5 000 元转回当地开户银行。

　　此项业务应根据开户银行的收款通知等，进行如下账务处理：

　　借：银行存款　　　　　　　　　　　　　　　　　　　　　　　5 000

　　　贷：其他货币资金——外埠存款　　　　　　　　　　　　　　5 000

9. 银行本票结算业务

【业务 20】　200×年 10 月 6 日，华伦公司向其开户银行填送"银行本票申请书"，取得定额银行本票 50 000 元，准备用于购买材料。10 月 16 日，持银行本票向 BE 公司购买材料 40 000 元，增值税 6 800 元，运杂费 3 200 元。材料验收入库。

　　此项业务应根据银行结算单据、"增值税专用发票"、"入库单"等相关的凭证，进行如下账务处理：

（1）取得银行本票

　　借：其他货币资金——银行本票存款　　　　　　　　　　　　　50 000

　　　贷：银行存款　　　　　　　　　　　　　　　　　　　　　　50 000

（2）持银行本票购进材料

　　借：材料　　　　　　　　　　　　　　　　　　　　　　　　　43 200

　　　　应交税金——应交增值税（进项税额）　　　　　　　　　　6 800

　　　贷：其他货币资金——银行本票存款　　　　　　　　　　　　50 000

10. 银行汇票结算业务

【业务 21】　阳光公司为增值税小规模纳税人。200×年 9 月 1 日，需要购进一批包装

物，向其开户银行申请办理银行汇票，存入银行汇票存款 50 000 元。

此项业务应根据开户银行受理后退回结算单据，进行如下账务处理：

借：其他货币资金——银行汇票存款　　　　　　　　　　　　　　　50 000

　　贷：银行存款　　　　　　　　　　　　　　　　　　　　　　　　50 000

【业务22】　200×年9月11日，阳光公司采购材料一批，价款40 000元，增值税6 800元，材料尚未收到。

此项业务应根据收款单位的发票等单据，进行如下账务处理：

借：在途物资　　　　　　　　　　　　　　　　　　　　　　　　　40 000

　　贷：其他货币资金——银行汇票存款　　　　　　　　　　　　　　6 800

【业务23】　200×年9月28日，阳光公司收到多余款项退回通知，余款3 200元收妥入账。

借：银行存款　　　　　　　　　　　　　　　　　　　　　　　　　3 200

　　贷：其他货币资金——银行汇票存款　　　　　　　　　　　　　　3 200

11. 信用卡结算业务

（1）将款项存入银行以取得信用卡以及信用卡使用过程中向其账户续存资金

【业务24】　200×年8月4日，华伦公司向其开户银行申请办理信用卡，以银行存款存入信用卡10 000元。

此项业务应根据开户银行盖章退回的"信用卡委托书"回单，进行如下账务处理：

借：其他货币资金——信用卡存款　　　　　　　　　　　　　　　10 000

　　贷：银行存款　　　　　　　　　　　　　　　　　　　　　　　10 000

（2）信用卡购物或支付有关费用

【业务25】　200×年8月6日，华伦公司购买办公用品3 600元，以信用卡支付。

此项业务应根据发票账单等凭证，进行如下账务处理：

借：管理费用　　　　　　　　　　　　　　　　　　　　　　　　　3 600

　　贷：其他货币资金——信用卡存款　　　　　　　　　　　　　　　3 600

12. 信用证结算业务

（1）开立信用证，交纳保证金

【业务26】　200×年10月6日，华伦公司开立信用证，用银行存款交纳保证金10 000元，收到开证行出具的凭证。

此项业务应根据开证行出具的凭证，进行如下账务处理：

借：其他货币资金——信用证保证金存款　　　　　　　　　　　　　10 000

　　贷：银行存款　　　　　　　　　　　　　　　　　　　　　　　10 000

（2）信用证结算

【业务27】　200×年10月15日，华伦公司收到开证行交来的信用证来单通知书及有关单据，列明购买商品金额10 000元（不含税），税费通过银行存款支付。

此项业务应根据开证行交来的信用证来单通知书及有关单据列明的金额，进行如下账务处理：

借：库存商品　　　　　　　　　　　　　　　　　　　　　　　　　10 000

　　应交税金——应交增值税（进项税额）　　　　　　　　　　　　1 700

　　贷：其他货币资金——信用证保证金存款　　　　　　　　　　　　　10 000

　　　　银行存款　　　　　　　　　　　　　　　　　　　　　　　　　1 700

13. 存出投资款业务

（1）向证券公司划出资金，购买股票、债券等

【业务28】　200×年9月5日，华伦公司向国泰证券公司划出资金250 000元，准备购买股票。

　　此项业务应根据实际划出的金额，进行如下账务处理：

借：其他货币资金——存出投资款　　　　　　　　　　　　　　　　250 000

　　贷：银行存款　　　　　　　　　　　　　　　　　　　　　　　250 000

（2）购入股票或债券

【业务29】　200×年9月9日，华伦公司支付136 000元购入奇峰公司股票10 000股，并且不准备长期持有。

　　此项业务应根据实际发生的金额，进行如下账务处理：

借：短期投资　　　　　　　　　　　　　　　　　　　　　　　　　136 000

　　贷：其他货币资金——存出投资款　　　　　　　　　　　　　　136 000

3.2　采购业务的会计处理

3.2.1　采购业务的内容

小企业的物资采购业务主要内容包括：

1. 签订采购合同；

2. 物资采购；

3. 采购物资验收入库；

4. 财务部门结算货款。

3.2.2　采购业务的流程及主要控制

　　小企业采购业务的具体流程主要包括生产部门提出采购申请、采购部门会同有关部门做出采购决策、签订采购合同、验收采购物资、财务部门结算付款等五个阶段。

1. 请购业务控制

　　生产或销售部门、保管部门根据需要量和现有库存量共同制定请购单，然后交采购部门进行公开询价。

2. 采购决策控制

　　请购单应通过采购部门和资金管理部门的确认，并签署同意执行的意见后，再将请购单报主管领导批准后存档备案并办理招标订货手续。

3. 签订采购合同控制

　　采购合同应由生产或销售部门、采购部门、财务部门和法律部门会同供货单位共同签订。采购部门凭被批准执行的请购单办理订货手续时，应向供应商发出询价单，获取报价单

以比较供应货物的价格、质量标准、可享受折扣、付款条件、交货时间和供应商信誉等有关资料。在初步确定适合的供应商后进行谈判，签订订货合同。

4. 采购物资验收控制

货物到达时，应由采购部门、使用部门、会计部门、保管部门根据签订的订货合同以及订货单、供货方发货单等共同进行验收、入库。物资的采购人员不能同时负责存货的验收保管。

5. 结算付款控制

会计部门在取得收货单和供货方的发票等原始凭证并经审核无误后，应及时进行相关记录和货款的结算。对应付账款应定期地与客户对账，以防止虚列债务及业务人员的舞弊行为。

6. 职务分工控制

在采购物资过程中，采购人员应与负责付款审批的人员相分离，审核付款人员应与付款人员相分离。物资的采购人员、保管人员、使用人员不能同时负责会计记录。记录应付账款的人员应与出纳人员相分离。

3.2.3 采购业务常见原始凭证

1. 增值税专用发票

小企业作为增值税一般纳税人的，采购物资或接受应税劳务等支付的增值税（即进项税额），应取得“增值税专用发票”。同时，销售货物或对外提供劳务按规定收取的增值税（即销项税额），应为对方开具“增值税专用发票”。“增值税专用发票”的格式见图 3－20。

<u>**北京增值税普通发票**</u>　NO：

发票联　　开票日期

<table>
<tr><td>购货单位</td><td colspan="4">名　　称：华伦公司
纳税人识别号：
地 址 、电 话 ：
开户行及账号：</td><td>密码区</td><td colspan="2"></td><td rowspan="5">第二联 发票联 购货方记账凭证</td></tr>
<tr><td>货物或应税劳务名称

合计</td><td>规格型号</td><td>单位</td><td>数量</td><td>单价</td><td>金额</td><td>税率</td><td>税额</td></tr>
<tr><td colspan="4">价税合计（大写）</td><td colspan="4">（小写）</td></tr>
<tr><td>销货单位</td><td colspan="4">名　　称：
纳税人识别号：
地 址 、电 话 ：
开户行及账号：</td><td>备注</td><td colspan="2"></td></tr>
</table>

收款人：　　复核：　　开票人：　　销货单位：（章）

图 3－20

2. 公路、内河货物运输业统一发票及增值税运输发票抵扣清单

小企业采购物资，支付运输劳务费用，取得“公路、内河货物运输业统一发票”，并按规定可以抵扣进项税额，编制“增值税运输发票抵扣清单”。其格式见图 3－21、图3－22。

公路、内河货物运输业统一发票

发票联

发票代码

开票日期　　年　　月　　日　　　　　　　　发票号码

机打代码 机打号码 机器编号		税控码			第一联　付款人记账凭证
收货人及 纳税人识别号		承运人及 纳税人识别号			
发货人及 纳税人识别号		主管税务机关 及代码			
运输项目及金额		其他项目及金额		备注：	
运费小计		其他费用小计			
合计（大写）		（小写）			

承运人（盖章）　　　　　　　　　　　　　　　　开票人

图 3－21

公路、内河货物运输业统一发票

抵扣联

发票代码

开票日期　　年　　月　　日　　　　　　　　发票号码

机打代码 机打号码 机器编号		税控码			第二联　付款人抵扣凭证
收货人及 纳税人识别号			承运人及 纳税人识别号		
发货人及 纳税人识别号			主管税务机关 及代码		
运输项目及金额		其他项目及金额	备注：		
运费小计			其他费用小计		
合计（大写）		（小写）			

承运人（盖章）　　　　　　　　　　　　　　　　开票人

图 3－22

3. 收料单、入库单、收料凭证汇总表

小企业购入材料等物资验收入库、委托外单位加工材料收回后验收入库等，应填制"收料单"、"入库单"，月末填制"收料凭证汇总表"。其格式见图3－23、图3－24、图3－25。

收料单

材料科目： 　　　　　　　　　　　　　　　　　　编号：

材料类别： 　　　　　　　　　　　　　　　　　　收料仓库：

供应单位： 　　　　　　　　年　　月　　日　　发票号码：

材料编号	材料名称	规格	计量单位	数量		实际价格				计划价格	
				应收	实收	单价	发票金额	运费	合计	单价	金额

备注

采购员： 　　　　检验员： 　　　　记账员： 　　　　保管员：

图 3－23

委 托 加 工 物 资 入 库 单

加工单位： 　　　　验收日期：　　年　　月　　日　　　　　　　　单位：元

收回委托加工物资计划成本							收回委托加工物资实际成本							材料成本差异	
入库材料名称	规格型号	单位	数量		计划单位成本	计划成本总额	发出加工材料名称	规格型号	数量	计划成本	成本差异	运费	加工费	实际成本总额	超支	节约
			应收	实收												

仓库主管： 　　　　记账： 　　　　收料： 　　　　制表：

图 3－24

收 料 凭 证 汇 总 表

单位：元 　　　　　　　年　　月　　日　　　　　　　　　　附单据　　张

材料名称	原料及主要材料			……	合计		
	实际成本	计划成本	差异额	……	实际成本	计划成本	差异额
合计							

财务主管： 　　　　　　　　　　　　　　　制表人：

图 3－25

4. 材料采购费用分配表及材料采购成本计算单

小企业购入材料等物资的采购成本由买价和采购费用两部分组成。其中，采购费用主要包括外地运杂费、运输途中的合理损耗、入库前的整理挑选费用、购入存货应负担的税金（如进口关税）和其他费用。

在材料采购成本计算中，凡是由两种以上材料共同负担的费用不能直接计入采购成本，应进行分配，编制"材料采购费用分配表"。"材料采购费用分配表"及"材料采购成本计算单"的格式见图 3-26、图 3-27。

材料采购费用分配表

年　月　日

单位：元

材料名称	分配标准（重量）	分配率	分配金额
合　计			

会计主管　　　　　　　　　审核　　　　　　　　　制表

图 3-26

材 料 采 购 成 本 计 算 单

年　月　日

单位：元

材料名称	规格型号	单位	数量	买价	运费	实际成本	单位成本

会计主管　　　　　　　　　审核　　　　　　　　　制表

图 3-27

5. 企业进货退出及索取折让证明单

小企业购入物资后，由于物资质量等原因发生退货或索取折让时，应填制税务局制定的"企业进货退出及索取折让证明单"。"企业进货退出及索取折让证明单"的格式见图 3-28。

国家税务总局北京市开发区国家税务局
企业进货退出及索取折让证明单

（2001）乙 1   No.

销货单位	全　称				
	税务登记号				
进货退出	货物名称	单价	数量	货款	税款

索取折让	货物名称	货款	税款	要求	
				折让金额	折让税额

退货或索取折让理由	经办人： 单位盖章： 　　年　月　日	税务征收机关签章	经办人： 　　年　月　日		
购货单位	全　称				
	税务登记号				

图 3 - 28

3.2.4　采购业务的账务处理

1. 购入存货，已取得发票等凭证或已支付货款，但存货尚未运抵业务

（1）购买存货

【业务30】　200×年3月6日，华伦公司购入S、T两种材料。其中，S材料40吨、单价600元，T材料60吨、单价800元。购入材料的运杂费1 200元，增值税进项税额12 240元。

此项业务应根据取得的发票等凭证及采购成本计算表，进行如下账务处理：

（1）运杂费分配

$$费用分配率 = 1 200/（40+60）= 12（元/吨）$$
$$S 材料应分配的运杂费 = 40×12 = 480（元）$$
$$T 材料应分配的运杂费 = 60×12 = 720（元）$$

（2）计算材料采购成本

S、T材料实际采购成本的计算见表3-1。

表3-1				材料采购成本计算表			单位：元
材料名称	单位	数量	单价	买价	运杂费（分配率：12）	总成本	单位成本
S	吨	40	600	24 000	480	24 480	612
T	吨	60	800	48 000	720	48 720	812
合计	—	100	—	72 000	1 200	73 200	—

（3）账务处理

借：在途物资——S材料 　　　　　　　　　　　　　　　　　　　　24 480

　　　　　　——T乙材料 　　　　　　　　　　　　　　　　　　　48 720

　　应交税金——应交增值税（进项税额） 　　　　　　　　　　　12 240

　贷：应付账款 　　　　　　　　　　　　　　　　　　　　　　　　　　　85 440

2. 存货验收入库

【业务31】　200×年3月10日，华伦公司购入的S、T两种材料运抵公司并验收入库。

此项业务应根据材料的入库单等凭证，进行如下账务处理：

借：材料——S材料 　　　　　　　　　　　　　　　　　　　　　24 480

　　　　——T材料 　　　　　　　　　　　　　　　　　　　　　48 720

　贷：在途物资——S材料 　　　　　　　　　　　　　　　　　　　　　24 480

　　　　　　　——T材料 　　　　　　　　　　　　　　　　　　　　48 720

3. 购入并已验收入库的存货业务

【业务32】　200×年3月26日，华伦公司购入甲商品100件，增值税专用发票注明买价12 500元，增值税2 125元。该批商品运到并已验收入库，并通过支票结清了全部款项。

此项业务应根据"增值税专用发票"、"支票"存根及"入库单"等凭证，进行如下账务处理：

借：库存商品——甲商品 　　　　　　　　　　　　　　　　　　12 500

　　应交税金——应交增值税（进项税额） 　　　　　　　　　　　2 125

　贷：银行存款 　　　　　　　　　　　　　　　　　　　　　　　　　14 625

4. 购入存货，商业汇票结算

【业务33】　200×年3月28日，华伦公司开出一张面值为35 100元、期限3个月的不带息商业承兑汇票，用以采购一批材料。增值税专用发票上注明的材料价款为30 000元，增值税额为5 100元。材料验收入库。

此项业务应根据"增值税专用发票"、"入库单"及商业汇票结算单据等凭证，进行如下账务处理：

借：材料 　　　　　　　　　　　　　　　　　　　　　　　　　30 000

　　应交税金——应交增值税（进项税额） 　　　　　　　　　　　5 100

　贷：应付票据 　　　　　　　　　　　　　　　　　　　　　　　　　35 100

该商业承兑汇票到期，收到银行支付到期票据的付款通知时，账务处理如下：

借：应付票据 　　　　　　　　　　　　　　　　　　　　　　　35 100

　贷：银行存款 　　　　　　　　　　　　　　　　　　　　　　　　　35 100

假设该商业承兑汇票到期，企业无力还款。

需要进行如下账务处理：

借：应付票据　　　　　　　　　　　　　　　　　　　　　　　　35 100
　　贷：应付账款　　　　　　　　　　　　　　　　　　　　　　　　35 100

假设华伦公司开出的是银行承兑汇票，并已交纳承兑手续费 17.55 元。需要进行如下账务处理：

借：财务费用　　　　　　　　　　　　　　　　　　　　　　　　17.55
　　贷：银行存款　　　　　　　　　　　　　　　　　　　　　　　　17.55

【业务 34】　200×年 3 月 28 日，华伦公司开出带息的商业承兑汇票一张，面值 40 000 元，票面利率 3.6%，期限 2 个月，用来抵付前欠 TM 公司的购货款。

此项业务应根据商业汇票结算单据等凭证，进行如下账务处理：

借：应付账款　　　　　　　　　　　　　　　　　　　　　　　　40 000
　　贷：应付票据　　　　　　　　　　　　　　　　　　　　　　　　40 000

期末计提利息时，进行如下账务处理：

借：财务费用　　　　　　　　　　　　　　　　　　　　　　　　120
　　贷：应付票据　　　　　　　　　　　　　　　　　　　　　　　　120

本期票据利息 = 40 000×3.6%÷12 = 120（元）

4. 购入存货已取得发票等凭证但未付款

【业务 35】　200×年 3 月 31 日，华伦公司从 DD 公司购入材料一批，货款 50 000 元，增值税 8 500 元，对方代垫运杂费 800 元。材料已运到并验收入库，款项尚未支付。

此项业务应根据"增值税专用发票"、运费单据及"入库单"等凭证，进行如下账务处理：

借：材料　　　　　　　　　　　　　　　　　　　　　　　　　　50 800
　　应交税金——应交增值税（进项税额）　　　　　　　　　　　　8 500
　　贷：应付账款——DD 公司　　　　　　　　　　　　　　　　　　59 300

以银行存款支付所欠 DD 公司的购料款时，进行如下账务处理：

借：应付账款——DD 公司　　　　　　　　　　　　　　　　　　59 300
　　贷：银行存款　　　　　　　　　　　　　　　　　　　　　　　　59 300

5. 存货在运输途中发生非常损失的处理

【业务 36】　200×年 4 月 15 日，华伦公司购入的商品在运输途中发生非常损失 1 000 元。

此项业务应根据实际发生的损失金额，进行如下账务处理：

借：营业外支出——非常损失　　　　　　　　　　　　　　　　　1 000
　　贷：在途物资　　　　　　　　　　　　　　　　　　　　　　　　1 000

6. 接受捐赠的材料业务

【业务 37】　200×年 6 月 12 日，华伦公司接受丁公司捐赠的一批材料，捐赠方提供的有关凭据上标明该批材料的价款为 10 000 元，应支付的增值税为 1 700 元。

此项业务应根据凭据上标明的金额及应支付的相关税费，进行如下账务处理：

借：材料　　　　　　　　　　　　　　　　　　　　　　　　　　10 000
　　应交税金——应交增值税（进项税额）　　　　　　　　　　　　1 700

贷：待转资产价值	10 000
银行存款	1 700

【业务38】　　200×年8月5日，华伦公司接受丁公司捐赠的一批材料，捐赠方没有提供有关凭据，该材料按当期市价的价款为9 000元，应支付的增值税为1 530元。

此项业务应根据其市价或同类、类似材料的市场价格估计的金额及应支付的相关税费，进行如下账务处理：

借：材料	9 000
应交税金——应交增值税（进项税额）	1 530
贷：待转资产价值	9 000
银行存款	1 530

3.3　产品生产业务的会计处理

3.3.1　产品生产业务的内容

小企业产品生产过程中的主要业务包括：

（1）领用材料业务；

（2）产品生产、制造业务；

（3）完工产品验收入库业务等。

3.3.2　产品生产业务的流程及主要控制

小企业必须建立一套行之有效的生产制造业务内部控制制度，主要包括：

1. 制定生产计划

生产计划控制是整个生产制造业务内部控制的起点。小企业生产计划的制定应与销售计划协调一致，并尽可能准确地估算出产品生产所耗用的材料、工时和生产成本，从而为生产制造过程的实际成本控制提供依据。

2. 产品成本核算控制

在生产过程中将原材料、人工等各项费用支出限制在规定的标准范围之内，保证企业达到降低成本的目标。

（1）制定各项消耗定额和费用开支标准，并将这些定额和指标层层分解，落实到各个生产部门、车间、班组和个人，使各级都有明确的控制标准和责任。

（2）监督生产费用的实际开支，建立严格的审核、批准制度。其中包括限额领料和费用开支的审批等。

（3）定期检查成本的开支情况，如果出现成本超支，分析其原因，采取降低成本措施。

3. 产品验收入库控制

验收是产品入库控制制度中最重要的内容。对验收过程中发现的异常情况，负责验收的部门和人员应当立即向有关部门报告，有关部门应当及时查明原因，作出相应处理。

3.3.3 产品生产业务常见原始凭证

1. 领料单、限额领料单、委托加工物资发料单

生产产品要消耗材料，小企业生产车间领用材料时，应该填制"领料单"或"限额领料单"，委托外单位加工产品领用材料，应该填制"委托加工物资发料单"。期末，为了正确计算本期产品生产实际耗用的材料数量，还应办理退料手续，填制"退料单"。其中，"限额领料单"是多次有效的累计凭证。

"领料单"、"限额领料单"、"委托加工物资发料单"和"退料单"的格式见图 3 – 29、图 3 – 30、图 3 – 31、图 3 – 32。

领料单

领料部门：　　　　　　　　　　　年　月　日　　　　　　　　领料单号：

用途：　　　　　　　　　　　　　　　　　　　　　　　　　　发料仓库：

材料编号	材料类别	材料名称及规格	计量单位	数量		单价	金额
				请领	实发		

审核：　　　　　领用：　　　　　　　仓库保管：　　　　　制单：

图 3 – 29

限额领料单

领料部门：　　　　　　　　　　　　　　　　　领料单号：

用途：　　　　　　　　　　　　　　　　　　　发料仓库：

材料编号及类别：　　　　　　　　　　　　　　材料名称及规格：

计量单位：　　　　　　　　　　　　　　　　　单位消耗定额：

计划产量：　　　　　　　　　领用限额：　　　　单价：

日期	请领数量	实发数量	累计实发数量	领料人签单
累计实发金额				

审核：　　　　　仓库保管：　　　　　制单：

图 3 – 30

委托加工物资发料单

加工单位：

加工要求：　　　　　　　　　　　年　月　日　　　　　　　　　　　NO.

材料名称	规格型号	单位	数量	计划成本		成本差异		实际成本
				单位成本	合计	超支	节约	

仓库主管：　　　　　　发料：　　　　　　　　制表：

图 3－31

退料单

退料部门：　　　　　　　　　　　　　　　　　　　　　　退料单编号：

原领料用途：　　　　　　　　　　　年　月　日　　　　　　退料原因：

材料类别	材料名称	规格	计量单位	数量		计划单价	金额
				退库	实收		

审核：　　　　　　仓库保管：　　　　　　　退料：　　　　　　　制单：

图 3－32

2. 工资结算汇总表、工资费用分配表

小企业产品生产过程中，根据产量记录、工时记录等用于记录人工耗费的原始凭证以及工资等级标准等编制"工资结算汇总表、"工资费用分配表"。"工资结算汇总表"、"工资费用分配表"的格式见图 3－33、图 3－34。

3. 产品成本计算相关凭证

为了正确反映成本计算对象的生产耗费情况，应该对生产费用正确地归集和分配，编制有关分配计算的凭证。

（1）材料费用分配表

"材料费用分配表"见图 3－35。

工资结算汇总表

年　月　　　　　　　　　　　　　　　　　　　　　　　　单位:元

车间部门	职工人数	计时工资	计件工资	物价补贴	夜班津贴	奖金	加班工资	应扣工资		应付职工薪酬	代扣款项						实发职工薪酬
								病假	事假		医疗保险费	养老保险费	失业保险费	住房公积金	个人所得税	小计	
合　计																	

记账:　　　　　　　审核:　　　　　　　制表:

会计主管:

图 3 - 33

工资费用分配表

年　月　　　　　　　　　　　　　　　　　　　　　　　　单位:元

车间,部门 产品名称	应　借　科　目							合计
	生产成本—基本生产成本	生产成本—辅助生产成本	制造费用	在建工程	应付职工福利费	管理费用	劳务成本	
合　计								

记账:　　　　　　　审核:　　　　　　　制表:

会计主管:

图 3 - 34

材料费用分配表

车间或部门名称： 年 月 金额单位：

应借科目		原材料和主要材料				辅助材料	低值易耗品	小计	合计
总账科目	明细科目	直接计划	分配计入		小计				
			分配率	分配额					
基本生产	甲产品								
	乙产品								
	小计								
	丙产品								
小计									
制造费用	一车间								
	二车间								
小计									
辅助生产	机修车间								
总　计									

图 3－35

（2）固定资产折旧费分配表

"固定资产折旧费分配表"见图 3－36。

固定资产折旧费分配表

年 月 日

应借账户 ＼ 车间、部门	基本生产车间	修理车间	运输车间	销售部门	行政管理部门	合计
制造费用						
辅助生产成本						
营业费用						
管理费用						
合计						

图 3－36

（3）外购动力电费分配表

"外购动力电费分配表"见图 3－37。

外购动力电费分配表

车间或部门名称：　　　　　　　　　　　　　年　　月　　　　　　　　　　　　金额单位：

应借科目		动力用			照明用		合计
总账科目	明细科目	数量	分配率	分配额	数量	金额	
基本生产	甲产品						
	乙产品						
	小　计						
	丙产品						
合　计							
制造费用	一车间						
	二车间						
小计							
辅助生产	机修车间						
总　计							

图 3 – 37

（4）辅助生产费用分配表

"辅助生产费用分配表"见图 3 – 38。

辅助生产费用分配表

车间或部门名称：　　　　　　　　　　　　　年　　月　　　　　　　　　　　　金额单位：

分配对象			电费分配	水费分配	分配额合计
供电车间		耗用量			
		金　额			
供水车间		耗用量			
		金　额			
第一基本生产车间	甲产品	耗用量			
		金　额			
	乙产品	耗用量			
		金　额			
	甲废品修复	耗用量			
		金　额			
	车间一般用	耗用量			
		金　额			
第二基本生产车间	丙产品	耗用量			
		金　额			
	车间一般用	耗用量			
		金　额			
企业管理部门		耗用量			
		金　额			
在建工程		耗用量			
		金　额			
合　计		耗用量			
		金　额			

图 3 – 38

（5）制造费用分配表

"制造费用分配表"见图 3 - 39。

制造费用分配表

车间：　　　　　　　　　　　　　　　年　　月

成本计算对象	制造费用额	分配标准数	分配率	分配金额
①	②	③	④ = ② ÷ ③	⑤ = ③ × ④
合　计				

主管会计　　　　　　　　　　　　复核　　　　　　　　　　　　制单

图 3 - 39

（6）产品成本计算单

"产品成本计算单"见图 3 - 40。

产品成本计算单

年　　月　　日

产品名称：　　　　　　　　　　　计量单位：　　　　　　　　　字第＿＿＿＿号

成本项目	月初在产品成本	本月费用	生产费用合计	月末在产品成本	产成品成本			备　注
					数量	总成本	单位成本	
合　计								

主管会计　　　　　　　　　　　　制单

图 3 - 40

（7）产品成本汇总表

"产品成本汇总表"见图 3 - 41。

产品成本汇总表

车间或部门名称：　　　　　　　　　年　　月　　　　　　　　金额单位：

产品名称	完工数量（件）	直接材料		直接人工		制造费用		合　计	
		总成本	单位成本	总成本	单位成本	总成本	单位成本	总成本	单位成本
甲产品									
乙产品									
合　计									

图 3 - 41

4. 产成品入库单

小企业产品完工入库，经验收合格后，填制"产成品入库单"，月末填制"入库产品汇总表"。"产成品入库单"、"入库产品汇总表"的格式见图 3 - 42、图 3 - 43。

产成品入库单

交货单位   年 月 日   编号

产品名称	规格型号	计量单位	交送数量	检验结果		实收数量
				合格	不合格	

仓库保管员   质检员   车间经办人

图 3 - 42

入库产品汇总表

科目_____   日期: 年 月 日   对方科目_____

名称	单位	数量	单价	金 额									备注	
				百	千	万	千	百	十	元	角	分		附件
														张
合　计														

主管: 会计: 质检员: 保管员: 经手人:

图 3 - 43

3.3.4 产品生产业务的账务处理

1. 生产经营领用材料

【业务 39】200×年 4 月，兴业公司生产甲、乙两种产品，共同领用 A、B 两种主要材料，本月材料费用分配表如表 3 - 2 所示（辅助生产车间不设"制造费用"科目，下同）。

表 3 - 2   材料费用分配表

车间或部门名称   200×年 4 月

应借科目		直接计入金额（元）	分配计入		材料费用合计（元）
			定额消耗量（千克）	分配金额（分配率 1.8）	
基本生产成本	甲产品	760	1 800	3 240	4 000
	乙产品	370	600	1 080	1 450
	小计	1 130	2 400	4 320	5 450
辅助生产成本	供电	225			225
	供水	225			225
	小计	550			550
	制造费用	100			100
	管理费用	100			100
	营业费用	90			90
合计		1 970		4 320	6 290

此项业务应根据材料费用分配表，进行如下账务处理：

借：生产成本——基本生产成本   5 450

        ——辅助生产成本   550

  制造费用   100

  营业费用   90

  管理费用   100

  贷：材料   6 290

4. 工资分配

【业务 40】 兴业公司生产甲、乙两种产品，200×年4月，工资费用分配表如表 3-3 所示。

表 3-3 工资费用分配表

200×年4月 单位：元

应借科目		成本或费用项目	直接计入	分配计入			工资费用合计
				生产工时（小时）	分配率	分配金额	
基本生产成本	甲产品	工资及福利费	980	3 600	0.7	2 520	3 500
	乙产品	工资及福利费	820	2 400	0.7	1 680	2 500
	小计		1 800	6 000		4 200	6 000
辅助生产成本	供电	工资及福利费	200				200
	供水	工资及福利费	100				100
	小计			300			300
制造费用		工资及福利费	400				400
管理费用		工资及福利费	600				600
营业费用		工资及福利费	250				250
应付福利费		工资及福利费	300				300
合计			3 650			4 200	7 850

此项业务应根据"工资费用分配表"，进行如下账务处理：

借：生产成本——基本生产成本   6 000

        ——辅助生产成本   300

  制造费用   400

  管理费用   600

  营业费用   250

  应付福利费 .   300

  贷：应付工资   7 850

3. 提取福利费

【业务 41】 兴业公司生产甲、乙两种产品，200×年4月，计提职工福利费分配表如表 3-4 所示。

表 3 - 4   计提职工福利费分配表

200×年4月   单位：元

应借科目		成本或费用项目	工资总额	应付福利费（14%）
基本生产成本	甲产品	工资及福利费	3 500	490
	乙产品	工资及福利费	2 500	350
	小计		6 000	840
辅助生产成本	供电	工资及福利费	200	28
	供水	工资及福利费	100	14
	小计		300	42
制造费用		工资及福利费	400	56
管理费用		工资及福利费	900	126
营业费用		工资及福利费	250	35
合计			7 850	1 099

此项业务应根据"计提职工福利费分配表"，进行如下账务处理：

借：生产成本——基本生产成本   840

    ——辅助生产成本   42

  制造费用   56

  管理费用   126

  营业费用   35

  贷：应付福利费   1 099

4. 计提折旧

【业务42】 兴业公司200×年4月末计提折旧18 000元。其中，基本生产车间14 000元，辅助生产车间4 000元。

此项业务应根据"折旧计算表"，进行如下账务处理：

借：生产成本——辅助生产成本   4 000

  制造费用   14 000

  贷：累计折旧   18 000

5. 分配辅助生产成本

【业务43】 兴业公司某辅助生产车间200×年5月共发生辅助生产成本2 000元，其中分配到基本生产车间600元，管理费用200元，营业费用500元，在建工程700元。

此项业务应根据"辅助生产费用分配表"，进行如下账务处理：

借：制造费用——基本生产车间   600

  管理费用   200

  营业费用   500

  在建工程   700

  贷：生产成本——辅助生产成本   2 000

6. 分配制造费用

【业务 44】　　兴业公司基本生产车间本月发生制造费用 15 000 元。其该车间生产甲、乙两种产品，月末按照生产工人工时标准进行分配，甲产品生产工人工时总数为 2 000 小时，乙产品生产工人工时总数为 1 000 小时。

此项业务应根据"制造费用分配表"，进行如下账务处理：

$$甲产品 = 2\,000 \times 15\,000 \div (2\,000 + 1\,000) = 10\,000（元）$$
$$乙产品 = 1\,000 \times 15\,000 \div (2\,000 + 1\,000) = 5\,000（元）$$

借：生产成本——基本生产成本（甲产品）　　　　　　　　　　　　　10 000
　　　　　　　——基本生产成本（乙产品）　　　　　　　　　　　　5 000
　　贷：制造费用　　　　　　　　　　　　　　　　　　　　　　　　15 000

7. 完工产品验收入库

【业务 45】　　200×年 6 月，兴业公司生产的甲产品 3 000 件完工，验收入库。产品生产成本 650 000 元。

此项业务应根据"完工产品的入库单"，进行如下账务处理：

借：库存商品——甲产品　　　　　　　　　　　　　　　　　　　　650 000
　　贷：生产成本——基本生产成本　　　　　　　　　　　　　　　　650 000

3.4　销货业务的会计处理

3.4.1　销货业务的内容

（1）接受顾客订单业务；
（2）根据销货通知单发货业务；
（3）销货、办理收款业务；
（4）办理销货退回、销货折让；
（5）处理坏账业务。

3.4.2　销货业务的流程及主要控制

销售环节的业务流程为：进行销售预测并制定销售计划；接受订单；对购货商进行信用分析；对信用较好的购货商批准赊销；为销货开销货单并发出商品；进行销货结算并记账。

1. 职务分离制度

（1）接受客户订单的人不能同时负责核准付款条件和客户信用调查的工作。
（2）填制销货通知的人不能同时负责发出商品工作。
（3）开具发票的人不能同时负责发票的审核工作。
（4）办理各项业务的人员不能同时负责该项业务的审核批准工作。
（5）记录应收账款的人员不能同时负责货款的收取和退款工作。
（6）会计人员不能同时负责销售业务各环节的工作。

2. 订单控制

（1）根据不同的客户和销售形式设计多种订单格式，以保证小企业内部各个部门协调工作、相互制约。

（2）规定订单在小企业内部各环节的流转程序，并规定相应的授权批准程序。

（3）实行订单顺序编号法，对已执行的订单和尚未执行的订单分别进行管理和控制，以便随时检查订单的执行情况及处理过程。

3. 销售价格政策控制

（1）制定统一的产品销售价格目录。

（2）规定灵活的商业折扣、现金折扣标准，并建立相应的授权批准权限。

4. 销售发票控制

（1）指定专人负责发票的保管和使用，明确发票管理制度。

（2）发票使用人领用发票时，应签字注明所领用发票的起讫号。

（3）发票使用人所开具的发票必须以发货通知单等有关凭证上载明的客户名称、日期、数量、单价、金额等为依据如实填列各项内容。

（4）财会部门必须指定独立于发票使用人的专人，定期或不定期地对所有使用过的发票与会计记录和有关手续凭证进行核对检查。

5. 收款业务控制

（1）收到客户订单后，应由负责客户信用调查的部门进行客户的信用审查，决定是否接受订单。同时，应定期编制应收账款账龄分析表，对账龄较长的客户重点采取措施。

（2）确定切实可行的现金折扣政策，鼓励客户及早付款。

（3）会计部门的应收账款记录必须严格地以销售部门销售业务的原始凭证为依据，防止应收账款的虚计。应收账款的总分类账记录和明细分类账记录应由不同的会计人员负责。

（4）会计部门应建立定期或不定期地与客户对账的制度，及时了解客户的财务状况，减少坏账损失。

6. 退货业务控制

（1）建立退货损失惩罚制度，明确每一个环节的责任人，以减少不必要的退货损失。

（2）设立独立于销售部门的销货争议处理机构，积极与客户协调解决。

（3）建立销售折让优先制度，以减少可能发生的退货损失。

（4）理顺销售折让和销售退回的凭证流转程序，从而保证相应会计记录的客观性。

（5）建立退货、索赔、销售折让审批制度。任何退货、索赔及销售折让的执行，必须有授权领导的批准。

（6）建立退货验收制度和退款审查制度。

3.4.3　销货业务常见原始凭证

1. 出库单

小企业销售产成品、材料或委托其他单位代销商品时，需要分别填制"产成品销售出库单"、"销售材料出库单"、"委托代销商品出库单"。"产成品销售出库单"、"销售材料出库单"、"委托代销商品出库单"的格式见图 3 - 44、图 3 - 45、图 3 - 46。

产成品销售出库单　NO.

购货单位　　　　　　　　　　　　　　年　月　日

产品名称	规格型号	计量单位	出库数量		备注
			应出库	实出库	

仓库主管　　　　　　发货　　　　　　提货　　　　　　制单

二 会计记账

图 3 - 44

销售材料出库单　NO.

购货单位　　　　　　　　　　　　　　年　月　日

材料名称	规格型号	单位	数量	售价		计划成本	
				单位售价	合计	单位成本	合计

仓库主管　　　　　　记账　　　　　　发料　　　　　　制单

二 会计记账

图 3 - 45

委托代销商品出库单　NO.

代销单位　　　　　　　　　　　　　　年　月　日　　　　　　　　　　单位：元

产品名称	规格型号	单位	代销数量	单位成本	代销商品总成本	备注

仓库主管　　　　　　发货　　　　　　提货　　　　　　制表

二 会计记账

图 3 - 46

2. 代销商品销售清单、委托代销商品成本结转计算表及手续费计算表

小企业委托其他单位代销商品，收到由代销单位填制的“代销商品销售清单”时确认收入，同时填制“委托代销商品成本结转计算表”结转委托代销商品成本，并根据“委托代销商品手续费计算表”支付委托代销单位代销手续费。“代销商品销售清单”、“委托代销商品成本结转计算表”、“委托代销商品手续费计算表”见图 3 - 47、图 3 - 48、图 3 - 49。

代销商品销售清单

年　月　日　　　　　　　　　　　　　　　单位：元

代销商品名称	单位	代销数量	本次销售量	单位售价	销售额	备注	
						上次销售量	累计销售量

代销单位（盖章）　　　　　　　　　审核　　　　　　制表

图 3－47

委托代销商品成本结转计算表

年　月　日　　　　　　　　　　　　　　　单位：元

委托代销单位	代销商品名称	本次销售额	委托代销商品销售成本率	应结转代销商品成本

会计主管　　　　　　　　　　审核　　　　　　制表

图 3－48

委托代销商品手续费计算表

年　月　日　　　　　　　　　　　　　　　单位：元

委托代销单位	代销商品名称	单位	本次销售量	单位单价	销售额	计提比例	应计提手续费

会计主管　　　　　　　　　　审核　　　　　　制表

图 3－49

3. 工商企业资金往来专用发票、银行进账单

小企业销售货物，在货物发出前预先收到购货方的预付款项时，需要填制"工商企业资金往来专用发票"，并在收到开户行的"银行进账单（回单或收账通知）"时，进行会计处理。"工商企业资金往来专用发票"、"银行进账单（回单或收账通知）"见图 3－50、图 3－51。

北京市工商企业资金往来专用发票　　NO.

客户名称：　　　　　　　　　　支票号：　　　　　　京国税

往来项目	单位	数量	单价	金额										此发票适用范围
				千	百	十	万	千	百	十	元	角	分	
														本发票由在本市的工商企业发生除商品销售、提供加工以外的资金往来时使用。如：预收款、借款等
小　写　金　额　合　计														
大写金额														

开票单位（盖章）：　　　　　　　　开票人：　　　　　年　月　日

图 3－50

××××银行进账单（回单或收账通知）

交款日期　　　　　　　　　　年　月　日　　　　　　　　第　号

付款人	全称		收件人	全称	
	账号			账号	
	开户银行			开户银行	

亿	千	百	十	万	千	百	十	元	角	分

人民币（大写）：

票据种类：

票据张数：　　　　　　　　　　收款人开户银行盖章

单位主管　　会计　　复核　　记账

此联款是收款人的回单开户行交给收款人的收款人的回单或收账通知

图 3－51

4. 现金折扣计算表

小企业销售货物，发生现金折扣的，应填制"现金折扣计算表"。"现金折扣计算表"的格式见图 3－52。

现金折扣计算表

年　月　日　　　　　　　　　　　　单位：元

购货单位	购货日期	付款日期	货款总额（不含税）	折扣率（％）	现金折扣额

会计主管　　　　　记账　　　　　审核　　　　　制表

图 3－52

5. 产成品销售退库单

小企业销售货物后，发生销售退回的，再收到退回货物后，应填制"产成品销售退库单"。"产成品销售退库单"的格式见图 3－53。

产成品销售退库单　NO.

退货单位　　　　　　　　年　月　日

产品名称	规格型号	单位	退库数量	其中		退货原因
				合格品	返修品	

仓库主管　　　　质检员　　　　收货　　　　制单

二会计记账

图 3－53

165

7. 结转主营业务成本的原始凭证

会计期末，结转已售产品（商品）的成本，~~~~根据"产品出库单"编制"出库产品汇总表"，然后根据"出库产品汇总表"填制"主营业务成本计算表"。"出库产品汇总表"、"主营业务成本计算表"见图3-54、图3-55。

出库产品汇总表

科目_____   日期： 年 月 日   对方科目_____   第 号

名称	单位	数量	单价	金额									用途或原因
				百	千	万	千	百	十	元	角	分	
合计													

主管：   会计：   保管员：   经手人：

附件　张

图 3-54

主营业务成本计算表

单位：元   年 月 日   附单据　张

产品名称	期初结存			本期完工入库			本期销售		
	数量	单位成本	总成本	数量	单位成本	总成本	数量	单位成本	总成本
合计										

财务主管：   制单：

图 3-55

3.4.4 销货业务的账务处理

1. 一般商品销售

【业务46】 200×年6月，华伦公司向兴业公司销售一批商品，增值税专用发票注明售价20 000元，增值税3 400元。已向银行办理委托收款手续（该项销售收入已符合商品销售收入确认的4个条件）。

此项业务应根据"产成品销售出库单"、"增值税专用发票"等，进行如下账务处理：

借：应收账款——兴业公司　　　　　　　　　　　　　　　　　　　　23 400

　　贷：主营业务收入　　　　　　　　　　　　　　　　　　　　　　　20 000

　　　　应交税金——应交增值税（销项税额）　　　　　　　　　　　　3 400

款项收回时，根据银行收款通知等，进行如下账务处理：

借：银行存款　　　　　　　　　　　　　　　　　　　　　　　　　　23 400

贷：应收账款——兴业公司　　　　　　　　　　　　　　　　　　　　23 400

【业务 47】　200×年 6 月，华伦公司向鼎新公司销售一批商品，增值税专用发票注明售价 30 000 元，增值税 5 100 元。以银行存款代垫运费 800 元。华伦公司收到鼎新公司开出的不带息银行承兑汇票一张，票面金额 35 100，期限 3 个月（该项销售收入已符合商品销售收入确认的 4 个条件）。

此项业务应根据"产成品销售出库单"、"增值税专用发票"、"银行承兑汇票"及运费单据等，进行如下账务处理：

借：应收票据　　　　　　　　　　　　　　　　　　　　　　　　　　35 100
　　贷：主营业务收入　　　　　　　　　　　　　　　　　　　　　30 000
　　　　应交税金——应交增值税（销项税额）　　　　　　　　　　 5 100
借：应收账款　　　　　　　　　　　　　　　　　　　　　　　　　　　800
　　贷：银行存款　　　　　　　　　　　　　　　　　　　　　　　　　800

票据到期时按实际收到的款项，进行如下账务处理：

借：银行存款　　　　　　　　　　　　　　　　　　　　　　　　　　35 100
　　贷：应收票据　　　　　　　　　　　　　　　　　　　　　　　35 100

假设华伦公司将持有的票据背书转让。200×年 7 月将持有的应收票据背书转让给兴业公司以取得所需材料，该批材料价款 40 000 元，增值税 6 800 元。另外，以转账支票补付材料差价款。

此项业务应根据"增值税专用发票"、"银行承兑汇票"及商业汇票背书转让单据等，进行如下账务处理：

借：在途物资　　　　　　　　　　　　　　　　　　　　　　　　　　40 000
　　应交税金——应交增值税（进项税额）　　　　　　　　　　　　 6 800
　　贷：应收票据　　　　　　　　　　　　　　　　　　　　　　　35 100
　　　　银行存款　　　　　　　　　　　　　　　　　　　　　　　11 700

2. 附现金折扣条件的销售

【业务 48】　200×年 6 月 1 日，华伦公司销售商品一批，增值税发票上注明售价 200 000 元，增值税额 34 000 元。公司为了及早收回货款而在合同中规定的现金折扣条件为：2/10，1/20，N/30。假定计算现金折扣时不考虑增值税。

6 月 1 日销售实现时，根据"产成品销售出库单"、"增值税专用发票"等按总售价确认收入 200 000 元，进行如下账务处理：

借：应收账款　　　　　　　　　　　　　　　　　　　　　　　　　234 000
　　贷：主营业务收入　　　　　　　　　　　　　　　　　　　　200 000
　　　　应交税金——应交增值税（销项税额）　　　　　　　　　 34 000

假设 6 月 9 日买方付清货款，根据银行收款通知及"现金折扣计算表"，进行如下账务处理：

借：银行存款　　　　　　　　　　　　　　　　　　　　　　　　　230 000
　　财务费用　　　　　　　　　　　　　　　　　　　　　　　　　 4 000
　　贷：应收账款　　　　　　　　　　　　　　　　　　　　　　　234 000

现金折扣 = 200 000 × 2% = 4 000（元）

假设 6 月 18 日买方付清货款，根据银行收款通知及"现金折扣计算表"，进行如下账务处理：

借：银行存款   232 000

  财务费用   2 000

  贷：应收账款   234 000

现金折扣 = 200 000 × 1% = 2 000（元）

假设 6 月 25 日买方付清货款，根据银行收款通知，进行如下账务处理：

借：银行存款   234 000

  贷：应收账款   234 000

3. 销售折让

【业务 49】 200×年 6 月 12 日，华伦公司销售一批商品，增值税发票上的售价 50 000 元，增值税额 8 500 元。销售后，对方发现商品质量不合格，并按照原合同的约定，要求在价格上给予 5% 的折让。该公司同意并办妥了相关手续（华伦公司已确认了该批商品的销售收入）。

销售实现时，根据"产成品销售出库单"、"增值税专用发票"等，进行如下账务处理：

借：应收账款   58 500

  贷：主营业务收入   50 000

    应交税金——应交增值税（销项税额）   8 500

发生销售折让时，根据"企业进货退出及索取折让证明单"等销售折让的有关凭证及批准文件等，进行如下账务处理：

借：主营业务收入   2 500

  应交税金——应交增值税（销项税额）   425

  贷：应收账款   2 925

实际收到款项时，根据银行收款通知等，进行如下账务处理：

借：银行存款   55 575

  贷：应收账款   55 575

4. 销售退回

（1）未确认收入的已发出商品的退回，不进行账务处理

（2）已确认收入的销售商品退回

【业务 50】 20×8 年 12 月 25 日，华伦公司销售一批商品，增值税专用发票注明售价 30 000 元，增值税 5 100 元，成本 22 000 元。扣除已预收货款 20 000 元，余款 15 100 元尚未收到（该企业不设"预收账款"科目）。20×9 年 4 月 20 日（财务报告批准报出日之后）该批商品因质量出现严重问题被退回，并办妥有关手续，退回所收货款。

预收货款时，根据银行收款通知等，进行如下账务处理：

借：银行存款   20 000

  贷：应收账款   20 000

销售实现时，根据"产成品销售出库单"、"增值税专用发票"等，进行如下账务处理：

借：应收账款   35 100

  贷：主营业务收入   30 000

应交税金——应交增值税（销项税额）　　　　　　　　5 100

销售退回时，根据"企业进货退出及索取折让证明单"、"产成品销售退库单"、"增值税专用发票"（红字）及批准文件等，进行如下账务处理：

借：主营业务收入　　　　　　　　　　　　　　　　　30 000
　　应交税金——应交增值税（销项税额）　　　　　　　5 100
　　贷：应收账款　　　　　　　　　　　　　　　　　　15 100
　　　　银行存款　　　　　　　　　　　　　　　　　　20 000
借：库存商品　　　　　　　　　　　　　　　　　　　22 000
　　贷：主营业务成本　　　　　　　　　　　　　　　　22 000

（3）对于报告年度资产负债表日至财务报告批准报出日之间发生的报告年度或以前年度的销售退回，应增设"以前年度损益调整"科目核算，并调整报告年度会计报表相关项目。

【业务51】　假设上述【业务49】中的销售退回的时间为20×9年2月12日，该企业财务报告批准报出日之前。

销售退回时，根据"企业进货退出及索取折让证明单"、"产成品销售退库单"、"增值税专用发票"（红字）及批准文件等，进行如下账务处理：

借：以前年度损益调整　　　　　　　　　　　　　　　30 000
　　应交税金——应交增值税（销项税额）　　　　　　　5 100
　　贷：应收账款　　　　　　　　　　　　　　　　　　15 100
　　　　银行存款　　　　　　　　　　　　　　　　　　20 000
借：库存商品　　　　　　　　　　　　　　　　　　　22 000
　　贷：以前年度损益调整　　　　　　　　　　　　　　22 000
借：利润分配——未分配利润　　　　　　　　　　　　　8 000
　　贷：以前年度损益调整　　　　　　　　　　　　　　8 000

5. 销售成本的结转

【业务52】　200×年11月30日，华伦公司汇总结转本月销售产品的成本218 000元。

此项业务应根据"出库产品汇总表"、"主营业务成本计算表"等，进行如下账务处理：

借：主营业务成本　　　　　　　　　　　　　　　　　218 000
　　贷：库存商品　　　　　　　　　　　　　　　　　　218 000

6. 委托代销商品

【业务53】　200×年11月29日，华伦公司委托长虹公司销售商品200件，商品已经发出，每件成本为600元。合同约定长虹公司应按每件1 000元对外销售，华伦公司按售价的10%向甲公司支付手续费。长虹公司对外实际销售100件，开出的增值税专用发票上注明的销售价款为100 000元，增值税额为17 000元，款项已经收到。华伦公司收到长虹公司开具的代销清单时，向甲公司开具一张相同金额的增值税专用发票。假定华伦公司发出商品时纳税义务尚未发生，不考虑其他因素。

此项业务应根据"产品销售出库单"、"委托代销清单"、"增值税专用发票"以及银行收款通知等，进行如下账务处理：

发出商品时：

```
借：委托代销商品                                        120 000
    贷：库存商品                                        120 000
```

收到代销单位报来的代销清单：

```
借：应收账款                                            117 000
    贷：主营业务收入                                    100 000
        应交税金——应交增值税（销项税额）               17 000
```

计算代销手续费：

```
借：营业费用                                             10 000
    贷：应收账款                                         10 000
```

收到代销单位代销款项：

```
借：银行存款                                            107 000
    贷：应收账款                                        107 000
```

7. 对外提供劳务收入

【业务54】 200×年2月25日，兴业公司承接设备安装业务，合同收入50 000元。该项目于4月10日完成，并收款。完成该项目实际发生成本26 000元，其中安装人员工资16 000元，以现金支付其他费用1 000元。

安装过程中，根据发生并确认有关成本费用，进行如下账务处理：

```
借：主营业务成本                                         26 000
    贷：应付工资                                         16 000
        现金                                            10 000
```

安装完成时，根据银行收款通知及发票等确认所提供的劳务收入，进行如下账务处理：

```
借：银行存款                                            200 000
    贷：主营业务收入                                    200 000
```

【业务55】 200×年12月3日，长城广告公司承接一项广告设计，预计期限2个月，合同收入80 000元，预计完成该项业务的成本为60 000元。截至当年12月31日，已完成全部设计工作的60%，发生各种费用35 000元，全部用银行存款支付。次年1月以银行存款支付各项设计费用25 000元（该企业设"劳务成本"账户）。

200×年12月，根据广告设计过程发生并确认有关成本费用，进行如下账务处理：

```
借：劳务成本                                             35 000
    贷：银行存款                                         35 000
```

确认的劳务收入：

劳务收入＝80 000×60%＝48 000（元）

```
借：应收账款                                             48 000
    贷：主营业务收入                                     48 000
```

月末，结转劳务成本：

劳务成本＝60 000×60%＝36 000（元）

```
借：主营业务成本                                         36 000
    贷：劳务成本                                         36 000
```

次年1月，根据广告设计过程发生并确认有关成本费用，进行如下账务处理：

借：劳务成本 25 000

　　贷：银行存款 25 000

确认劳务收入：

劳务收入 = 80 000 − 80 000 × 60% = 32 000（元）

借：应收账款 32 000

　　贷：主营业务收入 32 000

月末，结转劳务成本：

劳务成本 = 60 000 − 60 000 × 60% = 24 000（元）

借：主营业务成本 24 000

　　贷：劳务成本 24 000

收取广告设计款时，根据银行收款通知等，进行如下账务处理：

借：银行存款 80 000

　　贷：应收账款 80 000

8. 其他业务收入

【业务56】 200×年10月，华伦公司销售不需要的原材料一批，增值税专用发票上注明价款4 000元，增值税额680元，款项收到。该批原材料的实际成本3 050元。

此项业务应根据"增值税专用发票"、材料"出库单"及银行收款通知等，进行如下账务处理：

借：银行存款 4 680

　　贷：其他业务收入 4 000

　　　　应交税金——应交增值税（销项税额） 680

借：其他业务支出 3 050

　　贷：材料 3 050

【业务57】 200×年10月，华伦公司出租新木箱50个，每个成本30元，租金2 000元，增值税340元。出租时，收取押金1 000元。10天后，收回出租木箱，同时收到对方补交的扣除押金1 000元后的租金1 340元。以上款项均采用支票方式进行结算。

此项业务应根据"增值税专用发票"、包装物"出库单"及"收据"、银行收款通知等，进行如下账务处理：

收取押金：

借：银行存款 1 000

　　贷：其他应付款——存入保证金 1 000

收取租金：

借：银行存款 1 340

　　　　其他应付款——存入保证金 1 000

　　贷：其他业务收入 2 000

　　　　应交税金——应交增值税（销项税额） 340

包装物摊销：

借：其他业务支出 1 500

　　贷：材料——包装物 1 500

【业务58】 200×年9月,华伦公司转让一项专利的使用权,转让期5年,每年收取使用费40 000元。该专利权的年摊销额为24 000元。

此项业务应根据转让协议及银行收款通知等,进行如下账务处理:

确认该项使用费收入:

借:应收账款 40 000

　　贷:其他业务收入 40 000

收到款项时:

借:银行存款 40 000

　　贷:应收账款 40 000

结转出租无形资产成本:

每月摊销金额=24 000÷12=2 000（元）

借:其他业务支出 2 000

　　贷:无形资产 2 000

9. 计算应由日常销售业务负担的税金及附加

【业务59】 华伦公司200×年4月,根据相关规定计算出应由日常销售业务负担的消费税3 000元、营业税1 500元、城市维护建设税960元、教育费附加412元。

此项业务应根据税金计算表等凭证,进行如下账务处理:

根据上述业务编制如下会计分录:

借:主营业务税金及附加 5 872

　　贷:应交税金——应交消费税 3 000

　　　　应交税金——应交营业税 1 500

　　　　应交税金——应交城市维护建设税 960

　　　　其他应交款——教育费附加 412

10. 销售费用

【业务60】 200×年11月20日,华伦公司在销售商品过程中,发生运输费1 000元,装卸费500元,包装费500元,保险费800元,广告费3 000元,其中装卸费和包装费用现金支付,其余款项用银行存款支付。

此项业务应根据各项费用实际发生额、付款凭证及取得的发票等单据,进行如下账务处理:

借:营业费用 5 800

　　贷:现金 1 000

　　　　银行存款 4 800

【业务61】 200×年11月,华伦公司专设销售机构的职工工资30 000元,福利费4 200元,支付业务费1 500元,计提折旧费800元。

此项业务应根据公司的各项费用分配表,进行如下账务处理:

借:营业费用 36 500

　　贷:银行存款 1 500

　　　　应付工资 30 000

　　　　应付福利费 4 200

　　　　累计折旧 800

3.5　存货业务的会计处理

存货业务包括存货的采购、生产、存储以及销货等业务。对于存货的采购、生产、销货业务，已经分别在前面详细讲述，本节主要介绍存货存储业务的会计处理。

3.5.1　存货存储业务的内容

存货储存业务的主要内容就是对验收入库的各种存货进行管理，防止丢失、霉烂变质等损失。

3.5.2　存货存储业务的主要控制

存货具有种类繁多、流动性强、进出频繁、占压资金数量大以及储存量的大小直接影响着产品生产或商品销售顺利进行的特点，存货的管理控制非常重要，应建立如下制度。

1. 保管责任制度

设置专职仓库保管人员，建立保管责任制度，明确其职责范围。

2. 收发和计量制度

建立存货的收发计量制度，各种存货的收发依据有关凭证办理手续，并签字盖章。

3. 永续盘存制

除特殊情况外，应采用永续盘存制，以加强会计对各项存货的控制。会计的存货收发记录与保管部门凭证相同、数据共享。

4. 实地盘点制度

将存货的定期盘点与不定期盘点相结合，防止并及时揭示存货储存保管过程中可能出现的差错或舞弊行为，保证账实相符。

5. 存货保险制度

实施存货保险制度，降低发生存货意外损失的风险。

6. 存货质量管理制度

对存货的残损变质以及积压呆滞等情况，及时发现并采取措施处理。

3.5.3　存货存储业务的常见原始凭证

存货存储业务中，除涉及前面介绍的存货收发（如"入库单"、"发料单"）等原始凭证外，主要是存货保管过程中存货清查的相关原始凭证。

存货清查是为了查明存货的实存数与账存数是否一致。清查盘点后，应如实填写"盘存单"，并根据"盘存单"和账簿记录编制"实存账存对比表"，作为分析差异原因及明确经济责任的依据。对于存货的盘盈或盘亏，应报经有关部门批准后再进行有关账务处理。"盘存单"、"实存账存对比表"以及"材料盘亏（盈）处理通知单"的格式见图 3－56、图 3－57、图 3－58。

盘存单

单位名称：
盘点时间：　　　　　　　　　　　　　类别：　　　　　　　　　　编　　号：
　　　　　　　　　　　　　　　　　　　　　　　　　　　　　　　存放地点：

编号	名称	计量单位	数量	单价	金额	备注

盘点人签章：　　　　　　　　　　　　　　　　实物保管人签章：

图 3－56

实存账存对比表

单位名称_____
财产类型_____　　　　　　　　　　年　月　日　　　　　　　　　字第_____号

编号	品名	规格与型号	计量单位	数量		单价	盘盈		盘亏		盈亏原因
				账存	实存		数量	金额	数量	金额	
合计											

主管会计　　　　　　　　盘点负责人　　　　　　　　实物保管人

图 3－57

材料盘亏（盈）处理通知单

年　　月　　日

经审查确认盘亏材料属于××××，盘亏材料处理如下：

××××××××××××××××××××××××

×××××××××××××××××××××

总经理：　　　　　　会计主管：　　　　　　会计：

图 3－58

3.5.4　存货存储业务的账务处理

1. 委托外单位加工

【业务62】　200×年6月14日，华伦公司委托某单位加工K材料。发出K材料22 000元，支付加工费5 000元，增值税850元，运费1 000元，由受托方代收代交消费税500元，材料已经加工完成并验收入库。华伦公司材料采用实际成本核算，双方均为增值税一般纳税人。

此项业务应根据"发料单"、"增值税专用发票"、结算单据等，进行如下账务处理：

发出材料：

　　借：委托加工物资　　　　　　　　　　　　　　　　　　　　　　　22 000

　　　　贷：材料——K材料　　　　　　　　　　　　　　　　　　　　　　　22 000

支付加工费、运费：

　　借：委托加工物资　　　　　　　　　　　　　　　　　　　　　　　6 000

　　　　　应交税金——应交增值税（进项税额）　　　　　　　　　　　　　　850
　　　　贷：银行存款　　　　　　　　　　　　　　　　　　　　　　　　　　6 850
消费税的处理：

委托加工的 K 材料收回后直接用于销售的，应将受托方代扣代交的消费税计入委托加工物资成本：

　　借：委托加工物资　　　　　　　　　　　　　　　　　　　　　　　　　　500
　　　贷：银行存款　　　　　　　　　　　　　　　　　　　　　　　　　　　500

假设委托加工的 K 材料收回后用于连续生产，受托方代扣代交的消费税按规定准予抵扣：

　　借：应交税金——应交消费税　　　　　　　　　　　　　　　　　　　　　500
　　　贷：银行存款　　　　　　　　　　　　　　　　　　　　　　　　　　　500

根据"入库单"等结转入库的 K 材料成本：

　　借：材料——K 材料　　　　　　　　　　　　　　　　　　　　　　　28 500
　　　贷：委托加工物资　　　　　　　　　　　　　　　　　　　　　　　28 500

或：

　　借：材料——K 材料　　　　　　　　　　　　　　　　　　　　　　　28 000
　　　贷：委托加工物资　　　　　　　　　　　　　　　　　　　　　　　28 000

2. 低值易耗品摊销

【业务 63】　200×年 5 月，华伦公司基本生产车间领用一批生产工具，成本 1 300 元，采用一次摊销法。该车间以前月份领用的另一批生产工具在本月报废，残料验收入库计价 18 元。

此项业务应根据低值易耗品"出库单"、残料"入库单"等，进行如下账务处理：

　　借：制造费用　　　　　　　　　　　　　　　　　　　　　　　　　　1 300
　　　贷：低值易耗品　　　　　　　　　　　　　　　　　　　　　　　　1 300
　　借：材料　　　　　　　　　　　　　　　　　　　　　　　　　　　　　18
　　　贷：制造费用　　　　　　　　　　　　　　　　　　　　　　　　　　18

【业务 64】　200×年 7 月 5 日，华伦公司辅助车间领用专用模具一批，成本 24 000 元，该批低值易耗品在一年内按月平均摊销。

此项业务应根据低值易耗品"出库单"及低值易耗品摊销计算表，进行如下账务处理：

摊销时，记入"制造费用"：

　　借：待摊费用　　　　　　　　　　　　　　　　　　　　　　　　　　24 000
　　　贷：低值易耗品　　　　　　　　　　　　　　　　　　　　　　　　24 000
　　借：制造费用　　　　　　　　　　　　　　　　　　　　　　　　　　2 000
　　　贷：待摊费用　　　　　　　　　　　　　　　　　　　　　　　　　2 000

3. 存货清查盘点

（1）存货盘盈

【业务 65】　200×年 2 月 28 日，华伦公司在材料清查中发现 A 材料盘盈 30 千克，A 材料的市价为 15 元/千克。

此项业务应根据"实存账存对比表"以及"材料盘盈处理通知单"，并按其市价或同类、类似材料的市场价格进行如下账务处理：

借：材料　　　　　　　　　　　　　　　　　　　　　　　　　　　450

　　贷：管理费用　　　　　　　　　　　　　　　　　　　　　　　450

（2）存货盘亏或毁损

【业务66】　200×年2月28日，华伦公司在材料清查中发现B材料缺失20千克，其中15千克的损失是由于自然灾害所致，5千克是管理者王某的责任，B材料的市价为10元/千克。

此项业务应根据"实存账存对比表"及"材料盘盈处理通知单"，进行如下账务处理：

为自然灾害所造成的，按材料相关的成本及不可抵扣的增值税进项税额，再减去过失人或者保险公司等赔款和残料价值后的余额，借记"营业外支出"，按过失人或保险公司等赔款和残料价值，借记"其他应收款"等，贷记"材料"、"应交税金——应交增值税（进项税额转出）"

借：营业外支出　　　　　　　　　　　　　　　　　　　　　　　184

　　其他应收款　　　　　　　　　　　　　　　　　　　　　　　　50

　　贷：材料——B材料　　　　　　　　　　　　　　　　　　　200

　　　　应交税金——应交增值税（进项税额转出）　　　　　　　　34

【业务67】　200×年2月28日，华伦公司在材料清查中发现C材料短缺20公斤，其中5公斤是管理者王新的责任，C材料的市价为100元/公斤。经批准，因王新责任造成的损失应由王新赔偿500元，其余损失计入管理费用。

此项业务应根据"实存账存对比表"以及"材料盘亏处理通知单"等，进行如下账务处理：

借：管理费用　　　　　　　　　　　　　　　　　　　　　　　1 840

　　其他应收款——王新　　　　　　　　　　　　　　　　　　　500

　　贷：材料——C材料　　　　　　　　　　　　　　　　　　2 000

　　　　应交税金——应交增值税（进项税额转出）　　　　　　　340

【业务68】　200×年5月31日，兴业公司在库存商品清查中发现DH商品盘盈50件，该商品的进价为20元/件，售价为30元/件。经批准计入管理费用。

此项业务应根据"实存账存对比表"以及"材料盘盈处理通知单"等，按进价冲销管理费用，按售价计入库存商品，差额计入商品进销差价。账务处理如下：

借：库存商品——PH商品　　　　　　　　　　　　　　　　　1 500

　　贷：管理费用　　　　　　　　　　　　　　　　　　　　1 000

　　　　商品进销差价　　　　　　　　　　　　　　　　　　　500

【业务69】　200×年6月30日，鼎新公司在库存商品清查中发现RE商品缺失40千克，其中30千克的损失是由于自然灾害所致，10千克是管理者王力的责任，RE商品的进价为25元/千克，售价为40元/千克。

此项业务应根据"实存账存对比表"以及"材料盘亏处理通知单"等，进行如下账务处理：

借：营业外支出——非常损失　　　　　　　　　　　　　　　　920

　　其他应收款——王力　　　　　　　　　　　　　　　　　　250

　　　　商品进销差价　　　　　　　　　　　　　　　　　　　　　　600
　　　贷：库存商品——RE 商品　　　　　　　　　　　　　　　　1 600
　　　　　应交税金——应交增值税（进项税额转出）　　　　　　　170

4. 计提存货跌价准备

【业务70】　　20×7 年 12 月 31 日，兴业公司 MK 商品的账面成本为 500 000 元，但由于 MK 商品的市场价格下跌，预计可变现净值为 460 000 元，由此计提存货跌价准备 40 000 元。20×8 年 12 月 31 日，MK 商品账面成本仍为 500 000 元，但由于市价上升，预计可变现净值为 490 000元。

　　此项业务应根据"计提存货跌价准备计算表"，按可变现净值低于成本的差额进行如下账务处理：

20×7 年 12 月 31 日：

借：管理费用　　　　　　　　　　　　　　　　　　　　　　40 000
　　贷：存货跌价准备　　　　　　　　　　　　　　　　　　　　40 000

20×8 年 12 月 31 日：

借：存货跌价准备　　　　　　　　　　　　　　　　　　　　30 000
　　贷：管理费用　　　　　　　　　　　　　　　　　　　　　　30 000

3.6　投资业务的会计处理

3.6.1　投资业务的内容

（1）投资项目的可行性研究；
（2）编制和审批投资计划；
（3）委托证券交易商或经纪人购入证券；
（4）保管各种有价证券；
（5）定期盘点有价证券；
（6）委托交易商或经纪人出售有价证券。

3.6.2　投资业务的流程及主要控制

1. 投资项目的选择

投资计划在正式执行前必须得到严格的复核审查，如审查投资项目的变现能力、收益能力及风险情况。所有投资决策都应当用书面文件予以记录。

2. 投资项目审批

小企业重大的投资项目必须严格审批。

3. 投资的保管

购入证券最好的保管控制，是将证券（特别是一些长期投资的证券）委托银行、信托公司或保险公司等机构代管。

4. 投资资产处置的控制

对有价证券的出售必须由经营管理层批准，如果处置的结果涉及现金，还应按现金收入的控制方法来对投资资产处置进行控制。

5. 投资记录控制

（1）除无记名证券外，小企业购入的所有证券都必须以企业的名义来登记或记载，不能以任何个人的名义署名和登记。

（2）负责投资财务记录的会计人员必须独立于投资交易业务和证券保管业务。

（3）不论持有证券的数额大小，都必须对每一种证券开设投资明细分类账。

3.6.3　投资业务常见原始凭证

1. 成交过户交割凭单、客户取款凭条

小企业以证券公司存款购入证券,会收到证券公司提供的买入证券"成交过户交割凭单"，从证券公司转回结余资金时，除了银行提供的"进账单（收账通知）"外，还会收到证券公司的"客户取款凭条"。

当小企业卖出已有债券等金融资产时，会收到证券公司提供的卖出债券等"成交过户交割凭单"。

"成交过户交割凭单"、"客户取款凭条"见图3－59、图3－60、图3－61。

××证券登记清算公司

年　　月　　日

成交过户交割凭单	**买**	
股东编号 电脑编号 公司编号	成交证券 成交数量 成交价格	客户联
申请编号 申报时间 成交时间	成交金额 标准佣金 过户费用	
上次结存 本次成交 本次结存	应付金额 实收金额 资金余额	

经办单位＿＿＿＿＿＿　　　　　　客户签章＿＿＿＿＿＿

图 3－59

××××证券公司

××营业部客户取款凭条　（取款）

流水号　　　　　　　　　　　　　　　　　　　　　　　年　　月　　日

户　名	资金账号	委托人签名
取款金额	余　　额	
上海账号	深圳账号	

操作员　　　　　　　　复核员

图 3－60

$$××证券××营业所$$

年　月　日

成交过户交割凭单　　**卖**	
公司代码：	证券名称：
股东账号：	成交数量：
资金账号：	成交价格：
股东姓名：	成交金额：
申请编号：	标准佣金：
申请时间：	过户费用：
成交时间：	印花税：
资金前余额：	附加费用：
资金余额：	其他费用：
证券前余额：	实际收费金额：
本次余额：	
备注：债券买卖	

图 3 − 61

2. 投资协议书

小企业向其他企业投资，需由双方签定"投资协议书"。"投资协议书"见图 3 − 62。

投资协议书

经双方协商，_____公司向_____公司投资×××元，投资款于××年××月××日到账，占_____公司注册资本××%，投资期限××年，按投资比例分配税后利润。

投资方：

接受投资方：

年　月　日

图 3 − 62

3.6.4　投资业务的账务处理

1. 短期投资

（1）初始投资

【业务 71】　华伦公司 20×8 年 8 月 1 日从证券市场上购入 AB 公司同日发行的三年期债券，债券面值 200 000 元，票面利率为 3.8%，每年 1 月 1 日和 7 月 1 日付息两次。该公司实际支付价款 203 500 元，且不准备长期持有。华伦公司实际支付的价款中包含已到付息期但尚未领取的债券利息 3 800 元。

此项业务应根据"成交过户交割凭单"、"客户取款凭条"等，进行如下账务处理：

借：短期投资——AB 公司债券　　　　　　　　　　　　　　　　　　199 700

　　应收股息　　　　　　　　　　　　　　　　　　　　　　　　　　3 800

| 　 | 贷：银行存款 | 203 500 |

假设 8 月 10 日收到了 AB 公司支付的债券利息：

借：银行存款　3 800

　　贷：应收股息　3 800

（2）短期投资持有期间的利息或股利

【业务 72】　20×9 年 1 月 1 日，华伦公司收到 AB 公司发放的其持有期间应获得的债券利息 3 800 元。

此项业务应根据收取利息的通知等，进行如下账务处理：

持有期间所收到的股利、利息等，不确认投资收益，作为冲减投资成本处理。收到被投资单位发放的现金股利或利息等时，借记"银行存款"等科目，贷记"短期投资"科目

借：银行存款　3 800

　　贷：短期投资——AB 公司债券　3 800

（3）出售短期投资

【业务 73】　华伦公司 20×8 年 11 月 3 日从证券市场购入 CC 公司同年 1 月 1 日发行的 3 年期债券一批，准备作为短期投资。该债券面值 50 000 元，按年付息，到期收回本金，债券年利率 6%。债券的买入价为 51 000 元，另付手续费等相关费用 200 元。20×9 年 1 月 5 日，收到分期支付的利息 3 000 元。20×9 年 3 月 1 日，华伦公司出售该批债券，取得价款 52 500 元。

此项业务应根据"成交过户交割凭单"、"客户取款凭条"以及收取利息的通知等，进行如下账务处理：

购入债券：

借：短期投资——CC 公司债券　51 200

　　贷：银行存款　51 200

收到债券利息：

借：银行存款　3 000

　　贷：短期投资——CC 公司债券　3 000

出售债券：

借：银行存款　52 500

　　贷：短期投资——CC 公司债券　48 200

　　　　投资收益　4 300

（4）短期投资期末计价

【业务 74】　华伦公司短期投资按成本与市价孰低计价，所有短期投资在 200× 年 12 月 31 日前均未计提跌价准备，200× 年 12 月 31 日短期投资成本与市价金额见表 3-5。

表 3-5　　　　　　　　　　　**短期投资市价与成本金额表**　　　　　　　　　　单位：元

项　　目	200× 年 12 月 31 日		
	成　本	市　价	预计跌价（损）益
短期投资—股票：			
A 公司股票	119 600	115 600	（4 000）
B 公司股票	60 000	61 000	1 000

项　　目	200×年 12 月 31 日		
	成　本	市　价	预计跌价（损）益
小计	179 600	176 600	（3 000）
短期投资—债券：			
C 公司债券	198 400	198 200	（200）
D 公司债券	36 000	36 300	300
小计	234 400	234 500	100
合计	414 000	411 100	（2 900）

该公司按投资总体计提跌价准备 2 900 元。

此项业务应根据"短期投资市价与成本金额表"，进行如下账务处理：

借：投资收益——短期投资跌价准备　　　　　　　　　　　　　　　　　　　2 900

　　贷：短期投资跌价准备　　　　　　　　　　　　　　　　　　　　　　　　　2 900

2. 长期股权投资

（1）长期股权投资的初始投资

【业务 75】　　华伦公司于 200×年 5 月 10 日购买 DD 公司发行的股票 30 000 股准备长期持有，从而拥有 DD 公司 5% 的股份。该股票每股单价 6 元，另支付有关税费 6 000 元，款项已支付。

此项业务应根据"成交过户交割凭单"等，按实际成本作为投资成本并进行如下账务处理：

借：长期股权投资——股票投资　　　　　　　　　　　　　　　　　　　　186 000

　　贷：银行存款　　　　　　　　　　　　　　　　　　　　　　　　　　　186 000

（2）长期股权投资的成本法核算

【业务 76】　　华伦公司于 20×8 年 3 月 1 日购入 DE 公司发行的股票，持有 5% 的股份，准备长期持有。DE 公司 20×7 年财务报表中披露实现净利润 2 800 000 元，20×8 年 4 月 15 日宣告发放 20×7 年净利润分配方案，华伦公司分得现金股利 100 000 元。

此项业务应根据"成交过户交割凭单"、DE 公司利润分配中应享有的现金股利等，进行如下账务处理：

借：应收股息　　　　　　　　　　　　　　　　　　　　　　　　　　　　100 000

　　贷：长期股权投资——股票投资　　　　　　　　　　　　　　　　　　　100 000

收到股利时：

借：银行存款　　　　　　　　　　　　　　　　　　　　　　　　　　　　100 000

　　贷：应收股息　　　　　　　　　　　　　　　　　　　　　　　　　　　100 000

假设 DE 公司 20×8 年财务报表中披露实现净利润 3 000 000 元，20×9 年 4 月 15 日宣告发放 20×8 年净利润分配方案，华伦公司分得现金股利 150 000 元。

借：应收股息　　　　　　　　　　　　　　　　　　　　　　　　　　　　150 000

　　贷：投资收益　　　　　　　　　　　　　　　　　　　　　　　　　　　150 000

（3）长期股权投资的权益法核算

【业务 77】　　华伦公司于 200×年 1 月 1 日购买××股份公司发行的股票 300 000 股准备

长期持有，从而拥有新兴股份公司35%的股份，每股销售价格为3元。另外，购买该股票时支付相关税费4 000元，款项由银行存款支付。××股份公司当年实现净利润360 000元，决定发放现金股利86 000元，收到××股份公司发放现金股利的通知。

此项业务应根据"成交过户交割凭单"、××公司利润分配中应享有的现金股利等，进行如下账务处理：

投资时，

初始投资成本 = 300 000×3 + 4 000 = 904 000（元）

借：长期股权投资——股票投资　　　　　　　　　　　　　　904 000
　　贷：银行存款　　　　　　　　　　　　　　　　　　　　　904 000

确认投资收益：

借：长期股权投资——股票投资　　　　　　　　　　　　　　126 000
　　贷：投资收益　　　　　　　　　　　　　　　　　　　　　126 000

收到发放现金股利的通知：

借：应收股息　　　　　　　　　　　　　　　　　　　　　　30 100
　　贷：长期股权投资——股票投资　　　　　　　　　　　　　30 100

实际收到现金股利：

借：银行存款　　　　　　　　　　　　　　　　　　　　　　30 100
　　贷：应收股息　　　　　　　　　　　　　　　　　　　　　30 100

（4）长期股权投资的处置

【业务78】　200×年6月24日，华伦公司将长期投资于FF公司的50 000股股票，以每股10元的价格卖出，支付相关税费6 500元，取得价款493 500元存入银行。该长期股票投资账面余额为485 000元。

此项业务应根据"成交过户交割凭单"等，进行如下账务处理：

借：银行存款　　　　　　　　　　　　　　　　　　　　　　493 500
　　贷：长期股权投资——股票投资　　　　　　　　　　　　　485 000
　　　　投资收益　　　　　　　　　　　　　　　　　　　　　8 500

3. 长期债权投资

【业务79】　华伦公司在20×8年7月1日购进TT公司于当日发行的面值为60 000元的2年期债券，该债券票面年利率为8%，到期一次还本付息。共支付价款60 300元，其中包括经纪人佣金等费用300元。

此项业务应根据"成交过户交割凭单"等，按实际支付的价款扣除支付的税金、手续费等（如实际支付的价款中含有应收利息，还应扣除应收利息部分）后的金额作为债券投资的成本并进行如下账务处理：

借：长期债权投资——债券投资（面值）　　　　　　　　　　60 000
　　财务费用　　　　　　　　　　　　　　　　　　　　　　300
　　贷：银行存款　　　　　　　　　　　　　　　　　　　　　60 300

【业务80】　华伦公司20×8年9月1日购入MN公司该年1月1日发行的三年期债券200 000元，年利率为12%，债券采取到期一次还本付息方式发行，按面值购入，实际支付价款217 000元，其中应计利息16 000元，有关税费1 000元。

此项业务应根据"成交过户交割凭单"等，进行如下账务处理：

借：长期债权投资——债券投资（面值） 200 000

　　　　　　——债券投资（应计利息） 16 000

　　财务费用 1 000

　　贷：银行存款 217 000

应计利息 = 200 000 × 12% × 8 ÷ 12 = 16 000

【业务81】 华伦公司 20×9 年 1 月 1 日购入 AA 公司当天发行的 2 年期的债券作为长期投资，票面价值 100 000 元，票面利率 10%，到期一次还本付息，用银行存款实际支付价款 103 250 元，其中包含手续费 250 元（由于手续费数额较小，直接计入当期损益）。债券溢折价采用直线法摊销。

此项业务应根据"成交过户交割凭单"、结息通知以及结算单据等，取得债券的成本减去尚未到期的债券利息，与债券面值之间的差额，作为债券溢价或折价，并进行如下账务处理：

借：长期债权投资——债券投资（面值） 100 000

　　　　　　——债券投资（溢折价） 3 000

　　财务费用 250

　　贷：银行存款 103 250

每年末确认投资收益并摊销债券溢价：

债券的溢价或折价在债券存续期间内于确认债券利息收入时采用直线法摊销，编制"债券的溢价或折价摊销计算表"：

票面利息 = 100 000 × 10% = 10 000 （元）

溢价摊销额 = 3 000/2 = 1 500 （元）

投资收益 = 10 000 − 1 500 = 8 500 （元）

借：长期债权投资——债券投资（应计利息） 10 000

　　贷：长期债权投资——债券投资（溢折价） 1 500

　　　　投资收益 8 500

债券到期收回本息：

借：银行存款 120 000

　　贷：长期债权投资——债券投资（面值） 100 000

　　　　　　——债券投资（应计利息） 20 000

【业务82】 华伦公司 20×8 年 7 月 1 日购入 BB 公司当年 1 月 1 日发行的 2 年期债券作为长期投资，票面价值 100 000 元，票面利率 10%，到期一次还本付息，用银行存款实际支付价款 102 200 元，其中包含手续费 200 元（由于手续费数额较小，直接计入当期损益）、发行半年后的应计利息 5 000 元（即 100 000 × 10%/2）。债券溢折价采用直线法摊销。

此项业务应根据"成交过户交割凭单"、结息通知以及结算单据等，进行如下账务处理：

取得债券：

借：长期债权投资——债券投资（面值） 100 000

　　　　　　——债券投资（应计利息） 5 000

　　财务费用 200

　　贷：长期债权投资——债券投资（溢折价） 3 000

　　　　银行存款　　　　　　　　　　　　　　　　　　　　　　　　　　102 200

20×8 年 12 月 31 日确认投资收益并摊销折价：

票面利息 = 100 000×10%/2 = 5 000（元）

折价摊销额 = 3 000/3 = 1 000（元）

投资收益 = 5 000 + 1 000 = 6 000（元）

借：长期债权投资——债券投资（应计利息）　　　　　　　　　5 000

　　　　　　——债券投资（溢折价）　　　　　　　　　　　 1 000

　　贷：投资收益　　　　　　　　　　　　　　　　　　　　　　　 6 000

20×9 年 12 月 31 日确认投资收益并摊销折价：

票面利息 = 100 000×10% = 10 000（元）

折价摊销额 =（3 000/3）×2 = 2 000（元）

投资收益 = 10 000 + 2 000 = 12 000（元）

借：长期债权投资——债券投资（应计利息）　　　　　　　　 10 000

　　　　　　——债券投资（溢折价）　　　　　　　　　　　 2 000

　　贷：投资收益　　　　　　　　　　　　　　　　　　　　　　 12 000

债券到期收回本息：

借：银行存款　　　　　　　　　　　　　　　　　　　　　　 120 000

　　贷：长期债权投资——债券投资（面值）　　　　　　　　 100 000

　　　　　　——债券投资（应计利息）　　　　　　　　　　 20 000

3.7　筹资业务的会计处理

3.7.1　筹资业务的内容

（1）编制筹资计划、审批确定筹资方式；

（2）签订各种借款合同取得筹资；

（3）筹资的会计记录；

（4）定期计算和支付利息业务；

（5）债务偿还业务。

3.7.2　筹资业务的流程及主要控制

1. 确定筹资总量控制

小企业各业务部门先进行业务预测，并由各部门负责人对本部门的预测进行审核监督，形成小企业资金需求预测草案，交由决策层审批。

2. 确定筹资渠道及方式控制

以降低筹资成本、制定最佳筹资期限、选择有利于提高竞争力的筹资方式，获得最佳筹资结构。

3. 取得筹资控制

小企业的会计部门根据有关凭证及时入账，并核对筹资协议副本，如发现差错应上报，要遵守授权原则和不相容职务分离原则。

4. 审核制度

小企业管理机构以及授权的专门人员负责筹资业务的审核。审核的内容包括审批筹资计划、筹资方案及各项手续等。

5. 利息支付的控制

小企业应指定专人对不同债券支付利息的日期分别在利息支付备忘录上予以记载。利息应在复核和审核人审核批准后支付。

3.7.3 筹资业务常见原始凭证

1. 贷款凭证（收账通知）

小企业从银行贷款，银行将款项划存企业银行存款账户后，开户行会向企业发出"贷款凭证"收账通知。"贷款凭证"收账通知见图3-63。

贷款凭证（3）（收账通知）

年　月　日

贷款单位名称		种类		贷款户账号								
					百	十	万	千	百	十	元	角	分
金额	人民币（大写）：											
用途		单位申请期限	自　年　月　日起至　年　月　日止							利率		
		银行核定期限	自　年　月　日起至　年　月　日止									
以上贷款已核准发放　　　贷款。 并已转收你单位　　　账号账户 银行签章　　　　　　　　年　月　日				单位会计分录 　　收入_____ 　　付出_____ 复核　　　　记账 主管　　　　会计								

图3-63

2. 长期借款利息计算表、银行贷款利息通知单

小企业取得长期借款，要定期计算利息，并填制"长期借款利息计算表"；到付息日，银行会出具"贷款利息通知单"，作为小企业已还银行利息的凭证。"长期借款利息计算表"、"贷款利息通知单"见图3-64、图3-65。

长期借款利息计算表

年　月　日

借款证号	计息时间	借款金额	借款利率	借款利息	已提利息	合计

审核：　　　　　　　　　　　　　　制单：

图3-64

×××× 银行贷款利息通知单
年   月   日

户　　　名			账号	
利　息　计 息　时　间	年　　月　　日起 年　　月　　日止	利息 积数		利率
利　　　息 金　　　额	人民币 （大写）		十 万 千 百 十 元 角 分	
以上利息已从你单位存款账户扣除 银行盖章 年　　月　　日		科目＿＿＿＿＿＿＿＿＿＿ 对方科目＿＿＿＿＿＿＿＿＿ 记账　　复核　　制单		

图 3－65

3. 银行贷款还款凭证

银行贷款到期时，小企业应按期偿还所欠借款，银行为企业出具"银行贷款还款凭证"作为企业偿还贷款的依据。"银行贷款还款凭证"见图 3－66、图 3－67。

×××× 银行贷款还款凭证
收款日期　年　月　日　　　　　　号码：

借款单 位名称		贷款账号		结算账号											第 三 联 偿 还 贷 款 收 据
还款金额 （大写）					千	百	十	万	千	百	十	元	角	分	
贷款种类			借出日期				原约定还款日期								
			年　月　日				年　月　日								
上述借款请从本单位 借款单位盖章：		存款户中支付。		会计分录： 复核员：　　　　记账员：											

图 3－66

（短期贷款）还款凭证（借方凭证）　　**1**
原借款凭证单位编号　　日期　年　月　日　原借款凭证银行编号

付 款 人	名　　称		借 款 人	名　　称										
	往来户账号			放款户账号										
	开户银行			开户银行										
计划还款日期	年　月　日		还款顺序		第　　　次还款									
偿还金额	人民币 （大写）			千	百	十	万	千	百	十	元	角	分	
还款内容														
由借款人往来户内转还上述借款 （银行主动转还时免盖借款单位预留往来账户印鉴）			科目（借） 对方科目（贷） 会计　　复核　　记账											

图 3－67

4. 银行特种转账贷方传票

小企业收到投资方的投资款，款项存入企业账户后，开户行会向企业出具"银行特种转账贷方传票"，作为已收到投资方投资款项的凭证。"银行特种转账贷方传票"见图3-68。

××××银行特种转账贷方传票

年　　月　　日　　　　　　　　　　　　　第　　号

付款人	全　称		收款人	全　称									
	账号或地址			账号或地址									
	开户银行			开户银行									
大写金额				千	百	十	万	千	百	十	元	角	分
原始凭证名称		原凭证号码		科目（借）——————									
原始凭证金额		赔偿金		对方科目（贷）——————									
转账原因		银行盖章		会计　　　复核　　　记账									

图 3-68

3.7.4 筹资业务的账务处理

1. 负债资金的筹集业务

（1）短期借款业务

【业务83】 华伦公司于200×年1月1日向银行借入100 000元，期限6个月，年利率4.8%，该借款到期后按期如数归还，利息分月预提，按季支付。

此项业务应根据"贷款收账通知"、"短期借款利息计算表"等凭证，进行如下账务处理：

借：银行存款　　　　　　　　　　　　　　　　　　　　　　100 000

　　贷：短期借款　　　　　　　　　　　　　　　　　　　　　100 000

预提利息时：

1月末预提当月利息 = 100 000×4.8%÷12 = 400（元）

借：财务费用　　　　　　　　　　　　　　　　　　　　　　400

　　贷：预提费用　　　　　　　　　　　　　　　　　　　　　400

2月末预提当月利息的处理相同。

3月支付本季度利息时：

借：财务费用　　　　　　　　　　　　　　　　　　　　　　400

　　预提费用　　　　　　　　　　　　　　　　　　　　　　800

　　贷：银行存款　　　　　　　　　　　　　　　　　　　　1 200

第二季度的账务处理同上。

到期归还借款本金时：

借：短期借款　　　　　　　　　　　　　　　　　　　　　　100 000

贷：银行存款   100 000

（2）长期借款业务

【业务 84】 华伦公司于 200×年 1 月 31 日从建设银行借入资金 60 万元，期限为 2 年，年利率为 6%，款项已存入银行，本息于到期日一次支付。该借款用于购买生产所需的一台设备，2 月 15 日设备投入使用。

此项业务应根据"贷款收账通知"、"长期借款利息计算表"等凭证，进行如下账务处理：

借：银行存款   600 000

 贷：长期借款   600 000

期末计息时，

应计入固定资产成本的利息金额为：$600\,000 \times 6\% \div 12 \times 0.5 = 1\,500$（元）

应计入财务费用的利息金额为：$600\,000 \times 6\% \div 12 \times 23.5 = 70\,500$（元）

借：在建工程   1 500

  财务费用   70 500

 贷：长期借款   72 000

归还借款：

借：长期借款   672 000

 贷：银行存款   672 000

（2）长期应付款

【业务 85】 华伦公司于 200×年 5 月 30 日与 B 公司签订了一份融资租赁合同。合同主要条款如下：

（1）租赁标的物：程控生产线。

（2）租赁期开始日：租赁物运抵华伦公司生产车间之日。

（3）租赁期：从租赁期开始日算起 36 个月。

（4）租金支付方式：自租赁期开始日起每年年末支付租金 1 000 000 元。

（5）该生产线公允价值 3 000 000 元。

（6）华伦公司在租赁谈判和签订租赁合同过程中发生可归属于租赁项目的手续费、差旅费 10 000 元。

（7）合同规定，租赁期满，生产线所有权转归华伦公司。

此项业务应根据租赁协议、"固定资产验收单"等，进行如下账务处理：

租赁开始日：

借：固定资产——融资租入固定资产   3 010 000

 贷：长期应付款   3 000 000

  银行存款   10 000

按期支付融资租赁费：

借：长期应付款   1 000 000

 贷：银行存款   1 000 000

租赁期满，如合同规定将固定资产所有权转归承租企业：

借：固定资产——程控生产线   3 010 000

　　贷：固定资产——融资租入固定资产　　　　　　　　　　　　　　　　　　　3 010 000

2. 权益性资金的筹集业务

【业务 86】　200×年 8 月 1 日，华伦公司接受 FC 公司 80 000 元作为投资，有关接受投资事宜已办妥。

此项业务应根据投资合同或协议约定的金额，进行如下账务处理：

借：银行存款　　　　　　　　　　　　　　　　　　　　　　　　　　　　　　80 000
　　贷：实收资本——FC 公司　　　　　　　　　　　　　　　　　　　　　　　80 000

【业务 87】　200×年 8 月 1 日，兴业公司增加注册资金 100 000 元，接受新的投资者 QQ 公司投入的设备 1 台，价值 120 000 元，有关接受投资事宜已办妥。

此项业务应根据投资合同或协议及"固定资产验收单"等，进行如下账务处理：

借：固定资产　　　　　　　　　　　　　　　　　　　　　　　　　　　　　120 000
　　贷：实收资本——QQ 公司　　　　　　　　　　　　　　　　　　　　　　100 000
　　　　资本公积——资本溢价　　　　　　　　　　　　　　　　　　　　　　 20 000

3.8　固定资产业务的会计处理

3.8.1　固定资产业务的内容

（1）固定资产的购置；
（2）固定资产的保管；
（3）固定资产的交接；
（4）固定资产的盘点；
（5）固定资产的处置。

3.8.2　固定资产业务的流程及主要控制

1. 固定资产增加业务流程及主要控制

小企业应根据生产经营规模、现有生产能力、产品特点等实际情况，按不同生产部门、不同产品或不同工艺加工确定固定资产需用量，并对固定资产投资进行可行性预测。

固定资产投资可行性预测的内容一般包括：测定固定资产投资项目；拟定固定资产投资方案；预测固定资产投资效益，进行投资决策；提出固定资产投资概算，筹划资金来源。

2. 固定资产购置业务的流程及主要控制

固定资产购置业务流程一般包括以下几个步骤：
（1）使用部门提出所需固定资产的申请；
（2）小企业领导及上级主管部门决定是否批准采购计划；
（3）固定资产管理部门下达采购通知书，交采购部门具体执行；
（4）采购部门根据通知书的要求组织有关人员办理固定资产采购；
（5）采购部门填制开箱验收单，并由采购部门开具付款通知单，交财务部门；
（6）财务部门有关人员付款，并作相应的账务处理；

（7）固定资产交使用部门，由专人保管使用该项固定资产；

（8）财务部门登记固定资产账，并妥善保管有关凭证。

小企业应在固定资产购置业务处理过程中建立以采购通知单、验收单和转置凭证为主的内部控制系统，并设置以下几项控制：

（1）审批。小企业负责人员和上级主管部门应检查购置计划是否合理，资金来源渠道是否合理、有无保障。

（2）签约。采购人员应在授权范围内，按采购通知书的要求签订采购合同。

（3）验收。固定资产管理部门应根据购置计划和采购通知书等文件对到货固定资产进行验收，合格后，开具固定资产验收单。

（4）审核。财务部门负责人员根据固定资产购置计划、验收单等文件，对由供应部门填制的付款通知书进行审查。如有违反计划安排进行的采购，以及手续不完备、价格不合理等问题，应向有关部门提出意见，暂停付款。

（5）移交。固定资产使用部门填制固定资产领用单报固定资产管理部门，固定资产管理部门开具固定资产转置凭证，由固定资产管理部门与使用部门在凭证上签章，在小企业内部办理交接手续。

（6）记账。财务部门会计人员根据固定资产转置凭证，编制记账凭证，经复核后，及时登记有关账簿。固定资产管理部门和使用部门应根据固定资产转置凭证及时登记有关账卡。

（7）核对。由财务部门会计人员会同固定资产管理部门和使用部门定期或不定期进行固定资产账账、账卡核对，并至少每年进行一次固定资产账、卡、物核实。

3. 固定资产保管及主要控制

（1）固定资产定号。按照固定资产目录，将标有号码的标牌固定在固定资产上，见标牌号码就知道固定资产名称，便于查找核对，避免乱账、错账。

（2）保管定人。根据谁用、谁管、谁负责维护保养的原则，把固定资产的保管责任落实到使用人，建立相应的岗位责任制。

（3）建立保管卡。为每台固定资产开立卡片，记录固定资产的增减变动情况。对长期不使用的固定资产，交回主管的职能部门。

4. 固定资产交接业务的流程及主要控制

固定资产交接应在固定资产卡片上注明接收日期，并由固定资产使用保管人签章，明确责任。发生调入、调出时，财务人员要与固定资产负责人共同在有关账页上签章，保证财务部门的账目同固定资产保管卡的记录一致。

5. 固定资产盘点业务的流程及主要控制

（1）由财务部门依据财产目录确定盘点计划；

（2）稽核人员陪同财务部门及使用部门人员依据财产目录实地盘点；

（3）财务部门依各部门的盘点报告编制盘点差异汇总表，送请有关部门及负责人批示；

（4）如有盘盈、盘亏，由财务部门及管理部门督促使用部门依固定资产调拨或减损等规定办理。

6. 固定资产处置业务的流程及主要控制

固定资产的处置业务流程如下：

（1）提出固定资产退出申请书；

（2）固定资产管理部门确定是否必须退出，查明退出原因；

（3）小企业主管领导或上级主管部门在退出呈批单上签章批准；

（4）设备管理部门详细列明固定资产处置后的去向、名称、规格、原值、已提折旧额等资料，交财务部门作相应账务处理；

（5）固定资产管理部门组织有关部门对退出固定资产及时进行清理。

固定资产的处置业务的主要控制如下：

（1）鉴定。固定资产管理部门组织有关部门的专业技术人员对使用部门申请处置的固定资产进行经济技术鉴定。

（2）审批。小企业负责人或上级主管部门应认真审查固定资产处置的理由是否充分，鉴定意见是否科学，是否会对小企业的经营活动产生影响等，是否按固定资产管理权限分级批准。

（3）审核。财务部门根据已经批准的审批单，认真审核有关固定资产处置的凭证，检查批准手续是否齐全，批准权限是否适当，批准文件是否连续编号，有无擅自调出、变卖、出借固定资产的情况。

（4）注销。财务部门、固定资产管理部门应根据经审核后编制的记账凭证及时注销有关固定资产明细记录。

3.8.3 固定资产业务常见原始凭证

1. 购入及安装固定资产时的原始凭证

小企业购入固定资产时，所涉及的原始凭证除"增值税专用发票"、"公路、内河货物运输业统一发票"及"增值税运输发票抵扣清单"等以外，主要是安装固定资产时的"安装公司发票"。"安装公司发票"见图3-69。

××市安装公司发票　　NO.

发 票 联

年　　月　　日

客户名称

项　目	单位	数　量	单　价	金　额								二报销凭证
				十	万	千	百	十	元	角	分	
合计人民币（大写）												

单位（盖章）　　　　　开票人　　　　　　收款人

图 3-69

2. 自建固定资产时的原始凭证

小企业自行建造固定资产的，在建造过程中领用材料时，应填制"在建工程领用材料应结转成本差异计算表"、"生产车间扩建工程领用材料应转出进项税计算表"，做为结转固定资产时计算固定资产成本的凭证。"在建工程领用材料应结转成本差异计算表"、"生产车间扩建工程领用材料应转出进项税计算表"见图3-70、图3-71。

在建工程领用材料应结转成本差异计算表

年　月　日　　　　　　　　　　　　　　　　　单位：元

材料名称	计量单位	领用月初库存材料应结转成本差异额					领用本月购进材料应结转成本差异额										应结转材料成本差异额合计
							领用本月购料计划成本			领用本月第一次购料实际成本			领用本月第二次购料实际成本			领用本月购进材料实际成本合计	成本差异额	
		数量	计划单价	计划成本	成本差异额	成本差异率	数量	计划单价	合计	数量	实际单价	合计	数量	实际单价	合计			
合计																		

会计主管　　　　　记账　　　　　审核　　　　　制表

图 3-70

生产车间扩建工程领用材料应转出进项税计算表

年　月　日　　　　　　　　　　　　单位：元

领用材料 计划成本	应负担材料 成本差异	实际 成本	适用的 增值税税率	应转出 进项税额

会计主管　　　　　记账　　　　　审核　　　　　制表

图 3 - 71

固定资产工程竣工时，企业应填制"竣工项目验收单"。在建工程转入固定资产后，企业相关部门应填制"固定资产工程竣工工程交接单"和"固定资产验收单"，移转固定资产使用部门。"竣工项目验收单"见图 3 - 72。"固定资产工程竣工工程交接单"和"固定资产验收单"见图 3 - 73、图 3 - 74。

竣工项目验收单

项目名称			批准日期		年　月　日		
项目性质			完成日期		年　月　日		
合同金额			追加金额				
承包单位			承包方负责人				
预算价			决算价				
结构类型			建筑面积				
验收意见							
验收人员	使用部门	外请专家	企业主管		安全员	财务科	
备注：							
验收单位（盖章） 负责人签章：		施工单位（盖章） 负责人签章：			使用单位（盖章） 负责人签章：		

图 3 - 72

固定资产工程竣工工程交接单

年　月　日

设备 名称	规格 型号	单位	数量	开工 日期	竣工 日期	实际成本（元）			
						设备费	运杂费	安装费	合　计
移交 单位	设备科主管			接受 单位	部　　门		设备名称	数量	部门领导
	设备科经办								
	移交数量								
会计主管		审核			记账				

图 3 - 73

固定资产验收单

年　　月　　日

固定资产名称	规格型号	单位	数量	单价	金额	取得方式	生产单位	
								二 会 计 记 账
使用部门		预计使用年限			验收日期		使用日期	

后勤主管　　　　　　　　管理员　　　　　　　　　　经办人

图 3-74

3. 固定资产折旧计算表

小企业在使用固定资产期间，应该按照相关规定每月对固定资产计提折旧，填制"固定资产折旧计算表"。"固定资产折旧计算表"的格式见图 3-75。

固定资产折旧计算表

年　　月　　日　　　　　　　　　　　　　单位：元

使用单位	固定资产类别	月初应计折旧固定资产原值	月分类折旧率	月折旧额
加工车间	房屋及构筑物 通用设备 电子设备及其他通讯设备 交通运输设备			
	小　计			
动力车间	房屋及构筑物 通用设备 电子设备及其他通讯设备			
	小　计			
库房	房屋及构筑物 · 通用设备 电子设备及其他通讯设备			
	小　计			
科研中心	房屋及构筑物 通用设备 电子设备及其他通讯设备			
	小　计			
财务部	房屋及构筑物 通用设备 电子设备及其他通讯设备			
	小　计			
企划部	房屋及构筑物 通用设备 电子设备及其他通讯设备 交通运输设备			
	小　计			

续表

使用单位	固定资产类别	月初应计折旧固定资产原值	月分类折旧率	月折旧额
供应部	房屋及构筑物 通用设备 电子设备及其他通讯设备			
	小　计			
销售部	房屋及构筑物 通用设备 电子设备及其他通讯设备			
	小　计			
食堂	房屋及构筑物 通用设备 电子设备及其他通讯设备 交通运输设备			
	小　计			

审核人：　　　　　　　　　　　　　　　制表人：

图 3-75

4. 处置固定资产时的原始凭证

（1）报废固定资产时的原始凭证

小企业报废固定资产时，原始凭证主要有"固定资产清理报废单"，需要拆卸的，还有安装公司出具的"安装公司发票"。"固定资产清理报废单"见图 3-76。

固定资产清理报废单

年　　月　　日签发　　　　　　　　　编号：

主管部门：				使用单位：						
名称 及型号	单位	数量	原始价值	已提 折旧	净　值	预计使 用年限	实际使 用年限	支付 清理费	收回变 价收入	
建造单位				报废原因：		处理意见		部门负责人		
建造年份										
							公司负责人			
出厂号										

单位公章：　　　　　　　　　　制单：

图 3-76

（2）出售固定资产时的原始凭证

小企业出售固定资产时，原始凭证主要有"出售设备增值税计算表"、"出售设备净收益计算表"。"出售设备增值税计算表"、"出售设备净收益计算表"见图 3-77、图 3-78。

出售设备增值税计算表

年　　月　　日　　　　　　　　　　　　　单位：元

设备名称	规格型号	出售金额	出售设备 增值税征收率	按减征50%计算的 增值税销项税额	备　注 实际设备转让净收入

会计主管　　　　　　　　记账　　　　　　　　　　　审核　　　　　　　　制表

图 3-77

出售设备净收益计算表

年　　月　　日　　　　　　　　　　　　　单位：元

设备名称	规格型号	设备原值	已提折旧	设备净值	清理费用	转让净收入	转让净收益

会计主管　　　　　　　　记账　　　　　　　　　　　审核　　　　　　　　制表

图 3-78

3.8.4　固定资产业务的账务处理

1. 购入不需要安装的固定资产

【业务88】　200×年4月30日，华伦公司购入一台不需要安装的设备，发票价格25 000元，税额4 250元，发生的运费1 250元，款项以银行存款支付。

此项业务应根据"增值税专用发票"银行存款付款的凭证、运费发票以及"固定资产验收单"等，进行如下账务处理：

按买价加上相关税费以及使固定资产达到预定可使用状态前的其他支出：

借：固定资产　　　　　　　　　　　　　　　　　　　　　　　　　26 250

　　应交税金——应交增值税（进项税额）　　　　　　　　　　　　4 250

　　贷：银行存款　　　　　　　　　　　　　　　　　　　　　　　30 500

2. 购入需要安装的固定资产

【业务89】　200×年6月28日，华伦公司购入需要安装的全新机器一台，用银行存款支付买价10 000元，增值税1 700元，包装运杂费500元。安装时，领用生产用原材料800元，购进该批原材料支付增值税136元，应付本企业安装人员工资1 700元。该项固定资产安装完工后交付使用。

此项业务应根据"增值税专用发票"银行存款付款的凭证、运费发票、安装劳务发票以及"固定资产验收单"等，进行如下账务处理：

购入时：

借：在建工程　　　　　　　　　　　　　　　　　　　　　　　　　10 500

　　应交税金——应交增值税（进项税额）　　　　　　　　　　　　1 700

　　贷：银行存款　　　　　　　　　　　　　　　　　　　　　　　12 200

安装时：

借：在建工程　　　　　　　　　　　　　　　　　　　　　　2 500
　贷：原材料　　　　　　　　　　　　　　　　　　　　　　　800
　　　应付工资　　　　　　　　　　　　　　　　　　　　　1 700
交付使用时：
借：固定资产　　　　　　　　　　　　　　　　　　　　　13 000
　贷：在建工程　　　　　　　　　　　　　　　　　　　　13 000

3. 投资者投入的固定资产

【业务90】　200×年10月31日，华伦公司收到新的投资者JJ公司投入办公用房屋两间，双方确认的价值380 000元。JJ公司投资后，在华伦公司的注册资本金3 000 000中占有10%的份额。

此项业务应根据投资协议及"固定资产验收单"等，进行如下账务处理：
按投资各方确认的价值：
借：固定资产——房屋　　　　　　　　　　　　　　　　380 000
　贷：实收资本——JJ公司　　　　　　　　　　　　　　300 000
　　　资本公积——资本溢价　　　　　　　　　　　　　　80 000

4. 自行建造完成的固定资产

【业务91】　200×年11月，华伦公司采用自营方式建造营业用房一幢，为工程购入各种物资495 000元，增值税84 150元，以银行存款支付，并全部用于工程建设；结算应付工程人员工资120 000元，提取应付福利费16 800元；工程期间应负担长期借款利息37 000元；工程完工验收交付使用。

此项业务应根据工程物资"入库单"、"增值税专用发票"、银行结算的单据、借款利息通知单、工资等费用分配表、"自建工程领用材料应转出进项税计算表"以及"竣工项目验收单"等，进行如下账务处理：
购入各种物资：
借：工程物资　　　　　　　　　　　　　　　　　　　　495 000
　　应交税金——应交增值税　　　　　　　　　　　　　84 150
　贷：银行存款　　　　　　　　　　　　　　　　　　　579 150
领用工程物资：
借：在建工程——自营工程　　　　　　　　　　　　　　495 000
　贷：工程物资　　　　　　　　　　　　　　　　　　　495 000
结算工资和福利费：
借：在建工程——自营工程　　　　　　　　　　　　　　136 800
　贷：应付工资　　　　　　　　　　　　　　　　　　　120 000
　　　应付福利费　　　　　　　　　　　　　　　　　　16 800
结转为工程借款而发生的借款利息：
借：在建工程——自营工程　　　　　　　　　　　　　　37 000
　贷：长期借款　　　　　　　　　　　　　　　　　　　37 000
工程完工，交付使用：
借：固定资产　　　　　　　　　　　　　　　　　　　　668 800

  贷：在建工程——自营工程   668 800

5. 接受捐赠的固定资产

  【业务 92】 200×年 8 月 20 日，华伦公司接受外单位捐赠办公新设备一台（不需要安装），按照同类资产的市场价格确认的入账价值为 20 000 元。

  此项业务应根据捐赠的有关文件，按照同类资产的市场价格进行如下账务处理：

  按确定的入账价值：

  借：固定资产——非生产经营用固定资产   20 000

    贷：待转资产价值   20 000

6. 盘盈的固定资产

  【业务 93】 200×年 12 月 31 日，华伦公司对固定资产进行盘点，发现有一台使用中的设备未入账。设备八成新，该型号设备存在活跃市场，市场价格为 30 000 元。

  此项业务应根据固定资产清查报告记录及批准规定，按其市价或同类、类似固定资产的市场价格减去按该项资产的新旧程度估计的价值损耗后的余额，进行如下账务处理：

  盘盈固定资产入账价值为：

  30 000×80% = 24 000 （元）

  借：固定资产   24 000

    贷：营业外收入——固定资产盘盈   24 000

7. 盘亏的固定资产

  【业务 94】 200×年 12 月 31 日，华伦公司在财产清查中，发现短缺设备一台，原值 50 000 元，累计折旧 10 000 元。后经批准，将盘亏设备净值转作营业外支出。

  此项业务应根据固定资产清查报告记录及批准规定，进行如下账务处理：

  按原值冲销固定资产，原值与累计折旧的差额计入营业外支出：

  借：营业外支出——固定资产盘亏   40 000

    累计折旧   10 000

    贷：固定资产——非营业用固定资产   50 000

8. 固定资产的折旧及后续支出

  【业务 95】 20×0 年 12 月，华伦公司自行建成了一条生产加工线，建造成本为 284 000 元；采用平均年限法计提折旧；预计净残值率为固定资产原价的 5%，预计使用年限为 6 年。20×3 年 1 月 1 日，为了适用生产发展的需要，公司决定对现有生产线进行改扩建，工期从 20×3 年 1 月 1 日至 3 月 31 日，共发生支出 134 450 元，全部以银行存款支付。该工程达到预定可使用状态后，预计将其使用年限延长 4 年，即为 10 年。假定生产线的预计净残值率、折旧方法与改扩建前相同。

  本业务中，由于对生产线的改扩建支出，提高了生产线的生产能力，并延长了其使用寿命，所以，此项后续支出应增加固定资产的账面价值。

  此项业务应根据有关凭证，进行如下账务处理：

  20×1 年 1 月 1 日至 20×2 年 12 月 31 日两年间，该条生产线的年折旧额为：

  284 000 × （1 – 5%） /6 = 44 967 （元）

  各年计提固定资产折旧：

借：制造费用　　　　　　　　　　　　　　　　　　　　　　　　　44 967

　　贷：累计折旧　　　　　　　　　　　　　　　　　　　　　　　　　　44 967

20×3 年 1 月 1 日，固定资产的账面价值为：284 000 − 44 967 × 2 = 194 066（元）

固定资产转入改扩建时的会计分录：

借：在建工程　　　　　　　　　　　　　　　　　　　　　　　　　194 066

　　累计折旧　　　　　　　　　　　　　　　　　　　　　　　　　　89 934

　　贷：固定资产　　　　　　　　　　　　　　　　　　　　　　　　　284 000

20×3 年 1 月 1 日至 3 月 31 日，固定资产后续支出发生时的会计分录：

借：在建工程　　　　　　　　　　　　　　　　　　　　　　　　　134 450

　　贷：银行存款　　　　　　　　　　　　　　　　　　　　　　　　　134 450

20×3 年 3 月 31 日，生产线改扩建工程达到预定可使用状态，将后续支出全部予以资本化。将后续支出全部资本化后的固定资产账面价值，不应超过改扩建工程达到顶定可使用状态后固定资产预计能给企业带来的可收回金额。

借：固定资产　　　　　　　　　　　　　　　　　　　　　　　　　328 516

　　贷：在建工程　　　　　　　　　　　　　　　　　　　　　　　　　328 516

20×3 年 3 月 31 日，固定资产的账面价值为 328 516 元

该年固定资产折旧额为：$[328\ 516 × (1 − 5\%) / (7 × 12 + 9)] × 9 = 30\ 202$（元）

在 20×3 年 1 月 1 日至 20×9 年 12 月 31 日 7 年间，每年计提固定资产折旧额为：

$[328\ 516 × (1 − 5\%) / (7 × 12 + 9)] × 12 = 40\ 270$（元）

（每年计提固定资产折旧的会计分录略）

9. 因出售、报废和毁损等原因减少的固定资产

【业务 96】　200× 年 4 月 21 日，华伦公司出售办公用房一幢，原值 800 000 元，已使用 5 年，累计折旧 160 000 元。出售时实际价格为 720 000 元，已通过银行收回价款。营业税率 5%（应计提的城建税和教育附加略）。

此项业务应根据固定资产报废清单、出售损益计算表及经批准的出售文件等，进行如下账务处理：

固定资产转入清理：

借：固定资产清理　　　　　　　　　　　　　　　　　　　　　　　640 000

　　累计折旧　　　　　　　　　　　　　　　　　　　　　　　　　160 000

　　贷：固定资产　　　　　　　　　　　　　　　　　　　　　　　　　800 000

收到价款：

借：银行存款　　　　　　　　　　　　　　　　　　　　　　　　　720 000

　　贷：固定资产清理　　　　　　　　　　　　　　　　　　　　　　　720 000

计算应交纳的营业税：720 000 × 5% = 36 000（元）

借：固定资产清理　　　　　　　　　　　　　　　　　　　　　　　36 000

　　贷：应交税金——应交营业税　　　　　　　　　　　　　　　　　　36 000

上交营业税时：

借：应交税金——应交营业税　　　　　　　　　　　　　　　　　　36 000

　　贷：银行存款　　　　　　　　　　　　　　　　　　　　　　　　　36 000

结转固定资产清理净收益

借：固定资产清理   44 000

  贷：营业外收入——处理固定资产净收益   44 000

【业务97】 200×年9月30日，华伦公司一辆汽车使用期满，经批准报废，该汽车原值150 000元，已提折旧135 000元。报废时残料计价1 800元，验收入库。另以现金支付清理费用2 500元。

此项业务应根据固定资产报废清单、残料"入库单"及经批准的报废处理文件，进行如下账务处理：

固定资产转入清理：

借：固定资产清理   15 000

  累计折旧   135 000

  贷：固定资产   150 000

支付清理费用：

借：固定资产清理   2 500

  贷：现金   2 500

残料入库时：

借：材料   1 800

  贷：固定资产清理   1 800

结转固定资产清理净损益：

借：营业外支出——处理固定资产净损失   15 700

  贷：固定资产清理   15 700

【业务98】 200×年6月30日，华伦公司一台设备原值为50 000元，累计折旧15 000元，因故发生毁损，经保险公司确认赔偿20 000元，过失人赔偿6 000元，该设备残料变价收入800元，存入银行。该设备购进时，进项税额为8 500元。

此项业务应根据固定资产报废清单、保险公司赔偿协议及经批准的毁损处理文件，进行如下账务处理：

固定资产转入清理：

借：固定资产清理   35 000

  累计折旧   15 000

  贷：固定资产   50 000

确认保险公司赔款：

借：其他应收款——保险公司   20 000

  贷：固定资产清理   20 000

确认过失人赔款：

借：其他应收款——过失人   6 000

  贷：固定资产清理   6 000

取得残料变价款：

借：银行存款   800

  贷：固定资产清理   800

借：固定资产清理　　　　　　　　　　　　　　　　　5 950
　　贷：应交税金——应交增值税（进项税转出）　　　　　　5 950
结转固定资产清理净损益
借：营业外支出——非常损失　　　　　　　　　　　　14 150
　　贷：固定资产清理　　　　　　　　　　　　　　　　　14 150

3.9　利润形成与分配的会计处理

3.9.1　利润的构成

利润是指企业在一定期间的经营成果。利润包括收入减去费用后的净额、直接计入当期利润的利得和损失等。

利润按其形成的不同层次可分为营业利润、利润总额和净利润。相关计算公式如下：

1. 营业利润

　营业利润 = 主营业务利润 + 其他业务利润 − 营业费用 − 管理费用 − 财务费用

营业利润是小企业利润总额的主要组成部分，是小企业日常经营活动（主营业务活动和其他业务活动）的经营成果。

（1）主营业务利润

　　主营业务利润 = 主营业务收入 − 主营业务成本 − 主营业务税金及附加

主营业务利润是小企业经营活动中主营业务所产生的利润。例如销售商品所产生的利润。

（2）其他业务利润

　　其他业务利润 = 其他业务收入 − 其他业务支出

其他业务利润是指小企业经营主营业务以外的其他业务活动所产生的利润。例如材料销售、包装物出租、固定资产出租等业务所产生的利润。

2. 利润总额

　利润总额 = 营业利润 + 投资收益 + 补贴收入 + 营业外收入 − 营业外支出

利润总额反映小企业经营活动的综合成果，既包括小企业日常经营活动实现的利润，也包括由非经营活动带来的利润。例如，通过投资活动实现的投资收益，以及与生产经营活动无直接关系的营业外收入（非流动资产处置利得、非货币性资产交换利得、债务重组利得、政府补助、盘盈利得等）或营业外支出（非流动资产处置损失、非货币性资产交换损失、债务重组损失、公益性捐赠支出、非常损失、盘亏损失等）。

3. 净利润

　　　净利润 = 利润总额 − 所得税

净利润是当期的利润总额扣减所得税费用后的余额。所得税费用是指小企业确认的应从当期利润总额中扣除的所得税费用。

3.9.2　利润分配的顺序

小企业按照国家有关规定、企业章程、投资协议等对企业当年可供分配的利润进行分配。

　可供分配的利润 = 当年实现的利润 + 年初未分配利润（−年初未弥补亏损）+ 其他转入

利润分配顺序如下：

（1）支付被没收的财物损失、各项税收滞纳金及罚款；

（2）弥补以前年度亏损；

（3）提取法定盈余公积金；

（4）提取公益金；

（5）向投资者分配利润。

3.9.3 利润形成与分配业务常见原始凭证

1. 收入、收益结转表

小企业在会计期末（月末、年末），应将本期收入、收益类科目发生额转入"本年利润"科目，编制"收入、收益结转表"。"收入、收益结转表"见图 3-79。

收入、收益结转表

年　　月　　日

单位：元

结转理由	应　转　出		应　转　入	
	会计科目	金　额	会计科目	金　额
将本期收入、收益转入本年利润	主营业务收入		本年利润	
	其他业务收入			
	投资收益			
	营业外收入			
合　　计				

会计主管　　　　记账　　　　审核　　　　制表

图 3-79

2. 成本、费用结转表

小企业在会计期末（月末、年末），将本期成本、费用类科目发生额转入"本年利润"科目，编制"成本、费用结转表"。"成本、费用结转表"见图 3-80。

成本、费用结转表

年　　月　　日

单位：元

结转理由	应　转　出		应　转　入	
	会计科目	金　额	会计科目	金　额
将本期成本、费用转入本年利润	主营业务成本		本年利润	
	其他业务成本			
	营业税金及附加			
	销售费用			
	管理费用			
	财务费用			
	营业外支出			
合　　计				

会计主管　　　　记账　　　　审核　　　　制表

图 3-80

3. 利润分配计算表

小企业在进行利润分配时，应根据经批准的利润分配方案编制"利润分配计算表"作为分配利润的依据。"利润分配计算表"见图 3 - 81。

利润分配计算表

年度　　　　　　　　　　　　　　　　　　　　　　　　　单位：元

利润分配项目	分配基数	分配比例	分配额
法定盈余公积金		10%	
法定公益金		5%	
合　　计			

图 3 - 81

3. 9. 4　利润形成与分配的财务处理

华伦公司 200×年 12 月末，结转各项收入、费用，计算结转所得税及进行利润分配等相关业务如下：

【业务 99】　200×年 12 月，"主营业务收入"、"其他业务收入"、"营业外收入"、"投资收益"等科目的累计发生额分别是 1 300 000 元、20 000 元、3 200 元、10 000 元。

此项业务应根据各收益类科目的发生额，进行如下账务处理：

借：主营业务收入　　　　　　　　　　　　　　　　　　　　1 300 000
　　其他业务收入　　　　　　　　　　　　　　　　　　　　　 20 000
　　营业外收入　　　　　　　　　　　　　　　　　　　　　　　3 200
　　投资收益　　　　　　　　　　　　　　　　　　　　　　　 10 000
　　贷：本年利润　　　　　　　　　　　　　　　　　　　　　1 333 200

【业务 100】　200×年 12 月，"主营业务成本"、"主营业务税金及附加"、"其他业务成本"、"管理费用"、"财务费用"、"营业费用"等科目的累计发生额分别是 200 000 元、98 000 元、1 400 元、5 200 元、200 元、1 000 元。

此项业务应根据各成本费用类科目的发生额，进行如下账务处理：

借：本年利润　　　　　　　　　　　　　　　　　　　　　　　 305 800
　　贷：主营业务成本　　　　　　　　　　　　　　　　　　　　200 000
　　　　主营业务税金及附加　　　　　　　　　　　　　　　　　 98 000
　　　　其他业务成本　　　　　　　　　　　　　　　　　　　　　1 400
　　　　管理费用　　　　　　　　　　　　　　　　　　　　　　　5 200
　　　　财务费用　　　　　　　　　　　　　　　　　　　　　　　　200
　　　　营业费用　　　　　　　　　　　　　　　　　　　　　　　1 000

【业务 101】　经计算，200×年应纳税所得额为 1 027 400 元，计算并结转应交所得税。该公司适用的所得税税率为 25%。

此项业务应根据按规定计算所得税金额，进行如下账务处理：

1 027 400 × 25% = 256 850（元）

借：所得税   256 850
　　贷：应交税金——应交所得税   256 850
借：本年利润   256 850
　　贷：所得税   256 850

【业务102】　200×年12月31日，结转"本年利润"科目贷方余额770 550元。

此项业务应根据"本年利润"科目余额，进行如下账务处理：

借：本年利润   770 550
　　贷：利润分配——未分配利润   770 550

【业务103】　200×年12月31日，按照实现净利润770 550元（无以前年度亏损），按10%提取盈余公积，5%提取法定公益金。

此项业务应根据按规定比例计算出盈余公积和法定公益金的金额，进行如下账务处理：

借：利润分配——提取盈余公积   77 055
　　利润分配——提取法定公益金   38 527.5
　　贷：盈余公积——法定盈余公积   77 055
　　　　盈余公积——法定公益金   38 527.5

【业务104】　200×年12月31日，按利润分配方案分给投资者利润200 000元。

此项业务应根据经批准的利润分配分配方案中应分配给投资者利润的金额，进行如下账务处理：

借：利润分配——应付利润   200 000
　　贷：应付利润   200 000

【业务105】　经管理层批准，转作资本的利润为100 000元，已办理增资手续。

此项业务应根据增资手续相关凭证及转增资本金额，进行如下账务处理：

借：利润分配——转作资本的利润   100 000
　　贷：实收资本   100 000

4 CHAPTER

第4章
小企业会计报表的编制

4.1 小企业会计报表编制的目的

4.1.1 会计报表是财务报告的主要内容

财务会计报告是综合反映企业某一特定日期的财务状况、以及某一特定时期的经营成果和现金流动情况的书面文件。会计报表表现为财务报告的主要内容和形式，它是提供给报表使用者进行决策的重要财务会计信息。

小企业日常经济活动中发生的各项经济业务，运用复式记账，通过会计凭证连续、系统地记入账簿。在此基础上，通过进一步加工整理，编制会计报表，向有关方面报告企业的财务状况、经营成果和现金流量等情况。

4.1.2 小企业会计报表编制的目的

会计报表信息对使用者的影响与重要性是非常突出的，其作用包括：

1. 引导与优化资源配置

（1）投资者与债权人通过对会计报表信息理解的财务状况、盈利能力和现金流情况，作出投资或提供贷款的决策，引导和促进社会资源流向效益好的企业；

（2）企业经营管理者通过对会计报表信息掌握的不同业务的盈利能力和资源占用情况，作出应该退出或扩张的决定，以便调整企业业务拓展和投资方向，实现内部资源的优化配置。

2. 揭示和规避经营风险

（1）信息使用者通过会计信息了解小企业的投资及经营方式，对产生的经营效果进行分析与判断，评估投资风险；

（2）会计信息可以揭示小企业的优势与弱点，经营管理者借助会计信息分析其经营策略、财产损失与坏账风险等，以便适时调整经营发展战略和经营方式。

3. 反映企业经营者受托经营责任和效绩

通过会计报表信息可以揭示企业经营者对经济资源的经营效果，反映企业资本是否保全、增值，从而可以反映和评价小企业管理者对受托资产经营责任的履行情况与经营效绩水平。

4.2　小企业会计报表的种类

根据《企业财务会计报告条例》、《小企业会计制度》等的规定，小企业编制、报送的会计报表包括资产负债表、利润表、现金流量表三张主表及应交增值税明细表附表。

小企业会计报表的种类见表4-1。

表4-1

会计报表名称	编报期
资产负债表	月度报告、年度报告
利润表	月度报告、年度报告
现金流量表	年度报告（按需要选择编制）
应交增值税明细表	月度报告、年度报告，适用于增值税一般纳税企业

4.3　小企业会计报表编制的要求

为充分发挥财务会计报告的作用，达到利用会计报告有效地管理经济的目的，企业编制财务会计报告要做到"数字真实、计算准确、内容完整、报送及时"。

4.3.1　数字真实

会计报表是评价企业经营情况的依据，报表的数字必须真实可靠，如实反映企业在一定时期内经营活动的过程和结果。切忌匡算估计、伪造会计数据、编报不真实的会计报表。虚假的会计报表资料不仅不能发挥会计报表的作用，相反，还会使会计报表的使用者对企业财务状况和经营业绩做出错误判断，从而导致决策失误。

4.3.2　计算准确

会计报表所列数字的勾稽关系要清楚、正确，各项目明细数字与小计、合计、总计数字以及相关数字必须相符一致，防止数字的遗漏和重复计算。

4.3.3　内容完整

编制会计报表要按照规定的格式和内容填制，凡是国家规定要求提供的会计报表，必须按照规定的要求编报，不得漏编漏报。企业某些重要的会计事项，应当在会计报表附注中进行说明。

4.3.4　报送及时

会计报表的时效性很强，在编制会计报表时，必须严格按照规定的报送期限及时编制，并报送给规定的对象，以便有关方面及时掌握企业的财务状况和经营动态。否则，即使是最真实可靠和全面完整的会计报表，如果不能及时传递给报表的使用者，时过境迁，也是没有任何价值的。

4.4　资产负债表的编制

资产负债表是总括反映企业一定日期（月末或年末）全部资产、负债及所有者权益情况的会计报表，是月报表。资产负债表是以"资产＝负债＋所有者权益"这一会计基本等式为基础进行编制的，是反映企业在某一特定日期财务状况的一张主要报表。

4.4.1　资产负债表的结构

小企业资产负债表的结构由表头、基本内容和补充资料三部分组成。资产负债表的格式见表4-2。

表4-2　　　　　　　　　　　　　　　　资产负债表

编制单位：　　　　　　　　　　　　　年　　月　　日　　　　　　　　　　单位：元

资　产	行次	年初数	期末数	负债和所有者权益（或股东权益）	行次	年初数	期末数
流动资产：				流动负债：			
货币资金	1			短期借款	68		
短期投资	2			应付票据	69		
应收票据	3			应付账款	70		
应收股息	4			应付工资	72		
应收账款	6			应付福利费	73		
其他应收款	7			应付利润	74		
存货	10			应交税金	76		
待摊费用	11			其他应交款	80		
一年内到期的长期债权投资	21			其他应付款	81		
其他流动资产	24			预提费用	82		
流动资产合计	31			一年内到期的长期负债	86		
长期投资：				其他流动负债	90		
长期股权投资	32			流动负债合计	100		
长期债权投资	34			长期负债：			
长期投资合计	38			长期借款	101		
固定资产				长期应付款	103		
固定资产原价	39			其他长期负债	106		
减：累计折旧	40						

续表

资　　产	行次	年初数	期末数	负债和所有者权益 （或股东权益）	行次	年初数	期末数
固定资产净值	41			长期负债合计	110		
工程物资	44						
在建工程	45			负债合计	114		
固定资产清理	46			所有者权益（或股东权益）：			
固定资产合计	50			实收资本	115		
无形资产及其他资产：				资本公积	120		
无形资产	51			盈余公积	121		
长期待摊费用	52			其中：法定公益金	122		
其他长期资产	53			未分配利润	123		
无形资产及其他资产合计	60			所有者权益（或股东权益）合计	124		
资产合计				负债和所有者权益（或股东权益）总计	135		

1. 表头部分

表头部分包括报表名称、编制单位、编制日期、货币种类和金额单位等内容。

2. 基本内容部分

基本内容部分是资产负债表的核心。根据规定，小企业的资产负债表采用账户式结构。资产项目列示在报表的左方，负债和所有者权益项目列示在报表的右方，左方资产总额等于右方负债和所有者权益总额之和。为了适应会计报表使用者的需要，资产负债表根据各项资产、负债、所有者权益在企业生产经营活动中的作用以及管理要求进行归类，并按照流动性进行排列，以便信息使用者取得所需的信息资料。

（1）资产负债表的资产方按照资产的流动性排列，流动性较高、变现能力较强的资产项目排列在先，流动性及变现能力较低的资产项目排列在后。具体分为以下四个类别：

①流动资产。流动资产是指可以在一年或者超过一年的一个营业周期内变现或者耗用的资产。流动资产各项目按流动性和变现能力大小的顺序排列。

②长期投资。长期投资是指企业不准备在一年内变现的投资。它是企业在财务上合理调度资金、充分利用资金、提高资金使用效能或实现某些经营目标的一种手段。

③固定资产。固定资产是指使用年限在一年以上，单位价值在规定标准以上，并在使用过程中保持原有物质形态的资产。为反映固定资产的原值和净值，报表将固定资产原值、累计折旧和固定资产净值三个项目一同排列，总括反映企业固定资产各种计价标准。对于融资租入固定资产，在产权尚未确定之前，其原值及已提折旧也包括在内，一并反映。

④无形资产及其他资产。无形资产及其他资产是指企业各项无形资产和其他资产的净额。

（2）在资产负债表的"负债及所有者权益"方，按照对权益要求权的先后，负债在先，所有者权益在后进行排列；负债再按照偿还的时间长短进行排列。具体分为以下三个类别：

①流动负债。流动负债是指需在一年或者超过一年的一个营业周期内偿还的债务；

②长期负债。长期负债是指偿还期超过一年的债务；

③所有者权益。所有者权益是指投资人对企业全部资产扣除负债后的净资产的所有权。

（3）补充资料

补充资料是补充提供资产负债表基本内容部分中未予反映而报表使用者又需要了解的一些重要资料。其具体项目可根据不同时期的管理要求，有所变动和调整。

4.4.2　资产负债表的编制方法

资产负债表的金额栏分设"年初数"、"期末数"两栏，以反映和比较不同时期资产、负债和所有者权益增减变化的状况。

1.　"年初数"的填列

"年初数"栏内各项数字，应根据上年年末资产负债表"期末数"栏内所列数字填列。如果本年度资产负债表规定的各个项目的名称和内容同上年度不相一致，应对上年年末资产负债表各项目的名称和数字按照本年度的规定进行调整，填入本表"年初数"栏内。

2.　"期末数"的填列

"期末数"各项目的数字，应根据企业当期各个总分类账户及其所属明细分类账户的期末余额填列。填列的方法主要有直接填列法和计算分析填列法。

（1）"货币资金"项目

"货币资金"项目，反映企业库存现金、银行结算户存款、外埠存款、银行汇票存款等的合计数。

"货币资金"项目应根据"现金"、"银行存款"、"其他货币资金"科目的期末余额合计填列。

[例1]　根据"现金"、"银行存款"、"其他货币资金"科目的期末余额计算并填列"货币资金"项目如下：

会计科目名称	期末借方余额
现金	5 000.00
银行存款	380 000.00
其他货币资金	100 000.00

"货币资金"项目 = 5 000.00 + 380 000.00 + 100 000.00 = 485 000.00（元）

资产	行次	年初数	期末数
流动资产：			
货币资金	1		485 000.00

（2）"短期投资"项目

"短期投资"项目，反映企业购入的各种能随时变现、持有时间不超过 1 年（含 1 年）的股票、债券等，减去已计提跌价准备后的净额。

"短期投资"项目应根据"短期投资"科目的期末余额，减去"短期投资跌价准备"科目的期末余额后的金额填列。

[**例2**] 根据"短期投资"、"短期投资跌价准备"科目的期末余额计算并填列"短期投资"项目如下:

会计科目名称	期末余额	
	借方	贷方
短期投资	150 000.00	
短期投资跌价准备		15 000.00

"短期投资"项目＝150 000.00－15 000.00＝135 000.00（元）

资产	行次	年初数	期末数
流动资产:			
短期投资	2		135 000.00

（3）"应收票据"项目

"应收票据"项目,反映企业收到的未到收款期也未向银行贴现的应收票据,包括商业承兑汇票和银行承兑汇票。

"应收票据"项目应根据"应收票据"科目的期末余额填列。已向银行贴现和已背书转让的应收票据不包括在本项目内,其中已贴现的商业承兑汇票应在会计报表附注中单独披露。

[**例3**] 根据"应收票据"科目的期末余额填列"应收票据"项目如下:

会计科目名称	期末借方余额
应收票据	80 000.00

"应收票据"项目＝80 000.00（元）

资产	行次	年初数	期末数
流动资产:			
应收票据	3		80 000.00

（4）"应收股息"项目

"应收股息"项目,反映企业因进行股权投资和债权投资而应收取的现金股利和利息,应收其他单位的利润,也包括在本项目内。

"应收股息"项目应根据"应收股息"科目的期末余额填列。

[**例4**] 根据"应收股息"科目的期末余额填列"应收股息"项目如下:

会计科目名称	期末借方余额
应收股息	6 800.00

"应收股息"项目＝6 800.00（元）

资产	行次	年初数	期末数
流动资产:			
应收股息	4		6 800.00

（5）"应收账款"项目

"应收账款"项目，反映企业因销售商品、产品和提供劳务等而应向购买单位收取的各种款项，减去已计提的坏账准备后的净额。

"应收账款"项目应根据"应收账款"科目所属各明细科目的期末借方余额合计，减去"坏账准备"科目中有关应收账款计提的坏账准备期末余额后的金额填列。

如"应收账款"科目所属明细科目期末有贷方余额，应在本表中增设"预收账款"项目填列。

[例5]　　根据"应收账款"科目所属各明细科目的期末借方余额以及"坏账准备"科目中有关应收账款计提的坏账准备期末余额计算填列"应收账款"项目如下：

会计科目名称		期末余额	
总账科目	明细科目	借方	贷方
应收账款		210 000.00	
应收账款	TT 公司	100 000.00	
应收账款	DD 公司		40 000.00
应收账款	BB 公司	150 000.00	
坏账准备			25 000.00
坏账准备	应收账款		23 000.00

"应收账款"项目 = 100 000.00 + 150 000.00 - 23 000.00 = 227 000.00（元）

增设"预收账款"项目 = 40 000.00（元）

资产	行次	年初数	期末数	负债和所有者权益（或股东权益）	行次	年初数	期末数
流动资产：				流动负债：			
应收账款	6		227 000.00	预收账款			40 000.00

（6）"其他应收款"项目

"其他应收款"项目，反映企业对其他单位和个人的应收和暂付的款项，减去已计提的坏账准备后的净额。

"其他应收款"项目应根据"其他应收款"科目的期末余额，减去"坏账准备"科目中有关其他应收款计提的坏账准备期末余额后的金额填列。

[例6]　　根据"其他应收款"科目的期末余额以及"坏账准备"科目中有关其他应收款计提的坏账准备期末余额计算填列"其他应收款"项目如下：

会计科目名称		期末余额	
总账科目	明细科目	借方	贷方
其他应收款		36 000.00	
坏账准备			25 000.00
坏账准备	其他应收款		2 000.00

"应收账款"项目 = 36 000.00 - 2 000.00 = 34 000.00（元）

资 产	行次	年初数	期末数
流动资产:			
其他应收款	7		34 000.00

（7）"存货"项目

"存货"项目，反映企业期末在库、在途和在加工中的各项存货的可变现净值，包括各种材料、商品、在产品、半成品、包装物、低值易耗品、委托代销商品等。

"存货"项目应根据"在途物资"、"材料"、"低值易耗品"、"库存商品"、"委托加工物资"、"委托代销商品"、"生产成本"等科目的期末余额合计，减去"存货跌价准备"科目期末余额后的金额填列。

材料采用计划成本核算，以及库存商品采用计划成本或售价核算的企业，应按加或减材料成本差异、商品进销差价后的金额填列。

[例7]　根据"在途物资"、"材料"、"低值易耗品"、"库存商品"、"委托加工物资"、"生产成本"、"材料成本差异"以及"存货跌价准备"科目的期末余额计算填列"存货"项目如下：

会计科目名称	期末余额	
	借方	贷方
在途物资	50 000.00	
材料	260 000.00	
低值易耗品	20 000.00	
库存商品	180 000.00	
委托加工物资	30 000.00	
生产成本	120 000.00	
材料成本差异		24 000.00
存货跌价准备		28 000.00

$$\begin{aligned}\text{"存货"项目} &= 50\,000.00 + 260\,000.00 + 20\,000.00 + 180\,000.00 + 30\,000.00 \\ &\quad + 120\,000.00 - 24\,000.00 - 28\,000.00 \\ &= 608\,000.00\ （元）\end{aligned}$$

资 产	行次	年初数	期末数
流动资产:			
存货	10		608 000.00

（8）"待摊费用"项目

"待摊费用"项目，反映企业已经支出但应由以后各期分期摊销的费用。企业摊销期限在1年以上（不含1年）的其他待摊费用，应在本表"长期待摊费用"项目反映，不包括在本项目内。

"待摊费用"项目应根据"待摊费用"科目的期末余额填列。"长期待摊费用"科目中将于1年内到期的部分，也在本项目内反映。

[例8]　根据"待摊费用"、"长期待摊费用"科目的期末余额填列"待摊费用"项目如下：

会计科目名称	期末借方余额
待摊费用	60 000.00
长期待摊费用	150 000.00
其中，在1年内（含1年）摊销的部分	25 000.00

"待摊费用"项目 = 60 000.00 + 25 000.00 = 85 000.00（元）

资产	行次	年初数	期末数
流动资产：			
待摊费用	11		85 000.00

（9）"其他流动资产"项目

"其他流动资产"项目，反映企业除以上流动资产项目外的其他流动资产。

"其他流动资产"项目应根据有关科目的期末余额填列。

（10）"长期股权投资"项目

"长期股权投资"项目，反映企业不准备在1年内（含1年）变现的各种股权性质投资的账面余额。

"长期股权投资"项目应根据"长期股权投资"科目的期末余额填列。

[例9]　根据"长期股权投资"科目的期末余额填列"长期股权投资"项目如下：

会计科目名称	期末借方余额
长期股权投资	300 000.00

"长期股权投资"项目 = 300 000.00（元）

资产	行次	年初数	期末数
长期投资：			
长期股权投资	32		300 000.00

（11）"长期债权投资"项目

"长期债权投资"项目，反映企业不准备在1年内（含1年）变现的各种债权性质投资的账面余额。长期债权投资中，将于1年内到期的长期债权投资，应在流动资产类下"1年内到期的长期债权投资"项目单独反映。

"长期债权投资"项目应根据"长期债权投资"科目的期末余额分析填列。

[例10]　根据"长期股权投资"科目的期末余额分析填列"长期股权投资"项目如下：

会计科目名称	期末借方余额
长期债权投资	250 000.00
其中，1年内到期的长期债权投资	100 000.00

"一年内到期的长期债权投资"项目 = 100 000.00（元）

"长期债权投资"项目 = 250 000.00 - 100 000.00 = 150 000.00（元）

资产	行次	年初数	期末数
流动资产:			
一年内到期的长期债权投资	21		100 000.00
长期投资:			
长期债权投资	34		150 000.00

（12）"固定资产原价"和"累计折旧"项目

"固定资产原价"和"累计折旧"项目，反映企业的各种固定资产原价及累计折旧。融资租入的固定资产，其原价及已提折旧也包括在内。

融资租入固定资产原价应在会计报表附注中另行反映。

"固定资产原价"和"累计折旧"项目两个项目应根据"固定资产"和"累计折旧"等科目的期末余额填列。

[例11]　根据"固定资产"、"累计折旧"科目的期末余额填列"固定资产原价"、"累计折旧"和"固定资产净值"项目如下：

会计科目名称	期末借方余额
固定资产	1 600 000.00
累计折旧	480 000.00

"固定资产原价"项目 = 1 600 000.00（元）

"累计折旧"项目 = 480 000.00（元）

"固定资产净值"项目 = 1 600 000.00 - 480 000.00 = 1 120 000.00（元）

资产	行次	年初数	期末数
固定资产:			
固定资产原价	39		1 600 000.00
减：累计折旧	40		480 000.00
固定资产净值	41		1 120 000.00

（13）"工程物资"项目

"工程物资"项目，反映企业各项工程尚未使用的工程物资的实际成本。

"工程物资"项目应根据"工程物资"科目的期末余额填列。

[例12]　根据"工程物资"科目的期末余额填列"工程物资"项目如下：

会计科目名称	期末借方余额
工程物资	360 000.00

"工程物资"项目 = 360 000.00（元）

资产	行次	年初数	期末数
固定资产:			
工程物资	44		360 000.00

（14）"在建工程"项目

"在建工程"项目，反映企业期末各项未完工程的实际支出，包括交付安装的设备价值，未完建筑安装工程已经耗用的材料、工资和费用支出、预付出包工程的价款，已经建筑安装完毕但尚未交付使用的工程等的账面余额。

"在建工程"项目应根据"在建工程"科目的期末余额填列。

[**例 13**]　根据"在建工程"科目的期末余额填列"在建工程"项目如下：

会计科目名称	期末借方余额
在建工程	580 000.00

"在建工程"项目 = 580 000.00（元）

资产	行次	年初数	期末数
固定资产：			
在建工程	45		580 000.00

（15）"固定资产清理"项目

"固定资产清理"项目，反映企业因出售、毁损、报废等原因转入清理但尚未清理完毕的固定资产的账面价值，以及在固定资产清理过程中所发生的清理费用和变价收入等各项金额的差额。

"固定资产清理"项目应根据"固定资产清理"科目的期末借方余额填列；如"固定资产清理"科目期末为贷方余额，以"－"号填列。

[**例 14**]　根据"固定资产清理"科目的期末余额填列"固定资产清理"项目如下：

会计科目名称	期末借方余额
固定资产清理	28 000.00

"固定资产清理"项目 = 28 000.00（元）

资产	行次	年初数	期末数
固定资产：			
固定资产清理	46		28 000.00

[**例 15**]　根据"固定资产清理"科目的期末余额填列"固定资产清理"项目如下：

会计科目名称	期末贷方余额
固定资产清理	32 000.00

"固定资产清理"项目 = －32 000.00（元）

资产	行次	年初数	期末数
固定资产：			
固定资产清理	46		－32 000.00

（16）"无形资产"项目

"无形资产"项目，反映企业持有的各项无形资产的账面余额。

"无形资产"项目应根据"无形资产"科目的期末余额填列。

[**例16**]   根据"无形资产"科目的期末余额填列"无形资产"项目如下:

会计科目名称	期末借方余额
无形资产	100 000.00

"无形资产"项目 = 100 000.00(元)

资产	行次	年初数	期末数
无形资产及其他资产:			
无形资产	51		100 000.00

(17)"长期待摊费用"项目

"长期待摊费用"项目,反映企业尚未摊销的摊销期限在1年以上(不含1年)的各种费用。

长期待摊费用中在1年内(含1年)摊销的部分,应在本表"待摊费用"项目填列。

"长期待摊费用"项目应根据"长期待摊费用"科目的期末余额减去将于1年内(含1年)摊销的数额后的金额填列。

[**例17**]   根据"待摊费用"、"长期待摊费用"科目的期末余额填列"待摊费用"项目如下:

会计科目名称	期末借方余额
待摊费用	60 000.00
长期待摊费用	150 000.00
其中,在1年内(含1年)摊销的部分	25 000.00

"待摊费用"项目 = 60 000.00 + 25 000.00 = 85 000.00(元)

"长期待摊费用"项目 = 150 000.00 − 25 000.00 = 125 000.00(元)

资产	行次	年初数	期末数
流动资产:			
待摊费用	11		85 000.00
无形资产及其他资产:			
长期待摊费用	52		125 000.00

(18)"其他长期资产"项目

"其他长期资产"项目,反映企业除以上资产以外的其他长期资产。

"其他长期资产"项目应根据有关科目的期末余额填列。

(19)"短期借款"项目

"短期借款"项目,反映企业借入尚未归还的1年期以下(含1年)的借款。

"短期借款"项目应根据"短期借款"科目的期末余额填列。

[**例18**]   根据"短期借款"科目的期末余额填列"短期借款"项目如下:

会计科目名称	期末贷方余额
短期借款	100 000.00

"短期借款"项目 = 100 000.00（元）

负债和所有者权益（或股东权益）	行次	年初数	期末数
流动负债：			
短期借款	68		100 000.00

（20）"应付票据"项目

"应付票据"项目，反映企业为了抵付货款等而开出、承兑的尚未到期付款的应付票据，包括银行承兑汇票和商业承兑汇票。

"应付票据"项目应根据"应付票据"科目的期末余额填列。

［例19］　根据"应付票据"科目的期末余额填列"应付票据"项目如下：

会计科目名称	期末贷方余额
应付票据	82 000.00

"应付票据"项目 = 82 000.00（元）

负债和所有者权益（或股东权益）	行次	年初数	期末数
流动负债：			
应付票据	69		82 000.00

（21）"应付账款"项目

"应付账款"项目，反映企业购买原材料、商品和接受劳务供应等应付给供应单位的款项。

"应付账款"项目应根据"应付账款"科目所属各有关明细科目的期末贷方余额合计填列；如"应付账款"科目所属各明细科目期末为借方余额，应在本表内增设"预付账款"项目填列。

［例20］　根据"应付账款"科目所属各有关明细科目的期末贷方余额填列"应付账款"项目如下：

会计科目名称		期末余额	
总账科目	明细科目	借方	贷方
应付账款			180 000.00
应付账款	AG 公司	50 000.00	
应付账款	TD 公司		80 000.00
应付账款	MB 公司		150 000.00

"应付账款"项目 = 80 000.00 + 150 000.00 = 230 000.00（元）

增设"预付账款"项目 = 50 000.00（元）

资产	行次	年初数	期末数	负债和所有者权益（或股东权益）	行次	年初数	期末数
流动资产:				流动负债:			
预付账款			50 000.00	应付账款	70		230 000.00

（22）"应付工资"项目

"应付工资"项目，反映企业应付未付的职工工资。

"应付工资"项目应根据"应付工资"科目期末贷方余额填列。如"应付工资"科目期末为借方余额，以"－"号填列。

[例21]　根据"应付工资"科目的期末余额填列"应付工资"项目如下：

会计科目名称	期末贷方余额
应付工资	126 000.00

"应付工资"项目 = 126 000.00（元）

负债和所有者权益（或股东权益）	行次	年初数	期末数
流动负债:			
应付工资	72		126 000.00

（23）"应付福利费"项目

"应付福利费"项目，反映企业提取的福利费。

"应付福利费"项目应根据"应付福利费"科目的期末余额填列。

[例22]　根据"应付福利费"科目的期末余额填列"应付福利费"项目如下：

会计科目名称	期末贷方余额
应付福利费	58 000.00

"应付福利费"项目 = 58 000.00（元）

负债和所有者权益（或股东权益）	行次	年初数	期末数
流动负债:			
应付福利费	73		58 000.00

（24）"应付利润"项目

"应付利润"项目，反映企业尚未支付的现金股利或利润。

"应付利润"项目应根据"应付利润"科目的期末余额填列。

[例23]　根据"应付利润"科目的期末余额填列"应付利润"项目如下：

会计科目名称	期末贷方余额
应付利润	160 000.00

"应付利润"项目 = 160 000.00（元）

负债和所有者权益（或股东权益）	行次	年初数	期末数
流动负债：			
应付利润	74		160 000.00

（25）"应交税金"项目

"应交税金"项目，反映企业期末未交、多交或未抵扣的各种税金。

"应交税金"项目应根据"应交税金"科目的期末贷方余额填列；如"应交税金"科目期末为借方余额，以"－"号填列。

[例24] 根据"应交税金"科目的期末余额填列"应交税金"项目如下：

会计科目名称	期末借方余额
应交税金	1 200.00

"应交税金"项目 = －1 200.00（元）

负债和所有者权益（或股东权益）	行次	年初数	期末数
流动负债：			
应交税金	76		－1 200.00

（26）"其他应交款"项目

"其他应交款"项目，反映企业应交未交的除税金、应付利润等以外的其他各种款项。

"其他应交款"项目应根据"其他应交款"科目的期末贷方余额填列；如"其他应交款"科目期末为借方余额，以"－"号填列。

[例25] 根据"其他应交款"科目的期末余额填列"其他应交款"项目如下：

会计科目名称	期末贷方余额
其他应交款	2 200.00

"其他应交款"项目 = 2 200.00（元）

负债和所有者权益（或股东权益）	行次	年初数	期末数
流动负债：			
其他应交款	80		2 200.00

（27）"其他应付款"项目

"其他应付款"项目，反映企业所有应付和暂收其他单位和个人的款项。

"其他应付款"项目应根据"其他应付款"科目的期末余额填列。

[例26] 根据"其他应付款"科目的期末余额填列"其他应付款"项目如下：

会计科目名称	期末贷方余额
其他应付款	1 500.00

"其他应付款"项目 = 1 500.00（元）

负债和所有者权益（或股东权益）	行次	年初数	期末数
流动负债：			
其他应付款	81		1 500.00

（28）"预提费用"项目

"预提费用"项目，反映企业所有已经预提计入成本费用而尚未支付的各项费用。

"预提费用"项目应根据"预提费用"科目的期末贷方余额填列。如"预提费用"科目期末为借方余额，应合并在"待摊费用"项目内反映，不包括在本项目内。

[例27] 根据"预提费用"科目的期末余额填列"预提费用"项目如下：

会计科目名称	期末贷方余额
预提费用	7 200.00

"预提费用"项目 = 7 200.00（元）

负债和所有者权益（或股东权益）	行次	年初数	期末数
流动负债：			
预提费用	82		7 200.00

[例28] 根据"预提费用"科目的期末余额填列"待摊费用"项目如下：

会计科目名称	期末借方余额
预提费用	4 800.00

"预提费用"科目期末为借方余额，应在"待摊费用"项目内反映，

"待摊费用"项目 = 4 800.00（元）

资产	行次	年初数	期末数
流动资产：			
待摊费用	11		4 800.00

（29）"其他流动负债"项目

"其他流动负债"项目，反映企业除以上流动负债以外的其他流动负债。

"其他流动负债"项目应根据有关科目的期末余额填列。

（30）"长期借款"项目

"长期借款"项目，反映企业借入尚未归还的1年期以上（不含1年）的借款本息。

"长期借款"项目应根据"长期借款"科目的期末余额填列。

[例29] 根据"长期借款"科目的期末余额填列"长期借款"项目如下：

会计科目名称	期末借方余额
长期借款	200 000.00
其中，1年内（含1年）到期的长期负债	80 000.00

"长期借款"项目 = 200 000.00 - 80 000.00 = 120 000.00（元）

"一年内到期的长期负债"项目 = 80 000.00（元）

负债和所有者权益（或股东权益）	行次	年初数	期末数
流动负债：			
一年内到期的长期负债	86		80 000.00
长期负债：			
长期借款	101		120 000.00

（31）"长期应付款"项目

"长期应付款"项目，反映企业除长期借款以外的其他各种长期应付款。

"长期应付款"项目应根据"长期应付款"科目的期末余额填列。

[**例30**]　根据"长期应付款"科目的期末余额填列"长期应付款"项目如下：

会计科目名称	期末贷方余额
长期应付款	120 000.00

"长期应付款"项目 = 120 000.00（元）

负债和所有者权益（或股东权益）	行次	年初数	期末数
长期负债：			
长期应付款	103		120 000.00

（32）"其他长期负债"项目

"其他长期负债"项目，反映企业除以上长期负债项目以外的其他长期负债，包括企业接受捐赠记入"待转资产价值"科目尚未转入资本公积的余额。

"其他长期负债"项目应根据有关科目的期末余额填列。

上述长期负债各项目中将于1年内（含1年）到期的长期负债，应在"1年内到期的长期负债"项目内单独反映。

（33）"实收资本"项目

"实收资本"项目，反映企业各投资者实际投入的资本总额。

"实收资本"项目应根据"实收资本"科目的期末余额填列。

[**例31**]　根据"实收资本"科目的期末余额填列"实收资本"项目如下：

会计科目名称	期末贷方余额
实收资本	5 000 000.00

"实收资本"项目 = 5 000 000.00（元）

负债和所有者权益（或股东权益）	行次	年初数	期末数
所有者权益（或股东权益）：			
实收资本	115		5 000 000.00

（34）"资本公积"项目

"资本公积"项目，反映企业资本公积的期末余额。

"资本公积"项目应根据"资本公积"科目的期末余额填列。

[**例32**]　根据"资本公积"科目的期末余额填列"资本公积"项目如下:

会计科目名称	期末贷方余额
资本公积	280 000.00

"资本公积"项目 = 280 000.00（元）

负债和所有者权益（或股东权益）	行次	年初数	期末数
所有者权益（或股东权益）:			
资本公积	120		280 000.00

（35）"盈余公积"项目

"盈余公积"项目,反映企业盈余公积的期末余额。

"盈余公积"项目应根据"盈余公积"科目的期末余额填列。其中,法定公益金期末余额,应根据"盈余公积"科目所属的"法定公益金"明细科目的期末余额填列。

[**例33**]　根据"盈余公积"科目的期末余额填列"盈余公积"项目如下:

会计科目名称		期末贷方余额
总账科目	明细科目	
盈余公积		260 000.00
盈余公积	法定公益金	120 000.00

"盈余公积"项目 = 260 000.00（元）

负债和所有者权益（或股东权益）	行次	年初数	期末数
所有者权益（或股东权益）:			
盈余公积	121		260 000.00
其中:法定公益金	122		120 000.00

（36）"未分配利润"项目

"未分配利润"项目,反映企业尚未分配的利润。

"未分配利润"项目应根据"本年利润"科目和"利润分配"科目的余额计算填列。未弥补的亏损,在本项目内以"-"号填列。

[**例34**]　根据"本年利润"科目、"利润分配"科目的期末余额填列"未分配利润"项目如下:

会计科目名称	期末余额	
	借方	贷方
本年利润		500 000.00
利润分配	380 000.00	

"未分配利润"项目 = 500 000.00 - 380 000.00 = 120 000.00（元）

负债和所有者权益（或股东权益）	行次	年初数	期末数
所有者权益（或股东权益）:			
未分配利润	123		120 000.00

[**例 35**]　根据"本年利润"科目、"利润分配"科目的期末余额填列"未分配利润"项目如下：

会计科目名称	期末余额	
	借方	贷方
本年利润	150 000.00	
利润分配	80 000.00	

"未分配利润"项目 = −（150 000.00 + 80 000.00）= −230 000.00（元）

负债和所有者权益（或股东权益）	行次	年初数	期末数
所有者权益（或股东权益）：			
未分配利润	123		−230 000.00

[**例 36**]　根据"本年利润"科目、"利润分配"科目的期末余额填列"未分配利润"项目如下：

会计科目名称	期末余额	
	借方	贷方
本年利润		150 000.00
利润分配	180 000.00	

"未分配利润"项目 = 150 000.00 − 180 000.00 = −30 000.00（元）

负债和所有者权益（或股东权益）	行次	年初数	期末数
所有者权益（或股东权益）：			
未分配利润	123		−30 000.00

4.4.3　资产负债表的编制举例

华伦公司为增值税一般纳税人。20×8 年 12 月有关科目的发生额及余额表见表 4−3。根据总账科目及明细科目发生额及余额表编制资产负债表，见表 4−4。

表 4−3　　　　　　　　　　总账科目及明细科目发生额及余额表　　　　　　　　　　单位：元

会计科目名称	期初余额		本期发生额		期末余额	
	借方	贷方	借方	贷方	借方	贷方
现金	52 900.00		1 650 000.00	1 650 000.00	52 900.00	
银行存款	5 125 000.00		8 163 626.00	8 969 792.20	4 318 833.80	
其他货币资金	352 000.00			352 000.00		
短期投资	45 000.00			450.00	44 550.00	
短期投资跌价准备				2 550.00		2 550.00
应收票据	739 000.00		877 500.00	1 477 500.00	139 000.00	
应收股息	3 000.00				3 000.00	
应收账款	800 000.00		1 053 000.00	153 000.00	1 700 000.00	
——TT 公司	900 000.00			153 000.00	747 000.00	

会计科目名称	期初余额		本期发生额		期末余额	
	借方	贷方	借方	贷方	借方	贷方
——DD公司		100 000.00				100 000.00
——BB公司			1 053 000.00		1 053 000.00	
其他应收款	210 150.00				210 150.00	
坏账准备		2 700.00		2 700.00		5 400.00
——应收账款		2 700.00		2 700.00		5 400.00
材料	600 000.00		819 400.00	684 400.00	735 000.00	
库存商品	6 500 000.00		584 400.00	1 840 500.00	5 243 900.00	
在途物资	240 000.00				240 000.00	
包装物	751 850.00			350 000.00	401 850.00	
低值易耗品	150 000.00				150 000.00	
存货跌价准备				150 000.00		150 000.00
待摊费用	300 000.00			300 000.00		
长期股权投资	438 000.00				438 000.00	
长期债权投资	300 000.00				300 000.00	
其中：一年内到期					50 000.00	
固定资产	5 500 000.00		3 503 000.00	1 800 000.00	7 203 000.00	
累计折旧		1 200 000.00	1 035 000.00	630 000.00		795 000.00
工程物资			450 000.00		450 000.00	
在建工程	3 000 000.00		1 134 000.00	3 200 000.00	934 000.00	
固定资产清理			961 500.00	961 500.00		
无形资产	1 200 000.00			450 000.00	750 000.00	
短期借款		900 000.00	750 000.00			150 000.00
应付票据		602 000.00	300 000.00			302 000.00
应付账款		2 861 400.00	870 000.00			1 991 400.00
——MM公司		2 111 400.00	120 000.00			1 991 400.00
——JJ公司		750 000.00	750 000.00			
应付工资		300 000.00	1 500 000.00	1 500 000.00		300 000.00
应付福利费		30 000.00		210 000.00		240 000.00
应交税金	90 000.00		1 227 293.14	1 277 617.37	39 675.77	
其他应交款		17 800.00	24 897.06	24 897.06		17 800.00
其他应付款		40 000.00				40 000.00
应付利润				200 000.00		200 000.00
预提费用		3 000.00	37 500.00	34 500.00		
长期借款		4 810 000.00	3 000 000.00	1 280 000.00		3 090 000.00
实收资本		15 180 000.00				15 180 000.00
资本公积				150 000.00		150 000.00
盈余公积		450 000.00		73 456.44		523 456.44
利润分配			273 456.44	489 709.57		216 253.13
本年利润			5 959 650.00	5 959 650.00		
合计	26 396 900.00	26 396 900.00	34 174 222.64	34 174 222.64	23 353 859.57	23 353 859.57

表 4 – 4　　　　　　　　　　　　　　资产负债表

编制单位：华伦公司　　　　　　　　　　20 × 8 年 12 月 31 日　　　　　　　　　　单位：元

资产	行次	年初数	期末数	负债和所有者权益	行次	年初数	期末数
流动资产：				流动负债：			
货币资金		5 529 900.00	4 371 733.80	短期借款		900 000.00	150 000.00
短期投资		45 000.00	42 000.00	应付票据		602 000.00	302 000.00
应收票据		739 000.00	139 000.00	应付账款		2 861 400.00	1 991 400.00
应收股息		3 000.00	3 000.00	预收账款		100 000.00	100 000.00
应收账款		897 300.00	1 794 600.00	应付工资		300 000.00	300 000.00
其他应收款		210 150.00	210 150.00	应付福利费		30 000.00	240 000.00
存货		8 241 850.00	6 620 750.00	应付利润			200 000.00
待摊费用		300 000.00		应交税金		– 90 000.00	– 39 675.77
一年内到期的长期债权投资			50 000.00	其他应交款		17 800.00	17 800.00
其他流动资产				其他应付款		40 000.00	40 000.00
流动资产合计		15 966 200.00	13 231 233.80	预提费用		3 000.00	
长期投资：				一年内到期的长期负债			
长期股权投资		438 000.00	438 000.00	其他流动负债			
长期债权投资		300 000.00	250 000.00	流动负债合计		4 764 200.00	3 301 524.23
长期投资合计		738 000.00	688 000.00	长期负债：			
固定资产：				长期借款		4 810 000.00	3 090 000.00
固定资产原价		5 500 000.00	7 203 000.00	长期应付款			
减：累计折旧		1 200 000.00	795 000.00	其他长期负债			
固定资产净值		4 300 000.00	6 408 000.00				
工程物资			450 000.00	长期负债合计		4 810 000.00	3 090 000.00
在建工程		3 000 000.00	934 000.00				
固定资产清理				负债合计		9 574 200.00	6 391 524.23
固定资产合计		7 300 000.00	7 792 000.00	所有者权益：			
无形资产及其他资产：				实收资本		15 180 000.00	15 180 000.00
无形资产		1 200 000.00	750 000.00	资本公积			150 000.00
长期待摊费用				盈余公积		450 000.00	523 456.44

续表

资产	行次	年初数	期末数	负债和所有者权益	行次	年初数	期末数
其他长期资产				其中：法定公益金		150 000.00	174 485.48
无形资产及其他资产合计		1 200 000.00	750 000.00	未分配利润			216 253.13
				所有者权益合计		15 630 000.00	16 069 709.57
资产总计		25 204 200.00	22 461 233.80	负债及所有者权益总计		25 204 200.00	22 461 233.80

补充资料：1. 已贴现的商业承兑汇票_____元。

　　　　　2. 融资租入固定资产原价_____元。

4.5　利润表的编制

利润表又称损益表，是反映企业在一定会计期间经营成果的会计报表。利润表属于动态会计报表，主要依据会计的收入实现原则和配比原则编制，即把一定时期的营业收入与同一会计期间相关的销售费用（成本）进行配比，以计算出企业一定时期的净利润或净亏损。

4.5.1　利润表的结构

利润表根据"收入 – 费用 = 利润"的会计等式，按照一定的标准和顺序，将企业在一定时期的全部收入、费用项目进行适当的分类、汇总和排列后计算出利润并形成会计报表。收入大于费用，计算的利润为正数，表示盈利；收入小于费用，计算的利润为负数，表示亏损。

按照规定，我国小企业的利润表采用多步式结构。利润表的格式见表4 – 5。

表4 – 5　　　　　　　　　　　　　利润表

编制单位：　　　　　　　　　　　年　　月　　　　　　　　　　单位：元

项目	行次	本月数	本年累计数
一、主营业务收入	1		
减：主营业务成本	4		
主营业务税金及附加	5		
二、主营业务利润（亏损以" – "号填列）	10		
加：其他业务利润（亏损以" – "号填列）	11		
减：营业费用	14		
管理费用	15		
财务费用	16		
三、营业利润（亏损以" – "号填列）	18		
加：投资收益（损失以" – "号填列）	19		
营业外收入	23		
减：营业外支出	25		

续表

项目	行次	本月数	本年累计数
四、利润总额（亏损总额以"－"号填列）	27		
减：所得税	28		
五、净利润（净亏损以"－"号填列）	30		

补充资料：

当期分配给投资者的利润：

4.5.2　利润表的编制方法

在月度报告中的利润表包括"本月数"和"本年累计数"两栏。年度报告中的利润表则将"本月数"栏改为"上年数"栏，即包括"上年数"和"本年累计数"两栏。

1.　"本月数"栏各项目的填列方法

"本月数"栏反映企业利润形成各项目的本月实际发生数，应当根据收入、成本费用有关科目的本期发生额直接填列或计算分析填列。

（1）"主营业务收入"项目

"主营业务收入"项目反映企业主要经营业务所取得的收入总额。

"主营业务收入"项目应根据"主营业务收入"科目的贷方发生额分析填列。

[**例1**]　根据"主营业务收入"科目发生额分析填列"主营业务收入"项目如下：

会计科目名称	本期发生额	
	借方	贷方
主营业务收入	280 000.00	1 500 000.00

"主营业务收入"项目 ＝1 500 000.00－280 000.00＝1 220 000.00（元）

项目	行次	本月数	本年累计数
主营业务收入	1	1 220 000.00	

（2）"主营业务成本"项目

"主营业务成本"项目反映企业主要经营业务发生的实际成本。

"主营业务成本"项目应根据"主营业务成本"科目的借方发生额分析填列。

[**例2**]　根据"主营业务成本"科目发生额分析填列"主营业务成本"项目如下：

会计科目名称	本期发生额	
	借方	贷方
主营业务成本	985 000.00	180 000.00

"主营业务成本"项目 ＝985 000.00－180 000.00＝805 000.00（元）

项目	行次	本月数	本年累计数
主营业务成本	4	805 000.00	

（3）"主营业务税金及附加"项目

"主营业务税金及附加"项目反映企业主要经营业务应负担的营业税、消费税、城市维护建设税、资源税、土地增值税和教育费附加等。

"主营业务税金及附加"项目应根据"主营业务税金及附加"科目的借方发生额分析填列。

[例3] 根据"主营业务税金及附加"科目发生额分析填列"主营业务税金及附加"项目如下：

会计科目名称	本期发生额	
	借方	贷方
主营业务税金及附加	112 000.00	

"主营业务税金及附加"项目=112 000.00（元）

项目	行次	本月数	本年累计数
主营业务税金及附加	5	112 000.00	

（4）"其他业务利润"项目

"其他业务利润"项目反映企业除主营业务收入以外的其他业务取得的，减去所发生的相关成本、费用，以及相关税金及附加等支出后的净额。

"其他业务利润"项目应根据"其他业务收入"和"其他业务支出"科目的发生额分析填列。

[例4] 根据"其他业务收入"和"其他业务支出"科目的发生额分析填列"其他业务利润"项目如下：

会计科目名称	本期发生额	
	借方	贷方
其他业务收入		115 000.00
其他业务支出	64 000.00	

"其他业务利润"项目=115 000.00-64 000.00=51 000.00（元）

项目	行次	本月数	本年累计数
其他业务利润	11	51 000.00	

（5）"营业费用"项目

"营业费用"项目反映生产经营企业在销售商品和商品流通企业在购入商品等过程中发生的费用，商品流通企业如不单独设置"管理费用"科目，发生的管理费用也在本项目中反映。

"营业费用"项目应根据"营业费用"科目的发生额分析填列。

[例5] 根据"营业费用"科目的发生额分析填列"营业费用"项目如下：

会计科目名称	本期发生额	
	借方	贷方
营业费用	108 000.00	

"营业费用"项目=108 000.00（元）

项目	行次	本月数	本年累计数
营业费用	14	108 000.00	

（6）"管理费用"项目

"管理费用"项目反映企业发生的管理费用。

"管理费用"项目应根据"管理费用"科目的发生额分析填列。

[例6]　根据"管理费用"科目的发生额分析填列"管理费用"项目如下：

会计科目名称	本期发生额	
	借方	贷方
管理费用	124 000.00	

"管理费用"项目 = 124 000.00（元）

项目	行次	本月数	本年累计数
管理费用	15	124 000.00	

（7）"财务费用"项目

"财务费用"项目反映企业发生的财务费用。

"财务费用"项目应根据"财务费用"科目的发生额分析填列。

[例7]　根据"财务费用"科目的发生额分析填列"财务费用"项目如下：

会计科目名称	本期发生额	
	借方	贷方
财务费用	36 000.00	8 000.00

"财务费用"项目 = 36 000.00 - 8 000.00 = 28 000.00（元）

项目	行次	本月数	本年累计数
财务费用	16	28 000.00	

（8）"投资收益"项目

"投资收益"项目反映企业以各种方式对外投资所取得的收益。

"投资收益"项目应根据"投资收益"科目的发生额分析填列；如为投资损失，以"-"号填列。

[例8]　根据"投资收益"科目的发生额分析填列"投资收益"项目如下：

会计科目名称	本期发生额	
	借方	贷方
投资收益	85 000.00	

"投资收益"项目 = -85 000.00（元）

项目	行次	本月数	本年累计数
投资收益（亏损以"-"号填列）	19	-85 000.00	

（9）"营业外收入"项目和"营业外支出"项目

"营业外收入"项目和"营业外支出"项目，反映企业发生的与其生产经营无直接关系的各项收入和支出。

"营业外收入"项目和"营业外支出"两个项目应分别根据"营业外收入"科目和"营业外支出"科目的发生额分析填列。

[**例9**]　根据"营业外收入"科目、"营业外支出"科目的发生额分析填列"营业外收入"项目和"营业外支出"两个项目如下：

会计科目名称	本期发生额	
	借方	贷方
营业外收入		185 000.00
营业外支出	5 600.00	

"营业外收入"项目 = 185 000.00（元）

"营业外支出"项目 = 5 600.00（元）

项目	行次	本月数	本年累计数
营业外收入	23	185 000.00	
营业外支出	25	5 600.00	

（10）"所得税"项目

"所得税"项目反映企业当期发生的所得税费用。

"所得税"项目应根据"所得税"科目的发生额分析填列。

[**例10**]　根据"所得税"科目的发生额分析填列"所得税"项目如下：

会计科目名称	本期发生额	
	借方	贷方
所得税	146 000.00	

"所得税"项目 = 146 000.00（元）

项目	行次	本月数	本年累计数
所得税	28	146 000.00	

（11）补充资料

补充资料中"当期分配给投资者的利润"，反映企业董事会或类似机构制定并经批准的当年度利润分配方案中分配给投资者的现金股利或利润。

2.　"本年累计数"栏各项目的填列方法

"本年累计数"栏各项目反映企业利润形成各项目自年初起至本月止的累计实际发生数，月度的利润表应当根据上月利润表的"本年累计数"栏的数字，加上本月利润表的"本月数"栏的数字，计算出各项目的"本年累计数"填列；编制年度利润表的"本年累计数"就是12月份利润表的"本年累计数"，可以直接转抄。

3. "上年数"栏各项目的填列方法

"上年数"栏各项目反映企业上年全年累计实际发生数，在编制年度利润表时填列，目的是便于与"本年累计数"栏各项目进行比较。如果上年度利润表与本年度利润表的各项目的名称和数字一致，可以直接将上年度利润表中"本年累计数"栏各项目的数字转抄在本年度利润表的"上年数"栏各项目中；反之，应对上年度利润表各项目的名称和数字按本年度的规定进行调整后，填入本年利润表"上年数"栏。

4.5.3　利润表的编制举例

华伦公司 20×8 年损益类科目发生额见表 4−6。

表 4−6　　　　　　　　　　损益类科目发生额　　　　　　　　　　单位：元

会计科目名称	本期发生额	
	借方	贷方
主营业务收入		5 002 200.00
其他业务收入		750 000.00
投资收益		90 000.00
营业外收入		150 000.00
主营业务成本	1 840 500.00	
营业费用	1 435 200.00	
主营业务税金及附加	82 990.20	
管理费用	981 000.00	
财务费用	424 500.00	
其他业务支出	450 000.00	
营业外支出	89 100.00	
所得税	196 650.23	

根据表 4−6 中损益类科目的发生额编制利润表，见表 4−7。

表 4−7　　　　　　　　　　利润表

编制单位：华伦公司　　　　　　　　　20×8 年度　　　　　　　　　单位：元

项　目	行次	上年数	本年累计数
一、主营业务收入	（略）	（略）	5 002 200.00
减：主营业务成本			1 840 500.00
主营业务税金及附加			82 990.20
二、主营业务利润（亏损以"−"号填列）			3 078 709.80
加：其他业务利润			300 000.00
减：营业费用			1 435 200.00
管理费用			981 000.00
财务费用			424 500.00
三、营业利润（亏损以"−"号填列）			538 009.80
加：投资收益（亏损以"−"号填列）			90 000.00

续表

项　目	行次	上年数	本年累计数
营业外收入			150 000.00
减：营业外支出			89 100.00
四、利润总额（亏损以"－"号填列）			688 909.80
减：所得税			196 650.23
五、净利润（净亏损以"－"号填列）			492 259.57

补充资料：当期分配给投资者的利润：200 000 元

4.6　现金流量表的编制

4.6.1　现金流量表的相关概念

1. 现金的概念

现金是指企业的库存现金、可以随时用于支付的存款，以及现金等价物。具体包括：

（1）库存现金。库存现金是指存放在企业，可以随时用于支付的现金。它与"现金"科目包含的内容一致。

（2）银行存款。银行存款是指企业存放在金融企业可以随时支用的存款。企业存放在金融企业的款项中不能随时用于支付的定期存款，不作为存款现金流量表的现金，但提前通知金融企业便可支取的定期存款，则包括在现金流量表中的现金范围。

（3）其他货币资金。其他货币资金是指企业存放在金融企业、可以随时支用的，具有特定用途的资金，包括外埠存款、银行汇票存款、银行本票存款、信用证存款、信用卡存款等。

（4）现金等价物。现金等价物是指企业持有的期限短、流动性强、易于转换为已知金额现金、价值变动风险很小的投资。如三个月或更短时间内的短期债券投资等就是现金等价物。例如，企业20×9年2月1日购入20×6年3月1日发行的三年期债券，购买时还有一个月到期，这项短期投资视为现金等价物。

企业确定现金等价物的范围，是确定现金等价物的会计政策，应在会计报表附注中披露，并一贯性地保持这种划分标准。一旦改变了划分的标准，应视为会计政策的变更。

2. 现金流量表的概念

现金流量表是以现金为基础编制的，用来反映企业在一定会计期间现金和现金等价物流入和流出的会计报表。

4.6.2　现金流量的分类

现金流量是指一定会计期间现金的流入和流出。依据企业经济活动的性质，企业在一定时期内产生的现金流量一般可以分为经营活动产生的现金流量、投资活动产生的现金流量和筹资活动产生的现金流量三类。

1. 经营活动产生的现金流量

经营活动是指企业投资活动和筹资活动以外的所有交易或事项，包括承建建筑安装工程、销售商品或提供劳务、收到税费返还等现金流入以及发包工程、购买货物或接受劳务、支付工资、交纳各项税费等的现金流出。

通过经营活动产生的现金流量，可以反映企业经营活动的各项现金的流入和流出及其发展趋势，分析企业在不动用对外筹得资金的情况下，获取现金流量的能力以及是否足以维持生产经营、偿还债务、支付股利和对外投资，判断经营活动对企业现金流量净额的影响程度。

2. 投资活动产生的现金流量

投资活动是指企业长期资产的购建和不包括在现金等价物范围内的投资及其处置活动。这里的长期资产是指企业持有期限在一年或一个经营周期以上的资产，如固定资产、在建工程、无形资产、其他长期资产等。现金流量表中的投资活动包括了按照投向不同的对外投资与对内投资以及按照投资过程不同的长期资产的购建与处置，包括收回投资所收到的现金、取得投资收益收到的现金，处置固定资产、无形资产及其他长期资产收到的现金净额等现金流入以及购建固定资产、无形资产、其他长期资产所支付的现金，投资支付的现金等现金流出。这里需要注意的是，投资活动中不包括作为现金等价物的投资，如购买还有一个月到期的债券等。

通过投资活动产生的现金流量，可以反映企业投资活动的各项现金的流入和流出及其发展趋势，分析企业通过投资获取现金流量的能力，判断投资活动对企业现金流量净额的影响程度。

3. 筹资活动产生的现金流量

筹资活动是指导致企业资本及债务规模和构成发生变化的活动。包括企业向投资者筹集资金引起实收资本（股本）、资本公积发生增减变化的活动以及企业向债权人筹集资金引起债务规模发生变化的活动。表现为吸收投资所收到的现金、发行短期和长期应付债券收到的现金、向金融企业借入短期和长期借款收到的现金等现金流入以及分配股利（利润）或偿付利息所支付的现金、支付融资租入固定资产租赁费所支付的现金等现金流出。

通过筹资活动产生的现金流量，可以反映企业筹资活动的各项现金的流入和流出及其发展趋势，分析企业通过筹资获取现金流量的能力，判断筹资活动对企业现金流量净额的影响程度。

4.6.3　现金流量表的格式

现金流量表的基本格式见表4-8。

表4-8　　　　　　　　　　　现金流量表
编制单位：　　　　　　　　　年度　　　　　　　　　　　　　单位：元

项　目	行　次	上年数	本年数
一、经营活动产生的现金流量：			
销售商品、提供劳务收到的现金	1		
收到的其他与经营活动有关的现金	8		
现金流入小计	9		
购买商品、接受劳务支付的现金	10		
支付给职工以及为职工支付的现金	12		
支付的各项税费	13		

项　　目	行次	上年数	本年数
支付的其他与经营活动有关的现金	18		
现金流出小计	20		
经营活动产生的现金流量净额	21		
二、投资活动产生的现金流量：			
收回投资所收到的现金	22		
取得投资收益所收到的现金	23		
处置固定资产、无形资产和其他长期资产所收回的现金净额	25		
收到的其他与投资活动有关的现金	28		
现金流入小计	29		
购建固定资产、无形资产和其他长期资产所支付的现金	30		
投资所支付的现金	31		
支付的其他与投资活动有关的现金	35		
现金流出小计	36		
投资活动产生的现金流量净额	37		
三、筹资活动产生的现金流量：			
吸收投资所收到的现金	38		
借款所收到的现金	40		
收到的其他与筹资活动有关的现金	43		
现金流入小计	44		
偿还债务所支付的现金	45		
分配股利、利润或偿付利息所支付的现金	46		
支付的其他与筹资活动有关的现金	52		
现金流出小计	53		
筹资活动产生的现金流量净额	54		
四、汇率变动对现金的影响	55		
五、现金及现金等价物净增加额	56		

4.6.4　现金流量表的编制方法

1. 经营活动产生的现金流量

（1）"销售商品、提供劳务收到的现金"项目

"销售商品、提供劳务收到的现金"项目，反映企业销售商品、提供劳务实际收到的现金（含销售收入和应向购买者收取的增值税额），包括本期销售商品、提供劳务收到的现金，以及前期销售和前期提供劳务本期收到现金和本期预收的账款，减去本期退回本期销售的商品和前期销售本期退回的商品支付的现金。企业销售材料等业务收到的现金，也在本项目反映。

"销售商品、提供劳务收到的现金"项目可以根据"现金"、"银行存款"、"应收账款"、"应收票据"、"主营业务收入"、"其他业务收入"等科目的记录分析填列。

$$\begin{aligned}\text{销售商品、提供}\\\text{劳务收到的现金}\end{aligned} = \begin{aligned}\text{本期销售商品、提供}\\\text{劳务收到的现金}\end{aligned} + \begin{aligned}\text{本期收到前期}\\\text{的应收款项}\end{aligned} + \begin{aligned}\text{本期预}\\\text{收账款}\end{aligned}$$

$$- \begin{aligned}\text{本期因销售退}\\\text{回支付的现金}\end{aligned} + \begin{aligned}\text{本期收回前期}\\\text{核销的坏账损失}\end{aligned}$$

或：

$$\begin{aligned}\text{销售商品、提供}\\\text{劳务收到的现金}\end{aligned} = \begin{aligned}\text{本期销售商品、提供}\\\text{劳务收到的现金}\end{aligned} - \left(\begin{aligned}\text{应收款项}\\\text{期末余额}\end{aligned} - \begin{aligned}\text{应收款项}\\\text{期初余额}\end{aligned}\right)$$

$$+ \left(\begin{aligned}\text{预收账款}\\\text{期末余额}\end{aligned} - \begin{aligned}\text{预收账款}\\\text{期初余额}\end{aligned}\right) - \begin{aligned}\text{本期因销售退}\\\text{回支付的现金}\end{aligned} + \begin{aligned}\text{本期收回前期}\\\text{核销的坏账损失}\end{aligned}$$

上述第一个公式需要根据明细账逐项分析计算现金流入和现金流出数额，计算工作量较大，适合业务量少或已经实现会计电算化的企业。采用手工记账的企业，一般可用第二个公式间接计算。

[例1]　根据"现金"、"银行存款"、"应收账款"、"应收票据"、"主营业务收入"、"其他业务收入"等科目的记录分析填列"销售商品、提供劳务收到的现金"项目如下：

会计科目名称	期初余额		本期发生额		期末余额	
	借方	贷方	借方	贷方	借方	贷方
现金	46 000.00		65 000.00	66 500.00	44 500.00	
银行存款	258 000.00		824 000.00	901 500.00	180 500.00	
应收账款	50 000.00		240 000.00	114 000.00	176 000.00	
应收票据	60 000.00		80 000.00	120 000.00	20 000.00	
主营业务收入			780 000.00	780 000.00		
其他业务收入			50 000.00	50 000.00		

补充资料：

（1）本期确认的主营业务收入 780 000.00 元中的 460 000.00 元为现金销售，以银行存款收讫；

（2）其他业务收入 50 000.00 元为现金销售，以银行存款收讫；

（3）应收账款 114 000.00 元为本期收回的购买单位所欠货款；

（4）应收票据 120 000.00 元为持有的商业承兑汇票本期到期，承兑并收到的现金。

"销售商品、提供劳务收到的现金"项目 = 46 000.00 + 50 000.00 + 114 000.00 + 120 000.00

$$= 744 000.00（元）$$

或

"销售商品、提供劳务收到的现金"项目 = 780 000.00 + 50 000.00 - （176 000.00 - 50 000.00）

$$- （20 000.00 - 60 000.00）= 744 000.00（元）$$

项　目	行次	上年数	本年数
一、经营活动产生的现金流量：			
销售商品、提供劳务收到的现金	1		744 000.00

（2）"收到的其他与经营活动有关的现金"项目

"收到的其他与经营活动有关的现金"项目，反映企业除了销售商品、提供劳务收到的现金以外的其他与经营活动有关的现金流入，如罚款收入、流动资产损失中由个人赔偿的现金收入等。其他现金流入如价值较大的，应单列项目反映。

"收到的其他与经营活动有关的现金"项目可以根据"现金"、"银行存款"、"营业外收入"等科目的记录分析填列。

[例2] 根据"现金"、"银行存款"、"营业外收入"等科目的记录分析填列"收到的其他与经营活动有关的现金"项目如下：

会计科目名称	期初余额		本期发生额		期末余额	
	借方	贷方	借方	贷方	借方	贷方
现金	8 000.00		86 000.00	80 000.00	14 000.00	
银行存款	200 000.00		490 000.00	520 000.00	170 000.00	
其他应收款	26 000.00		13 000.00	19 000.00	20 000.00	
营业外收入			12 000.00	12 000.00		

补充资料：

（1）本期确认的营业外收入 12 000.00 元中的 4 000.00 元为罚款收入，以银行存款收讫；

（2）其他应收款中有 2 000.00 元为流动资产损失中由个人赔偿的现金收入，已收讫。

"收到的其他与经营活动有关的现金"项目 = 4 000.00 + 2 000.00 = 6 000.00（元）

项 目	行次	上年数	本年数
一、经营活动产生的现金流量：			
收到的其他与经营活动有关的现金	8		6 000.00

（3）"购买商品、接受劳务支付的现金"项目

"购买商品、接受劳务支付的现金"项目，反映企业购买材料、商品、接受劳务实际支付的现金，包括本期购入材料、商品、接受劳务支付的现金（包括增值税进项税额），以及本期支付前期购入商品、接受劳务的未付款项和本期预付款项。本期发生的购货退回收到的现金应从本项目内减去。

"购买商品、接受劳务支付的现金"项目可以根据"现金"、"银行存款"、"应付账款"、"应付票据"、"主营业务成本"等科目的记录分析填列。

$$\begin{array}{l}购买商品、接受\\劳务支付的现金\end{array} = \begin{array}{l}本期购买商品、接受\\劳务支付的现金\end{array} + \begin{array}{l}本期支付前期\\的应付款项\end{array} + \begin{array}{l}本期预\\付账款\end{array} - \begin{array}{l}本期购货退\\回的现金\end{array}$$

或：

$$\begin{array}{l}购买商品、接受\\劳务支付的现金\end{array} = \begin{array}{l}本期主营\\业务成本\end{array} + \left(\begin{array}{l}存货期\\末余额\end{array} - \begin{array}{l}存货期\\初余额\end{array}\right) + \left(\begin{array}{l}应付款项\\期初余额\end{array} - \begin{array}{l}应付款项\\期末余额\end{array}\right)$$

$$+ \left(\begin{array}{l}预付账款\\期末余额\end{array} - \begin{array}{l}预付账款\\期初余额\end{array}\right) - \begin{array}{l}本期购货\\退回的现金\end{array}$$

上述第一个公式需要根据相关会计科目的记录逐笔分析计算，工作量较大，适用于业务比较简单或已实现会计电算化的企业。

[例3] 根据"现金"、"银行存款"、"应付账款"、"应付票据"、"主营业务成本"等科目的记录分析填列"购买商品、接受劳务支付的现金"项目如下：

会计科目名称	期初余额		本期发生额		期末余额	
	借方	贷方	借方	贷方	借方	贷方
现金	18 000.00		106 000.00	112 000.00	12 000.00	

续表

会计科目名称	期初余额		本期发生额		期末余额	
	借方	贷方	借方	贷方	借方	贷方
银行存款	250 000.00		560 000.00	650 000.00	160 000.00	
应付账款		126 000.00	200 000.00	180 000.00		106 000.00
应付票据		50 000.00	60 000.00	72 000.00		62 000.00
主营业务成本			420 000.00	420 000.00		

补充资料：

(1) 资产负债表中"存货"项目的期初数为 280 000.00，期末数为 340 000.00；

(2) 本期购入原材料等存货中有 228 000.00 元已通过银行付款；

(3) 本期应付账款减少 200 000.00 元，均为以银行存款偿还的前欠购货款；

(4) 本期应付票据减少 60 000.00 元，均为以前购入存货开出并承兑的商业承兑汇票到期所支付的票据款。

"购买商品、接受劳务支付的现金"项目 = 228 000.00 + 200 000.00 + 60 000.00
= 488 000.00（元）

或

"购买商品、接受劳务支付的现金"项目 = 420 000.00 +（340 000.00 - 280 000.00）
+（126 000 - 106 000）
+（50 000 - 62 000）
= 488 000.00（元）

项 目	行次	上年数	本年数
一、经营活动产生的现金流量：			
购买商品、接受劳务支付的现金	10		488 000.00

（4）"支付给职工以及为职工支付的现金"项目

"支付给职工以及为职工支付的现金"项目，反映企业实际支付给职工，以及为职工支付的现金，包括本期实际支付给职工的工资、奖金、各种津贴和补贴等，以及为职工支付的其他费用。支付的在建工程人员的工资，在"购建固定资产、无形资产和其他长期资产所支付的现金"项目反映。

"支付给职工以及为职工支付的现金"项目可以根据"应付工资"、"现金"、"银行存款"等科目的记录分析填列。企业为职工支付的养老、失业等社会保险基金、补充养老保险、住房公积金，支付给职工的住房困难补助，以及支付给职工或为职工支付的其他福利费用等，应按职工的工作性质和服务对象，分别在本项目和"购建固定资产、无形资产和其他长期资产所支付的现金"项目反映。

[例 4] 根据"应付工资"、"现金"、"银行存款"科目的记录分析填列"支付给职工以及为职工支付的现金"项目如下：

会计科目名称	期初余额		本期发生额		期末余额	
	借方	贷方	借方	贷方	借方	贷方
现金	15 000.00		1 250 000.00	1 300 000.00	10 000.00	
银行存款	320 000.00		1 650 000.00	1 620 000.00	330 000.00	

续表

会计科目名称	期初余额		本期发生额		期末余额	
	借方	贷方	借方	贷方	借方	贷方
应付工资		84 000.00	720 000.00	750 000.00		114 000.00
应付福利费		34 000.00	128 000.00	105 000.00		11 000.00

补充资料：

（1）本期支付的工资720 000.00元，其中包括支付给在建工程人员的工资150 000.00元；

（2）本期为职工支付的其他福利费用等128 000.00元。

"支付给职工以及为职工支付的现金" 项目 = 720 000.00 − 150 000.00 + 128 000.00

= 698 000.00 （元）

项　目	行次	上年数	本年数
一、经营活动产生的现金流量：			
支付给职工以及为职工支付的现金	12		698 000.00

（5）"支付的各项税费" 项目

"支付的各项税费" 项目，反映企业按规定支付的各种税费，包括本期发生并支付的税费，以及本期支付以前各期发生的税费和预交的税金，如支付的教育费附加、矿产资源补偿费、印花税、房产税、土地增值税、车船使用税、预交的营业税等。不包括计入固定资产价值的税费、实际支付的耕地占用税等，也不包括因多计等原因于本期退回的各项税费。

"支付的各项税费" 项目可以根据 "应交税金"、"现金"、"银行存款" 等科目的记录分析填列。

[例5]　根据 "应交税金"、"现金"、"银行存款" 等科目的记录分析填列 "支付的各项税费" 项目如下：

会计科目名称	期初余额		本期发生额		期末余额	
	借方	贷方	借方	贷方	借方	贷方
所得税费用			93 000.00	93 000.00		
营业税金及附加			2 000.00	2 000.00		
应交税金		19 000.00	23 390.00	33 000.00		28 610.00
银行存款	250 000.00		560 000.00	650 000.00	160 000.00	
现金	18 000.00		106 000.00	112 000.00	12 000.00	

补充资料：

"应交税金" 明细科目 "已交增值税" 10 000，"应交所得税" 期末余额22 000，期初余额为0。

"支付的各项税费" 项目 = 93 000.00 + 2 000.00 + 10 000.00 = 105 000.00 （元）

项　目	行次	上年数	本年数
一、经营活动产生的现金流量：			
支付的各项税费	13		105 000.00

（6）"支付的其他与经营活动有关的现金" 项目

"支付的其他与经营活动有关的现金" 项目，反映企业除上述各项目外，支付的其他与经营活动有关的现金流出，如罚款支出、支付的差旅费、业务招待费现金支出、支付的保险费等，其他现金流出如价值较大的，应单列项目反映。

"支付的其他与经营活动有关的现金"项目可以根据有关科目的记录分析填列。

[**例6**]　根据相关科目的记录分析填列"支付的其他与经营活动有关的现金"项目如下：

会计科目名称	期初余额		本期发生额		期末余额	
	借方	贷方	借方	贷方	借方	贷方
销售费用			13 000.00	13 000.00		

补充资料：

管理费用中支付其他费用4 000。

"支付的其他与经营活动有关的现金"项目 = 13 000.00 + 4 000.00 = 17 000.00（元）

项　目	行次	上年数	本年数
一、经营活动产生的现金流量：			
支付的其他与经营活动有关的现金	18		17 000.00

2. 投资活动产生的现金流量

（1）"收回投资所收到的现金"项目

"收回投资所收到的现金"项目，反映小企业出售、转让或到期收回除现金等价物以外的短期投资、长期股权投资而收到的现金，以及收回长期债权投资本金而收到的现金。不包括长期债权投资收回的利息，以及收回的非现金资产。

"收回投资所收到的现金"项目可以根据"长期股权投资"、"现金"、"银行存款""投资收益"等科目的记录分析填列。

[**例1**]　根据"长期股权投资"、"现金"、"银行存款"、"投资收益"科目的记录分析填列"收回投资所收到的现金"项目如下：

会计科目名称	期初余额		本期发生额		期末余额	
	借方	贷方	借方	贷方	借方	贷方
现金	18 000.00		106 000.00	112 000.00	12 000.00	
银行存款	250 000.00		560 000.00	650 000.00	160 000.00	
投资收益			600.00	600.00		
长期股权投资	12 000.00				12 000.00	

补充资料：

处置交易性金融资产，收回本金5 000，没有产生投资收益。

"收回投资所收到的现金"项目 = 5 000.00（元）

项　目	行次	上年数	本年数
二、投资活动产生的现金流量：			
收回投资所收到的现金	22		5 000.00

（2）"取得投资收益所收到的现金"项目

"取得投资收益所收到的现金"项目，反映小企业因股权性投资和债权性投资而取得的现金股利、利息，不包括股票股利。

"取得投资收益所收到的现金"项目可以根据"现金"、"银行存款"、"投资收益"等科目的记录分析填列。

[**例2**]　根据"现金"、"银行存款"、"投资收益"等科目的记录分析填列"取得投资

收益所收到的现金"项目如下：

会计科目名称	期初余额		本期发生额		期末余额	
	借方	贷方	借方	贷方	借方	贷方
现金	18 000.00		106 000.00	112 000.00	12 000.00	
银行存款	250 000.00		560 000.00	650 000.00	160 000.00	
投资收益			800.00	800.00		

补充资料：

"投资收益"科目中属于利息收入的是300元。

"取得投资收益所收到的现金"项目 = 300.00（元）

项　　目	行次	上年数	本年数
二、投资活动产生的现金流量：			
取得投资收益所收到的现金	23		300.00

（3）"处置固定资产、无形资产和其他长期资产所收回的现金净额"项目

"处置固定资产、无形资产和其他长期资产所收回的现金净额"项目，反映小企业处置固定资产、无形资产和其他长期资产所取得的现金，减去为处置这些资产而支付的有关费用后的净额。

"处置固定资产、无形资产和其他长期资产所收回的现金净额"项目可以根据"固定资产清理"、"现金"、"银行存款"等科目的记录分析填列。

[例3]　根据"固定资产清理"、"现金"、"银行存款"等科目的记录分析填列"处置固定资产、无形资产和其他长期资产所收回的现金净额"项目如下：

会计科目名称	期初余额		本期发生额		期末余额	
	借方	贷方	借方	贷方	借方	贷方
现金	18 000.00		106 000.00	112 000.00	12 000.00	
银行存款	250 000.00		560 000.00	650 000.00	160 000.00	
固定资产清理			2 000.00	2 000.00		

补充资料：

处置固定资产清理收入收到现金2 000元，支付清理费用1 400元，未产生其他税费。

"处置固定资产、无形资产和其他长期资产所收回的现金净额"项目

= 2 000.00 - 1 400.00 = 600.00（元）

项　　目	行次	上年数	本年数
二、投资活动产生的现金流量：			
处置固定资产、无形资产和其他长期资产所收回的现金净额	25		600.00

（4）"收到的其他与投资活动有关的现金"项目

"收到的其他与投资活动有关的现金"项目，反映小企业除了上述各项以外，收到的其他与投资活动有关的现金流入。其他现金流入如价值较大的，应单列项目反映。

"收到的其他与投资活动有关的现金"项目可以根据有关科目的记录分析填列。

(5)"购建固定资产、无形资产和其他长期资产所支付的现金"项目

"购建固定资产、无形资产和其他长期资产所支付的现金"项目，反映小企业购买、建造固定资产，取得无形资产和其他长期资产所支付的现金，不包括为购建固定资产而发生的借款利息资本化的部分，以及融资租入固定资产支付的租赁费。借款利息和融资租入固定资产支付的租赁费，在筹资活动产生的现金流量中反映。

"购建固定资产、无形资产和其他长期资产所支付的现金"项目可以根据"固定资产"、"在建工程"、"无形资产"、"现金"、"银行存款"等科目的记录分析填列。

[例4] 根据"固定资产"、"在建工程"、"无形资产"、"现金"、"银行存款"等科目的记录分析填列"购建固定资产、无形资产和其他长期资产所支付的现金"项目如下：

会计科目名称	期初余额		本期发生额		期末余额	
	借方	贷方	借方	贷方	借方	贷方
现金	18 000.00		106 000.00	112 000.00	12 000.00	
银行存款	250 000.00		560 000.00	650 000.00	160 000.00	
无形资产	30 000.00		15 000.00		45 000.00	
固定资产	1 000 000.00		200 000.00	13 000.00	1 187 000.00	

补充资料：

(1) 用现金购买固定资产200 000元，购买无形资产物资15 000元；

(2) 支付在建工程人员薪酬4 000元。

$$\text{"购建固定资产、无形资产和其他长期资产所支付的现金"项目} = 200\,000.00 + 15\,000.00 + 4\,000.00$$
$$= 219\,000.00（元）$$

项　　目	行次	上年数	本年数
二、投资活动产生的现金流量：			
购建固定资产、无形资产和其他长期资产所支付的现金	30		219 000.00

(6)"投资所支付的现金"项目

"投资所支付的现金"项目，反映小企业进行权益性投资和债权性投资支付的现金，包括小企业取得的除现金等价物以外的短期股票投资、短期债券投资、长期股权投资、长期债权投资支付的现金以及支付的佣金、手续费等附加费用。

"投资所支付的现金"项目可以根据"长期股权投资"、"长期债权投资"、"现金"、"银行存款"等科目的记录分析填列。

[例5] 根据"长期股权投资"、"长期债权投资"、现金"、"银行存款"等科目的记录分析填列"投资所支付的现金"项目如下：

会计科目名称	期初余额		本期发生额		期末余额	
	借方	贷方	借方	贷方	借方	贷方
现金	18 000.00		106 000.00	112 000.00	12 000.00	
银行存款	250 000.00		560 000.00	650 000.00	160 000.00	
长期股权投资	30 000.00		15 000.00		45 000.00	

"投资所支付的现金"项目 = 15 000.00（元）

项　　目	行次	上年数	本年数
二、投资活动产生的现金流量：			
投资所支付的现金	30		15 000.00

（7）"支付的其他与投资活动有关的现金"项目

"支付的其他与投资活动有关的现金"项目，反映小企业除了上述各项以外，支付的其他与投资活动有关的现金流出。其他现金流出如价值较大的，应单列项目反映。

"支付的其他与投资活动有关的现金"项目可以根据有关科目的记录分析填列。

3. 筹资活动产生的现金流量

（1）"吸收投资所收到的现金"项目

"吸收投资所收到的现金"项目，反映小企业收到的投资者投入的现金。

"吸收投资所收到的现金"项目可以根据"实收资本"、"现金"、"银行存款"等科目的记录分析填列。

（2）"借款所收到的现金"项目

"借款所收到的现金"项目，反映小企业举借各种短期、长期借款所收到的现金。

"借款所收到的现金"项目可以根据"短期借款"、"长期借款"、"现金"、"银行存款"等科目的记录分析填列。

[**例1**]　根据"短期借款"、"长期借款"、"现金"、"银行存款"等科目的记录分析填列"借款所收到的现金"项目如下：

会计科目名称	期初余额		本期发生额		期末余额	
	借方	贷方	借方	贷方	借方	贷方
现金	18 000.00		106 000.00	112 000.00	12 000.00	
银行存款	250 000.00		560 000.00	650 000.00	160 000.00	
短期借款				5 000.00		
长期借款		50 000.00		20 000.00		70 000.00

"借款所收到的现金"项目 = 5 000.00 + 20 000.00 = 25 000.00（元）

项　　目	行次	上年数	本年数
三、筹资活动产生的现金流量：			
借款所收到的现金	25		250 000.00

（3）"收到的其他与筹资活动有关的现金"项目

"收到的其他与筹资活动有关的现金"项目，反映小企业除上述各项外，收到的其他与筹资活动有关的现金流入，如接受现金捐赠等。

"收到的其他与筹资活动有关的现金"项目可以根据有关科目的记录分析填列。

（4）"偿还债务所支付的现金"项目

"偿还债务所支付的现金"项目，反映小企业以现金偿还债务的本金，包括偿还金融企业的借款本金等。小企业偿还的借款利息，在"分配股利、利润或偿付利息所支付的现金"项目反映，不包括在本项目内。

"偿还债务所支付的现金"项目可以根据"短期借款"、"长期借款"、"现金"、"银行存款"等科目的记录分析填列。

[例2]　根据"短期借款"、"长期借款"、"现金"、"银行存款"等科目的记录分析填列"偿还债务所支付的现金"项目如下：

会计科目名称	期初余额		本期发生额		期末余额	
	借方	贷方	借方	贷方	借方	贷方
现金	18 000.00		106 000.00	112 000.00	12 000.00	
银行存款	250 000.00		560 000.00	650 000.00	160 000.00	
短期借款		6 000.00	2 000.00	5 000.00		9 000.00
长期借款		50 000.00	10 000.00	20 000.00	60 000.00	

"偿还债务所支付的现金"项目 = 2 000.00 + 10 000.00 = 12 000.00（元）

项　　目	行次	上年数	本年数
三、筹资活动产生的现金流量：			
偿还债务所支付的现金	25		12 000.00

（5）"分配股利、利润或偿付利息所支付的现金"项目

"分配股利、利润或偿付利息所支付的现金"项目，反映小企业实际支付的现金股利，支付给其他投资单位的利润以及支付的借款利息等。

"分配股利、利润或偿付利息所支付的现金"项目可以根据"应付利润"、"财务费用"、"长期借款"、"现金"、"银行存款"等科目的记录分析填列。

（6）"支付的其他与筹资活动有关的现金"项目

"支付的其他与筹资活动有关的现金"项目，反映小企业除了上述各项外，支付的其他与筹资活动有关的现金流出，如捐赠现金支出、融资租入固定资产支付的租赁费等。

"支付的其他与筹资活动有关的现金"项目可以根据有关科目的记录分析填列。

（7）"汇率变动对现金的影响"项目

"汇率变动对现金的影响"项目，反映小企业外币现金流量折算为人民币时，所采用的现金流量发生日的汇率或平均汇率折算的人民币金额与"现金及现金等价物净增加额"中外币现金净增加额按期末汇率折算的人民币金额之间的差额。

4.6.5　现金流量表的编制举例

根据资产负债表（表4-4）和利润表（表4-7）及相关资料分析编制现金流量表，见表4-9。

表4-9　　　　　　　　　　　　　　　现金流量表
编制单位：华伦公司　　　　　　　　　　20×8年度　　　　　　　　　　　　　单位：元

项　　目	行次	金额
1. 经营活动产生的现金流量：	（略）	
销售商品或提供劳动服务收到的现金		6 370 074.00
收到的其他与经营活动有关		

续表

项　目	行次	金额
现金流入小计		6 370 074.00
购买商品、接受劳务支付的现金		1 978 698.00
支付给职工以及为职工支付的现金		900 000.00
支付的各项税费		1 067 892.20
支付的其他与经营活动有关的现金		187 500.00
现金流出小计		4 134 090.20
经营活动产生的现金流量净额		2 235 983.80
2. 投资活动产生的现金流量：		
收回投资所收到的现金		
取得投资收益所收到的现金		90 450.00
处置固定资产、无形资产和其他长期资产所收回的现金净额		855 900.00
收到的其他与投资活动有关的现金		
现金流入小计		946 350.00
购建固定资产、无形资产和其他长期资产所支付的现金		1 353 000.00
投资所支付的现金		
支付的其他与投资活动有关的现金		
现金流出小计		1 353 000.00
投资活动产生的现金流量净额		－ 406 650.00
3. 筹资活动产生的现金流量：		
吸收投资所收到的现金		
借款所收到的现金		800 000.00
收到的其他与筹资活动有关的现金		
现金流入小计		800 000.00
偿还债务所支付的现金		3 750 000.00
分配股利利润或偿付利息所支付的现金		37 500.00
支付的其他与筹资活动有关的现金		
现金流出小计		3 787 500.00
筹资活动产生的现金流量净额		－ 1 158 166.20
4. 汇率变动对现金的影响		
5. 现金及现金等价物净增加额		－ 1 158 166.20

附：相关资料

华伦公司部分经济业务如下：

（1）购入商品一批，以银行存款支付货款 520 000 元、增值税进项税额 88 400 元、运费 6 500 元，商品尚未运到。

（2）以银行存款偿还购货款 120 000 元。

（3）收到购买的商品一批并已验收入库，该批商品的购进成本为 285 000 元，款已预付。

（4）购入商品一批，货款 299 400 元，运杂费 1 000 元，增值税进项税额 50 898 元，全部款项以银行汇票支付。收到开户银行转来的银行汇票余款 702 元。该批商品已验收入库。

（5）赊销商品 900 000 元，增值税销项税额 153 000 元，款尚未收到。

（6）收到短期股票投资派发的现金股利 450 元（对方税率与本企业均为 33%），已存入银行。

（7）购入固定资产，已交付使用。以银行存款支付价款 256 400 元、增值税款 43 588 元，运费 3 012 元，共计 303 000 元。

（8）为建造办公楼购入工程物资一批，价税合计 450 000 元，已用银行存款支付。

（9）办公楼在建工程应付工资 600 000 元，应付福利费 84 000 元。

（10）计提建造办公楼工程应负担的长期借款利息 450 000 元（该工程尚未达到预定可使用状态）。

（11）新建的工程完工，工程成本为 320 0000 元，已办理竣工手续并交付使用。

（12）报废中央空调，其原始价值为 600 000 元，已提折旧 540 000 元。发生清理费用 1 500 元，残值收入 2 400 元，清理工作结束。全部款项均已通过银行收付。

（13）为建造地下车库，从银行借入三年期借款 800 000 元存入银行。

（14）销售商品价款 3 352 200 元，增值税 569 874 元，款项已存入银行。

（15）一张面值为 600 000 元的不带息银行承兑汇票到期，款项已存入银行。

（16）收到现金股利 90 000 元（该项投资采用成本法核算，对方税率和本企业一致，均为 33%），已存入银行。

（17）出售办公楼一栋，其账面价值为 1 200 000 元，累计折旧额 495 000 元，收到价款 900 000 元存入银行，营业税率 5%。

（18）归还短期借款本金 75 万元和已预提的利息 375 00 元。

（19）提取现金 1 500 000 元，准备发放工资。

（20）支付工资 1 500 000 元（包括在建工程人员工资 600 000 元）。

（21）结转分配应付工资 900 000 元（不包括在建人员工资），其中：经营人员工资 805 000 元，行政管理人员工资 95 000 元。

（22）提取职工福利费 126 000 元（不包括在建工程应负担的福利费 84 000 元），其中：经营人员福利费 112 700 元，行政管理人员福利费 13 300 元。

（23）提取应计入本期损益的借款利息共计 64 500 元，其中：短期借款利息 34 500 元，长期借款利息 30 000 元。

（24）以银行存款支付到期的商业承兑汇票 300 000 元。

（25）计提固定资产折旧 600 000 元，计入营业费用 240 000 元、管理费用 360 000 元。

（26）收到客户偿还的应收账款 153 000 元存入银行。按应收账款余额的 3‰计提坏账准备。

（27）以银行存款支付一项违约罚款 30 000 元。

（28）随同商品销售单独计价的包装物 600 000 元、包装物的成本 350 000 元；销售多余的材料物资 150 000 元、在途物资的成本 100 000 元；增值税款为 127 500 元，款项收到存入银行。

（29）提取现金 150 000 元。

（30）以现金支付退休金 50 000 元、办公费等管理费用 100 000 元。

（31）销售商品一批，价款 750 000 元、增值税 127 500 万元。收到一张三个月期限的商业承兑汇票，面值 877 500 元。

（32）将上述商业承兑汇票到银行办理贴现，贴现息为 60 000 元。

（33）以银行存款缴纳各项税金及附加。

（34）期末计提短期股票投资跌价准备，该项短期股票投资市价 42 000 元，账面价值 44 550 元。

（35）期末，库存商品账面价值 2 400 000 元，可变现净值 2 250 000 元，计提存货跌价准备 150 000 元。

（36）期末，摊销无形资产价值 450 000 元。

（37）偿还长期借款 3 000 000 元。

（38）以银行存款缴纳所得税 200 000 元。

4.7 应交增值税明细表的编制

应交增值税明细表是反映属于增值税一般纳税人的小企业应交增值税的情况的会计报表。

4.7.1 应交增值税明细表的结构

应交增值税明细表的格式见表 4 – 10。

表 4 – 10　　　　　　　　　　　　　　应交增值税明细表

编制单位：　　　　　　　　　　　　　　　年　　月　　　　　　　　　　　　　　单位：元

项　　目	行次	本月数	本年累计数
一、应交增值税：			
1. 年初未抵扣数（以"－"号填列）	1		
2. 销项税额	2		
出口退税	3		
进项税额转出	4		
转出多交增值税	5		
	6		
	7		
3. 进项税额	8		
已交税金	9		
减免税款	10		
出口抵减内销产品应纳税额	11		
转出未交增值税	12		
	13		
	14		
4. 期末未抵扣数（以"－"号填列）	15		
二、未交增值税：			
1. 年初未交数（多交数以"－"号填列）	16		
2. 本期转入数（多交数以"－"号填列）	17		
3. 本期已交数	18		
4. 期末未交数（多交数以"－"号填列）	19		

4.7.2 应交增值税明细表的编制方法

1. "应交增值税" 各项目填列方法

（1）"年初未抵扣数"项目

"年初未抵扣数"项目，反映小企业年初尚未抵扣的增值税。本项目以"－"号填列。

（2）"销项税额"项目

"销项税额"项目，反映小企业销售货物或提供应税劳务应收取的增值税额。本项目应根据"应交税金——应交增值税"明细科目"销项税额"专栏的记录填列。

（3）"出口退税"项目

"出口退税"项目，反映小企业出口货物退回的增值税款。本项目应根据"应交税金——应交增值税"明细科目"出口退税"专栏的记录填列。

（4）"进项税额转出"项目

"进项税额转出"项目，反映小企业购进货物、在产品、产成品等发生非正常损失以及其他原因而不应从销项税额中抵扣，按规定转出的进项税额。本项目应根据"应交税金——应交增值税"明细科目"进项税额转出"专栏的记录填列。

（5）"转出多交增值税"项目

"转出多交增值税"项目，反映小企业月度终了转出多交的增值税。本项目应根据"应交税金——应交增值税"明细科目"转出多交增值税"专栏的记录填列。

（6）"进项税额"项目

"进项税额"项目，反映小企业购入货物或接受应税劳务而支付的、准予从销项税额中抵扣的增值税额。本项目项目应根据"应交税金——应交增值税"明细科目"进项税额"专栏的记录填列。

（7）"已交税金"项目

"已交税金"项目，反映小企业已交纳的增值税额。本项目应根据"应交税金——应交增值税"明细科目"已交税金"专栏的记录填列。

（8）"减免税款"项目

"减免税款"项目，反映小企业按规定减免的增值税额。本项目应根据"应交税金——应交增值税"明细科目"减免税款"专栏的记录填列。

（9）"出口抵减内销产品应纳税额"项目

"出口抵减内销产品应纳税额"项目，反映小企业按照规定计算的出口货物的进项税额抵减内销产品的应纳税额。本项目应根据"应交税金——应交增值税"明细科目"出口抵减内销产品应纳税额"专栏的记录填列。

（10）"转出未交增值税"项目

"转出未交增值税"项目，反映小企业月度终了转出未交的增值税。本项应根据"应交税金——应交增值税"明细科目"转出未交增值税"专栏的记录填列。

2. "未交增值税" 各项目填列方法

各项目应根据"应交税金——未交增值税"明细科目的有关记录填列。

4.7.3 应交增值税明细表的编制举例

资料：A 公司为增值税一般纳税人，20×8 年"应交增值税"科目发生额及余额如表 4－11 所示。假设年初有上年应交未交增值税 36 000 元。

表 4－11　　　　　　　　　　"应交增值税"科目发生额及余额表　　　　　　　　　　单位：元

项　　目	年初余额	借方发生额	贷方发生额	期末余额
应交增值税		613 000.00	613 000.00	
进项税额		102 918.40		
销项税额			613 000.00	
已交税金		240 000.00		
转出未交增值税		270 081.60		
未交增值税	36 000.00		270 081.60	306 081.60

2. 根据"应交增值税"科目发生额及余额表编制应交增值税明细表，见表 4－12（本月数略）。

表 4－12　　　　　　　　　　　　应交增值税明细表

编制单位：A 公司　　　　　　　　　　20×8 年 12 月　　　　　　　　　　　单位：元

项　　目	行次	本月数	本年累计数
一、应交增值税：			
1. 年初未抵扣数（以"－"号填列）	1	×	
2. 销项税额	2		613 000.00
出口退税	3		
进项税额转出	4		
转出多交增值税	5		
	6		
	7		
3. 进项税额	8		102 918.40
已交税金	9		240 000.00
减免税款	10		
出口抵减内销产品应纳税额	11		
转出未交增值税	12		270 081.60
	13		
	14		
4. 期末未抵扣数（以"－"号填列）	15	×	
二、未交增值税：			
1. 年初未交数（多交数以"－"号填列）	16	×	36 000.00
2. 本期转入数（多交数以"－"号填列）	17		270 081.60
3. 本期已交数	18	×	
4. 期末未交数（多交数以"－"号填列）	19	×	306 081.60

4.8　会计报表附注的编制

会计报表附注是为便于会计报表使用者理解会计报表的内容而对会计报表的编制基础、编制依据、编制原则和方法及主要项目等所作的解释。

会计报表附注是对会计报表的补充说明，也是财务会计报告的重要组成部分。除法律、行政法规另有规定外，中小企业的年度会计报表附注应披露如下内容：

1. 主要会计政策和会计估计及其变更的说明

（1）会计政策变更的内容和理由；

（2）会计估计变更的内容和理由。小企业执行的各项会计政策，如果法律或行政法规、规章等要求变更，应按相关衔接办法的规定执行，没有相关衔接办法或衔接办法未予规定，应进行追溯调整。

2. 其他重要事项

（1）应收票据贴现，用于贴现的应收票据的票面金额、利率、贴现率等；

（2）未决诉讼、仲裁形成或为其他单位提供债务担保形成的或有负债；

（3）本期购买或处置的长期股权投资的情况；

（4）本期内与主要投资者往来事项；

（5）其他重要交易或事项，包括融资租入固定资产原价、资产负债表日至财务报告批准报出日之间发生的对小企业财务状况和经营成果产生重要影响的事项等。

第 5 章
小企业纳税申报及主要税种的账务处理

5.1 小企业纳税申报概述

5.1.1 纳税申报的概念

纳税申报是指纳税人或者扣缴义务人在法定期限内向税务机关报送纳税申报表、财务会计报表、代扣代缴和代收代缴税款报告表以及税务机关根据实际需要要求纳税人和扣缴义务人报送的其他有关资料的法律行为。

5.1.2 小企业纳税申报的税种

小企业纳税涉及的税种主要有增值税、消费税、营业税、城市维护建设税及教育费附加、关税、资源税、土地增值税、城镇土地使用税、房产税、车船税、印花税、契税、企业所得税、个人所得税。

除增值税与企业所得税（2002 年 1 月 1 日新设立的企业）向国税局申报缴纳外，其他均向地税局申报缴纳。

5.1.3 纳税申报应报送的资料

纳税人办理纳税申报时，应当如实填报纳税申报表，并根据不同的情况报送下列证件、资料：

（1）财务会计报表及其说明材料；

（2）与纳税有关的合同、协议书及凭证；

（3）税控装置的电子报税资料；

（4）外出经营活动税收管理证明和异地完税凭证；

（5）境内或者境外公证机构出具的有关证明文件；

（6）税务机关规定应当报送的其他有关证件、资料。

5.1.4 纳税申报方式

根据《中华人民共和国税收征收管理法》的规定，纳税人、扣缴义务人可以直接到税务机关办理纳税申报或者报送代扣代缴、代收代缴税款报告表，也可以按照规定，采取邮寄、数据电文或者其他方式办理纳税申报或者报送代扣代缴、代收代缴税款报告表。数据电文方式，是指税务机关确定的电话语音、电子数据交换和网络传输等电子方式。目前，纳税申报方式主要有网上申报、电话申报、到税务机关申报等。

5.2 增值税纳税申报

5.2.1 增值税纳税申报要点

1. 申报时间

增值税的纳税期限分别为 1 日、3 日、5 日、10 日、15 日、1 个月或者 1 个季度。纳税人的具体纳税期限，由主管税务机关根据纳税人应纳税额的大小分别核定；不能按照固定期限纳税的，可以按次纳税。

纳税人以 1 个月或者 1 个季度为 1 个纳税期的，自期满之日起 15 日内申报纳税；以 1 日、3 日、5 日、10 日或者 15 日为 1 个纳税期的，自期满之日起 5 日内预缴税款，于次月 1 日起 15 日内申报纳税并结清上月应纳税款。

2. 申报地点

（1）固定业户应当向其机构所在地的主管税务机关申报纳税。

（2）固定业户到外县（市）销售货物或者应税劳务，应当向其机构所在地的主管税务机关申请开具外出经营活动税收管理证明，并向其机构所在地的主管税务机关申报纳税；未开具证明的，应当向销售地或者劳务发生地的主管税务机关申报纳税；未向销售地或者劳务发生地的主管税务机关申报纳税的，由其机构所在地的主管税务机关补征税款。

（3）非固定业户销售货物或者应税劳务，应当向销售地或者劳务发生地的主管税务机关申报纳税；未向销售地或者劳务发生地的主管税务机关申报纳税的，由其机构所在地或者居住地的主管税务机关补征税款。

（4）进口货物，应当向报关地海关申报纳税。

扣缴义务人应当向其机构所在地或者居住地的主管税务机关申报缴纳其扣缴的税款。

3. 申报材料清单

增值税一般纳税人申报材料清单包括必报资料和备查资料。具体内容见表 5 - 1。

表 5 - 1 　　　　　　　　　　增值税一般纳税人申报材料清单列表

必报资料	备查资料
（1）增值税纳税申报表（适用于增值税一般纳税人）及增值税纳税申报表附列资料； （2）使用防伪税控系统的纳税人，必须报送记录当期纳税信息的 IC 卡（明细数据备份在软盘上的	（1）已开具的普通发票存根联； （2）运输发票、购进农产品普通发票抵扣联及购进废旧物资普通发票的存根联； （3）收购发票的存根联或报查联；

必报资料	备查资料
纳税人，还必须报送备份数据软盘）、增值税专用发票存根联明细表及增值税专用发票抵扣联明细表； （3）增值税专用发票存根联、符合抵扣条件并且在本期申报抵扣的增值税专用发票抵扣联、海关进口货物完税凭证； （4）增值税普通发票使用明细表； （5）增值税收购凭证抵扣明细表； （6）符合抵扣条件的增值税运输发票抵扣明细表； （7）资产负债表和损益表； （8）成品油购销存情况明细表（发生成品油零售业务的纳税人填报）； （9）主管税务机关规定的其他资料。	（4）代扣代缴税款凭证存根联； （5）主管税务机关规定的其他备查资料。

5.2.2　增值税纳税申报表（适用于增值税一般纳税人）的填列方法

增值税纳税申报表（适用于增值税一般纳税人）包括表头项目和表中项目两个部分，其格式见表5-5。具体填列方法如下：

1. 表头项目

（1）"税款所属时间"

"税款所属时间"是指纳税人申报的增值税应纳税额的所属时间，该项目应填写具体的起止年、月、日。

（2）"填表日期"

"填表日期"指纳税人填写本表的具体日期。

（3）"纳税人识别号"

"纳税人识别号"栏，填写税务机关为纳税人确定的识别号，即税务登记证号码。

（4）"所属行业"

"所属行业"栏，按照国民经济行业分类与代码中的最细项（小类）进行填写。

（5）"纳税人名称"

"纳税人名称"栏，填写纳税人单位名称全称，不得填写简称。

（6）"法定代表人姓名"

"法定代表人姓名"栏，填写纳税人法定代表人的姓名。

（7）"注册地址"

"注册地址"栏，填写纳税人税务登记证所注明的详细地址。

（8）"营业地址"

"营业地址"栏，填写纳税人营业地的详细地址。

（9）"开户银行及账号"

"开户银行及账号"栏，填写纳税人开户银行的名称和纳税人在该银行的结算账户号码。

（10）"企业登记注册类型"

"企业登记注册类型"栏，按税务登记证填写。

(11)"电话号码"

"电话号码"栏，填写纳税人注册地和经营地的电话号码。

2. 表中项目

(1)"一般货物及劳务"

"一般货物及劳务"是指享受即征即退的货物及劳务以外的其他货物及劳务。

(2)"即征即退货物及劳务"

"即征即退货物及劳务"是指纳税人按照税法规定享受即征即退税收优惠政策的货物及劳务。

(3)"按适用税率征税货物及劳务销售额"

"按适用税率征税货物及劳务销售额"栏数据，填写纳税人本期按适用税率缴纳增值税的应税货物和应税劳务的销售额（销货退回的销售额用负数表示）。包括在财务上不作销售但按税法规定应缴纳增值税的视同销售货物和价外费用销售额，外贸企业作价销售进料加工复出口的货物，税务、财政、审计部门检查按适用税率计算调整的销售额。"一般货物及劳务"的"本月数"栏数据与"即征即退货物及劳务"的"本月数"栏数据之和，应等于《附表一》第 7 栏的"小计"中的"销售额"数。"本年累计"栏数据，应为年度内各月数之和。

(4)"应税货物销售额"

"应税货物销售额"栏数据，填写纳税人本期按适用税率缴纳增值税的应税货物的销售额（销货退回的销售额用负数表示）。包括在财务上不作销售但按税法规定应缴纳增值税的视同销售货物和价外费用销售额，以及外贸企业作价销售进料加工复出口的货物。

"一般货物及劳务"的"本月数"栏数据与"即征即退货物及劳务"的"本月数"栏数据之和，应等于《附表一》第 5 栏的"应税货物"中 17% 税率"销售额"与 13% 税率"销售额"的合计数。"本年累计"栏数据，应为年度内各月数之和。

(5)"应税劳务销售额"

"应税劳务销售额"栏数据，填写纳税人本期按适用税率缴纳增值税的应税劳务的销售额。"一般货物及劳务"的"本月数"栏数据与"即征即退货物及劳务"的"本月数"栏数据之和，应等于《附表一》第 5 栏的"应税劳务"中的"销售额"数。"本年累计"栏数据，应为年度内各月数之和。

(6)"纳税检查调整的销售额"

"纳税检查调整的销售额"栏数据，填写纳税人本期因税务、财政、审计部门检查、并按适用税率计算调整的应税货物和应税劳务的销售额。但享受即征即退税收优惠政策的货物及劳务经税务稽查发现偷税的，不得填入"即征即退货物及劳务"部分，而应将本部分销售额在"一般货物及劳务"栏中反映。

"一般货物及劳务"的"本月数"栏数据与"即征即退货物及劳务"的"本月数"栏数据之和，应等于《附表一》第 6 栏的"小计"中的"销售额"数。"本年累计"栏数据，应为年度内各月数之和。

(7)"按简易征收办法征税货物销售额"

"按简易征收办法征税货物销售额"栏数据，填写纳税人本期按简易征收办法征收增值税货物的销售额（销货退回的销售额用负数表示）。包括税务、财政、审计部门检查、并按按简易征收办法计算调整的销售额。

"一般货物及劳务"的"本月数"栏数据与"即征即退货物及劳务"的"本月数"栏数据之和，应等于《附表一》第14栏的"小计"中的"销售额"数。"本年累计"栏数据，应为年度内各月数之和。

（8）"其中：纳税检查调整的销售额"

"其中：纳税检查调整的销售额"栏数据，填写纳税人本期因税务、财政、审计部门检查、并按简易征收办法计算调整的销售额，但享受即征即退税收优惠政策的货物及劳务经税务稽查发现偷税的，不得填入"即征即退货物及劳务"部分，而应将本部分销售额在"一般货物及劳务"栏中反映。"一般货物及劳务"的"本月数"栏数据与"即征即退货物及劳务"的"本月数"栏数据之和，应等于《附表一》第13栏的"小计"中的"销售额"数。"本年累计"栏数据，应为年度内各月数之和。

（9）"免、抵、退办法出口货物销售额"

"免、抵、退办法出口货物销售额"栏数据，填写纳税人本期执行免、抵、退办法出口货物的销售额（销货退回的销售额用负数表示）。"本年累计"栏数据，应为年度内各月数之和。

（10）"免税货物及劳务销售额"

"免税货物及劳务销售额"栏数据，填写纳税人本期按照税法规定直接免征增值税的货物及劳务的销售额及适用零税率的货物及劳务的销售额（销货退回的销售额用负数表示），但不包括适用免、抵、退办法出口货物的销售额。"一般货物及劳务"的"本月数"栏数据，应等于《附表一》第18栏的"小计"中的"销售额"数。"本年累计"栏数据，应为年度内各月数之和。

（11）"其中：免税货物销售额"

"其中：免税货物销售额"栏数据，填写纳税人本期按照税法规定直接免征增值税货物的销售额及适用零税率货物的销售额（销货退回的销售额用负数表示），但不包括适用免、抵、退办法出口货物的销售额。"一般货物及劳务"的"本月数"栏数据，应等于《附表一》第18栏的"免税货物"中的"销售额"数。"本年累计"栏数据，应为年度内各月数之和。

（12）"免税劳务销售额"

"免税劳务销售额"栏数据，填写纳税人本期按照税法规定直接免征增值税劳务的销售额及适用零税率劳务的销售额（销货退回的销售额用负数表示）。"一般货物及劳务"的"本月数"栏数据，应等于《附表一》第18栏的"免税劳务"中的"销售额"数。"本年累计"栏数据，应为年度内各月数之和。

（13）"销项税额"

"销项税额"栏数据，填写纳税人本期按适用税率计征的销项税额。该数据应与"应交税金——应交增值税"明细科目贷方"销项税额"专栏本期发生数一致。"一般货物及劳务"的"本月数"栏数据与"即征即退货物及劳务"的"本月数"栏数据之和，应等于《附表一》第7栏的"小计"中的"销项税额"数。"本年累计"栏数据，应为年度内各月数之和。

（14）"进项税额"

"进项税额"栏数据，填写纳税人本期申报抵扣的进项税额。该数据应与"应交税金——应交增值税"明细科目借方"进项税额"专栏本期发生数一致。"一般货物及劳务"的"本月数"栏数据与"即征即退货物及劳务"的"本月数"栏数据之和，应等于《附表二》第 12 栏中的"税额"数。"本年累计"栏数据，应为年度内各月数之和。

（15）"上期留抵税额"

"上期留抵税额"栏数据，为纳税人前一申报期的"期末留抵税额"数，该数据应与"应交税金——应交增值税"明细科目借方月初余额一致。

（16）"进项税额转出"

"进项税额转出"栏数据，填写纳税人已经抵扣但按税法规定应作进项税转出的进项税额总数，但不包括销售折扣、折让、销货退回等应负数冲减当期进项税额的数额。该数据应与"应交税金——应交增值税"明细科目贷方"进项税额转出"专栏本期发生数一致。"一般货物及劳务"的"本月数"栏数据与"即征即退货物及劳务"的"本月数"栏数据之和，应等于《附表二》第 13 栏中的"税额"数。"本年累计"栏数据，应为年度内各月数之和。

（17）"免、抵、退货物应退税额"

"免、抵、退货物应退税额"栏数据，填写税务机关按照出口货物免、抵、退办法审批的应退税额。"本年累计"栏数据，应为年度内各月数之和。

（18）"按适用税率计算的纳税检查应补缴税额"

"按适用税率计算的纳税检查应补缴税额"栏数据，填写税务、财政、审计部门按适用税率计算的纳税检查应补缴税额。"本年累计"栏数据，应为年度内各月数之和。

（19）"应抵扣税额合计"

"应抵扣税额合计"栏数据，填写纳税人本期应抵扣进项税额的合计数。

（20）"实际抵扣税额"

"实际抵扣税额"栏数据，填写纳税人本期实际抵扣的进项税额。"本年累计"栏数据，应为年度内各月数之和。

（21）"按适用税率计算的应纳税额"

"按适用税率计算的应纳税额"栏数据，填写纳税人本期按适用税率计算并应缴纳的增值税额。"本年累计"栏数据，应为年度内各月数之和。

（22）"期末留抵税额"

"期末留抵税额"栏数据，填写纳税人在本期销项税额中尚未抵扣完，留待下期继续抵扣的进项税额。该数据应与"应交税金——应交增值税"明细科目借方月末余额一致。

（23）"按简易征收办法计算的应纳税额"

"按简易征收办法计算的应纳税额"栏数据，填写纳税人本期按简易征收办法计算并应缴纳的增值税，但不包括按简易征收办法计算的纳税检查应补缴税额。"一般货物及劳务"的"本月数"栏数据与"即征即退货物及劳务"的"本月数"栏数据之和，应等于《附表一》第 12 栏的"小计"中的"应纳税额"数。"本年累计"栏数据，应为年度内各月数之和。

（24）"按简易征收办法计算的纳税检查应补缴税额"

"按简易征收办法计算的纳税检查应补缴税额"栏数据，填写纳税人本期因税务、财政、审计部门检查并按简易征收办法计算的纳税检查应补缴税额。"一般货物及劳务"的"本月数"栏数据与"即征即退货物及劳务"的"本月数"栏数据之和，应等于《附表一》第 13 栏的"小计"中的"应纳税额"数。"本年累计"栏数据，应为年度内各月数之和。

（25）"应纳税额减征额"

"应纳税额减征额"栏数据，填写纳税人本期按照税法规定减征的增值税应纳税额。"本年累计"栏数据，应为年度内各月数之和。

（26）"应纳税额合计"

"应纳税额合计"栏数据，填写纳税人本期应缴增值税的合计数。"本年累计"栏数据，应为年度内各月数之和。

（27）"期初未缴税额（多缴为负数）"

"期初未缴税额（多缴为负数）"栏数据，为纳税人前一申报期的"期末未缴税额（多缴为负数）"。

（28）"实收出口开具专用缴款书退税额"

"实收出口开具专用缴款书退税额"栏数据，填写纳税人本期实际收到税务机关退回的，因开具《出口货物税收专用缴款书》而多缴的增值税款。该数据应根据"应交税金——未交增值税"明细科目贷方本期发生额中"收到税务机关退回的多缴增值税款"数据填列。"本年累计"栏数据，为年度内各月数之和。

（29）"本期已缴税额"

"本期已缴税额"栏数据，是指纳税人本期实际缴纳的增值税额，但不包括本期入库的查补税款。"本年累计"栏数据，为年度内各月数之和。

（30）"分次预缴税额"

"分次预缴税额"栏数据，填写纳税人本期分次预缴的增值税额。

（31）"出口开具专用缴款书预缴税额"

"出口开具专用缴款书预缴税额"栏数据，填写纳税人本期销售出口货物而开具专用缴款书向主管税务机关预缴的增值税额。

（32）"本期缴纳上期应纳税额"

"本期缴纳上期应纳税额"栏数据，填写纳税人本期上缴上期应缴未缴的增值税款，包括缴纳上期按简易征收办法计提的应缴未缴的增值税额。"本年累计"栏数据，为年度内各月数之和。

（33）"本期缴纳欠缴税额"

"本期缴纳欠缴税额"栏数据，填写纳税人本期实际缴纳的增值税欠税额，但不包括缴纳入库的查补增值税额。"本年累计"栏数据，为年度内各月数之和。

（34）"期末未交税额（多缴为负数）"

"期末未交税额（多缴为负数）"栏数据，填写纳税人本期期末应缴未缴的增值税额，但不包括纳税检查应缴未缴的税额。"本年累计"栏与"本月数"栏数据相同。

（35）"其中：欠缴税额（≥0）"

"其中：欠缴税额（≥0）"栏数据，为纳税人按照税法规定已形成欠税的数额。

（36）"本期应补（退）税额"

"本期应补（退）税额"栏数据，为纳税人本期应纳税额中应补缴或应退回的数额。

（37）"即征即退实际退税额"

"即征即退实际退税额"栏数据，填写纳税人本期因符合增值税即征即退优惠政策规定，而实际收到的税务机关返还的增值税额。"本年累计"栏数据，为年度内各月数之和。

（38）"期初未缴查补税额"

"期初未缴查补税额"栏数据，为纳税人前一申报期的"期末未缴查补税额"。该数据与本表第 25 项"期初未缴税额（多缴为负数）"栏数据之和，应与"应交税金——未交增值税"明细科目期初余额一致。"本年累计"栏数据应填写纳税人上年度末的"期末未缴查补税额"数。

（39）"本期入库查补税额"

"本期入库查补税额"栏数据，填写纳税人本期因税务、财政、审计部门检查而实际入库的增值税款，包括：①按适用税率计算并实际缴纳的查补增值税款；②按简易征收办法计算并实际缴纳的查补增值税款。"本年累计"栏数据，为年度内各月数之和。

（40）"期末未缴查补税额"

"期末未缴查补税额"栏数据，为纳税人纳税检查本期期末应缴未缴的增值税额。该数据与"期末未缴税额（多缴为负数）"栏数据之和，应与"应交税金——未交增值税"明细科目期初余额一致。"本年累计"栏与"本月数"栏数据相同。

5.2.3 增值税一般纳税人申报实务举例

1. 资料

基本情况：

A 公司是生产日用化工产品的生产性企业，为增值税一般纳税人。

法定代表人：马涛

注册地址：北京市朝阳区幸福路 5 号

注册类型：有限责任公司

营业地址：北京市朝阳区幸福路 5 号

开户银行：北京银行

账号：0109813959683976411888

电话号码：68378202

纳税人识别号：110108104794941

2009 年 2 月的相关资料如下：

（1）本期取得防伪税控系统开具的增值税专用发票及认证情况

①购买原材料取得防伪税控系统开具的增值税专用发票情况见表 5-2，均在法定期限内予以认证，并在本期全部申报抵扣进项税额。

表 5-2　　　　　　　　本期取得防伪税控系统开具的增值税专用发票及认证情况表

金额单位：元至角分

发票代码	发票号码	开票日期	金额	税额	销货方纳税人识别号	认证日期
1100044170	00140803	20090201	47 169.82	8 018.86	130020250026912	20090228
1107353874	01830985	20090203	3 343.00	568.32	110297592730297	20090228
1308302859	04430852	20090204	2 923 870.08	497 057.92	110867565486754	20090228
1300237507	00327483	20090213	54 754.24	9 308.22	130023759274329	20090228
1108675655	02757438	20090214	59 269.76	10 075.86	110397592983697	20090228
1109237583	07239766	20090215	188 581.12	32 058.80	130793247298368	20090228
1109835028	02649878	20090225	19 093.34	3 245.86	130867567645380	20090228
1309769867	07547535	20090226	193 564.78	32 906.02	110967683647689	20090228

②购买一台设备，取得防伪税控系统开具的增值税专用发票金额为 19 996.84 元，税额为 3 399.46 元，在规定期限内予以认证。

③取得运费专用发票 12 份，金额为 69 000 元。

④前期取得但尚未申报抵扣的防伪税控系统开具的增值税专用发票情况见表 5-3。

表 5-3 前期取得防伪税控系统开具的增值税专用发票及认证情况表

金额单位：元至角分

发票代码	发票号码	开票日期	金额	税额	销货方纳税人识别号	认证日期
1106867565	04453429	20090105	6 195.74	1 053.28	110987876785645	20090131
1108675646	06687545	20090127	193 564.78	32 906.02	110798678564530	20090131

（2）外购材料用于非应税项目及非正常损失情况

本期有 1 463 870.94 元的外购材料用于非应税项目，其所负担的税款为 248 858.06 元；有 38 800.58 元的外购材料发生非正常损失，所负担的税款为 6 596.10 元。

（3）本期销售产品并开具防伪税控系统的增值税专用发票情况

本期销售产品并开具防伪税控系统的增值税专用发票情况见表 5-4，其中号码为 00099544 的发票因开具发票形式不符合要求而作废，号码为 00099555 的发票为红字发票；销售产品并开具普通发票 2 张，合计金额为 370 000 元；销售产品但未开具发票的金额为 6 700 元；因销售产品提供运输劳务开具发票 15 份，收取运费 113 180 元。

表 5-4 防伪税控系统开具的增值税专用发票情况表

金额单位：元至角分

发票代码	发票号码	开票日期	购货方纳税人识别号	金额	税额
11100052170	00099543	20090202	120115600587351	151 671.80	25 784.20
11100052170	00099544	20090203	130207740199991	187 692.30	31 907.70
11100052170	00099545	20090203	130207740199991	187 692.30	31 907.70
11100052170	00099546	20090204	130205740151103	23 931.62	4 068.38
11100052170	00099547	20090205	130203723356385	33 815.38	5 748.62
11100052170	00099548	20090206	130205740151103	3 589.74	610.26
11100052170	00099549	20090211	130200715868540	3 230.76	549.22
11100052170	00099550	20090212	110111175438697	308 717.94	52 482.04
11100052170	00099551	20090213	110834735603093	231 923.08	39 426.92
11100052170	00099552	20090214	110904759734856	360 769.24	61 330.78
11100052170	00099553	20090215	110409573767003	232 307.68	39 492.30
11100052170	00099554	20090216	130572643857667	2 923.08	496.92
11100052170	00099555	20090225	130209273975024	-51 555.56	-8 764.44
11100052170	00099556	20092026	110498750328640	2 622.22	445.78
11100052170	00099557	20090227	110049378598374	153 846.16	26 153.84
11100052170	00099558	20090228	110038758735809	854 700.00	145 299.00

（4）期初未缴税额情况

2009 年初未缴税额为 0.00 元；1 月份应税货物销售额为 3 014 175.66 元，应税劳务销售额为 98 999.04 元，销项税额为 529 239.70 元，进项税额为 260 472.16 元，期末未缴税额为

268 767.54 元，于 2009 年 2 月份缴纳。

2. 计算填列增值税纳税申报表及其附列资料

根据上述资料，计算填列增值税纳税申报表及其附列资料如下：

（1）计算填列增值税纳税申报表

①本月数的计算

销售额（见附列资料"表一"）：

应税货物销售额 = 2 822 151.26（元）

应税劳务销售额 = 96 735.04（元）

按照适用税率征收货物及劳务销售额 = 2 822 151.26 + 96 735.04 = 2 918 886.30（元）

税款计算：

销项税额 = 应税货物及劳务销项税额合计 = 496 210.66（元）（见附列资料"表一"）

进项税额 = 申报抵扣的进项税额 = 635 428.62（元）（见附列资料"表二"）

进项税额转出 = 255 454.16（元）（见附列资料"表二"）

应抵扣税额合计 = 实际抵扣税额 = 635 428.62 − 255 454.16 = 379 974.46（元）

应纳税额 = 496 210.66 − 379 974.46 = 116 236.20（元）

应纳税额合计 = 116 236.20（元）

税款缴纳：

期初未缴税额 = 268 767.54（元）

本期已缴税额 = 本期缴纳上期应纳税额 = 268 767.54（元）

期末未缴税额 = 应纳税额合计 + 期初未缴税额 − 本期已缴税额

= 116 236.20 + 268 767.54 − 268 767.54 = 116 236.20（元）

本期应补（退）税额 = 应纳税额合计 − 分次预缴税额 − 出口开具专用缴款书预缴税额

= 116 236.20 − 0.00 − 0.00 = 116 236.20（元）

②本年累计数的计算

销售额：

应税货物销售额 = 3 014 175.66 + 2 822 151.26 = 5 836 326.92（元）

应税劳务销售额 = 98 999.04 + 96 735.04 = 195 734.08（元）

按照适用税率征收货物及劳务销售额 = 5 836 326.92 + 195 734.08 = 6 032 061.00（元）

税款计算：

销项税额 = 529 239.70 + 496 210.66 = 1 025 450.36（元）

进项税额 = 260 472.16 + 635 428.62 = 895 900.78（元）

进项税额转出 = 0.00 + 255 454.16 = 255 454.16（元）

实际抵扣税额 = 进项税额 − 进项税额转出 = 895 900.78 − 255 454.16 = 640 446.62（元）

应纳税额 = 1 025 450.36 − 640 446.62 = 385 003.74（元）

应纳税额合计 = 385 003.74（元）

税款缴纳：

期初未缴税额 = 0.00（元）

本期已缴税额 = 本期缴纳上期应纳税额 = 268 767.54（元）

期末未缴税额 = 应纳税额合计 + 期初未缴税额 − 本期已缴税额

$$= 385\ 003.74 + 0.00 − 268\ 767.54$$

$$= 116\ 236.20（元）$$

根据上述计算，填列增值税纳税申报表，见表 5 - 5。

表 5 - 5

增值税纳税申报表

（适用于增值税一般纳税人）

根据《中华人民共和国增值税暂行条例》第二十二条和第二十三条的规定制定本表。纳税人不论有无销售额，均应按主管税务机关核定的纳税期限按期填报本表，并于次月一日起十五日内，向当地税务机关申报。

税款所属时间：自 2009 年 02 月 01 日至 2009 年 02 月 28 日

填表日期：2009 年 03 月 03 日　　　　　　　　　　　金额单位：元至角分

纳税人识别号	1 1 0 1 0 8 1 0 4 7 9 4 9 4 1		所属行业：工业企业			
纳税人名称	A 有限责任公司（公章）	法定代表人姓名	马涛	注册地址	北京市朝阳区幸福路 5 号	营业地址	北京市朝阳区幸福路 5 号
开户银行及账号	北京银行 0109813959683976411888	企业登记注册类型	有限责任公司		电话号码	68378202

项　目		栏次	一般货物及劳务		即征即退货物及劳务	
			本月数	本年累计	本月数	本年累计
销售额	（一）按适用税率征税货物及劳务销售额	1	2 918 886.30	6 032 061.00	0.00	0.00
	其中：应税货物销售额	2	2 822 151.26	5 836 326.92	0.00	0.00
	应税劳务销售额	3	96 735.04	195 734.08	0.00	0.00
	纳税检查调整的销售额	4	0.00	0.00	0.00	0.00
	（二）按简易征收办法征税货物销售额	5	0.00	0.00	0.00	0.00
	其中：纳税检查调整的销售额	6	0.00	0.00	0.00	0.00
	（三）免、抵、退办法出口货物销售额	7	0.00	0.00	—	—
	（四）免税货物及劳务销售额	8	0.00	0.00	—	—
	其中：免税货物销售额	9	0.00	0.00	—	—
	免税劳务销售额	10	0.00	0.00	—	—

续表

	项 目	栏次	一般货物及劳务		即征即退货物及劳务	
			本月数	本年累计	本月数	本年累计
税款计算	销项税额	11	496 210.66	1 025 450.36	0.00	0.00
	进项税额	12	635 428.62	895 900.78	0.00	0.00
	上期留抵税额	13	0.00	—	0.00	—
	进项税额转出	14	255 454.16	255 454.16	0.00	0.00
	免、抵、退货物应退税额	15	0.00	0.00	0.00	0.00
	按适用税率计算的纳税检查应补缴税额	16	0.00	0.00		
	应抵扣税额合计	17 = 12 + 13 - 14 - 15 + 16	379 974.46	—	0.00	—
	实际抵扣税额	18（如 17 < 11，则为 17，否则为 11）	379 974.46	640 446.62	0.00	0.00
	应纳税额	19 = 11 - 18	116 236.20	385 003.74	0.00	0.00
	期末留抵税额	20 = 17 - 18	0.00	—	0.00	—
	按简易征收办法计算的应纳税额	21	0.00	0.00	0.00	0.00
	按简易征收办法计算的纳税检查应补缴税额	22	0.00	0.00		
	应纳税额减征额	23	0.00	0.00	0.00	0.00
	应纳税额合计	24 = 19 + 21 - 23	116 236.20	385 003.74	0.00	0.00
税款缴纳	期初未缴税额（多缴为负数）	25	268 767.54	0.00	0.00	0.00
	实收出口开具专用缴款书退税额	26	0.00	0.00	—	—
	本期已缴税额	27 = 28 + 29 + 30 + 31	268 767.54	268 767.54	0.00	0.00
	①分次预缴税额	28	0.00	—	0.00	—
	②出口开具专用缴款书预缴税额	29	0.00	—	—	—
	③本期缴纳上期应纳税额	30	268 767.54	268 767.54	0.00	0.00
	④本期缴纳欠缴税额	31	0.00	0.00	0.00	0.00
	期末未缴税额（多缴为负数）	32 = 24 + 25 + 26 - 27	116 236.20	116 236.20	0.00	0.00
	其中：欠缴税额（≥0）	33 = 25 + 26 - 27	0.00	—	0.00	—
	本期应补（退）税额	34 = 24 - 28 - 29	0.00	—	0.00	—
	即征即退实际退税额	35	—	—	0.00	0.00
	期初未缴查补税额	36	0.00	0.00	—	—
	本期入库查补税额	37	0.00	0.00	—	—
	期末未缴查补税额	38 = 16 + 22 + 36 - 37	0.00	0.00	—	—

项　目		栏次	一般货物及劳务		即征即退货物及劳务	
			本月数	本年累计	本月数	本年累计
授权声明	如果你已委托代理人申报，请填写下列资料： 　　为代理一切税务事宜，现授权（地址） 为本纳税人的代理申报人，任何与本申报表有关的往来文件，都可寄予此人。 　　授权人签字：	申报人声明		此纳税申报表是根据《中华人民共和国增值税暂行条例》的规定填报的，我相信它是真实的、可靠的、完整的。 　　声明人签字：		

以下由税务机关填写：

收到日期：　　　　　　接收人：　　　　　　主管税务机关盖章：

（2）计算填列增值税纳税申报表附列资料（表一）——本期销售情况明细

①"防伪税控系统开具的增值税专用发票"项目（见表四）

应税货物销售额 = 2 500 185.44（元）

应税货物销项税额 = 425 031.52（元）

②"开具普通发票"项目

应税货物销售额 = 370 000 ÷ （1 + 17%） = 316 239.32（元）

应税货物销项税额 = 316 239.32 × 17% = 53 760.68（元）

应税劳务销售额 = 113 180 ÷ （1 + 17%） = 96 735.04（元）

应税劳务销项税额 = 96 735.04 × 17% = 16 444.96（元）

③"未开具发票"项目

应税货物销售额 = 6 700 ÷ （1 + 17%） = 5 726.50（元）

应税货物销项税额 = 5 726.50 × 17% = 973.50（元）

④小计

应税货物销售额小计 = 2 500 185.44 + 316 239.32 + 5 726.50 = 2 822 151.26（元）

应税货物销项税额小计 = 425 031.52 + 53 760.68 + 973.50 = 479 765.70（元）

⑤"按适用税率征收增值税货物及劳务销售额和销项税额合计"项目

应税货物及劳务销售额合计 = 2 822 151.26 + 96 735.04 = 2 918 886.30（元）

应税货物及劳务销项税额合计 = 479 765.70 + 16 444.96 = 496 210.66（元）

根据上述计算填列增值税纳税申报表附列资料（表一）见表5－6。

（3）计算填列增值税纳税申报表附列资料（表二）——本期进项税额明细

①申报抵扣的进项税额的计算

"认证相符的防伪税控增值税专用发票申报抵扣"项目（见表三）：

"本期认证相符且本期申报抵扣"金额 = 3 509 642.98（元）

"本期认证相符且本期申报抵扣"税额 = 596 639.32（元）

"前期认证相符且本期申报抵扣"金额 = 199 760.52（元）

"前期认证相符且本期申报抵扣"税额 = 33 959.30（元）

"防伪税控增值税专用发票申报抵扣"金额 = 3 709 403.50（元）

表5-6

增值税纳税申报表附列资料(表一)

（本期销售情况明细）

税款所属时间:2009年02月
填表日期:2009年03月03日

纳税人名称:(公章)A有限责任公司　　　　　　　　　　金额单位:元至角分

一、按适用税率征收增值税货物及劳务的销售额和销项税额销项税额明细

项目	栏次	应税货物						应税劳务			小计		
		17%税率			13%税率								
		份数	销售额	销项税额	份数	销售额	销项税额	份数	销售额	销项税额	份数	销售额	销项税额
防伪税控系统开具的增值税专用发票	1	15	2 500 185.44	425 031.52	0	0.00	0.00	0	0.00	0.00	15	2 500 185.44	425 031.52
非防伪税控系统开具的增值税专用发票	2	0	0.00	0.00	0	0.00	0.00	0	0.00	0.00	0	0.00	0.00
开具普通发票	3	2	316 239.32	53 760.68	0	0.00	0.00	15	96 735.04	16 444.96	17	412 974.36	70 205.64
未开具发票	4	—	5 726.50	973.50	0	0.00	0.00	—	0.00	0.00	—	5 726.50	973.50
小计	5=1+2+3+4	—	2 822 151.26	479 765.70	0	0.00	0.00	—	96 735.04	16 444.96	—	2 918 886.30	496 210.66
纳税检查调整	6	—	0.00	0.00	0	0.00	0.00	—	0.00	0.00	—	0.00	0.00
合计	7=5+6	—	2 822 151.26	479 765.70	0	0.00	0.00	—	96 735.04	16 444.96	—	2 918 886.30	496 210.66

二、简易征收办法征收增值税货物的销售额和应纳税额明细

项目	栏次	6%征收率			4%征收率			小计		
		份数	销售额	应纳税额	份数	销售额	应纳税额	份数	销售额	应纳税额
防伪税控系统开具的增值税专用发票	8	0	0.00	0.00	0	0.00	0.00	—	0.00	0.00
非防伪税控系统开具的增值税专用发票	9	0	0.00	0.00	0	0.00	0.00	—	0.00	0.00
开具普通发票	10	0	0.00	0.00	0	0.00	0.00	—	0.00	0.00
未开具发票	11	—	0.00	0.00	—	0.00	0.00	—	0.00	0.00

续表

项目		免税货物			免税劳务			小计		
	栏次	销售额	税额		销售额	税额		销售额	税额	
小计	12＝8＋9＋10＋11	0.00	—	0.00	0.00	—	0.00	—	0.00	0.00
纳税检查调整	13	0.00	—	0.00	0.00	—	0.00	—	0.00	0.00
合计	14＝12＋13	0.00	—	0.00	0.00	—	0.00	—	0.00	0.00

三、免征增值税货物及劳务销售额明细

项目	栏次	免税货物			免税劳务			小计		
		份数	销售额	税额	份数	销售额	税额	份数	销售额	税额
防伪税控系统开具的增值税专用发票	15	0	0.00	0.00	—	—	—	0	0.00	0.00
开具普通发票	16	0	0.00	0.00	0	0.00	—	0	0.00	—
未开具发票	17	—	0.00	0.00	—	0.00	—	—	0.00	—
合计	18＝15＋16＋17	—	0.00	0.00	—	0.00	—	—	0.00	0.00

"防伪税控增值税专用发票申报抵扣"税额 = 630 598.62（元）

"非防伪税控增值税专用发票及其他扣税凭证"项目：

"运费发票抵扣"金额 = 69 000.00（元）

"运费发票抵扣"税额 = 69 000.00 × 7% = 4 830（元）

"非防伪税控增值税专用发票及其他扣税凭证抵扣"金额 = 69 000.00（元）

"非防伪税控增值税专用发票及其他扣税凭证抵扣"税额 = 4 830.00（元）

"当期申报抵扣合计"项目：

"当期申报抵扣进项税额合计"金额 = 3 709 403.50 + 69 000.00 = 3 778 403.50（元）

"当期申报抵扣进项税额合计"税额 = 630 598.62 + 4 830.00 = 635 428.62（元）

②进项税额转出额的计算

用于非应税项目原材料负担的进项税额 = 248 858.06（元）

非正常损失原材料负担的进项税额 = 6 596.10（元）

进项税额转出额合计 = 248 858.06 + 6 596.10 = 255 454.16（元）

③待抵扣进项税额的计算

认证相符的防伪税控增值税专用发票待抵扣金额 = 0.00（元）

认证相符的防伪税控增值税专用发票待抵扣进项税额 = 0.00（元）

④其他（见表三）

本期认证相符的全部防伪税控增值税专用发票金额 = 3 509 642.98（元）

本期认证相符的全部防伪税控增值税专用发票税额 = 596 639.32（元）

根据上述计算填列增值税纳税申报表附列资料（表二）见表 5 – 7。

表 5 – 7　　　　　　　　　增值税纳税申报表附列资料（表二）
（本期销售情况明细）
税款所属时间：2009 年 02 月

纳税人名称：（公章）A 有限责任公司　填表日期：2009 年 03 月 03 日　　　　金额单位：元至角分

一、申报抵扣的进项税额				
项目	栏次	份数	金额	税额
（一）认证相符的防伪税控增值税专用发票	1	11	3 709 403.50	630 598.62
其中：本期认证相符且本期申报抵扣	2	9	3 509 642.98	596 639.32
前期认证相符且本期申报抵扣	3	2	199 760.52	33 959.30
（二）非防伪税控增值税专用发票及其他扣税凭证	4	12	69 000.00	4 830.00
其中：海关进口增值税专用缴款书	5	0	0.00	0.00
农产品收购发票或者销售发票	6	0	0.00	0.00
废旧物资发票	7	0	0.00	0.00
运输费用结算单据	8	12	69 000.00	4 830.00
6% 征收率	9	—	—	—
4% 征收率	10	—	—	—
（三）外贸企业进项税额抵扣证明	11	—	—	0.00
当期申报抵扣进项税额合计	12	23	3 778 403.50	635 428.62

二、进项税额转出额

项目	栏次	税额
本期进项税转出额	13	255 454.16
其中：免税货物用	14	0.00
非应税项目用、集体福利、个人消费	15	248 858.06
非正常损失	16	6 596.10
按简易征收办法征税货物用	17	0.00
免抵退税办法出口货物不得抵扣进项税额	18	0.00
纳税检查调减进项税额	19	0.00
未经认证已抵扣的进项税额	20	0.00
红字专用发票通知单注明的进项税额	21	0.00

三、待抵扣进项税额

项目	栏次	份数	金额	税额
（一）认证相符的防伪税控增值税专用发票	22	—	—	—
期初已认证相符但未申报抵扣	23	0	0.00	0.00
本期认证相符且本期未申报抵扣	24	0	0.00	0.00
期末已认证相符但未申报抵扣	25	0	0.00	0.00
其中：按照税法规定不允许抵扣	26	0	0.00	0.00
（二）非防伪税控增值税专用发票及其他扣税凭证	27	0	0.00	0.00
其中：海关进口增值税专用缴款书	28	0	0.00	0.00
农产品收购发票或者销售发票	29	0	0.00	0.00
废旧物资发票	30	0	0.00	0.00
运输费用结算单据	31	0	0.00	0.00
6% 征收率	32	—	—	—
4% 征收率	33	—	—	—
	34			

四、其他

项目	栏次	份数	金额	税额
本期认证相符的全部防伪税控增值税专用发票	35	9	3 509 642.98	596 639.32
期初已征税款挂账额	36	—		0.00
期初已征税款余额	37	—		0.00
代扣代缴税额	38			0.00

注：第 1 栏 = 第 2 栏 + 第 3 栏 = 第 23 栏 + 第 35 栏 − 第 25 栏；
第 2 栏 = 第 35 栏 − 第 24 栏；
第 3 栏 = 第 23 栏 + 第 24 栏 − 第 25 栏；
第 4 栏等于第 5 栏至第 10 栏之和；
第 12 栏 = 第 1 栏 + 第 4 栏 + 第 11 栏；
第 13 栏等于第 14 栏至第 21 栏之和；
第 27 栏等于第 28 栏至第 34 栏之和。

（4）计算填列增值税纳税申报表附列资料（表三）——防伪税控增值税专用发票申报抵扣明细

①"本期认证相符且本期申报抵扣"项目

金额 ＝47 169. 82 ＋3 343. 00 ＋2 923 870. 08 ＋54 754. 24 ＋59 269. 76 ＋188 581. 12

＋19 093. 34 ＋193 564. 78 ＋19 996. 84 ＝3 509 642. 98（元）

进项税额 ＝8 018. 86 ＋568. 32 ＋497 057. 92 ＋9 308. 22 ＋10 075. 86 ＋32 058. 80

＋3 245. 86 ＋32 906. 02 ＋3 399. 46 ＝596 639. 32（元）

②"前期认证相符且本期申报抵扣"项目

金额 ＝6 195. 74 ＋193 564. 78 ＝199 760. 52（元）

进项税额 ＝1 053. 28 ＋32 906. 02 ＝33 959. 30（元）

③"防伪税控增值税专用发票申报抵扣"项目

金额 ＝3 509 642. 98 ＋199 760. 52 ＝3 709 403. 50（元）

进项税额 ＝596 639. 32 ＋33 959. 30 ＝630 598. 62（元）

根据上述计算填列增值税纳税申报表附列资料（表三）见表 5－8。

表 5－8　　　　　　　　　**增值税纳税申报表附列资料（表三）**

（防伪税控增值税专用发票申报抵扣明细）

纳税人识别号：110108101794941　　　　申报抵扣所属期：2009 年 02 月

纳税人名称：（公章）A 有限责任公司　　　填表日期：2009 年 03 月 03 日　　　　金额单位：元至角分

类别	序号	发票代码	发票号码	开票日期	金额	税额	销货方纳税人识别号	认证日期	备注
本期认证相符且本期申报抵扣	1	1100044170	00140803	20090201	47 169. 82	8 018. 86	130020250026912	20090228	
	2	1107353874	01830985	20090203	3 343. 00	568. 32	110297592730297	20090228	
	3	1308302859	04430852	20090204	2 923 870. 08	497 057. 92	110867565486754	20090228	
	4	1300237507	00327483	20090213	54 754. 24	9 308. 22	130023759274329	20090228	
	5	1108675655	02757438	20090214	59 269. 76	10 075. 86	110397592983697	20090228	
	6	1109237583	07239766	20090215	188 581. 12	32 058. 80	130793247298368	20090228	
	7	1109835028	02649878	20090225	19 093. 34	3 245. 86	130867567645380	20090228	
	8	1309769867	07547535	20090226	193 564. 78	32 906. 02	110967683647689	20090228	
	9	1302759850	05268632	20090226	19 996. 84	3 399. 46	110956256476467	20090228	
	小计				3 509 642. 98	596 639. 32			
前期认证相符且本期申报抵扣	1	1106867565	04453429	20090105	6 195. 74	1 053. 28	110987876785645	20090131	
	2	1108675646	06687545	20090127	193 564. 78	32 906. 02	110798678564530	20090131	
	3								
	4								
	5								
	6								
	7								
	8								
	小计	—	—	—	199 760. 52	33 959. 30	—	—	—
	合计	—	—	—	3 709 403. 50	630 598. 62	—	—	—

注：本表"金额""合计"栏数据应与《附列资料（表二）》第 1 栏中"金额"项数据相等；

本表"税额""合计"栏数据应与《附列资料（表二）》第 1 栏中"税额"项数据相等。

（5）计算填列增值税纳税申报表附列资料（表四）——防伪税控增值税专用发票存根联明细

①"防伪税控增值税专用发票应税货物销售额"项目 = 151 671.80 + 187 692.30 + 23 931.62 + 33 815.38 + 3 589.74 + 3 230.76 + 308 717.94 + 231 923.08 + 360 769.24 + 232 307.68 + 2 923.08 − 51 555.56 + 2 622.22 + 153 846.16 + 854 700.00 = 2 500 185.44（元）

②"防伪税控增值税专用发票应税货物销项税额"项目 = 25 784.20 + 31 907.70 + 4 068.38 + 5 748.62 + 610.26 + 549.22 + 52 482.04 + 39 426.92 + 61 330.78 + 39 492.30 + 496.92 − 8 764.44 + 445.78 + 26 153.84 + 145 299.00 = 425 031.5（元）

根据防伪税控增值税专用发票存根联及上述计算填列增值税纳税申报表附列资料（表三）见表5-9。

表5-9　　　　　　　　**增值税纳税申报表附列资料（表四）**
（防伪税控增值税专用发票存根联明细）

纳税人识别号：110108104794941　　　申报所属期：2009年02月
纳税人名称：（公章）A有限责任公司　　　填表日期：2009年03月03日　　　　金额单位：元至角分

序号	发票代码	发票号码	开票日期	购货方纳税人识别号	金额	税额	作废标志
1	11100052170	00099543	20090202	120115600587351	151 671.80	25 784.20	
2	11100052170	00099544	20090203	130207740199991	187 692.30	31 907.70	*
3	11100052170	00099545	20090203	130207740199991	187 692.30	31 907.70	
4	11100052170	00099546	20090204	130205740151103	23 931.62	4 068.38	
5	11100052170	00099547	20090205	130203723356385	33 815.38	5 748.62	
6	11100052170	00099548	20090206	130205740151103	3 589.74	610.26	
7	11100052170	00099549	20090211	130200715868540	3 230.76	549.22	
8	11100052170	00099550	20090212	110111175438697	308 717.94	52 482.04	
9	11100052170	00099551	20090213	110834735603093	231 923.08	39 426.92	
10	11100052170	00099552	20090214	110904759734856	360 769.24	61 330.78	
11	11100052170	00099553	20090215	110409573767003	232 307.68	39 492.30	
12	11100052170	00099554	20090216	130572643857667	2 923.08	496.92	
13	11100052170	00099555	20090225	130209273975024	− 51 555.56	− 8 764.44	
14	11100052170	00099556	20092026	110498750328640	2 622.22	445.78	
15	11100052170	00099557	20090227	110049378598374	153 846.16	26 153.84	
16	11100052170	00099558	20090228	110038758735809	854 700.00	145 299.00	
合计	—	—	—	—	2 500 185.44	425 031.50	—

注：本表"金额""合计"栏数据应等于《附列资料（表一）》第1、8、15栏"小计""销售额"项数据之和；本表"税额""合计"栏数据应等于《附列资料（表一）》第1栏"小计""销项税额"、第8栏"小计""应纳税额"、第15栏"小计""税额"项数据之和。

（6）计算填列固定资产进项税额抵扣情况表

根据资料中有关购买固定资产的增值税专用发票数据，填列固定资产进项税额抵扣情况表，见表5-10。

表 5 - 10　　　　　　　　　　　　固定资产进项税额抵扣情况表

纳税人识别号：110108104794941　　　　　　　　纳税人名称（公章）：A 有限责任公司

填表日期：2009 年 03 月 03 日　　　　　　　　　　　　　　　金额单位：元至角分

项目	当期申报抵扣的固定资产进项税额	当期申报抵扣的固定资产进项税额累计
增值税专用发票	3 399.46	3 399.46
海关进口增值税专用缴款书	0.00	0.00
合计	3 399.46	3 399.46

注：本表一式二份，一份纳税人留存，一份主管税务机关留存。

5.2.4　增值税小规模纳税人申报实务举例

1. 资料

B 公司为商业企业，属于增值税小规模纳税人，其纳税人识别号是 110108767505678，征收率为 3%。

2009 年 2 月购销业务情况如下：

（1）期初服装存货余额 4 800 元，本期购进一批服装，支付现金 15 000 元，商品已验收入库，期末结存 3 200 元。

（2）期初化妆品存货余额 6 400 元，本期购进化妆品一批，支付现金 9 000 元，商品已入库，期末结存 6 060 元。

（3）八折销售服装，取得现金 37 280 元，全部开具普通发票。

（4）原价销售化妆品，取得现金 25 500 元，全部开具普通发票。

（5）2009 年 1 月份现金销售货物销售额 56 406 元，应纳增值税额 1 692.18 元，于 2009 年 2 月份缴纳。

2. 适用于小规模纳税人的增值税纳税申报表（见表 5 - 11）填列方法

（1）"税款所属期"

"税款所属期"是指纳税人申报的增值税应纳税额的所属时间，应填写具体的起止年、月、日。

（2）"纳税人识别号"

"纳税人识别号"栏，填写税务机关为纳税人确定的识别号，即：税务登记证号码。

（3）"纳税人名称"

"纳税人名称"栏，填写纳税人单位名称全称，不得填写简称。

（4）"应征增值税货物及劳务不含税销售额"

"应征增值税货物及劳务不含税销售额"栏数据，填写应征增值税货物及劳务的不含税销售额，包含销售使用过的固定资产不含税销售额，不包含免税货物及劳务销售额、出口免税货物销售额、稽查查补销售额。

第 1 栏"本期数" ≥第 2 栏"本期数" ＋第 3 栏"本期数"

（5）"税务机关代开的增值税专用发票不含税销售额"

"税务机关代开的增值税专用发票不含税销售额"栏数据，填写税务机关代开的增值税专用发票的销售额合计。

（6）"税控器具开具的普通发票不含税销售额"

"税控器具开具的普通发票不含税销售额"栏数据，填写税控器具开具的应征增值税货物及劳务的普通发票金额换算的不含税销售额。

（7）"免税货物及劳务销售额"

"免税货物及劳务销售额"栏数据，填写销售免征增值税货物及劳务的销售额。

第6栏"本期数"≥第7栏"本期数"

（8）"税控器具开具的普通发票销售额"

"税控器具开具的普通发票销售额"栏数据，填写税控器具开具的销售免征增值税货物及劳务的普通发票金额。

（9）"出口免税货物销售额"

"出口免税货物销售额"栏数据，填写出口免税货物的销售额。

第8栏"本期数"≥第9栏"本期数"

（10）"税控器具开具的普通发票销售额"

"税控器具开具的普通发票销售额"栏数据，填写税控器具开具的出口免税货物的普通发票金额。

（11）"本期应纳税额"

"本期应纳税额"栏数据，填写本期按征收率计算缴纳的应纳税额。

第10栏"本期数"≥第1栏"本期数"×3%

（12）"本期应纳税额减征额"

"本期应纳税额减征额"栏数据，填写数据是根据相关的增值税优惠政策计算的应纳税额减征额。

（13）"应纳税额合计"

"应纳税额合计"栏数据，为本期按征收率计算的应纳税额减去本期根据相关的增值税优惠政策计算的应纳税额减征额后的余额。

第12栏"本期数"＝第10栏"本期数"－第11栏"本期数"

（14）"本期预缴税额"

"本期预缴税额"栏数据，填写纳税人本期预缴的增值税额，但不包括稽查补缴的应纳增值税额。

（15）"本期应补（退）税额"

"本期应补（退）税额"＝第12栏"本期数"－第13栏"本期数"

（16）"本年累计数"

"本年累计数"＝第1至12栏的"本期数"＋本年度上期第1至12栏对应的本年累计数。

3. B公司增值税纳税申报表的填列

根据上述计算方法，B公司增值税纳税申报表的填列如下（见表5-11）：

表 5－11　　　　　**增值税纳税申报表（适用小规模纳税人）**

纳税人识别号：| 1 | 1 | 0 | 1 | 0 | 8 | 7 | 6 | 7 | 5 | 0 | 5 | 6 | 7 | 8 | 0 | 0 | 0 | 0 | 0 |

纳税人名称（公章）：B 公司　　　　　　　　　　　金额单位：元（列至角分）

税款所属期：2009 年 02 月 01 日至 2009 年 02 月 28 日　　　填表日期：2009 年 03 月 03 日

	项　目	栏次	本期数	本年累计
一、计税依据	（一）应征增值税货物及劳务不含税销售额	1	60 951.46	117 357.46
	其中：税务机关代开的增值税专用发票不含税销售额	2	0.00	0.00
	税控器具开具的普通发票不含税销售额	3	60 951.46	117 357.46
	（二）销售使用过的应税固定资产不含税销售额	4	—	—
	其中：税控器具开具的普通发票不含税销售额	5	—	—
	（三）免税货物及劳务销售额	6	0.00	0.00
	其中：税控器具开具的普通发票销售额	7	0.00	0.00
	（四）出口免税货物销售额	8	0.00	0.00
	其中：税控器具开具的普通发票销售额	9	0.00	0.00
二、税款计算	本期应纳税额	10	1 828.54	3 520.72
	本期应纳税额减征额	11	0.00	0.00
	应纳税额合计	12 = 10 － 11	1 828.54	3 520.72
	本期预缴税额	13	0.00	—
	本期应补（退）税额	14 = 12 － 13	1 828.54	—

纳税人或代理人声明： 　　此纳税申报表是根据国家税收法律的规定填报的，我确定它是真实的、可靠的、完整的。	如纳税人填报，由纳税人填写以下各栏：	
	办税人员（签章）：	财务负责人（签章）：
	法定代表人（签章）：	联系电话：
	如委托代理人填报，由代理人填写以下各栏：	
	代理人名称：	经办人（签章）：
	代理人（公章）：	联系电话：

受理人：　　　　受理日期：　　　年　　月　　日　　　受理税务机关（签章）：

本表为 A3 竖式一式三份，一份纳税人留存，一份主管税务机关留存，一份征收部门留存。

▌ 5.3　消费税纳税申报 ▌

5.3.1　消费税纳税申报要点

1. 申报时间

　　纳税人以 1 个月为一期纳税的，自期满之日起 10 日内申报纳税；以 1 日、3 日、5 日、10 日或 15 日为一期纳税的，自期满之日起 5 日内预缴税款，于次月 1 日起至 10 日内申报纳税并结清上月应纳税款。

2. 申报地点

（1）纳税人销售的应税消费品，以及自产自用的应税消费品，除国家另有规定的外，应当向纳税人核算地主管税务机关申报纳税。

（2）纳税人到外县（市）销售或委托外县（市）代销自产应税消费品的，于应税消费品销售后，回纳税人核算地或所在地缴纳消费税。

（3）纳税人的总机构与分支机构不在同一县（市）的，应在生产应税消费品的分支机构所在地缴纳消费税。但经国家税务总局及所属税务分局批准，纳税人分支机构应纳消费税税款也可由总机构汇总向总机构所在地主管税务机关缴纳。国家税务总局《关于印发〈消费税若干具体问题的规定〉的通知》（国税发〔1993〕156号）规定，对纳税人的总机构与分支机构不在同一省（自治区、直辖市）的，如需改由总机构汇总在总机构所在地纳税的，需经国家税务总局批准；对纳税人的总机构与分支机构在同一省（自治区、直辖市）内，而不在同一县（市）的，如需改由总机构汇总在总机构所在地纳税的，需经省、自治区、直辖市国家税务局批准。

（4）委托加工的应税消费品，除受托方为个体经营者须由委托方收回后自己缴纳消费税的以外，由受托方向所在地主管税务机关代缴消费税税款。

（5）进口的应税消费品，由进口人或者其代理人向报关地海关申报纳税。

5.3.2　消费税纳税申报实务举例

1. 资料

北京C卷烟厂为生产性增值税一般纳税人，其纳税人识别号为110205104794948，2009年2月生产经营情况如下：

（1）期初库存外购烟丝金额为20 468元，当期外购烟丝金额207 296元，期末库存烟丝金额为11 396元，所领用烟丝全部用于生产加工卷烟；

（2）委托加工烟丝已纳消费税税款期初余额为11 940元，当期收回委托加工烟丝已纳税款65 486元，期末库存委托加工烟丝已纳税款30 000元，所领用烟丝全部用于生产加工卷烟；

（3）销售卷烟100标准箱，开具增值税专用发票注明价款1 344 680元，增值税款228 595.60元；

（4）2009年1月份应纳消费税款644 000元，并于2009年2月份缴入国库。

2. 计算填列消费税纳税申报表

根据上述资料计算填列消费税纳税申报表如下：

卷烟应纳消费税额 = 应税销售额 × 适用税率 + 应税销售数量单位税额

$$= 1\ 344\ 680 \times 45\% + 100 \times 150 = 620\ 106（元）$$

烟丝当期准予扣除外购应税消费品已纳税款 =（期初库存外购应税消费品买价 + 当期购进外购应税消费品买价 − 期末库存外购应税消费品买价）× 外购应税消费品适用税率 =（20 468 + 207 296 − 11 396）× 30% = 64 910.40（元）

烟丝当期准予扣除委托加工应税消费品已纳税款 = 期初库存委托加工应税消费品已纳税款 + 当期收回委托加工应税消费品已纳税款 − 期末库存委托加工应税消费品已纳税款 =

11 940 + 65 486 − 30 000 = 47 426（元）

烟丝应纳消费税额 = − 烟丝当期准予扣除外购应税消费品已纳税款 − 烟丝当期准予扣除委托加工应税消费品已纳税款 = − 64 910.40 − 47 426 = − 112 336.40（元）

应纳消费税额合计 = 卷烟应纳消费税额 + 烟丝应纳消费税额 = 620 106 − 112 336.40 = 507 769.60（元）

根据上述计算填列消费税纳税申报表见表 5 − 12。

表 5 − 12

消费税纳税申报表
填表日期：2009 年 03 月 03 日

纳税人识别号：1 1 0 2 0 5 1 0 4 7 9 4 9 4 8

金额单位：元（列至角分）

应税消费品名称	适用税目	应税销售额（数量）	适用税率（单位税额）	当期准予扣除外购应税消费品买价（数量）				外购应税消费品适用税率（单位税额）
				合计	期初库存外购应税消费品买价数量	当期购进外购应税消费品买价数量	期末库存外购应税消费品买价数量	
1	2	3	4	5 = 6 + 7 − 8	6	7	8	9
卷烟	烟	1 344 680.00	45%					
烟丝	烟	100	150	216 368.00	20 468.00	207 296.00	11 396.00	30%
合计	—	—	—	216 368.00	20 468.00	207 296.00	11 396.00	

应纳消费税		当期准予扣除外购应税消费品已纳税款	当期准予扣除委托加工应税消费品已纳税款			
本期	累计		合计	期初库存委托加工应税消费品已纳税款	当期收回委托加工应税消费品已纳税款	期末库存委托加工应税消费品已纳税款
15 = 3 × 4 − 10 或 3 × 4 − 11 或 3 × 4 − 10 − 11	16	10 = 5 × 9	11 = 12 + 13 − 14	12	13	14
507 769.60	1 151 769.60	64 910.40	47 426.00	11 940.00	65 486.00	30 000.00

已纳消费税		本期应补（退）税金额			
本期	累计	合计	上期结算税金额	补交本年度欠税	补交以前年度欠税
17	18	19 = 15 − 17 + 20 + 21 + 22	20	21	22
0.00	644 000.00	507 769.60	0.00	0.00	0.00

截至上年底累计欠税额	本年度新增欠税额			
	本期		累计	
23	24		25	
0.00	507 769.60		507 769.60	

如纳税人填报，由纳税人填写以下各栏		如委托代理人填报，由代理人填写以下各栏		备注
会计主管（签章）	纳税人（公章）	代理人名称	代理人（公章）	
		代理人地址		
		经办人	电话	
以下由税务机关填写				
收到申报表日期		接收人		

注："适用税目"必须按照《中华人民共和国消费税暂行条例》规定的税目填写。本表一式三联，第一联纳税人留存，第二联由主管税务机关留存，第三联税务机关作税收会计原始凭证。

5.4 营业税纳税申报

5.4.1 营业税纳税申报要点

1. 申报时间

金融业营业税纳税人在季度终了后十日内办理纳税申报，保险业营业税纳税人在月份终了后十日内办理纳税申报。

2. 申报地点

（1）纳税人提供应税劳务，应当向应税劳务发生地主管税务机关申报纳税。纳税人从事运输业务，应当向其机构所在地主管税务机关申报纳税。

（2）纳税人转让土地使用权，应当向土地所在地主管税务机关申报纳税。纳税人转让其他无形资产，应当向其机构所在地主管税务机关申报纳税。

（3）纳税人销售不动产，应当向不动产所在地主管税务机关申报纳税。

（4）单位和个人出租土地使用权、不动产的营业税纳税地点为土地、不动产所在地；单位和个人出租物品、设备等动产的营业税纳税地点为出租单位机构所在地或个人居住地。

（5）在中华人民共和国境内的电信单位提供电信业务的营业税纳税地点为电信单位机构所在地。

（6）在中华人民共和国境内的单位提供设计（包括在开展设计时进行的勘探、测量等业务）、工程监理、调试和咨询等应税劳务的，其营业税纳税地点为单位机构所在地。

（7）在中华人民共和国境内的单位通过网络为其他单位和个人提供培训、信息和远程调试、检测等服务的，其营业税纳税地点为单位机构所在地。

（8）纳税人提供的应税劳务发生在外县（市），应向劳务发生地主管税务机关申报纳税而未申报纳税的，由其机构所在地或者居住地主管税务机关补征税款。

（9）纳税人承包的工程跨省、自治区、直辖市的，向其机构所在地主管税务机关申报纳税。

（10）纳税人在本省、自治区、直辖市范围内发生应税行为，其纳税地点需要调整的，由省、自治区、直辖市人民政府所属税务机关确定。

（11）各航空运输公司所属分公司，无论是否单独计算盈亏，均应作为纳税人向分公司所在地主管税务机关缴纳营业税。

3. 申报材料清单

（1）营业税申报表；

（2）财务会议报表及说明资料；

（3）其他要求申报的资料。

5.4.2 营业税纳税申报实务举例

1. 资料

D 旅游有限公司的纳税人识别号为 110103104894951，于 2009 年 2 月组织 60 人旅游团去青岛旅游，每人收取旅游费 1 500 元，旅游中由公司支付每人房费 300 元，餐费 250 元，交通费 300 元，门票费用 250 元。

2. 营业税纳税申报表（见表 5 –13）填列方法

营业税纳税申报表包括表头项目和表中项目两个部分，其格式见表 5 – 13。具体填列方法如下：

1. 表头项目

（1）"税款所属期"

"税款所属期"指纳税人申报的营业税应纳税额的所属期间，应填写具体的起止年、月、日。

（2）"填表日期"

"填表日期"指纳税人填写本表的具体日期。

（3）"纳税人识别号"

"纳税人识别号"，填写税务机关为纳税人确定的识别号。

（4）"纳税人名称"

"纳税人名称"，填写纳税人单位名称全称，不得填写简称。

2. 表中项目

（1）"全部收入"

"全部收入"，指纳税人的全部收入。

（2）"不征税项目"

"不征税项目"，指税法规定的不属于营业税征税范围的营业额。

（3）"减除项目"

"减除项目"，指税法规定允许从营业收入中扣除项目的营业额。

（4）"减免税项目"

"减免税项目"，指税法规定的减免税项目的营业额。

3. D 公司营业税纳税申报表的填列

根据上述计算方法，D 公司营业税纳税申报表的填列如下（见表 5 – 13）：

表 5 – 13

营业税纳税申报表

填表日期：2009 年 03 月 03 日

纳税人识别号：110103104894951 　　　　　　　　　　　　　　　　金额单位：元（列至角分）

纳税人名称		D 旅游有限公司		税款所属期		2009 年 02 月 01 日至 2009 年 02 月 28 日					
项目	经营项目	营业额					税率	本期			
		全部收入	不征税项目	减除项目	减免税项目	应税营业额		应纳税额	减免税额	已纳税额	应补（退）额
1	2	3	4	5	6	7 = 3 – 4 – 5 – 6	8	9 = 7 × 8	10 = 6 × 8	11	12
服务业	旅游	90 000.00	0.00	66 000.00	0.00	24 000.00	5%	1 200.00	0.00	0.00	1 200.00

项目	经营项目	营业额					税率	本期			
		全部收入	不征税项目	减除项目	减免税项目	应税营业额		应纳税额	减免税额	已纳税额	应补（退）额
合计		90 000.00	0.00	66 000.00	0.00	24 000.00	5%	1 200.00	0.00	0.00	1 200.00
如纳税人填报，由纳税人填写以下各栏					如委托代理人填报，由代理人填写以下各栏						备注
会计主管（签章）		纳税人（公章）		代理人名称				代理人（公章）			
				地址							
				经办人			电话				
以下由税务机关填写											
收到申报表日期						接收人					

5.5 城市维护建设税及教育费附加纳税申报

5.5.1 城市维护建设税及教育费附加纳税申报要点

1. 税额计算

城市维护建设税按照增值税、消费税、营业税之和的7%计算，教育费附加按照增值税、消费税、营业税之和的3%计算。

2. 申报时间及地点

比照增值税、消费税、营业税的有关规定，随营业税、增值税、消费税规定的申报时间向当地地方税务机关申报。

5.5.2 城市维护建设税及教育费附加纳税申报实务举例

1. 资料

北京 E 企业的纳税人识别号为 110102208483050，2009 年 2 月实际应缴纳增值税 107 835元，消费税 10 067.50 元，营业税 155 280 元。

2. 计算填列城市维护建设税纳税申报表和教育费附加申报表

根据上述资料计算填列 E 企业城市维护建设税纳税申报表和教育费附加申报表见表5－14 和表 5－15。

表 5－14　　　　　　　　城市维护建设税纳税申报表
填表日期：2009 年 03 月 03 日

纳税人识别号：110102208483050　　　　　　　　　　　　金额单位：元（列至角分）

纳税人名称	北京 E 企业	税款所属期间	2009 年 02 月 01 日至 2009 年 02 月 28 日		
计税依据	计税金额	税率	应纳税额	已纳税额	应补（退）税额
1	2	3	4 = 2 × 3	5	6 = 4 − 5
增值税	107 835.00	7%	7 548.45	0.00	7 548.45
营业税	155 280.00	7%	10 869.60	0.00	10 869.60
消费税	10 067.50	7%	704.73	0.00	704.73
合计	273 182.50	—	19 122.78	0.00	19 122.78

续表

如纳税人填报，由纳税人填写以下各栏		如委托代理人填报，由代理人填写以下各栏		备注
会计主管 （签章）	纳税人 （公章）	代理人名称	代理人 （公章）	
		代理人地址		
		经办人	电话	
		以下由税务机关填写		
收到申报表日期		接收人		

表 5 – 15

教育费附加申报表

填表日期：2009 年 03 月 03 日

纳税人识别号：110102208483050

金额单位：元（列至角分）

纳税人名称	北京 E 企业	税款所属期间	2009 年 02 月 01 日至 2009 年 02 月 28 日		
计征依据	计征金额	附加率	应征额	已纳额	应缴（退）费
1	2	3	4 = 23	5	6 = 4 – 5
增值税	107 835.00	3%	3 235.05	0.00	3 235.05
营业税	155 280.00	3%	4 658.40	0.00	4 658.40
消费税	10 067.50	3%	302.03	0.00	302.03
合计	273 182.50	—	8 195.48	0.00	8 195.48

如纳税人填报，由纳税人填写以下各栏		如委托代理人填报，由代理人填写以下各栏		备注
会计主管 （签章）	纳税人 （公章）	代理人名称	代理人 （公章）	
		代理人地址		
		经办人	电话	
		以下由税务机关填写		
收到申报表日期		接收人		

5.6 关税纳税申报

5.6.1 关税纳税申报要点

1. 申报时间

进口货物的纳税义务人应当自运输工具申报进境之日起 14 日内，出口货物的纳税义务人除海关特准的外，应当在货物运抵海关监管区后、装货的 24 小时以前申报。

2. 申报地点

向货物的进出境地海关申报。进出口货物转关运输的，按照海关总署的规定执行。

5.6.2 关税纳税申报实务举例

1. 资料

F 进出口公司 2009 年 2 月 10 日报关从日本进口丰田汽车一批，成交价格（离岸价格）55 000 美元，其中包括单独计价并经海关审查属实的货物进口后装配调试费用 1 500 美元，向境外采购代理人支付买方佣金 2 500 美元。另支付运费 10 000 美元，保险费 5 000 美元。

已知该批汽车的规格为汽油型大马力小轿车，4 座位，气缸容量 4000cc，外汇折算汇率 1 美元 = 人民币 7.953 5 元。

2. 计算 F 进出口公司应纳的进口关税、 增值税和消费税

根据上述资料，计算 F 进出口公司计算应纳的进口关税、增值税和消费税如下：

（1）确定税则归类，气缸容量 4000cc 的汽油型大马力小轿车归入税号 8703243010。

（2）原产国日本使用最惠国进口关税税率为 28%；增值税税率为 17%，消费税税率为 15%。

（3）审定完税价格

关税完税价格 = 离岸价格 − 装配调试费 − 买方佣金 + 运费 + 保险费

$$= 55\ 000 − 1\ 500 − 2\ 500 + 10\ 000 + 5\ 000 = 66\ 000\ （美元）$$

（4）将外币价格折算成人民币

关税完税价格 = 66 000 × 7.953 5 = 524 931（元）

（5）进口关税税额

应纳关税税额 = 关税完税价格 × 进口关税税率 = 524 931 × 28% = 146 980.68（元）

（6）组成计税价格

组成计税价格 =（关税完税价格 + 关税）÷（1 − 消费税税率）

$$=（524\ 931 + 146\ 980.68）÷（1 − 15\%）= 790\ 484.33\ （元）$$

（7）增值税税额

应纳增值税税额 = 组成计税价格 × 增值税税率

$$= 790\ 484.33 × 17\% = 134\ 382.34\ （元）$$

（8）消费税税额

应纳消费税税额 = 组成计税价格 × 消费税税率

$$= 790\ 484.33 × 15\% = 118\ 572.65\ （元）$$

5.7 资源税纳税申报

5.7.1 资源税纳税申报要点概述

1. 申报时间

资源税的纳税期限为 1 日、3 日、5 日、10 日、15 日或者 1 个月，由主管税务机关根据实际情况具体核定。不能按固定期限计算纳税的，可以按次计算纳税。

纳税人以 1 个月为一期纳税的，自期满之日起 10 日内申报纳税；以 1 日、3 日、5 日、10 日或者 15 日为一期纳税的，自期满之日起 5 日内预缴税款，于次月 1 日起 10 日内申报纳税并结清上月税款。

扣缴义务人的解缴税款期限比照此规定执行。

2. 申报地点

（1）在应税产品的开采地或者生产所在地主管税务机关缴纳。

（2）如果在本省、自治区、直辖市范围内开采或者生产应税产品，具体的纳税地由本省、自治区、直辖市税务机关决定。

（3）跨省开采的资源税应税产品的纳税人，其下属生产单位与核算单位不在同一省、自治区、直辖市的，对其开采的矿产品，一律在开采地纳税，其应纳税额由独立核算、自负盈亏的单位，按照开采地的实际销售数量（或自用数量）及使用的单位税额计算划拨。

（4）扣缴义务人代扣代缴的资源税，应当向收购地主管税务机关缴纳。

5.7.2　资源税纳税申报实务举例

1. 资料

G 铜矿山纳税人识别号为 390105930859385，2009 年 2 月销售铜矿石原矿 5 000 吨，移送入选精矿 500 吨，选矿比为 20%，该矿山铜矿属于 5 等，按规定使用 1.2 元/吨的单位税额，对有色金属矿按规定税额减征 30%，即按 70% 征收。

2. 计算填列资源税纳税申报表

根据上述资料，计算填列资源税纳税申报表如下：

（1）外销铜矿石原矿的应纳税额

原矿应纳税额＝课税数量×单位税额－课税数量×单位税额×减征比例

$$= 5\,000 \times 1.2 - 5\,000 \times 1.2 \times 30\% = 4\,200（元）$$

（2）入选精矿的应纳税额

精矿应纳税额＝入选精矿数量÷选矿比×单位税额－入选精矿数量÷选矿比×单位税额×减征比例 $= 500 \div 20\% \times 1.2 - 500 \div 20\% \times 1.2 \times 30\% = 2\,100（元）$

（3）合计应纳税额

应纳税额＝原矿应纳税额＋精矿应纳税额＝4 200＋2 100＝6 300（元）

根据上述计算填列资源税纳税申报表见表 5－16。

表 5－16 　　　　　　　　　　　　　**资源税纳税申报表**

填表日期：2009 年 03 月 03 日

纳税人识别号：390105930859385　　　　　　　　　　　　　　　　　金额单位：元（列至角分）

纳税人名称		G 企业		税款所属期间	2009 年 02 月 01 日至 2009 年 02 月 28 日			
产品名称		课税单位	课税数量	单位税额	应纳税额	已纳税额	应补（退）税额	备注
应纳税项目	铜矿石原矿	吨	5 000.00	1.2	6 000.00	0.00	6 000.00	
	铜矿石精矿	吨	2 500.00	1.2	3 000.00	0.00	3 000.00	
减免税项目	铜矿石原矿	吨	5 000.00	1.2×30%	1 800.00	0.00	1 800.00	
	铜矿石精矿	吨	2 500.00	1.2×30%	900.00	0.00	900.00	

续表

如纳税人填报，由纳税人填写以下各栏		如委托代理人填报，由代理人填写以下各栏		备注
会计主管 （签章）	纳税人 （公章）	代理人名称	代理人 （公章）	
		代理人地址		
		经办人	电话	
以下由税务机关填写				
收到申报表日期		接收人		

5.8 城镇土地使用税纳税申报

5.8.1 城镇土地使用税纳税申报要点

1. 申报时间

实行按年计算、分期缴纳的征收方法，具体纳税期限由各省、自治区、直辖市人民政府确定。

2. 申报地点

在土地所在地缴纳。纳税人使用的土地不属于同一省（自治区、直辖市）管辖范围的，应由纳税人分别向土地所在地的税务机关缴纳土地使用税。在同一省（自治区、直辖市）管辖范围内，纳税人跨地区使用的土地，如何确定纳税地点，由各省、自治区、直辖市税务局确定。

5.8.2 城镇土地使用税纳税申报实务举例

1. 资料

J企业为企业法人，坐落于北京市朝阳区双井大街，其纳税人识别号为110105178375902，生产经营用地面积500平方米，其中食堂占地50平方米，厂区绿化占地100平方米，该土地为一级土地，城镇土地使用税的单位税额为每平方米7元。2008年1月1日又受让面积250平方米的土地使用权，该土地为二级土地，城镇土地使用税的单位税额为每平方米5元。企业按年计算、按半年预缴城镇土地使用税。

2. 计算填列城镇土地使用税纳税申报表

根据上述资料，计算填列J企业2008年7月至12月的城镇土地使用税纳税申报表。

J企业所使用的土地500平方米中，食堂占地50平方米可免税，但厂区绿化占地不免税。

应纳城镇土地使用税额 = 实际占用的土地面积 × 适用税率
$$= (500 - 50) \times 7 \div 2 + 250 \times 5 \div 2 = 2\,200 \text{（元）}$$

根据上述计算，J企业2008年7月至12月的城镇土地使用税纳税申报表（见表5-17）填列如下：

表 5 –17　　　　　　　　　　　　城镇土地使用税纳税申报表

填表日期：2008 年 12 月 31 日

纳税人识别号：110105178375902000　金额单位：元（列至角分）　　　　　　土地单位：平方米

纳税人名称			J 企业						税款所属时期		2008 年 7 月 1 日至 2008 年 12 月 31 日				
房产坐落地									北京市朝阳区双井大街						
坐落地点	上期占地面积	本期增减	本期实际占地面积	法定免税面积	应税面积	土地等级		适用税额		年应缴税额	缴纳次数	本期			
						Ⅰ	Ⅱ	Ⅰ	Ⅱ			每次应纳税额	已纳税额	应补（退）税额
1	2	3	4 = 2 + 3	5	6 = 4 – 5	7	8	9	10	11 = 6 × 9 或 10	12	13 = 11 ÷ 12	14	15 = 13 – 14
朝阳	500		500	50	450	一		7		3 150.00	2	1 575.00	0.00	1 575.00
朝阳		250	250	0	250	二			5	1 250.00	2	625.00	0.00	625.00
合计	500	250	750	50	700					4 400.00	2	2 200.00	0.00	2 200.00

如纳税人填报，由纳税人填写以下各栏		如委托代理人填报，由代理人填写以下各栏				备注
会计主管（签章）	纳税人（签章）	代理人名称		代理人（签章）		
		代理人地址				
		经办人		电话		
以下由税务机关填写						
收到申报表日期			接收人			

5.9　房产税纳税申报

5.9.1　房产税纳税申报要点

1. 申报时间

房产税实行按年征收，分期缴纳。纳税期限由省、自治区、直辖市人民政府规定。各地一般规定按季或按半年征收一次。

2. 申报地点

房产税在房产所在地缴纳。房产不在同一地方的纳税人，应按房产的坐落地点分别向房产所在地的税务机关缴纳。

5.9.2　房产税纳税申报实务举例

1. 资料

K 企业地处北京市西城区地安门大街，纳税人识别号为 110102832058787，2008 年上半年共有房产原值 80 000 000 元，7 月 1 日起企业将原值 4 000 000 元的一栋仓库出租给某商场存放货物，租期 1 年，每月取得租金收入 30 000 元。8 月 1 日对委托施工单位建设的生产车间办理验收手续，由在建工程转入固定资产原值 10 000 000 元。已知该地区规定计算房产余值时的扣除比例为 30%。房产建筑面积 20 000 平方米，房产为砖混结构。

2. 计算填列房产税纳税申报表

根据上述资料，计算填列 K 企业 2008 年 7 月 1 日至 12 月 31 日的房产税纳税申报表如下：

该企业经营自用的房产从价计征，在建工程转入的房产从次月开始从价计征；出租的房屋不再从价计征，改为从租计征。

从价计征房产税 = 从价计税的房产原值 × （1 - 扣除比例） × 1.2% = 80 000 000 × （1 - 30%） × 1.2% ÷ 2 - 4 000 000 × （1 - 30%） × 1.2% ÷ 2 + 10 000 000 × （1 - 30%） × 1.2% ÷ 12 × 4 = 347 200 （元）

从租计征房产税 = 租金收入 × 12% = 30 000 × 6 × 12% = 21 600 （元）

应纳房产税 = 347 200 + 21 600 = 368 800 （元）

根据上述计算，K 企业 2008 年 7 月 1 日至 12 月 31 日的房产税纳税申报表的填列如表 5 - 18。

5.10 车船税纳税申报

5.10.1 车船税纳税申报要点

1. 申报时间

车船使用税实行按年计算、分期缴纳的征收办法。具体纳税期限由省、自治区、直辖市人民政府确定。北京市车船使用税的纳税期限分别为：

（1）单位应税的机动车，全年税额分两次缴纳，纳税申报期限为 1 月 1 日至 1 月 15 日和 7 月 1 日至 7 月 15 日；

（2）单位应税的非机动车，全年税额一次缴纳，纳税申报期限为 3 月 1 日至 3 月 31 日。

2. 申报地点

车船使用税的纳税地点为单位经营所在地或机构所在地。

5.10.2 车船税纳税申报实务举例

1. 资料

L 企业为北京市交通运输企业，其纳税人识别号为 110108938372839，2008 年拥有载货汽车（载重量 40 吨）20 辆、大客车 5 辆，其中载货汽车有 3 辆为厂内行驶车辆，不领取行驶执照，也不上公路行驶。北京市规定载货汽车年纳税额每吨 96 元，乘人汽车年纳税额每辆 480 元。

2. 计算填列车船税纳税申报表

根据上述资料，计算填列 L 企业 2008 年 7 月 1 日至 12 月 31 日的车船税纳税申报表（见表 5 - 19）如下：

表5-18

房产税纳税申报表

填表日期：2008年12月31日

纳税人识别号：11010283205878700

纳税人名称	K企业		税款所属时间	2008年12月31日				2008年07月01日至2008年12月31日				金额单位：元（列至角分）					
房产坐落地	北京市西城区地安门大街			建筑面积（m²）	20 000												

上期申报房产原值（评估值）	本期增减	本期实际房产原值	其中		规定的免税房产原值	扣除率	以房产余值计征房产税			以租金收入计征房产税			房产结构		本期		
			从价计税的房产原值	从租计税的房产原值			房产余值	适用税率	应纳税额	租金收入	适用税率	应纳税额	全年应纳税额	缴纳次数	应纳税额	已纳税额	应补（退）税额
1	2	3=1+2	4=3-5-6	5=3-4-6	6	7	8=4-4×7	9	10=8×9	11	12	13=11×12	14=10+13	15	16=14÷15	17	18=16-17
80 000 000	0	80 000 000	80 000 000	0	0	30%	56 000 000	1.2%	672 000	0	0	0	672 000	2	336 000	0	336 000
0	0	-4 000 000	-4 000 000	4 000 000	0	30%	-2 800 000	0.6%	-16 800	180 000	12%	21 600	4 800	1	4 800	0	4 800
0	10 000 000	10 000 000	10 000 000	0	0	30%	7 000 000	0.4%	28 000	0	0	0	28 000	1	28 000	0	28 000
合计 10 000 000	10 000 000	90 000 000	86 000 000	4 000 000	0	—	60 200 000	—	683 200	180 000	—	21 600	704 800	—	368 800	0	368 800

如纳税人填报，由纳税人填写以下各栏

纳税人（公章）

会计主管（签章）

收到申报表日期

如委托代理人填报，由代理人填写以下各栏

代理人名称

代理人地址

经办人

代理人（公章）

电话

以下由税务机关填写

接收人

备注

表 5 – 19

车船税纳税申报表

填表日期：2009 年 01 月 10 日

纳税人识别号：110108938372839

金额单位：元（列至角分）

纳税人名称			L 企业	税款所属时期		2008 年 07 月 01 日至 2008 年 12 月 31 日		
车船类别	计税标准	数量	单位税额	全年应纳税额	年缴纳次数	本期		
						应纳税额	已纳税额	应补（退）税额
1	2	3	4	5 = 3 × 4	6	7 = 5 ÷ 6	8	9 = 7 - 8
载货汽车	按净吨位每吨	680	96.00	65 280.00	2	32 640.00	0.00	32 640.00
乘人汽车	每辆	5	480.00	2 400.00	2	1 200.00	0.00	1 200.00
合计		—	—	67 680.00	—	33 840.00	0.00	33 840.00

如纳税人填报，由纳税人填写以下各栏		如委托代理人填报，由代理人填写以下各栏			备注
会计主管（签章）	纳税人（签章）	代理人名称		代理人（签章）	
		代理人地址			
		经办人	电话		
以下由税务机关填写					
收到申报表日期			接收人		

5.11 印花税纳税申报

5.11.1 印花税纳税申报要点

1. 税额计算

购销合同按购销金额的万分之三贴花、加工承揽合同万分之五、建设工程勘察设计合同万分之五、建筑安装工程承包合同万分之三、财产租赁合同千分之一、借款合同十万分之五、财产保险合同千分之一、技术合同万分之三；账本按 5 元/本缴纳（每年启用时）；年度按"实收资本"与"资本公积"之和的万分之五缴纳（第一年按全额缴纳，以后按年度增加部分缴纳）。

2. 申报时间及地点

印花税的申报时间是一年四次，于每季度终了后十日内将印花税纳税申报表报送所在地的地方税务机关。对只办理注册税务登记的纳税单位一年填报一次，于次年的 1 月底以前报送所在地地方税务机关。

5.11.2 印花税纳税申报实务举例

1. 资料

北京 M 有限责任公司于 2009 年 2 月开业，纳税人识别号为 110108572319168。该公司 2 ~ 3 月发生如下交易或事项：领受工商营业执照正副本各一件，税务登记证国税、地税正副本各一件，房屋产权证一件，商标注册证 2 件；实收资本 1 000 000 元，资本公积 500 000 元，除记载资金的账簿外，还建有 4 本营业账簿；签订财产保险合同一份，投保金额600 000 元，缴纳保险费 10 000 元；签订货物买卖合同一份，所载金额 500 000 元。

2. 计算填列印花税纳税申报表

根据上述资料，计算填列 M 有限责任公司 2009 年 1 季度印花税纳税申报表如下：

领受权利许可证照应纳印花税 = （2 + 4 + 1 + 2）×5 = 45（元）

资金账簿应纳印花税额 = （1 000 000 + 500 000）×5‰ = 750（元）

其他账簿应纳印花税额 = 4 × 5 = 20（元）

财产保险合同应纳印花税额 = 10 000 × 1‰ = 10（元）

购销合同应纳印花税额 = 500 000 × 3‰ = 150（元）

共计应纳印花税额 = 45 + 750 + 20 + 10 + 150 = 975（元）

根据上述计算，M 有限责任公司 2009 年 1 季度印花税纳税申报表（见表 5 - 20）的填列如下：

表 5 - 20

印花税纳税申报表

填表日期：2009 年 04 月 03 日

纳税人识别号：110108572319168000　　　　　　　　　　　　　　　金额单位：元（列至角分）

纳税人名称		北京 M 有限责任公司			税款所属时期		2009 年 02 月 01 日至 2009 年 03 月 31 日			
应税凭证名称	件数	计税金额	适用税率	应纳税额	已纳税额	应补(退)税额	贴花情况			
							上期结存	本期购进	本期贴花	本期结存
1	2	3	4	5 = 2 ×4 或 5 = 3 ×4	6	7 = 5 - 6	8	9	10	11 = 8 + 9 - 10
营业执照	2		5.00	10.00	0.00	10.00	0.00	10.00	10.00	0.00
税务登记证	4		5.00	20.00	0.00	20.00	0.00	20.00	20.00	0.00
房屋产权证	1		5.00	5.00	0.00	5.00	0.00	5.00	5.00	0.00
商标注册证	2		5.00	10.00	0.00	10.00	0.00	10.00	10.00	0.00
资金账簿		1 500 000.00	5‰	750.00	0.00	750.00	0.00	750.00	750.00	0.00
其他账簿	4		5.00	20.00	0.00	20.00	0.00	20.00	20.00	0.00
财产保险合同		10 000.00	1‰	10.00	0.00	10.00	0.00	10.00	10.00	0.00
购销合同		500 000.00	3‰	150.00	0.00	150.00	0.00	150.00	150.00	0.00

续表

应税凭证名称	件数	计税金额	适用税率	应纳税额	已纳税额	应补(退)税额	贴花情况			
							上期结存	本期购进	本期贴花	本期结存
合计	13	2 010 000.00	—	975.00	0.00	975.00	0.00	975.00	975.00	0.00

如纳税人填报，由纳税人填写以下各栏		如委托代理人填报，由代理人填写以下各栏		备注
会计主管（签章）	纳税人（公章）	代理人名称	代理人（公章）	
		代理人地址		
		经办人姓名	电话	
以下由税务机关填写				
收到申报表日期		接收人		

5.12 契税纳税申报

5.12.1 契税纳税申报要点

1. 申报时间

纳税人应当在签订土地、房屋权属转移合同或者取得其他具有土地、房屋权属转移合同性质凭证后 10 日内，申报纳税。

2. 申报地点

土地、房屋所在地的契税征收机关。

3. 申报资料清单（以下资料的复印件）

（1）纳税申报人的法人或法人代表证明；

（2）土地使用权出让或转让合同；

（3）购房合同及发票；

（4）房产交易双方的契约；

（5）土地界址平面图或房屋分层分户平面图。

5.12.2 契税纳税申报实务举例

1. 资料

N 企业有一套 120 平方米砖混结构的商品房，地处北京市海淀区阜成路 5 号，于 2009 年 3 月 28 日出售给 Y 企业，成交价格 1 500 000 元。

2. 契税纳税申报表填列方法

契税纳税申报表包括表头项目和表中项目两部分，格式见表 5-23，具体填列方法如下：

（1）表头项目

①"承受方及转让方名称"

"承受方及转让方名称"，承受方、转让方是单位的，应按照人事部门批准或者工商部门注册登记的全称填写；承受方、转让方是个人的，则填写本人姓名。

②"承受方、转让方识别号"

"承受方、转让方识别号"，承受方、转让方是单位的，填写税务登记号；没有税务登记号的，填写组织机构代码。承受方、转让方是个人的，填写个人身份证号或护照号。

（2）表中项目

①"合同签订时间"

"合同签订时间"，指承受方签订土地、房屋转移合同的当日，或其取得其他具有土地、房屋转移合同性质凭证的当日。

②"权属转移类别"

"权属转移类别"，指（土地）出让、买卖、赠与、交换、作价入股等行为。

③"成交价格"

"成交价格"，按土地、房屋权属转移合同确定的价格（包括承受者应交付的货币、实物、无形资产或者其他经济利益，折算成人民币金额）填写。计税价格，是指由征收机关按照《中华人民共和国契税暂行条例》第四条确定的成交价格、差价或者核定价格。

④"计征税额"

计征税额 = 计税价格 × 税率，应纳税额 = 计征税额 − 减免税额。

3. 计算填列契税纳税申报表

根据上述资料及方法，N 企业契税纳税申报表（见表 5 – 21）的计算填列如下：

表 5 – 21 契税纳税申报表

填表日期：2009 年 04 月 06 日　　　　　　金额单位：元　　　　　　面积单位：平方米

承受方	名称	Y 企业	识 别 号	11010021979040600394
	地址	北京市西城区	联系电话	68376580
转让方	名称	N 企业	识 别 号	11010021978092108642
	地址	北京市海淀区	联系电话	84938203
土地、房屋权属转移	合同签订时间	2009 年 03 月 28 日		
	土地、房屋地址	北京市海淀区阜成路 5 号		
	权属转移类别	买卖		
	权属转移面积	120 平方米		
	成交价格	1 500 000.00 元		
适用税率	3%			
计征税额	45 000.00 元			
减免税额	0.00 元			
应纳税额	45 000.00 元			
纳税人员（签章）		经办人员（签章）		
以下部分由征收机关负责填写				
征收机关收到日期		接收人	审核日期	
审核记录				
审核人员（签章）		征收机关（签章）		

本表 A4 竖式，一式两份：第一联为纳税人保存；第二联由主管征收机关留存。

5.13 企业所得税纳税申报

5.13.1 企业所得税纳税申报要点

1. 申报时间及地点

企业所得税按年计征，分月或者分季预缴，年终汇算清缴，多退少补。

按月或按季预缴的，应当自月份或者季度终了之日起15日内，向税务机关报送预缴企业所得税纳税申报表，预缴税款。

自年度终了之日起5个月内，向税务机关报送年度企业所得税纳税申报表，并汇算清缴，结清应缴应退税款。

2. 申报资料清单

（1）企业所得税纳税申报表及其附表；

（2）企业年度会计报表及其附表；

（3）税务机关要求的其他资料。

5.13.2 企业所得税月（季）度预缴纳税申报表（A类）填列方法

企业所得税月（季）度预缴纳税申报表（A类）包括表头项目和表中项目两个部分，其格式见表5-22。具体填列方法如下：

1. 表头项目

（1）"税款所属期间"

纳税人填写的"税款所属期间"为公历1月1日至所属月（季）度最后一日。年度中间开业的纳税人填写的"税款所属期间"为当月（季）开始经营之日至所属季度的最后一日，自次月（季）度起按正常情况填报。

（2）"纳税人识别号"

"纳税人识别号"，填报税务机关核发的税务登记证号码（15位）。

（3）"纳税人名称"

"纳税人名称"，填报税务登记证中的纳税人全称。

2. 表中项目

（1）"营业收入"

"营业收入"，填报会计制度核算的营业收入。

（2）"营业成本"

"营业成本"，填报会计制度核算的营业成本。

（3）"利润总额"

"利润总额"，填报会计制度核算的利润总额。

（4）"税率（25%）"

"税率（25%）"，按照《企业所得税法》第四条规定的25%税率计算应纳所得税额。

（5）"应纳所得税额"

"应纳所得税额"，填报计算出的当期应纳所得税额。

（6）"减免所得税额"

"减免所得税额"，填报当期实际享受的减免所得税额，包括享受减免税优惠过渡期的税收优惠、小型微利企业优惠、高新技术企业优惠及经税务机关审批或备案的其他减免税优惠。

（7）"实际已缴的所得税额"

"实际已缴的所得税额"，填报累计已预缴的企业所得税税额，"本期金额"列不填。

（8）"应补（退）所得税额"

"应补（退）所得税额"，填报按照税法规定计算的本次应补（退）预缴所得税额。

（9）"上一纳税年度应纳税所得额"

"上一纳税年度应纳税所得额"，填报上一纳税年度申报的应纳税所得额。本项不包括纳税人的境外所得。

（10）"本月（季）应纳税所得额"

"本月（季）应纳税所得额"，填报纳税人依据上一纳税年度申报的应纳税所得额计算的当期应纳税所得额。

（11）"本月（季）应纳所得税额"

"本月（季）应纳所得税额"，填报计算的本月（季）应纳所得税额。"本月（季）应纳所得税额" = "本月（季）应纳税所得额" × "税率（25%）"

（12）"本月（季）确定预缴的所得税额"

"本月（季）确定预缴的所得税额"，填报依据税务机关认定的应纳税所得额计算出的本月（季）应缴纳所得税额。

5.13.3　企业所得税年度纳税申报表（A 类）填列方法

企业所得税年度纳税申报表（A 类）包括表头项目和表中项目两个部分，其格式见表 5 - 23。具体填列方法如下：

1. 表头项目

（1）"税款所属期间"

"税款所属期间"，正常经营的纳税人，填报公历 1 月 1 日至 12 月 31 日；纳税人年度中间开业的，填报实际生产经营之日的当月 1 日至同年 12 月 31 日；纳税人年度中间发生合并、分立、破产、停业等情况的，填报公历当年 1 月 1 日至实际停业或法院裁定并宣告破产之日的当月月末；纳税人年度中间开业且年度中间又发生合并、分立、破产、停业等情况的，填报实际生产经营之日的当月 1 日至实际停业或法院裁定并宣告破产之日的当月月末。

（2）"纳税人识别号"

"纳税人识别号"，填报税务机关统一核发的税务登记证号码。

（3）"纳税人名称"

"纳税人名称"，填报税务登记证所载纳税人的全称。

2. 表中项目

（1）"营业收入"

"营业收入"，填报纳税人主要经营业务和其他业务所确认的收入总额。本项目应根据

"主营业务收入"和"其他业务收入"科目的发生额分析填列。一般企业通过"附表一（1）《收入明细表》"计算填列。

（2）"营业成本"

"营业成本"项目，填报纳税人经营主要业务和其他业务发生的实际成本总额。本项目应根据"主营业务成本"和"其他业务成本"科目的发生额分析填列。一般企业通过"附表二（1）《成本费用明细表》"计算填列。

（3）"营业税金及附加"

"营业税金及附加"，填报纳税人经营业务应负担的营业税、消费税、城市维护建设税、资源税、土地增值税和教育费附加等。本项目应根据"营业税金及附加"科目的发生额分析填列。

（4）"销售费用"

"销售费用"，填报纳税人在销售商品过程中发生的包装费、广告费等费用和为销售本企业商品而专设的销售机构的职工薪酬、业务费等经营费用。本项目应根据"销售费用"科目的发生额分析填列。

（5）"管理费用"

"管理费用"，填报纳税人为组织和管理生产经营发生的管理费用。本项目应根据"管理费用"科目的发生额分析填列。

（6）"财务费用"

"财务费用"，填报纳税人为筹集生产经营所需资金等而发生的筹资费用。本项目应根据"财务费用"科目的发生额分析填列。

（7）"投资收益"

"投资收益"，填报纳税人以各种方式对外投资所取得的收益。应根据"投资收益"科目的发生额分析填列，如为损失，以"－"号填列。企业持有的交易性金融资产处置和出让时，处置收益部分应当自"公允价值变动损益"项目转出，列入本项，包括境外投资应纳税所得额。

（8）"营业利润"

"营业利润"，填报纳税人当期的营业利润。

（9）"营业外收入"

"营业外收入"，填报纳税人发生的与其经营活动无直接关系的各项收入。

（10）"营业外支出"

"营业外支出"，填报纳税人发生的与其经营活动无直接关系的各项支出。一般企业通过"附表二（1）《成本费用明细表》"相关行次计算填报。

（11）"利润总额"

"利润总额"，填报纳税人当期的利润总额。

（12）"纳税调整增加额"

"纳税调整增加额"，填报纳税人未计入利润总额的应税收入项目、税收不允许扣除的支出项目、超出税收规定扣除标准的支出金额，以及资产类应纳税调整的项目，包括房地产开发企业按本期预售收入计算的预计利润等。纳税人根据附表三《纳税调整项目明细表》"调增金额"列下计算填报。

（13）"纳税调整减少额"

"纳税调整减少额"，填报纳税人已计入利润总额，但税收规定可以暂不确认为应税收入的项目，以及在以前年度进行了纳税调增，根据税收规定从以前年度结转过来在本期扣除的项目金额。包括不征税收入、免税收入、减计收入以及房地产开发企业已转销售收入的预售收入按规定计算的预计利润等。纳税人根据"附表三《纳税调整项目明细表》""调减金额"列下计算填报。

（14）"其中：不征税收入"

"其中：不征税收入"，填报纳税人计入营业收入或营业外收入中的属于税收规定的财政拨款、依法收取并纳入财政管理的行政事业性收费、政府性基金、以及国务院规定的其他不征税收入。

（15）"其中：免税收入"

"其中：免税收入"，填报纳税人已并入利润总额中核算的符合税收规定免税条件的收入或收益，包括，国债利息收入；符合条件的居民企业之间的股息、红利等权益性投资收益；在中国境内设立机构、场所的非居民企业从居民企业取得与该机构、场所有实际联系的股息、红利等权益性投资收益；符合条件的非营利组织的收入。本行应根据"主营业务收入"、"其他业务收入"和"投资净收益"科目的发生额分析填列。

（16）"其中：减计收入"

"其中：减计收入"，填报纳税人以《资源综合利用企业所得税优惠目录》规定的资源作为主要原材料，生产销售国家非限制和禁止并符合国家和行业相关标准的产品按10%的规定比例减计的收入。

（17）"其中：减、免税项目所得"

"其中：减、免税项目所得"，填报纳税人按照税收规定应单独核算的减征、免征项目的所得额。

（18）"其中：加计扣除"

"其中：加计扣除"，填报纳税人当年实际发生的开发新技术、新产品、新工艺发生的研究开发费用，以及安置残疾人员和国家鼓励安置的其他就业人员所支付的工资。符合税收规定条件的，计算应纳税所得额按一定比例的加计扣除金额。

（19）"其中：抵扣应纳税所得额"

"其中：抵扣应纳税所得额"，填报创业投资企业采取股权投资方式投资于未上市的中小高新技术企业2年以上的，可以按照其投资额的70%在股权持有满2年的当年抵扣该创业投资企业的应纳税所得额；当年不足抵扣的，可以在以后纳税年度结转抵扣。

（20）"加：境外应税所得弥补境内亏损"

"加：境外应税所得弥补境内亏损"，依据《境外所得计征企业所得税暂行管理办法》的规定，纳税人在计算缴纳企业所得税时，其境外营业机构的盈利可以弥补境内营业机构的亏损。即当"利润总额"加"纳税调整增加额"减"纳税调整减少额"为负数时，该行填报企业境外应税所得用于弥补境内亏损的部分，最大不得超过企业当年的全部境外应税所得；如为正数时，如以前年度无亏损额，本行填零；如以前年度有亏损额，取应弥补以前年度亏损额的最大值，最大不得超过企业当年的全部境外应税所得。

（21）"纳税调整后所得"

"纳税调整后所得"，填报纳税人当期经过调整后的应纳税所得额。当本项为负数时，即为可结转以后年度弥补的亏损额（当年可弥补的所得额）；如为正数时，应继续计算应纳税所得额。

（22）"弥补以前年度亏损"

"弥补以前年度亏损"，填报纳税人按税收规定可在税前弥补的以前年度亏损额。金额等于附表四《企业所得税弥补亏损明细表》第 6 行第 10 列，但不得超过"纳税调整后所得"。

（23）"应纳税所得额"

"应纳税所得额"，金额等于"纳税调整后所得" - "弥补以前年度亏损"。本项不得为负数。

（24）"税率"

"税率"，填报税法规定的税率25%。

（25）"应纳所得税额"

"应纳所得税额"，金额等于"应纳税所得额" × "税率"。

（26）"减免所得税额"

"减免所得税额"，填列纳税人按税收规定实际减免的企业所得税额。包括小型微利企业、国家需要重点扶持的高新技术企业、享受减免税优惠过渡政策的企业，其实际执行税率与法定税率的差额，以及经税务机关审批或备案的其他减免税优惠。金额等于附表五《税收优惠明细表》第 33 行。

（27）"抵免所得税额"

"抵免所得税额"，填列纳税人购置用于环境保护、节能节水、安全生产等专用设备的投资额，其设备投资额的 10% 可以从企业当年的应纳税额中抵免；当年不足抵免的，可以在以后 5 个纳税年度结转抵免。金额等于附表五《税收优惠明细表》第 40 行。

（28）"应纳税额"

"应纳税额"，填报纳税人当期的应纳所得税额，根据上述有关的行次计算填列。金额等于本表"应纳所得税额" - "减免所得税额" - "抵免所得税额"。

（29）"实际应纳所得税额"

"实际应纳所得税额"，填报纳税人当期的实际应纳所得税额。金额等于"应纳税额" + "境外所得应纳所得税额" - "境外所得抵免所得税额"。

（30）"本年累计实际已预缴的所得税额"

"本年累计实际已预缴的所得税额"，填报纳税人按照税收规定本年已在各月（季）累计预缴的所得税额。

（31）"本年应补（退）的所得税额"

"本年应补（退）的所得税额"，填报纳税人当期应补（退）的所得税额。金额等于本表第 33 行 - 34 行。

（32）"以前年度多缴的所得税在本年抵减额"

"以前年度多缴的所得税在本年抵减额"，填报纳税人以前年度汇算清缴多缴的税款尚未办理退税的金额，且在本年抵缴的金额。

(33)"上年度应缴未缴在本年入库所得额"

"上年度应缴未缴在本年入库所得额"，填报纳税人以前年度损益调整税款、上一年度第四季度或第 12 月份预缴税款和汇算清缴的税款，在本年入库金额。

5.13.4　企业所得税月（季）度预缴纳税申报实务举例

1. 资料

某市 P 股份有限公司为生产性增值税一般纳税人，其纳税人识别号为 110108104789528，增值税税率为 17%，拥有在册职工 100 人，据实预缴企业所得税，2008 年 7 月 1 日至 2008 年 9 月 30 日会计资料反映的生产经营情况如下：

(1) 销售收入总额 2 304 440 元。

(2) 国债利息收入 7 500 元，金融债券利息收入 2 500 元。

(3) 产品销售成本 1 855 490 元。

(4) 销售税金及附加 39 175.50 元。

(5) 营业费用 54 496.60 元，其中：销售人员工资 19 880 元，按销售人员工资计提的福利费 2 783.20 元；产品广告费 31 833.40 元。

(6) 管理费用 227 981.63 元，其中：行政管理人员工资 115 760 元，按行政管理人员工资计提的福利费 16 206.40 元，按福利人员工资计提的福利费 168.56 元，按工会人员工资计提的福利费 124.88 元，按工资总额计提的职工工会经费 6 098.62 元，按工资总额计提的职工教育经费 4 573.97 元；业务招待费 9 897 元；新产品研究开发费用 8 660 元；管理用固定资产折旧费 7 500 元；社会保险缴纳 24 937.60 元；差旅费 2 538 元；交通费 3 350 元，本期增提的坏账准备 28 166.60 元。

(7) 财务费用 20 900 元，其中：年初向工商银行贷款 1 000 000 元，用于生产经营，年利率为 5%；年初向 Z 公司借款 200 000 元，用于生产经营，年利率为 10%；另支付逾期归还银行贷款的罚息 3 400 元。

(8) 营业外支出 38 600 元，其中：通过当地希望工程基金会向西部某希望小学捐款 30 000 元；缴纳税收滞纳金 2 600 元，支付另一企业合同违约金 6 000 元。

(9) 实发工资总额 304 931 元，其中：生产工人工资 54 480 元，车间管理人员工资 112 715元，销售人员工资 19 880 元，行政管理人员工资 115 760 元，福利部门人员工资 1 204元，工会人员工资 892 元。按实发工资总额和规定的比例计提了职工福利费 42 690.34 元，职工工会经费 6 098.62 元，职工教育经费 4 573.97 元。已知该地区政府确定的人均月计税工资标准为 900 元。

(10) 该公司前两季度累计营业收入为 3 706 800 元，营业成本为 3 580 940 元，利润总额为 156 000 元，累计预缴纳企业所得税额为 39 000 元。

2. 计算填列企业所得税预缴纳税申报表

根据上述资料及方法，P 股份有限公司 2008 年第四季度企业所得税预缴纳税申报表（见表 5-22）的填列如下：

表 5－22　　　　中华人民共和国企业所得税月（季）度预缴纳税申报表（A 类）

税款所属期间：2008 年 01 月 01 日至 2008 年 09 月 30 日

纳税人识别号：110108104798528

纳税人名称：P 股份有限公司　　　　　　　　　　　　　　　　金额单位：人民币元（列至角分）

行次	项目	本期金额	累计金额
1	**一、据实预缴**		
2	营业收入	2 304 440.00	6 011 240.00
3	营业成本	1 855 490.00	5 436 430.00
4	利润总额	77 796.28	233 796.28
5	税率（25%）	25%	25%
6	应纳所得税额（4 行×5 行）	19 449.07	58 449.07
7	减免所得税额	0.00	0.00
8	实际已缴所得税额	—	39 000.00
9	应补（退）所得税额（6 行－7 行－8 行）		19 449.07
10	**二、按照上一纳税年度应纳所得额的平均额预缴**		
11	上一纳税年度应纳税所得额	—	
12	本月（季）应纳税所得额（11 行÷12 或 11 行÷4）		
13	税率（25%）		—
14	本月（季）应纳所得税额（12 行×13 行）		
15	**三、按照税务机关确定的其他方法预缴**		
16	本月（季）确定预缴的所得税额		
17	总分机构纳税人		
18	总机构	总机构应分摊的所得税额（9 行或 14 行或 16 行×25%）	—	
19		中央财政集中分配税款的所得税额（9 行或 14 行或 16 行	—	
20		×25%）　分支机构应分摊的所得税额（9 行或 14 行或 16 行×50%）		
21	分支机构	分配比例		
22		分配的所得税额（20 行×21 行）		

谨声明：此纳税申报表是根据《中华人民共和国企业所得税法》、《中华人民共和国企业所得税法实施条例》和国家有关税收规定填报的，是真实的、可靠的、完整的。

法定代表人（签字）：　　　　　　　　　　　　年　　月　　日

纳税人公章：	代理申报中介机构公章：	主管税务机关受理专用章：
会计主管：	经办人： 经办人执业证件号码：	受理人：
填表日期：　年　月　日	代理申报日期：　年　月　日	受理日期：　年　月　日

国家税务总局监制

5.13.5　企业所得税年度纳税申报实务举例

1. 资料

某市 Q 股份有限公司为生产性增值税一般纳税人，其纳税人识别号为 110108104789586，增值税税率为 17%，拥有在册职工 40 人，2008 年 1 月 1 日至 12 月 31 日会计资料反映的生产经营情况如下：

(1) 产品销售收入总额 3 165 328 元；销售材料、下脚料、废料等的收入 45 535.12 元。

(2) 对深圳甲生产性外商投资企业投资 200 000 元，占被投资企业所有者权益的比例为 30%，从甲企业分回税后利润 24 000 元，甲企业所得税税率为 15%，当地免征地方所得税。

(3) 对美国某企业投资 240 000 元，占被投资企业所有者权益的比例为 40%，从该企业分回税后利润 48 000 元，美国所得税税率为 40%。

(4) 产品销售成本 2 599 780.56 元，具体情况如下：产成品期初数 11 427.20 元，期末数 19 364.04 元；在产品期初数 54 591.20 元，期末数 93 872 元；制造费用 244 792.16 元；直接人工 99 358.20 元；直接原材料期初数 26 162.40 元，本期购进数 2 307 200 元，期末数 31 463.20 元；间接原材料期初数 660 元，本期购进数 2 960 元，期末数 2 720 元，其他成本 312.24 元，残料收回 263.60 元。销售材料、下脚料、废料等的成本 35 000 元。

(5) 销售税金及附加 54 584.67 元。

(6) 营业费用 96 992.13 元，其中：销售人员工资 31 135.20 元，按销售人员工资计提的福利费 4 358.93 元；展览费 19 498 元；产品广告费 42 000 元。

(7) 固定资产情况如下：厂房上年原值 200 000 元，上年折旧 10 000 元，当年折旧 10 000 元；办公楼上年原值 240 000 元，上年折旧 12 000 元，当年折旧 12 000 元；生产用机器设备 A 上年原值 272 000 元，上年折旧 27 200 元，当年折旧 27 200 元；当年增加电子设备 B 24 000 元，当年折旧 2 000 元；会计折旧方法与税收折旧方法相同，都采用直线法折旧，会计折旧年限的估计也符合税法的规定。

(8) 管理费用 344 676.45 元，其中：行政管理人员工资 190 160 元，按行政管理人员工资计提的福利费 26 622.40 元，按福利人员工资计提的福利费 271.49 元，按工会人员工资计提的福利费 181.33 元，按工资总额计提的职工工会经费 10 275.45 元，按工资总额计提的职工教育经费 7 706.58 元；业务招待费 16 100.96 元；差旅费 4 094.68 元；交通费 4 812 元；社会保险缴款 31 425.60 元，劳动保护费 13 759.32 元；管理用固定资产折旧费 12 000 元；本期计提坏账准备 11 266.64 元；发生新产品研究开发费用 16 000 元，该企业上年度发生新产品研究开发费用为 12 000 元。

(9) 本企业采用备抵法计提坏账准备，企业估计坏账比例为 5%，税法规定计提坏账比例为 5‰。有关坏账准备情况如下：期初应收账款余额 505 024 元，期初坏账准备余额 25 251.20 元；期末应收账款余额 586 356.80 元；本期实际发生坏账损失 9 200 元（应收乙公司货款因其破产而无法收回，到期日是 2005 年 10 月 31 日，乙公司地址是上海市国权路 1286 号），本期收回已核销的坏账 2000 元（已经核销的应收丙公司货款因其被兼并由兼并企业偿还债务而收回，到期日 2006 年 12 月 31 日，丙公司地址是上海市浦东大道 1658 号）；本期增提坏账准备 11 266.64 元，期末坏账准备账户余额 29 317.84 元。

(10) 财务费用 33 200 元，其中：年初向工商银行借款 400 000 元，用于生产经营，年利率为 5%；年初向 Z 企业借款 80 000 元，用于生产经营，年利率为 10%；另支付逾期归还银行贷款的罚息 5 200 元。

(11) 营业外支出 24 224 元，其中：通过当地希望工程基金会向贵州某希望小学捐款 20 000 元；缴纳税收滞纳金 1 824 元；支付另一企业合同违约金 2 400 元。

(12) 实发工资总额 513 772.32 元，其中：生产工人工资 108 898.72 元，车间管理人员工资 180 344 元，销售人员工资 31 135.20 元，行政管理人员工资 190 160 元，福利部门人员工资 1 939.20 元，工会人员工资 1 295.20 元。按实发工资总额和规定的比例计提职工福利费 71 928.12 元，职工工会经费 10 275.45 元，职工教育经费 7 706.58 元。已知该地区政府确定的人均月计税工资标准为 900 元。

（13）2006 年发生亏损 32 355.20 元，2007 年已弥补亏损 24 274 元，上年度未弥补的亏损 8 081.20 元。

（14）本年度已预缴企业所得税累计为 60 049.60 元。

2. 计算填列年度纳税申报表

根据上述资料及方法，Q 股份有限公司年度纳税申报表（见表 5-23）计算填列如下：

表 5-23

中华人民共和国企业所得税年度纳税申报表（A 类）

税款所属期间：2008 年 01 月 01 日至 2008 年 12 月 31 日

纳税人名称：Q 股份有限公司

纳税人识别号：110108104789586

金额单位：元（列至角分）

类别	行次	项 目	金 额
利润总额计算	1	一、营业收入（填附表一）	3 210 863.12
	2	减：营业成本（填附表二）	2 634 780.56
	3	营业税金及附加	54 584.67
	4	销售费用（填附表二）	96 992.13
	5	管理费用（填附表二）	344 676.45
	6	财务费用（填附表二）	33 200.00
	7	资产减值损失	0.00
	8	加：公允价值变动收益	0.00
	9	投资收益	108 235.29
	10	二、营业利润	154 864.60
	11	加：营业外收入（填附表一）	0.00
	12	减：营业外支出（填附表二）	24 224.00
	13	三、利润总额（10+11-12）	130 640.60
应纳税所得额计算	14	加：纳税调整增加额（填附表三）	112 329.96
	15	减：纳税调整减少额（填附表三）	8 000.00
	16	其中：不征税收入	0.00
	17	免税收入	0.00
	18	减计收入	0.00
	19	减、免税项目所得	0.00
	20	加计扣除	8 000.00
	21	抵扣应纳税所得额	0.00
	22	加：境外应税所得弥补境内亏损	0.00
	23	纳税调整后所得（13+14-15+22）	232 970.56
	24	减：弥补以前年度亏损（填附表四）	8 081.20
	25	应纳税所得额（23-24）	226 889.36
应纳税额计算	26	税率（25%）	25%
	27	应纳所得税额（25×26）	56 722.34
	28	减：减免所得税额（填附表五）	0.00
	29	减：抵免所得税额（填附表五）	0.00
	30	应纳税额（27-28-29）	56 722.34

续表

类别	行次	项　　目	金　额
应纳税 额计算	31	加：境外所得应纳所得税额（填附表六）	0.00
	32	减：境外所得抵免所得税额（填附表六）	20 000.00
	33	实际应纳所得税额（30＋31－32）	36 722.34
	34	减：本年累计实际已预缴的所得税额	60 049.60
	35	其中：汇总纳税的总机构分摊预缴的税额	
	36	汇总纳税的总机构财政调库预缴的税额	
	37	汇总纳税的总机构所属分支机构分摊的预缴税额	
	38	合并纳税（母子体制）成员企业就地预缴比例	
	39	合并纳税企业就地预缴的所得税额	
	40	本年应补（退）的所得税额（33－34）	－23 327.26
附列 资料	41	以前年度多缴的所得税额在本年抵减额	0.00
	42	以前年度应缴未缴在本年入库所得税额	0.00

纳税人公章：	代理申报中介机构公章：	主管税务机关受理专用章：
经办人：	经办人及执业证件号码：	受理人：
申报日期：　年　月　日	代理申报日期：　年　月　日	受理日期：　年　月　日

3. 计算填列企业所得税年度纳税申报表附表一（1）——收入明细表

根据上述资料，Q 股份有限公司企业所得税年度纳税申报表附表一（1）——收入明细表（见表 5－24）计算填列如下：

表 5－24　　　　　　　　　　　**企业所得税年度纳税申报表附表一（1）**
收入明细表

填报时间：2009 年 03 月 03 日　　　　　　　　　　　　　　　金额单位：元（列至角分）

行次	项　　目	金　额
1	一、销售（营业）收入合计（2＋13）	3 210 863.12
2	（一）营业收入合计（3＋8）	3 210 863.12
3	1. 主营业务收入（4＋5＋6＋7）	3 165 328.00
4	（1）销售货物	3 165 328.00
5	（2）提供劳务	0.00
6	（3）让渡资产使用权	0.00
7	（4）建造合同	0.00
8	2. 其他业务收入（9＋10＋11＋12）	45 535.12
9	（1）材料销售收入	45 535.12
10	（2）代购代销手续费收入	0.00
11	（3）包装物出租收入	0.00
12	（4）其他	0.00
13	（二）视同销售收入（14＋15＋16）	0.00
14	（1）非货币性交易视同销售收入	0.00
15	（2）货物、财产、劳务视同销售收入	0.00
16	（3）其他视同销售收入	0.00

续表

行次	项　目	金　额
17	二、营业外收入（18+19+20+21+22+23+24+25+26）	0.00
18	1. 固定资产盘盈	0.00
19	2. 处置固定资产净收益	0.00
20	3. 非货币性资产交易收益	0.00
21	4. 出售无形资产收益	0.00
22	5. 罚款收入	0.00
23	6. 债务重组收益	0.00
24	7. 政府补助收入	0.00
25	8. 捐赠收入	0.00
26	9. 其他	0.00

经办人（签章）：　　　　　　　　　　　法定代表人（签章）：

本表适用于执行《企业会计制度》、《小企业会计制度》、《企业会计准则》的企业，并实行查账征收的企业所得税居民纳税人填报。

4. 计算填列企业所得税年度纳税申报表附表二（1）——成本费用明细表

根据上述资料，Q股份有限公司企业所得税年度纳税申报表附表二（1）——成本费用明细表（见表5-25）计算填列如下：

表5-25　　　　　　　　　　　企业所得税年度纳税申报表附表二（1）
成本费用明细表

填报时间：2009年03月03日　　　　　　　　　　　　　　　金额单位：元（列至角分）

行次	项　目	金　额
1	一、销售（营业）成本合计（2+7+12）	2 634 780.56
2	（一）主营业务成本（3+4+5+6）	2 599 780.56
3	（1）销售货物成本	2 599 780.56
4	（2）提供劳务成本	0.00
5	（3）让渡资产使用权成本	0.00
6	（4）建造合同成本	0.00
7	（二）其他业务成本（8+9+10+11）	0.00
8	（1）材料销售成本	35 000.00
9	（2）代购代销费用	0.00
10	（3）包装物出租成本	0.00
11	（4）其他	0.00
12	（三）视同销售成本（13+14+15）	0.00
13	（1）非货币性交易视同销售成本	0.00
14	（2）货物、财产、劳务视同销售成本	0.00
15	（3）其他视同销售成本	0.00
16	二、营业外支出（17+18+……+24）	24 224.00
17	1. 固定资产盘亏	0.00
18	2. 处置固定资产净损失	0.00
19	3. 出售无形资产损失	0.00
20	4. 债务重组损失	0.00
21	5. 罚款支出	1 824.00

续表

行次	项　目	金　额
22	6. 非常损失	0.00
23	7. 捐赠支出	20 000.00
24	8. 其他	2 400.00
25	三、期间费用（26 + 27 + 28）	474 872.58
26	1. 销售（营业）费用	96 992.13
27	2. 管理费用	344 676.45
28	3. 财务费用	33 200.00

经办人（签章）：　　　　　　　　　　法定代表人（签章）：

5. 计算填列企业所得税年度纳税申报表附表三——纳税调整项目明细表

根据上述资料，Q 股份有限公司企业所得税年度纳税申报表附表三——纳税调整项目明细表（见表 5 - 26）计算填列如下：

表 5 - 26　　　　　　　企业所得税年度纳税申报表附表三
纳税调整项目明细表

填报时间：2009 年 03 月 03 日　　　　　　　　　　　　金额单位：元（列至角分）

	行次	项目	账载金额	税收金额	调增金额	调减金额
			1	2	3	4
	1	一、收入类调整项目	*	*	0.00	0.00
	2	1. 视同销售收入（填附表一）	*	*	0.00	*
#	3	2. 接受捐赠收入	*	0.00	0.00	*
	4	3. 不符合税收规定的销售折扣和折让	0.00	0.00	0.00	*
*	5	4. 未按权责发生制原则确认的收入	0.00	0.00	0.00	
*	6	5. 按权益法核算长期股权投资对初始投资成本调整确认收益	*	*	*	
	7	6. 按权益法核算的长期股权投资持有期间的投资损益	*	*	*	
*	8	7. 特殊重组	0.00	0.00	0.00	
*	9	8. 一般重组	0.00	0.00	0.00	
*	10	9. 公允价值变动净收益（填附表七）	*	*	0.00	
	11	10. 确认为递延收益的政府补助	0.00	0.00	0.00	
	12	11. 境外应税所得（填附表六）	*	*	*	0.00
	13	12. 不允许扣除的境外投资损失	*	*	0.00	*
	14	13. 不征税收入［填附表一（3）］	*	*	*	0.00
	15	14. 免税收入（填附表五）	*	*	*	0.00
	16	15. 减计收入（填附表五）	*	*	*	0.00
	17	16. 减、免税项目所得（填附表五）	*	*	*	0.00
	18	17. 抵扣应纳税所得额（填附表五）	*	*	*	0.00
	19	18. 其他	0.00	0.00	0.00	
	20	二、扣除类调整项目	*	*	108 670.00	8 000.00
	21	1. 视同销售成本（填附表二）	*	*	*	0.00
	22	2. 工资薪金支出	513 772.32	432 000.00	81 772.32	
	23	3. 职工福利费支出	71 928.12	60 480.00	11 448.12	

续表

行次	项目	账载金额	税收金额	调增金额	调减金额
		1	2	3	4
24	4. 职工教育经费支出	7 706.58	6 480.00	1 226.58	
25	5. 工会经费支出	10 275.45	8 640.00	1 635.45	
26	6. 业务招待费支出	16 100.96	9 660.58	6 440.38	*
27	7. 广告费和业务宣传费支出（填附表八）	*	*	0.00	
28	8. 捐赠支出	20 000.00	15 676.87	4 323.13	*
29	9. 利息支出	0.00	0.00	0.00	
30	10. 住房公积金	0.00	0.00	0.00	*
31	11. 罚金、罚款和被没收财物的损失	0.00	0.00	0.00	*
32	12. 税收滞纳金	1 824.00	*	1 824.00	*
33	13. 赞助支出	0.00	*	0.00	*
34	14. 各类基本社会保障性缴款	0.00	0.00	0.00	
35	15. 补充养老保险、补充医疗保险	0.00	0.00	0.00	
36	16. 与未实现融资收益相关在当期确认的财务费用	0.00	0.00		
37	17. 与取得收入无关的支出	0.00	*	0.00	*
38	18. 不征税收入用于支出所形成的费用	0.00	*	0.00	*
39	19. 加计扣除（填附表五）	*	*	*	8 000.00
40	20. 其他	0.00	0.00	0.00	
41	三、资产类调整项目	*	*		
42	1. 财产损失	0.00	0.00	0.00	
43	2. 固定资产折旧（填附表九）	*	*	0.00	
44	3. 生产性生物资产折旧（填附表九）	*	*	0.00	
45	4. 长期待摊费用的摊销（填附表九）	*	*	0.00	
46	5. 无形资产摊销（填附表九）	*	*	0.00	
47	6. 投资转让、处置所得（填附表十一）	*	*	0.00	
48	7. 油气勘探投资（填附表九）	*	*	0.00	
49	8. 油气开发投资（填附表九）	*	*	0.00	
50	9. 其他	0.00			
51	四、准备金调整项目（填附表十）	*	*	3 659.98	
52	五、房地产企业预售收入计算的预计利润	*	*	0.00	
53	六、特别纳税调整应税所得	*	*	0.00	*
54	七、其他	*	*	0.00	
55	合计	*	*	112 329.96	8 000.00

注：1. 标有 * 的行次为执行新会计准则的企业填列，标有#的行次为除执行新会计准则以外的企业填列。

2. 没有标注的行次，无论执行何种会计核算办法，有差异就填报相应行次，填 * 号不可填列。

3. 有二级附表的项目只填调增金额、调减金额，账载金额、税收金额不再填写。

经办人（签章）： 法定代表人（签章）：

6. 计算填列企业所得税年度纳税申报表附表四——企业所得税弥补亏损明细表

根据上述资料，Q 股份有限公司企业所得税年度纳税申报表附表四——企业所得税弥补亏损明细表（见表 5 - 27）计算填列如下：

表 5 - 27

填报时间：2009 年 03 月 03 日

企业所得税年度纳税申报表附表四

企业所得税税前弥补亏损明细表

金额单位：元（列至角分）

行次	项目	年度	盈利额或亏损额	合并分立企业转入可弥补亏损额	当年可弥补的所得额	以前年度亏损弥补额					本年度实际弥补的以前年度亏损额	可结转以后年度弥补的亏损额
						前四年度	前三年度	前二年度	前一年度	合计		
		1	2	3	4	5	6	7	8	9	10	11
1	第一年	2003										*
2	第二年	2004				*						
3	第三年	2005				*	*					
4	第四年	2006	-32 355.20	0.00	-32 355.20	*	*	*	24 274.00	24 274.00	8 081.20	0.00
5	第五年	2007	24 274.00	0.00	24 274.00	*	*	*	*	*		
6	本年	2008	232 970.56	0.00	232 970.56	*	*	*	*	*		0.00
7	可结转以后年度弥补的亏损额合计											

经办人（签章）：　　　　　　　　　　　　　法定代表人（签章）：

7. 计算填列企业所得税年度纳税申报表附表五——税收优惠明细表

根据上述资料，Q 股份有限公司企业所得税年度纳税申报表附表五——税收优惠明细表（见表 5－28）计算填列如下：

表 5－28　　　　　　　　　　　企业所得税年度纳税申报表附表五
税收优惠明细表

填报时间：2009 年 03 月 03 日　　　　　　　　　　　　　　金额单位：元（列至角分）

行次	项　目	金　额
1	一、免税收入（2＋3＋4＋5）	0.00
2	1. 国债利息收入	0.00
3	2. 符合条件的居民企业之间的股息、红利等权益性投资收益	0.00
4	3. 符合条件的非营利组织的收入	0.00
5	4. 其他	0.00
6	二、减计收入（7＋8）	0.00
7	1. 企业综合利用资源，生产符合国家产业政策规定的产品所取得的收入	0.00
8	2. 其他	0.00
9	三、加计扣除额合计（10＋11＋12＋13）	8 000.00
10	1. 开发新技术、新产品、新工艺发生的研究开发费用	8 000.00
11	2. 安置残疾人员所支付的工资	0.00
12	3. 国家鼓励安置的其他就业人员支付的工资	0.00
13	4. 其他	0.00
14	四、减免所得额合计（15＋25＋29＋30＋31＋32）	0.00
15	（一）免税所得（16＋17＋…＋24）	0.00
16	1. 蔬菜、谷物、薯类、油料、豆类、棉花、麻类、糖料、水果、坚果的种植	0.00
17	2. 农作物新品种的选育	0.00
18	3. 中药材的种植	0.00
19	4. 林木的培育和种植	0.00
20	5. 牲畜、家禽的饲养	0.00
21	6. 林产品的采集	0.00
22	7. 灌溉、农产品初加工、兽医、农技推广、农机作业和维修等农、林、牧、渔服务业项目	0.00
23	8. 远洋捕捞	0.00
24	9. 其他	0.00
25	（二）减税所得（26＋27＋28）	0.00
26	1. 花卉、茶以及其他饮料作物和香料作物的种植	0.00

续表

行次	项　目	金　额
27	2. 海水养殖、内陆养殖	0.00
28	3. 其他	0.00
29	（三）从事国家重点扶持的公共基础设施项目投资经营的所得	0.00
30	（四）从事符合条件的环境保护、节能节水项目的所得	0.00
31	（五）符合条件的技术转让所得	0.00
32	（六）其他	0.00
33	五、减免税合计（34 + 35 + 36 + 37 + 38）	0.00
34	（一）符合条件的小型微利企业	0.00
35	（二）国家需要重点扶持的高新技术企业	0.00
36	（三）民族自治地方的企业应缴纳的企业所得税中属于地方分享的部分	0.00
37	（四）过渡期税收优惠	0.00
38	（五）其他	0.00
39	六、创业投资企业抵扣的应纳税所得额	
40	七、抵免所得税额合计（41 + 42 + 43 + 44）	0.00
41	（一）企业购置用于环境保护专用设备的投资额抵免的税额	0.00
42	（二）企业购置用于节能节水专用设备的投资额抵免的税额	0.00
43	（三）企业购置用于安全生产专用设备的投资额抵免的税额	0.00
44	（四）其他	0.00
45	企业从业人数（全年平均人数）	40
46	资产总额（全年平均数）	
47	所属行业（工业企业　其他企业　）	其他企业

经办人（签章）：　　　　　　　　　　　　　　法定代表人（签章）：

8. 计算填列企业所得税年度纳税申报表附表六——境外所得税抵免明细表

根据上述资料，Q 股份有限公司企业所得税年度纳税申报表附表六——境外所得税抵免明细表（见表 5 - 29）计算填列如下：

表 5－29

填报时间:2009 年 03 月 03 日

企业所得税年度纳税申报表附表六
境外所得税抵免计算明细表

金额单位:元(列至角分)

抵免方式	国家或地区	境外所得	境外所得换算含税所得	弥补以前年度亏损	免税所得	弥补亏损前境外所得税所得额	可弥补境内亏损	境外应纳税所得额	税率	境外所得应纳税额	境外所得可抵免税额	境外所得税款抵免限额	本年可抵免的境外所得税款	未超过境外所得税款抵免限额的余额	本年可抵免以前年度所得税额	前五年境外所得已缴税款抵免款余额	定率抵免
	1	2	3	4	5	6(3－4－5)	7	8(6－7)	9	10(8×9)	11	12	13	14(12－13)	15	16	17
	美国	48 000.00	80 000.00	0.00	0.00	80 000.00	0.00	80 000.00	25%	20 000.00	32 000.00	20 000.00	20 000.00	0.00	0.00	12 000.00	
直接抵免																	
				＊	＊									＊	＊	＊	
间接抵免				＊	＊									＊	＊	＊	
				＊	＊									＊	＊	＊	
合计																12 000.00	

经办人(签章):　　　　　　　　　　　　　　　　　法定代表人(签章):

9. 计算填列企业所得税年度纳税申报表附表七——以公允价值计量资产纳税调整表

根据上述资料，Q 股份有限公司企业所得税年度纳税申报表附表七——以公允价值计量资产纳税调整表（见表 5-30）计算填列如下：

表 5-30　　　　　　　　　　　　企业所得税年度纳税申报表附表七
以公允价值计量资产纳税调整表

填报时间：2009 年 03 月 03 日　　　　　　　　　　　　　　　　金额单位：元（列至角分）

行次	资产种类	期初金额		期末金额		纳税调整额（纳税调减以"-"表示）
		账载金额（公允价值）	计税基础	账载金额（公允价值）	计税基础	
		1	2	3	4	5
1	一、公允价值计量且其变动计入当期损益的金融资产	0.00	0.00	0.00	0.00	0.00
2	1. 交易性金融资产	0.00	0.00	0.00	0.00	0.00
3	2. 衍生金融工具	0.00	0.00	0.00	0.00	0.00
4	3. 其他以公允价值计量的金融资产	0.00	0.00	0.00	0.00	0.00
5	二、公允价值计量且其变动计入当期损益的金融负债	0.00	0.00	0.00	0.00	0.00
6	1. 交易性金融负债	0.00	0.00	0.00	0.00	0.00
7	2. 衍生金融工具	0.00	0.00	0.00	0.00	0.00
8	3. 其他以公允价值计量的金融负债	0.00	0.00	0.00	0.00	0.00
9	三、投资性房地产	0.00	0.00	0.00	0.00	0.00
10	合计	0.00	0.00	0.00	0.00	0.00

经办人（签章）：　　　　　　　　　　　　　法定代表人（签章）：

10. 计算填列企业所得税年度纳税申报表附表八——广告费和业务宣传费跨年度纳税调整表

根据上述资料，Q 股份有限公司企业所得税年度纳税申报表附表八——广告费和业务宣传费跨年度纳税调整表（见表 5-31）计算填列如下：

表 5-31　　　　　　　　　　　　企业所得税年度纳税申报表附表八
广告费和业务宣传费跨年度纳税调整表

填报时间：2009 年 03 月 03 日　　　　　　　　　　　　　　　　金额单位：元（列至角分）

行次	项　目	金　额
1	本年度广告费和业务宣传费支出	42 000.00
2	其中：不允许扣除的广告费和业务宣传费支出	0.00
3	本年度符合条件的广告费和业务宣传费支出（1-2）	42 000.00
4	本年计算广告费和业务宣传费扣除限额的销售（营业）收入	3 210 863.12
5	税收规定的扣除率	15%
6	本年广告费和业务宣传费扣除限额（4×5）	481 629.47
7	本年广告费和业务宣传费支出纳税调整额（3≤6，本行=2行；3＞6，本行=1-6）	0.00

续表

行次	项　目	金　额
8	本年结转以后年度扣除额（3＞6，本行＝3－6；3≤6，本行＝0）	0.00
9	加：以前年度累计结转扣除额	0.00
10	减：本年扣除的以前年度结转额	0.00
11	累计结转以后年度扣除额（8＋9－10）	0.00

经办人（签章）：　　　　　　　　　　　　法定代表人（签章）：

11. 计算填列企业所得税年度纳税申报表附表九——资产折旧、摊销纳税调整明细表

根据上述资料，Q 股份有限公司企业所得税年度纳税申报表附表九——资产折旧、摊销纳税调整明细表（见表 5－32）计算填列如下：

表 5－32　　　　　　　　　　　**企业所得税年度纳税申报表附表九**
资产折旧、摊销纳税调整明细表

填报日期：2009 年 03 月 03 日　　　　　　　　　　　金额单位：元（列至角分）

行次	资产类别	资产原值		折旧、摊销年限		本期折旧、摊销额		纳税调整额
		账载金额	计税基础	会计	税收	会计	税收	
		1	2	3	4	5	6	7
1	一、固定资产			*	*			
2	1. 房屋建筑物	440 000.00	440 000.00	20	20	22 000.00	22 000.00	0.00
3	2. 飞机、火车、轮船、机器、机械和其他生产设备	272 000.00	272 000.00	10	10	27 200.00	27 200.00	0.00
4	3. 与生产经营有关的器具工具家具							0.00
5	4. 飞机、火车、轮船以外的运输工具							0.00
6	5. 电子设备	24 000.00	24 000.00	12	12	2 000.00	2 000.00	0.00
7	二、生产性生物资产			*	*			
8	1. 林木类							
9	2. 畜类							
10	三、长期待摊费用			*	*			
11	1. 已足额提取折旧的固定资产的改建支出							
12	2. 租入固定资产的的改建支出							
13	3. 固定资产大修理支出							
14	4. 其他长期待摊费用							
15	四、无形资产							
16	五、油气勘探投资							
17	六、油气开发投资							
18	合计	736 000.00	736 000.00	*	*	51 200.00	51 200.00	0.00

经办人（签章）：　　　　　　　　　　　　法定代表人（签章）：

11. 计算填列企业所得税年度纳税申报表附表十——资产折旧、摊销纳税调整明细表

根据上述资料，Q 股份有限公司企业所得税年度纳税申报表附表十——资产折旧、摊销纳税调整明细表（见表 5-33）计算填列如下：

表 5-33　　　　　　　　　　企业所得税年度纳税申报表附表十
资产减值准备项目调整明细表

填报时间：2009 年 03 月 03 日　　　　　　　　　　　　　金额单位：元（列至角分）

行次	准备金类别	期初余额	本期转回额	本期计提额	期末余额	纳税调整额
		1	2	3	4	5
1	坏（呆）账准备	25 251.20	7 200.00	11 266.64	29 317.84	3 659.98
2	存货跌价准备					
3	*其中：消耗性生物资产减值准备					
4	*持有至到期投资减值准备					
5	*可供出售金融资产减值		—			
6	#短期投资跌价准备					
7	长期股权投资减值准备					
8	*投资性房地产减值准备					
9	固定资产减值准备					
10	在建工程（工程物资）减值准备					
11	*生产性生物资产减值准备					
12	无形资产减值准备					
13	商誉减值准备					
14	贷款损失准备					
15	矿区权益减值					
16	其他					
17	合计	25 251.20	7 200.00	11 266.64	29 317.84	1 659.98

注：表中 * 项目为执行新会计准则企业专用；表中加 # 项目为执行企业会计制度、小企业会计制度的企业专用。

经办人（签章）：　　　　　　　　　　　法定代表人（签章）：

按税法规定增提的坏账准备 = 586 356.80 × 5‰ + 9 200 - 505 024 × 5‰ - 2 000
= 7 606.66（元）

本期企业增提的坏账准备 = 586 356.80 × 5% + 9 200 - 505 024 × 5% - 2 000
= 11 266.64（元）

坏账准备纳税调整额 = 11 266.64 - 7 606.66 = 3 659.98（元）

12. 计算填列企业所得税年度纳税申报表附表十一——长期股权投资所得（损失）明细表

根据上述资料，Q 股份有限公司企业所得税年度纳税申报表附表十一——长期股权投资所得（损失）明细表（见表 5-34）计算填列如下：

企业所得税年度纳税申报表附表十一——长期股权投资所得（损失）明细表

表 5-34

填报时间：2009 年 03 月 03 日　　　　　　　　　　　　金额单位：元（列至角分）

行次	被投资企业	投资成本				会计核算投资收益	股息红利				投资转让所得（损失）					
		期初投资额	本年度增（减）投资额	初始投资成本	权益法核算对初始投资成本调整产生的收益	会计投资损益	会计投资损益	税收确认的股息红利		会计与税收的差异	投资转让净收入	投资转让的会计成本	投资转让的税收成本	会计上确认的转让所得或损失	按税收计算的投资转让所得或损失	会计与税收收入的差异
						6(7+14)	7	免税收入 8	全额征税收入 9	10(7-8-9)	11	12	13	14(11-12)	15(11-13)	16(14-15)
1	2	3	4	5												
1	甲企业	200 000.00	0.00	200 000.00	0.00	28 235.29	28 235.29	0.00	28 235.29	0.00						
2	某企业	240 000.00	0.00	240 000.00	0.00	80 000.00	80 000.00	0.00	80 000.00	0.00						
3																
4																
合计		440 000.00	0.00	440 000.00	0.00	108 235.29	108 235.29	0.00	108 235.29	0.00						

投资损失补充资料

行次	项目	年度	当年度结转金额	已弥补金额	本年度弥补金额	结转以后年度待弥补金额
1	第一年					
2	第二年					
3	第三年					
4	第四年					
5	第五年					

以前年度结转在本年度税前扣除的股权投资转让损失

经办人（签章）：　　　　　　　　法定代表人（签章）：　　　　　　　　备注：

5.14 个人所得税纳税申报

5.14.1 个人所得税纳税申报要点概述

1. 申报时间

当月个人所得税，在次月1日至7日申报。

2. 申报地点

（1）凡是办理税务登记或注册登记的企业事业单位及个人，应向其主管税务机关申报纳税。

（2）没有税务登记或注册登记的组织机构、场所、个人，应按照其隶属关系分别到所在地税务机关申报纳税。

5.14.2 个人所得税纳税申报实务举例

1. 资料

北京 R 广告有限公司的扣缴义务人编码为110102868685732，2009 年 2 月支付人工费用如下：（1）支付刘洁工资 3 000 元，年底一次性奖金 10 000 元；（2）支付李栋工资 3 500元，年底一次性奖金 25 000 元；（3）支付张钰设计费 5 000 元；（4）因有奖销售支付王琦奖金 5 000 元；（5）因受让赵丹某项专利权，支付专利使用费 45 000 元。

2. 计算填列扣缴个人所得税报告表

根据上述资料，计算填列 R 广告有限公司作为扣缴义务人扣缴个人所得税报告表如下：

（1）工资、薪金所得

刘洁：应纳个人所得税 =（月工资 − 费用减除标准）税率 − 速算扣除数

$$= （3\ 000 − 1\ 600）× 10\% − 25 = 115（元）$$

李栋：应纳个人所得税 =（3 500 − 1 600）× 10\% − 25 = 165（元）

（2）年底一次性奖金所得

刘洁：确定税率和速算扣除数，用 10 000 ÷ 12 = 833.33（元）确定该一次性奖金所得适用税率为 10\%，速算扣除数为 25 元。

应纳个人所得税 = 一次性奖金所得 × 税率 − 速算扣除数 = 10 000 × 10\% − 25 = 975（元）

李栋：确定税率和速算扣除数，用 25 000 ÷ 12 = 2 083.33（元）确定该一次性奖金所得适用税率为 15\%，速算扣除数为 125 元。

应纳个人所得税 = 一次性奖金所得 × 税率 − 速算扣除数 = 25 000 × 10\% − 125 = 3 625（元）

（3）劳务报酬所得

张钰：应纳个人所得税额 =（劳务报酬所得 − 费用减除标准）× 适用税率

$$= （5\ 000 − 5\ 000 × 20\%）× 20\% = 800（元）$$

（4）偶然所得

王琦：应纳个人所得×税额 = 偶然所得适用税率 = 5 000 × 20\% = 1 000（元）

（5）特许权使用费所得

赵丹：应纳个人所得税额 =（特许权使用费所得 − 费用减除标准）× 适用税率

$$= （45\,000 - 45\,000 \times 20\%）\times 20\% = 7\,200（元）$$

根据上述计算，R广告有限公司作为扣缴义务人扣缴个人所得税报告表（见表5-35）的填列如下。

5.15 小企业主要税种纳税业务的账务处理

5.15.1 增值税纳税业务的账务处理

【业务1】 华伦公司采购材料一批，增值税专用发票上注明的价款为80 000元，增值税为13 600元。发票账单已经到达，材料验收入库，货款尚未支付。

根据取得的增值税专用发票，账务处理如下：

借：材料 80 000
　　应交税金——应交增值税（进项税额） 13 600
　　贷：应付账款 93 600

【业务2】 华伦公司委托CN公司为企业修理办公设备，CN公司开来的增值税专用发票注明修理费用2 000元，增值税340元，款项已用银行存款支付。

根据取得的增值税专用发票，账务处理如下：

借：管理费用 2 000
　　应交税金——应交增值税（进项税额） 340
　　贷：银行存款 2 340

【业务3】 华伦公司收购免税农副产品一批，实际支付的价款60 000元，农副产品尚未到达，款用银行存款支付（规定扣除率10%）。

根据上述资料，按规定扣除率计算的增值税额作为进项税额，账务处理如下：

借：在途物资 54 000
　　应交税金——应交增值税（进项税额） 6 000
　　贷：银行存款 60 000

【业务4】 华伦公司购入设备1台，增值税专用发票上账面的货款为100 000元，增值税税款为17 000元，发生安装调试费用3 000元。设备及安装费用均以银行存款支付，设备已交付使用。

根据取得的增值税专用发票及有关的其他付款凭证，账务处理如下：

借：固定资产 103 000
　　应交税金——应交增值税（进项税额） 17 000
　　贷：银行存款 120 000

【业务5】 华伦公司销售产品一批，价款100 000元，按规定应收取增值税额17 000元，提货单和增值税专用发票已交给买方，款项尚未收到。

根据应收合同价款和应取的增值税额，账务处理如下：

借：应收账款 117 000
　　贷：主营业务收入 100 000
　　　　应交税金——应交增值税（销项税额） 17 000

【业务 6】　　华伦公司为外单位代加工包装箱 50 个，每个收取加工费 80 元，适用的增值税税率 17%，加工完成，款项已收到并存入银行。

根据已收的加工费和增值税额，账务处理如下：

借：银行存款　　　　　　　　　　　　　　　　　　　　　　　　　　4 680

　　贷：主营业务收入　　　　　　　　　　　　　　　　　　　　　　4 000

　　　　应交税金——应交增值税（销项税额）　　　　　　　　　　　680

【业务 7】　　华伦公司的托儿所领用库存产品一批，该产品的账面价值 2 000 元，市场价格 2 500 元（不含增值税），增值税税率为 17%。

按产品的账面价值和根据市场价格计算的销项税结转，账务处理如下：

借：应付职工薪酬　　　　　　　　　　　　　　　　　　　　　　　　2 425

　　贷：库存商品　　　　　　　　　　　　　　　　　　　　　　　　2 000

　　　　应交税金——应交增值税（销项税额）　　　　　　　　　　　425

【业务 8】　　华伦公司领用包装箱 20 个，该包装箱随同商品出售且单独计价，销售收入 800 元，增值税 136 元，款项尚未收到。

根据上述资料，包装箱随同商品出售且单独计价的，销售收入记入"其他业务收入"，账务处理如下：

借：应收账款　　　　　　　　　　　　　　　　　　　　　　　　　　936

　　贷：其他业务收入　　　　　　　　　　　　　　　　　　　　　　800

　　　　应交税金——应交增值税（销项税额）　　　　　　　　　　　136

【业务 9】　　华伦公司因火灾毁损库存商品一批，其实际成本 28 000 元，经确认损失外购材料的增值税 4 250 元。

根据上述资料，非常灾害损失的库存商品，按实际成本和增值税记入"营业外支出"，账务处理如下：

借：营业外支出　　　　　　　　　　　　　　　　　　　　　　　　　32 250

　　贷：库存商品　　　　　　　　　　　　　　　　　　　　　　　　28 000

　　　　应交税金——应交增值税（进项税额转出）　　　　　　　　　4 250

【业务 10】　　华伦公司自行建造仓库领用生产用原材料 18 000 元，原材料购入时支付的增值税为 3 060 元。

根据上述资料，按原材料的实际成本和购入时支付的增值税之和转入"在建工程"，账务处理如下：

借：在建工程　　　　　　　　　　　　　　　　　　　　　　　　　　18 000

　　贷：原材料　　　　　　　　　　　　　　　　　　　　　　　　　18 000

【业务 11】　　华伦公司医务室维修领用原材料 2 000 元，该批材料购入时支付的增值进项税额为 340 元。

根据上述资料，按原材料的实际成本和购入时支付的增值税之和转入"应付职工薪酬"，账务处理如下：

借：应付职工薪酬　　　　　　　　　　　　　　　　　　　　　　　　2 000

　　贷：材料　　　　　　　　　　　　　　　　　　　　　　　　　　2 000

【业务 12】　　华伦公司 20×× 年 5 月共发生销项税额 119 000 元，进项税额 76 500 元。

表 5-35

填表日期：2009 年 03 月 03 日

扣缴义务人编码：110102868685732000

根据《中华人民共和国个人所得税法》第九条的规定定制本表，扣缴义务人应将本月扣缴的税款于次月 7 日内缴入国库，并向当地税务机关报送本表。

扣缴个人所得税报告表

金额单位：元（列至角分）

扣缴义务人名称：北京 R 广告有限公司　　地址：北京市海淀区　　电话：　　完税证号：87864650

纳税义务人姓名	纳税人识别号	工作单位及地址	所得项目	所得期间	收入额					合计人民币	减费用额	应纳税所得额	税率	速算扣除数	扣缴所得税额	完税证号	纳税日期
					人民币	外币											
						货币名称	金额	外汇牌价	折合人民币								
刘洁	110102197209083746		工资所得	2009-02	3 000.00					3 000.00	1 600.00	1 400.00	10%	25	115.00		09-03-03
李栋	110102197810083569		一次性奖金所得	2009-02	10 000.00					10 000.00	0.00	10 000.00	10%	25	975.00		09-03-03
张钰	110108198001319850		工资所得	2009-02	3 500.00					3 500.00	1 600.00	1 900.00	10%	25	165.00		09-03-03
王琦	110109197606130980		一次性奖金所得	2009-02	25 000.00					25 000.00	0.00	25 000.00	15%	125	3 625.00		09-03-03
赵丹	110101197301270380		劳务报酬所得	2009-02	5 000.00					5 000.00	1 000.00	4 000.00	20%	0	800.00		09-03-03
			偶然所得	2009-02	5 000.00					5 000.00	0.00	5 000.00	20%	0	1 000.00		09-03-03
			特许权使用费所得	2009-02	45 000.00					45 000.00	9 000.00	36 000.00	20%	0	7200.00		09-03-03

如果由扣缴义务人填写完税证，应在报送此表时附完税证副联＿＿份，合计扣缴金额＿＿元。

扣缴义务人声明：我声明，此扣缴申报表是根据《中华人民共和国个人所得税法》的规定填报的，我确信它是真实的，可靠的，完整的。

会计主管人签字：　　负责人签字：　　扣缴单位（或个人）盖章：

以下由税务机关填写

收到申报日期			
审核记录	审核人	接收人	声明人签字：
	主管税务机关（公章）：	审核日期	
	主管税务官员签字：		

312

进项税额转出 15 780 元，已交增值税 50 000 元。月末结转未交增值税。

根据上述资料，按未交增值税金额借记"应交税费——应交增值税（转出未交增值税）"，贷记"应交税金——未交增值税"，账务处理如下：

借：应交税费——应交增值税（转出未交增值税）　　　　　　　　　　8 280

　　贷：应交税费——未交增值税　　　　　　　　　　　　　　　　　8 280

【业务 13】　以银行存款实际交纳上月所欠增值税 8 280 元。

根据上述资料，按实际交纳的金额，账务处理如下：

借：应交税金——未交增值税　　　　　　　　　　　　　　　　　　　8 280

　　贷：银行存款　　　　　　　　　　　　　　　　　　　　　　　　8 280

5.15.2　消费税纳税业务的账务处理

【业务 14】　销售生产的化妆品，价款 100 000 元（不含增值税），适用的消费税税率为 30%。

根据上述资料，按规定税率计算的应交消费税金额，账务处理如下：

借：主营业务税金及附加　　　　　　　　　　　　　　　　　　　　30 000

　　贷：应交税金——应交消费税　　　　　　　　　　　　　　　　30 000

【业务 15】　销售应交纳消费税的物资，按规定应交纳的消费税 150 元。

根据上述资料，账务处理如下：

借：其他业务支出　　　　　　　　　　　　　　　　　　　　　　　　 150

　　贷：应交税金——应交消费税　　　　　　　　　　　　　　　　　 150

【业务 16】　华伦公司委托 TC 公司加工产品一批，由受托方代收代交消费税 680 元，与加工费一起已用银行存款支付。产品加工完毕，验收入库，准备直接对外销售。

该企业收回委托加工的产品后直接销售，按受托方代收代缴消费税额记入"委托加工物资"，账务处理如下：

借：委托加工物资　　　　　　　　　　　　　　　　　　　　　　　　 680

　　贷：银行存款　　　　　　　　　　　　　　　　　　　　　　　　 680

假设该企业收回委托加工的产品后用于连续生产：

借：应交税金——应交消费税　　　　　　　　　　　　　　　　　　　 680

　　贷：银行存款　　　　　　　　　　　　　　　　　　　　　　　　 680

5.15.3　营业税纳税业务的账务处理

【业务 17】　华伦公司 20××年 5 月经营收入为 800 000 元，营业税税率 5%。

根据上述资料，按规定税率计算出应交营业税额，账务处理如下：

借：主营业务税金及附加　　　　　　　　　　　　　　　　　　　　40 000

　　贷：应交税金——应交营业税　　　　　　　　　　　　　　　　40 000

【业务 18】　华伦公司 20××年 5 月实际交纳营业税 72 000 元。

根据上述资料，账务处理如下：

借：应交税费——应交营业税　　　　　　　　　　　　　　　　　　72 000

　　贷：银行存款　　　　　　　　　　　　　　　　　　　　　　　72 000

5.15.4 企业所得税纳税业务的账务处理

【业务19】 华伦公司20××年度的税前会计利润为3 000 000元，其应纳税所得额等于税前会计利润，所得税税率为25%。

根据上述资料，账务处理如下：

应交所得税额 = 3 000 000 × 25% = 750 000（元）

借：所得税　　　　　　　　　　　　　　　　　　　　　750 000

　　贷：应交税金——应交所得税　　　　　　　　　　　　　　750 000

【业务20】 华伦公司20××年核定的全年计税工资为800 000元，全年实发工资为820 000元。当年的税前会计利润为1 200 000元。所得税税率为25%，假定本企业全年无其他纳税调整因素。

根据上述资料，账务处理如下：

纳税调整数 = 实发工资 − 计税工资

　　　　　　= 820 000 − 800 000

　　　　　　= 20 000（元）

应纳税所得额 = 税前会计利润 + 纳税调整数

　　　　　　　= 1 200 000 + 20 000

　　　　　　　= 1 220 000（元）

应交所得税额 = 1 220 000 × 25% = 305 000（元）

根据按规定计算出的应交所得税额：

借：所得税　　　　　　　　　　　　　　　　　　　　　305 000

　　贷：应交税金——应交所得税　　　　　　　　　　　　　　305 000

【业务21】 华伦公司收到税务部门退还的因多计原因而多交的所得税48 000元。

根据上述资料，按收到的税务部门实际退还的所得税金额，账务处理如下：

借：银行存款　　　　　　　　　　　　　　　　　　　　48 000

　　贷：所得税　　　　　　　　　　　　　　　　　　　　　48 000

【业务22】 20××年末，将"所得税"科目余额122 600元转入"本年利润"科目：

根据上述资料，账务处理如下：

借：本年利润　　　　　　　　　　　　　　　　　　　1 226 000

　　贷：所得税　　　　　　　　　　　　　　　　　　　　122 600

6 第6章
CHAPTER 小企业会计基础工作规范

会计基础工作规范是做好会计工作的前提。小企业应当依据有关法律、法规等的规定，加强会计基础工作，严格执行会计法规制度，保证会计工作依法有序地进行。会计基础工作的主要内容见图6-1。

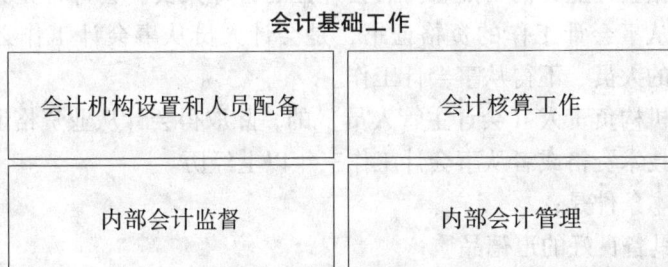

会计基础工作

会计机构设置和人员配备	会计核算工作
内部会计监督	内部会计管理

图6-1　会计基础工作内容

6.1　会计机构设置和会计人员配备规范

6.1.1　会计机构设置

会计机构是为实现会计职能所建立的，由专职会计人员、会计工作的物质条件等若干要素构成的、相对稳定的、直接从事和组织领导本单位会计工作的职能部门。

《中华人民共和国会计法》第三十六条规定，各单位应当根据会计业务的需要，设置会计机构，或者在有关机构中设置会计人员并指定会计主管人员；不具备设置条件的，应当委托经批准设立从事会计代理记账业务的中介机构代理记账。

小企业是否设置会计机构，可以根据本企业的规模大小、经济业务的多少、财务收支的繁简以及经营管理需要等情况决定。

1. 设置会计机构

具有一定的规模、经济业务较多、财务收支复杂多样以及经营管理要求比较高的小企业，应当设置专门的会计机构进行会计核算。

2. 在有关机构中配备会计人员

规模很小、经济业务简单、业务量相对较少的小企业，可以不单独设置会计机构，将会计职能并入其他与会计机构职能相近的管理部门，并配备专职的会计人员。

3. 委托中介机构代理记账

不具备设置会计机构和会计人员条件的小企业，应当委托"经批准设立从事会计代理记账业务"的中介机构代理记账。

6.1.2 会计人员配备

会计人员，是指直接从事本单位会计工作的人员。配备与会计工作要求相适应的、且具有一定专业素质和数量的会计人员，是做好会计工作、充分发挥会计职能、提高会计信息质量的前提条件。

1. 会计人员的从业资格

《中华人民共和国会计法》第三十八条规定，从事会计工作的人员，必须取得会计从业资格证书。

小企业应当根据会计业务需要配备持有会计证的会计人员。会计证是具有一定会计专业知识和技能的人员从事会计工作的资格证书，是会计人员从事会计工作必须具备的合法证明。未取得会计证的人员，不得从事会计工作。

担任单位会计机构负责人（会计主管人员）的，除取得会计从业资格证书外，还应当具备会计师以上专业技术资格或者从事会计工作三年以上经历。

从业资格的基本条件是：

* 坚持原则，具备良好的道德品质；
* 遵守国家的法律法规，具备一定的专业知识和技能；
* 热爱会计工作，秉公办事。

2. 会计人员的职业道德

会计职业道德是指在会计职业活动中应遵循的、体现会计职业特征的、调整会计职业关系的职业行为准则和规范。

会计职业道德规范强调了会计职业的义务和责任，是会计人员在会计工作中必须执行的行为准则及标准。会计职业道德规范的主要内容有：

（1）会计人员在会计工作中应当遵守职业道德，树立良好的职业道德品质、严谨的工作作风，严格遵守工作纪律，努力提高工作效率和工作质量。这是对会计人员职业道德规范的总体要求，是会计人员应该自觉履行的道德义务。

（2）会计人员应当热爱本职工作，努力钻研业务，不断提高会计专业技能的意识和愿望，具有勤学苦练的精神和科学的学习方法，使自己的知识和技能适应所从事工作的要求。

（3）会计人员应该熟悉法律、法规、规章和国家统一的会计制度，坚持准则并结合会计工作进行广泛宣传。这是会计人员在会计工作中的行为准则，也是会计人员职业道德的基本要求。

（4）会计人员应当按照会计法律、法规和国家统一会计制度规定的程序和要求进行会计工作，保证所提供的会计信息合法、真实、准确、及时、完整，要廉洁自律；公私分明，不贪不占；遵纪守法，尽职尽责。

（5）会计人员办理会计事务应当实事求是、客观公正。实事求是、客观公正要求会计人员处理会计事项必须以经济业务发生的原始凭证为依据，做到手续完备、内容真实，提供的会计资料真实可靠，保证会计信息的质量。

（6）会计人员应当熟悉本企业的生产经营和业务管理情况，运用掌握的会计信息和会计方法，为改善企业内部管理、提高经济效益服务。积极参与本企业的生产经营和业务管理活动是会计人员的工作职责，也是其应尽的道德责任。

（7）会计人员应当保守本企业的商业秘密。除法律规定和单位领导同意外，不能私自向外界提供或者泄露企业的会计信息。会计人员有义务维护本企业及与本企业相关利益者的经济利益，严格遵守道德规范的要求。

（8）会计人员应当强化服务意识，提高服务质量。

（9）县级以上地方各级人民政府财政部门、业务主管部门和各单位应当定期检查会计人员遵守职业道德的情况，并作为会计人员晋升、晋级、聘任专业职务、表彰奖励的重要考核依据。

6.1.3　会计工作岗位设置的规范

1. 会计工作岗位的内容

小企业应当根据会计业务需要设置会计工作岗位。会计工作岗位一般可分为：会计机构负责人或者会计主管人员，出纳，财产物资核算，工资核算，成本费用核算，财务成果核算，资金核算，往来结算，总账报表，稽核，档案管理等。会计岗位的设置见图6-2。

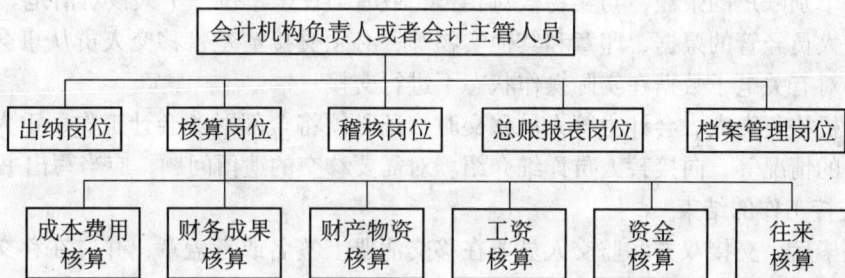

图 6-2　会计岗位设置

开展会计电算化和管理会计的小企业，可以根据需要设置相应工作岗位，也可以与其他工作岗位相结合。

2. 会计工作岗位设置的基本原则

会计工作岗位设置的基本原则是内部牵制原则。根据规定，会计工作岗位，可以一人一岗、一人多岗或者一岗多人。但出纳人员不得兼管稽核，会计档案保管和收入、费用、债权债务账目的登记工作。

6.1.4　会计工作交接的规范

根据规定，会计人员工作调动或者因故离职，必须将本人所经管的会计工作全部移交给接替人员。没有办清交接手续的，不得调动或者离职。同时，接替人员应当认真接管移交工作，并继续办理移交的未了事项。

1. 办理会计工作交接的工作内容

（1）交接前的准备工作

会计人员在办理会计工作交接前，必须及时做好以下四项准备工作：

①已经受理的经济业务尚未填制会计凭证的应当填制完毕。

②尚未登记的账目应当登记完毕，结出余额，并在最后一笔余额后加盖经办人印章。

③整理好应该移交的各项资料，对未了事项和遗留问题要写出书面说明材料。

④编制移交清册，列明应该移交的会计凭证、会计账簿、财务会计报告、公章、现金、有价证券、支票簿、发票、文件、其他会计资料和物品等内容；实行会计电算化的小企业，从事该项工作的移交人员应在移交清册上列明会计软件及密码、会计软件数据盘、磁带等内容。

（2）办理会计工作交接

办理会计工作交接时，移交人员要按移交清册逐项移交，接替人员要逐项核对点收。具体要求包括：

①现金、有价证券要根据会计账簿有关记录进行点交。库存现金、有价证券必须与会计账簿记录保持一致。不一致时，移交人员必须限期查清。

②会计凭证、会计账簿、会计报表和其他会计资料必须完整无缺。如有短缺，必须查清原因，并在移交清册中注明，由移交人员负责。

③银行存款账户余额要与银行对账单核对，如不一致，应当编制银行存款余额调节表调节相符，各种财产物资和债权债务的明细账户余额要与总账有关账户余额核对相符；必要时，要抽查个别账户的余额，与实物核对相符，或者与往来单位、个人核对清楚。

④移交人员经管的票据、印章和其他实物等，必须交接清楚；移交人员从事会计电算化工作的，要对有关电子数据在实际操作状态下进行交接。

⑤会计机构负责人、会计主管人员移交时，还必须将全部财务会计工作、重大财务收支和会计人员的情况等，向接替人员详细介绍。对需要移交的遗留问题，应当写出书面材料。

（3）交接工作的结束

交接完毕后，交接双方和监交人员要在移交清册上签名或者盖章，并应在移交清册上注明：单位名称，交接日期，交接双方和监交人员的职务、姓名，移交清册页数以及需要说明的问题和意见等。

移交清册一般应当填制一式三份，交接双方各执一份，存档一份。

2. 会计工作交接的监交

为了明确责任，会计人员办理工作交接时，必须有专人负责监交。会计工作交接的监交分为一般会计人员交接的监交和会计机构负责人、会计主管人员交接的监交。

（1）一般会计人员交接，由本企业会计机构负责人、会计主管人员负责监交。

（2）会计机构负责人、会计主管人员交接，由本企业领导人负责监交，必要时可由上级主管部门派人会同监交。

3. 会计工作交接后的工作

按照规定，会计工作交接后接替人员应当继续使用移交的会计账簿，不得自行另立新账，以保持会计记录的连续性。

4. 特殊情况下的会计工作交接的规定

（1）会计人员临时离职或者因病不能工作且需要接替或者代理的，会计机构负责人、会计主管人员或者本企业领导人必须指定有关人员接替或者代理，并办理交接手续。当临时离职或者因病不能工作的会计人员恢复工作时，应当与接替或者代理人员办理交接手续。

（2）移交人员因病或者其他特殊原因不能亲自办理移交的，经本企业领导人批准，可由移交人员委托他人代办移交，但委托人应当对所移交的会计凭证、会计账簿、会计报表和其他有关资料的合法性、真实性承担法律责任。

（3）单位撤销时，必须留有必要的会计人员，会同有关人员办理清理工作，编制决算报表。未移交前，不得离职。接收单位和移交日期由主管部门确定。小企业合并、分立的，其会计工作交接手续比照上述有关规定办理。

6.2 会计核算环节的工作规范

会计核算的工作程序和工作内容主要是填制和审核会计凭证、登记会计账簿和编制会计报表三个环节。在一个会计期间所发生的经济业务，都要通过这三个环节进行会计处理，将大量的经济业务转换为系统的会计信息。这个转换过程，即从填制和审核会计凭证到登记会计账簿，直至编出会计报表周而复始的变化过程，就是一般所谓的会计循环（见图6-3）。

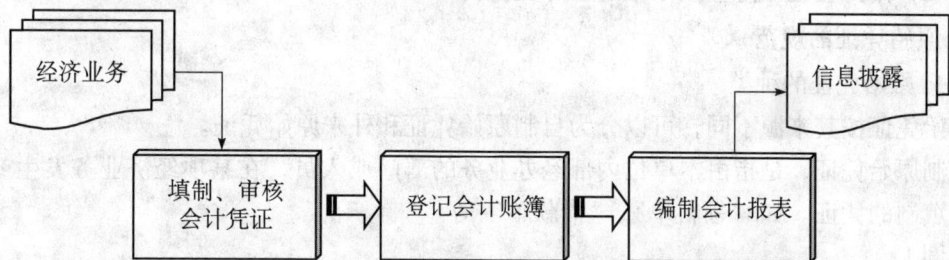

图6-3 会计循环

6.2.1 填制和审核会计凭证工作规范

1. 会计凭证的意义

会计凭证是记录经济业务的发生和完成情况，明确经济责任，并作为记账依据的书面证明文件。

任何企业，为了保证会计信息的客观、真实，对所发生的每一项经济业务都必须由经办业务的有关人员填制或取得会计凭证，记录经济业务发生或完成的日期，注明经济业务的内容，并在凭证上签名或盖章，明确经济责任。填制和审核会计凭证，是会计核算工作的起点。其重要意义表现在以下方面：

（1）反映各项经济业务的发生或完成情况

任何一项经济业务，必须按照规定的程序和要求，及时取得和填制会计凭证，真实、详细地记录经济业务的发生和完成情况。通过会计凭证的填制，不仅可以了解各项经济业务发生或完成的情况，而且为会计分析和审计提供了重要依据。

（2）登记账簿的依据

会计凭证是登记账簿的依据，会计账簿必须根据审核无误的会计凭证进行登记。会计法第十五条规定，会计账簿登记，必须以经过审核的会计凭证为依据，并符合有关法律、行政法规和国家统一的会计制度的规定。

（3）发挥会计监督的作用

通过对会计凭证的审核，可以检查会计凭证的合法性，检查凭证所记录的经济业务是否符合国家的有关法律、制度，是否符合企业发展战略及经济管理的要求，可以及时防范违法乱纪行为，从而发挥会计的监督作用。

2. 会计凭证的种类

会计凭证包括原始凭证和记账凭证。

（1）原始凭证

原始凭证，又称原始单据，是在经济业务发生或完成时取得或填制的，用来证明经济业务的发生或者完成的情况，并作为记账原始依据的会计凭证。

原始凭证是会计核算的原始资料，记载着大量的经济信息，又是证明经济业务发生的初始文件，是一种很重要的凭证，并具有较强的法律效力。

（2）记账凭证

记账凭证，是由会计人员根据审核无误的原始凭证或原始凭证汇总表编制的，用来确定会计分录，作为登记账簿直接依据的会计凭证。

3. 原始凭证的规范

（1）原始凭证的种类

原始凭证按其来源不同，可以分为自制原始凭证和外来原始凭证。

自制原始凭证，是指由本单位内部经办业务的部门或人员，在某项经济业务发生或完成时自行填制的凭证。如"领料单"、"借款单"等。

示例1：

领料单								
领料单位：三车间							凭证编号：3618	
用途：A产品			2008年10月5日				发料仓库：2号库	
材料类别	材料编号	材料名称及规格	计量单位	数　量		单价	金额	
				请领	实发			
钢材类	052	¢13mm 圆钢	千克	350	350	1.50	525	
备注：							合计	525

外来原始凭证，是指在经济业务发生或者完成时，从外部单位或个人取得的原始凭证，如购买货物取得的增值税专用发票、银行为企业代收款项的收款通知等。

示例 2：

江苏省增值税专用发票

抵扣联　　　　　　　　　　　开票日期：2007 年 12 月 3 日

购货单位	名　　　　称：淮海有限责任公司 纳税人识别号：340602784927356 地 址 、电 话 ：安徽省淮北市淮海路 309225 开户行及账号：市工行淮海支 13050161090221362 01	密码区	>56817 * -536//32 8784636 < *56932 + 加密版本：01 <8574 -686 <79　3400033260 >56409 -8 -85 >　00049262 <56 > 8

货物或应税劳务名称	规格型号	单位	数量	单 价	金 额	税率	税 额
钢材		公斤	1 000	20	20 000	17%	3 400
合计					20 000		3400

价税合计（大写）	贰万叁仟肆佰圆整		（小写）￥23 400.00

销货单位	名　　　　称：武进市卫星钢材有限公司 纳税人识别号：320421250989966 地 址 、电 话 ：崔桥卫星村 8501039 开户行及账号：崔桥信用社 8622540110 13134	备注	

收款人：　　　　复核：　　　　开票人：　　　　销货单位：（章）

第一联：抵扣联　购货方扣税凭证

（2）原始凭证的基本要求

会计工作是从取得或填制原始凭证开始的，原始凭证填制的正确与否直接影响会计核算工作的质量。

①原始凭证的内容必须具备：凭证的名称；填制凭证的日期；填制凭证单位名称或者填制人姓名；经办人员的签名或者盖章；接受凭证单位名称；经济业务内容；数量、单价和金额。

②从外单位取得的原始凭证，必须盖有填制单位的公章；从个人取得的原始凭证，必须有填制人员的签名或者盖章。自制原始凭证必须有经办单位领导人或者其指定的人员签名或者盖章。对外开出的原始凭证，必须加盖本单位公章。

③凡填有大写和小写金额的原始凭证，大写与小写金额必须相符。购买实物的原始凭证，必须有验收证明。支付款项的原始凭证，必须有收款单位和收款人的收款证明。

④一式几联的原始凭证，应当注明各联的用途，只能以一联作为报销凭证。

一式几联的发票和收据，必须用双面复写纸（发票和收据本身具备复写纸功能的除外）套写，并连续编号。作废时应当加盖"作废"戳记，连同存根一起保存，不得撕毁。

⑤发生销货退回的，除填制退货发票外，还必须有退货验收证明；退款时，必须取得对方的收款收据或者汇款银行的凭证，不得以退货发票代替收据。

⑥职工因公出差借款凭据，必须附在记账凭证之后。收回借款时，应当另开收据或者退还借据副本，不得退还原借款收据。

⑦经上级有关部门批准的经济业务，应当将批准文件作为原始凭证附件。如果批准文件

需要单独归档的，应当在凭证上注明批准机关名称、日期和文件字号。

（3）原始凭证的审核

对原始凭证进行审核，是确保会计信息质量，充分发挥会计监督积极作用的重要环节，也是会计机构、会计人员的法定职责。

原始凭证审核的主要内容有：

（1）审核原始凭证是否合法、合理

审核原始凭证所反映的经济业务是否符合国家的政策、法令、制度的规定，有无违反财政纪律等违法乱纪的行为；是否符合厉行节约、反对铺张浪费的原则，有无违反该原则的现象。

（2）审核原始凭证是否真实、完整

审核填制原始凭证的日期、所记录经济业务的内容的数据等是否符合实际情况，项目填写是否齐全，手续是否完备，外来原始凭证的填制单位公章、填制人员签字以及自制原始凭证的经办部门和经办人员的签名或盖章是否齐全。

（3）审查原始凭证是否正确、清楚

审核原始凭证中摘要的填写是否符合要求，数量、单价、金额、合计数的计算和填写是否正确，大小写金额是否相符，书写是否清楚。

原始凭证的审核是一项十分细致而又严肃的工作，会计人员必须坚持制度，坚持原则，履行会计人员的职责。

（4）原始凭证差错的处理

①对于不真实、不合法的原始凭证，会计人员有权不予受理，并向单位负责人报告，请求查明原因，追究有关当事人的责任；

②对于真实、合法、合理但内容不够完整、填写有错误的原始凭证，不得涂改、挖补，应退回给有关经办人员，由开出单位负责将有关凭证补充完整、更正错误或重开，更正处应当加盖开出单位的公章。

4. 记账凭证的规范

（1）记账凭证的种类

记账凭证按其适用的经济业务，分为专用记账凭证和通用记账凭证。

① 专用记账凭证。专用记账凭证，是指专门用来记录某一类经济业务的记账凭证。专用记账凭证按其所记录的经济业务是否与现金和银行存款收付业务有关，分为收款凭证、付款凭证和转账凭证。

收款凭证是指专门用于登记现金和银行存款收入业务的记账凭证。收款凭证分为现金收款凭证和银行存款收款凭证。

示例3：

资料：华伦公司 2008 年 10 月 18 日销售甲产品一批，价款 50 000 元，增值税销项税额 8 500元，收到购买单位支票一张，收讫 58 500 元存入银行。

付款凭证是指专门用于登记现金和银行存款支出业务的记账凭证。付款凭证分为现金付款凭证和银行存款付款凭证。

根据资料编制的会计分录：

借：银行存款　　　　　　　　　　　　58 500
　　贷：主营业务收入　　　　　　　　　　50 000
　　　　应交税金——应交增值税（销项税额）　8 500

收款凭证

借方科目　银行存款　　　　　　　2008 年 10 月 18 日　　　　　　　银收字第 × 号

摘　要	贷方总账科目	明细科目	√	金　额									
				千	百	十	万	千	百	十	元	角	分
销售甲产品30件	主营业务收入	甲产品					5	0	0	0	0	0	0
	应交税金	应交增值税						8	5	0	0	0	0
合　　计						￥	5	8	5	0	0	0	0

财务主管　王惠　　　　记账　董平　　　　出纳　刘力　　　　审核　王伟　　　　制单　刘力

附单据 3 张

示例4：

资料： 华伦公司 2008 年 10 月 16 日购入办公用品一批，共计 860 元，以现金支付。

根据资料编制的会计分录：

借：管理费用　　　　　　　860
　　贷：现金　　　　　　　　860

付款凭证

贷方科目　现金　　　　　　　2008 年 10 月 16 日　　　　　　　现付字第 × 号

摘　要	贷方总账科目	明细科目	√	金　额									
				千	百	十	万	千	百	十	元	角	分
购入办公用品	管理费用	办公费							8	6	0	0	0
合　　计								￥	8	6	0	0	0

财务主管　王惠　　　　记账　董平　　　　出纳　刘力　　　　审核　王伟　　　　制单　刘力

附单据 1 张

收款凭证和付款凭证是分别根据有关现金、银行存款收付业务的原始凭证填制的，是登记现金日记账、银行存款日记账、有关明细分类账及总分类账的依据，也是出纳人员收付款项的依据。需要注意的是：对于现金和银行存款之间相互划转的业务，如从银行提取现金，或将现金存入银行，为了避免重复记账，只编制付款凭证，不编制收款凭证。如从银行提取现金时，只编制银行存款付款凭证；如将现金存入银行时，只编制现金付款凭证。

转账凭证是根据转账业务（即不涉及现金和银行存款收付的各项业务）的原始凭证填制

或汇总原始凭证填制的，用于填列转账业务会计分录的记账凭证。

示例5：

资料：华伦公司2008年10月31日计提当月固定资产折旧60 000元。其中，生产车间用固定资产计提折旧48 000元，厂部管理部门用固定资产计提折旧12 000元。

根据资料编制的会计分录：

借：制造费用 48 000
管理费用 12 000
贷：累计折旧 60 000

转账凭证

2008 年 10 月 31 日 转字第 × 号

摘要	总账科目	明细科目	√	借方金额										√	贷方金额									附单据1张
				千	百	十	万	千	百	十	元	角	分		千	百	十	万	千	百	十	元	角	分	
计提折旧	制造费用					4	8	0	0	0	0	0	0											
	管理费用					1	2	0	0	0	0	0	0											
	累计折旧																6	0	0	0	0	0	0	0	
合计					¥	6	0	0	0	0	0	0	0			¥	6	0	0	0	0	0	0	0	

财务主管 王惠　　记账 董平　　出纳 刘力　　审核 王伟　　制单 刘力

② 通用记账凭证。通用记账凭证是指适用于各类经济业务、具有统一格式的记账凭证，也称标准凭证。通用记账凭证的格式，不再分为收款凭证、付款凭证和转账凭证，而是以一种格式记录全部经济业务。通用记账凭证一般在业务量少、凭证不多的单位中应用。

示例6：

通用记账凭证

年　月　日　　　　　凭证编号　号

摘要	总账科目	明细科目	√	借方金额										√	贷方金额									附单据 张
				千	百	十	万	千	百	十	元	角	分		千	百	十	万	千	百	十	元	角	分	
合计																									

财务主管　　　记账　　　出纳　　　审核　　　制单

通用记账凭证的填制方法与转账凭证的填制方法相同。

5. 填制会计凭证的要求

填制会计凭证，字迹必须清晰、工整，并符合下列要求：

（1）阿拉伯数字应当一个一个地写，不得连笔写。阿拉伯金额数字前面应当书写货币币种符号或者货币名称简写。币种符号与阿拉伯金额数字之间不得留有空白。凡阿拉伯数字前写有币种符号的，数字后面不再写货币单位。

（2）所有以元为单位（其他货币种类为货币基本单位，下同）的阿拉伯数字，除表示单价等情况外，一律填写到角分；无角分的，角位和分位可写"00"，或者符号"——"；有角无分的，分位应当写"0"，不得用符号"——"代替。

（3）汉字大写数字金额如零、壹、贰、叁、肆、伍、陆、柒、捌、玖、拾、佰、仟、万、亿等，一律用正楷或者行书体书写，不得用0、一、二、三、四、五、六、七、八、九、十等简化字代替，不得任意自造简化字。大写金额数字到元或者角为止的，在"元"或者"角"字之后应当写"整"字或者"正"字；大写金额数字有分的，分字后面不写"整"字或者"正"字。

（4）大写金额数字前未印有货币名称的，应当加填货币名称，货币名称与金额数字之间不得留有空白。

（5）阿拉伯金额数字中间有"0"时，汉字大写金额要写"零"字；阿拉伯数字金额中间连续有几个"0"时，汉字大写金额中可以只写一个"零"字；阿拉伯金额数字元位是"0"，或者数字中间连续有几个"0"、元位也是"0"但角位不是"0"时，汉字大写金额可以只写一个"零"字，也可以不写"零"字。

6. 会计凭证的保管

小企业的会计机构、会计人员要妥善保管会计凭证。具体要求：

（1）会计凭证应当及时传递，不得积压。

（2）会计凭证登记完毕后，应当按照分类和编号顺序保管，不得散乱丢失。

（3）记账凭证应当连同所附的原始凭证或者原始凭证汇总表，按照编号顺序，折叠整齐，按期装订成册，并加具封面，注明单位名称、年度、月份和起讫日期、凭证种类、起讫号码，由装订人在装订线封签外签名或者盖章。

对于数量过多的原始凭证，可以单独装订保管，在封面上注明记账凭证日期、编号、种类，同时在记账凭证上注明"附件另订"和原始凭证名称及编号。

各种经济合同、存出保证金收据以及涉外文件等重要原始凭证，应当另编目录，单独登记保管，并在有关的记账凭证和原始凭证上相互注明日期和编号。

（4）原始凭证不得外借，其他单位如因特殊原因需要使用原始凭证时，经本单位会计机构负责人、会计主管人员批准，可以复制。向外单位提供的原始凭证复制件，应当在专设的登记簿上登记，并由提供人员和收取人员共同签名或者盖章。

（5）从外单位取得的原始凭证如有遗失，应当取得原开出单位盖有公章的证明，并注明原来凭证的号码、金额和内容等，由经办单位会计机构负责人、会计主管人员和单位领导人批准后，才能代作原始凭证。如果确实无法取得证明的，如火车、轮船、飞机票等凭证，由当事人写出详细情况，由经办单位会计机构负责人、会计主管人员和单位领导人批准后，代作原始凭证。

6.2.2　登记账簿工作规范

1. 会计账簿的意义

会计账簿是由一定格式账页组成的，以经过审核的会计凭证为依据，全面、系统、连续地记录各项经济业务的簿籍。

设置和登记会计账簿，是会计核算工作中对经济信息进行加工整理的一种专门方法，是会计核算工作的一个重要环节，对加强经济管理有着重要的意义。

（1）账簿可以提供系统、完整的核算资料

通过设置和登记账簿，可以对经济业务进行序时和分类的核算，将分散的核算资料加以系统化，全面、系统地提供有关小企业财务状况和经营成果的总括和明细资料。

（2）登记账簿可以为定期编制会计报表提供数据资料

通过登记账簿可以分门别类地对经济业务进行归集，积累一定时期的会计资料，通过整理，为编制会计报表提供了数据资料。

（3）账簿记录是分析、考核小企业经济活动及经营成果的重要依据

账簿记录反映了一定时期的资金来源与运用情况，提供了费用成本、收入和利润形成情况等的详细资料。运用账簿提供的有关资料，可以对小企业的经济活动及经营成果进行分析和考核，对加强小企业的管理，提高经济效益有重要的意义。

2. 会计账簿的设置

小企业应当按照《会计法》、《小企业会计制度》、《会计基础工作规范》等的规定和会计业务的需要设置会计账簿。小企业发生的各项经济业务事项应当在依法设置的会计账簿上统一登记、核算，不得违反会计法等的规定私设会计账簿。

会计账簿包括总分类账、明细账、日记账和其他辅助性账簿。

（1）总分类账

总分类账是按照总分类科目设置、分类登记全部经济业务的账簿。

通过设置总分类账，可以分类登记小企业的全部经济业务，提供资产、负债、所有者权益、收入、费用和利润等总括核算的资料，以全面、连续地记录和反映小企业发生的全部经济业务，提供小企业经济活动和财务收支的全面情况，为编制会计报表提供依据。

（2）明细账

明细账是根据明细科目设置，用来分类、连续地记录有关经济业务的详细情况的账簿。通过设置明细账，可以分类、详细地登记某一类经济业务，提供有关的明细核算资料，以及小企业经济活动和财务收支的具体情况，有助于加强财产物资的管理，监督往来款项的结算等。明细账所提供的资料也是编制会计报表的重要依据。

（3）日记账

根据规定，现金日记账和银行存款日记账是小企业必须设置的日记账。

现金日记账，是由出纳人员按现金收支经济业务发生时间的先后顺序，逐日逐笔进行登记现金增加、减少和结存情况的账簿。

银行存款日记账，是由出纳人员根据银行存款收支经济业务发生时间的先后顺序，逐日逐笔进行登记银行存款增加、减少和结存情况的账簿。

通过设置现金日记账和银行存款日记账，可以序时核算现金和银行存款的收入、支出及结存情况，借以加强对小企业货币资金的管理。

（4）辅助性账簿

辅助性账簿，通常称为备查账簿。是指除总分类账、明细账、日记账以外的其他账簿。主要记录不属于本企业的资产或其他重要事项。其主要作用是对总分类账、明细账、日记账

中没有记录或者记录不完整的经济业务活动加以补充登记。如"租入固定资产登记簿"等。

通过设置辅助账簿，可以对某些在总分类账、明细分类账以及现金、银行存款日记账等账簿中不能记载或记载不全的经济业务进行补充登记，从而可以对某些经济业务的内容提供必要的补充参考资料。

3. 启用会计账簿工作规则

为了保证账簿记录的严肃性和合法性，明确记账责任，保证会计资料的完整，启用账簿时，应在账簿封面上写明单位名称和账簿名称。在账簿扉页的"账簿启用和经管人员一览表"中详细载明：单位名称、账簿编号、账簿册数、账簿共计页数、启用日期、记账人员和会计机构负责人、会计主管人员姓名，并加盖名章和单位公章。"账簿启用和经管人员一览表"的格式和内容如表 6-1 所示。

表 6-1　　　　　　　　　　　　　　　　　账簿启用和经管人员一览表

账簿名称：＿＿＿＿＿＿＿　　　　单位名称：＿＿＿＿＿＿

账簿编号：＿＿＿＿＿＿＿　　　　账簿册数：＿＿＿＿＿＿

账簿页数：＿＿＿＿＿＿＿　　　　启用日期：＿＿＿＿＿＿

会计主管：（签章）　　　　　　　记账人员：（签章）

移交日期			移交人		接管日期			接管人		会计主管	
年	月	日	姓名	盖章	年	月	日	姓名	盖章	姓名	盖章

4. 登记账簿的规则

会计人员应当根据审核无误的会计凭证登记会计账簿。登记账簿的基本要求是：

（1）登记会计账簿时，应当将会计凭证日期、编号、业务内容摘要、金额和其他有关资料逐项记入账内；做到数字准确、摘要清楚、登记及时、字迹工整。

（2）登记完毕后，要在记账凭证上签名或者盖章，并注明已经登账的符号，表示已经记账。

（3）账簿中书写的文字和数字上面要留有适当空格，不要写满格；一般应占格距的二分之一。

（4）登记账簿要用蓝黑墨水或者碳素墨水书写，不得使用圆珠笔（银行的复写账簿除外）或者铅笔书写。

（5）下列情况，可以用红色墨水记账：

①按照红字冲账的记账凭证，冲销错误记录；

②在不设借贷等栏的多栏式账页中，登记减少数；

③在三栏式账户的余额栏前，如未印明余额方向的，在余额栏内登记负数余额；

④根据国家统一会计制度的规定可以用红字登记的其他会计记录。

（6）各种账簿按页次顺序连续登记，不得跳行、隔页。如果发生跳行、隔页，应当将空行、空页划线注销，或者注明"此行空白"、"此页空白"字样，并由记账人员签名或者盖章。

（7）凡需要结出余额的账户，结出余额后应当在"借或贷"等栏内写明"借"或者"贷"等字样。没有余额的账户，应当在"借或贷"等栏内写"平"字，并在余额栏内用"0"表示。

现金日记账和银行存款日记账必须逐日结出余额。

（8）每一账页登记完毕结转下页时，应当结出本页合计数及余额，写在本页最后一行和下页第一行有关栏内，并在摘要栏内注明"过次页"和"承前页"字样；也可以将本页合计数及金额只写在下页第一行有关栏内，并在摘要栏内注明"承前页"字样。

对需要结计本月发生额的账户，结计"过次页"的本页合计数应当为自本月初起至本页末止的发生额合计数；对需要结计本年累计发生额的账户，结计"过次页"的本页合计数应当为自年初起至本页末止的累计数；对既不需要结计本月发生额也不需要结计本年累计发生额的账户，可以只将每页末的余额结转次页。

5. 错账的更正的规则

账簿记录发生错误，不准涂改、挖补、刮擦或者用药水消除字迹，不准重新抄写，必须按照下列方法进行更正：

（1）记账凭证正确，账簿记录错误

记账凭证正确，但登记账簿时发生错误，应当将错误的文字或者数字划红线注销，但必须使原有字迹仍可辨认；然后在划线上方填写正确的文字或者数字，并由记账人员在更正处盖章。对于错误的数字，应当全部划红线更正，不得只更正其中的错误数字。对于文字错误，可只划去错误的部分。

（2）记账凭证错误，账簿记录错误

①红字更正法。红字更正法是用红字冲销原有记录后再予以更正的方法，主要适用于以下两种情况：

第一，根据记账凭证记账以后，发现记账凭证中的应借、应贷会计科目或记账方向有错误，而账簿记录与记账凭证是相符的。更正时，首先用红字金额填制一张与原错误记账凭证内容完全一致的记账凭证，并据以用红字登记入账，以冲销原错误记录；然后，再用蓝字填制一张正确的记账凭证，并据以用蓝字登记入账。

第二，根据记账凭证记账以后，发现记账凭证中应借、应贷会计科目和记账方向正确，但所记金额大于应记金额并据以登记账簿。更正时，将多记的金额用红字填制一张与原错误记账凭证的会计科目、记账方向相同的记账凭证，并据以用红字登记入账，以冲销多记金额，求得正确的金额。

②补充登记法。补充登记法是将少记金额用蓝字填制一张与原错误记账凭证科目名称和方向一致的记账凭证，并用蓝字据以登记入账，以补足少记的金额。适用范围：记账以后，发现记账凭证中应借、应贷会计科目和记账方向都正确，只是所记金额小于应记金额。

对于上述错账更正时需要编制的记账凭证，其摘要内容应填写"更正某字某号记账凭证"字样，而不应再填写原内容。

6. 对账工作要求

根据规定，小企业应当定期对会计账簿记录的有关数字与库存实物、货币资金、有价证券、往来单位或者个人等进行相互核对，保证账证相符、账账相符、账实相符。对账工作每年至少进行一次。

（1）账证核对

账证核对是指核对会计账簿记录与原始凭证、记账凭证的时间、凭证字号、内容、金额是否一致，记账方向是否相符。

（2）账账核对

账账核对是指核对不同会计账簿之间的账簿记录是否相符，包括：总账有关账户的余额核对，总账与明细账核对，总账与日记账核对，会计部门的财产物资明细账与财产物资保管和使用部门的有关明细账核对等。

（3）账实核对

账实核对是核对会计账簿记录与财产物资的实有数额是否相符。包括：

①现金日记账账面余额与现金实际库存数相核对；

②银行存款日记账账面余额定期与银行对账单相核对；

③各种财产物资明细账账面余额与财产物资实存数额相核对；

④各种应收、应付款明细账账面余额与有关债务、债权单位或者个人核对。

7. 结账工作要求

根据规定，小企业应当按照有关规定定期结账。

（1）结账前，必须将本期内所发生的各项经济业务全部登记入账。

（2）结账时，应当结出每个账户的期末余额。

需要结出当月发生额的，应当在摘要栏内注明"本月合计"字样，并在下面通栏划单红线。需要结出本年累计发生额的，应当在摘要栏内注明"本年累计"字样，并在下面通栏划单红线；12月末的"本年累计"就是全年累计发生额。全年累计发生额下面应当通栏划双红线。年度终了结账时，所有总账账户都应当结出全年发生额和年末余额。

（3）年度终了，要把各账户的余额结转到下一会计年度，并在摘要栏注明"结转下年"字样；在下一会计年度新建有关会计账簿的第一行余额栏内填写上年结转的余额，并在摘要栏注明"上年结转"字样。

8. 账簿的更换和日常保管

（1）账簿的更换

①为了便于账簿的使用和管理，一般情况下，总分类账、现金日记账和银行存款日记账和大部分明细账都应在年度结账完毕后，以新账代替旧账。

②对于在年度内业务发生量较少、账簿变动不大的部分明细账，如固定资产明细账和固定资产卡片账，可以连续使用，不必每年更换。

（2）账簿的日常保管

①分工明确，专人管理，谁负责登记，谁负责管理；

②非经管人员未经允许不得翻阅查看会计账簿；

③会计账簿除需要与外单位核对账目外，一律不准携带外出。

6.2.3 编制财务报告的要求

小企业必须按照国家统一会计制度的规定，定期编制财务报告。要求如下：

（1）小企业对外报送的财务报告应当根据国家统一会计制度规定的格式和要求编制。

（2）会计报表应当根据登记完整、核对无误的会计账簿记录和其他有关资料编制，做到数字真实、计算准确、内容完整、说明清楚。

任何人不得篡改或者授意、指使、强令他人篡改会计报表的有关数字。

（3）会计报表之间、会计报表各项目之间，凡有对应关系的数字，应当相互一致。本期会计报表与上期会计报表之间有关的数字应当相互衔接。如果不同会计年度会计报表中各项目的内容和核算方法有变更的，应当在年度会计报表中加以说明。

（4）小企业应当按照《小企业会计制度》的规定认真编写会计报表附注及其说明，做到项目齐全，内容完整。

（5）小企业应当按照国家规定的期限对外报送财务报告。

对外报送的财务报告，应当依次编定页码，加具封面，装订成册，加盖公章。封面上应当注明：单位名称，单位地址，财务报告所属年度、季度、月度，送出日期，并由企业领导人、会计机构负责人或会计主管人员签名或者盖章。

（6）根据法律和国家有关规定应当对财务报告进行审计的，财务报告编制单位应当先行委托注册会计师进行审计，并将注册会计师出具的审计报告随同财务报告按照规定的期限报送有关部门。

（7）如果发现对外报送的财务报告有错误，应当及时办理更正手续。除更正本企业留存的财务报告外，还应同时通知接受财务报告的单位更正。错误较多的，应当重新编报。

6.2.4 会计档案工作规范

1. 会计档案的内容

会计档案是指会计凭证、会计账簿和财务会计报告等会计核算专业材料，是记录和反映小企业经济业务的重要史料和证据。会计档案的内容见表6－2。

表6－2   会计档案的内容

类别	内容
会计凭证类	原始凭证、记账凭证、汇总凭证、其他会计凭证
会计账簿类	总账、明细账、日记账、固定资产卡片、辅助账簿、其他会计账簿
财务会计报告类	月度、季度、年度财务会计报告 （包括会计报表、附表、报表附注和财务情况说明书）
其他类	银行存款余额调节表、银行对账单、其他应当保存的会计核算专业资料、会计档案移交清册、会计档案保管清册、会计档案销毁清册 实行会计电算化单位存贮在磁性介质上的会计数据、程序文件及其他会计核算资料，均应视同会计档案一并管理

2. 会计档案的保管期限

按照《会计档案管理办法》规定，各种会计档案的保管期限，根据其特点，分为永久和定期两类。其中，定期保管期限分为 3 年、5 年、10 年、15 年、25 年五类。会计档案的保管期限见表 6 - 3。

表 6 - 3　　　　　　　　　　　　　　会计档案保管期限表

序号	档案名称	保管期限	备注
一	**会计凭证类**		
1	原始凭证	15 年	
2	记账凭证	15 年	
3	汇总凭证	15 年	
二	**会计账簿类**		
4	总账	15 年	包括日记总账
5	明细账	15 年	
6	日记账	15 年	现金和银行存款日记账保管 25 年
7	固定资产卡片		固定资产报废清理后保管 5 年
8	辅助账簿	15 年	
三	**财务报告类**		包括各级主管部门汇总财务报告
9	月、季度财务报告	3 年	包括文字分析
10	年度财务报告（决算）	永久	包括文字分析
四	**其他类**		
11	会计移交清册	15 年	
12	会计档案保管清册	永久	
13	会计档案销毁清册	永久	
14	银行余额调节表	5 年	
15	银行对账单	5 年	

3. 会计档案的归档和保管

小企业每年形成的会计档案，应由会计部门按照归档的要求，负责整理立卷或装订成册。会计档案的装订主要包括会计凭证、会计账簿、会计报表及其他文字资料的装订。

《会计档案管理办法》规定："当年会计档案，在会计年度终了后，可暂由本单位财务会计部门保管一年，期满之后原则上应由财务会计部门编制清册移交本单位的档案部门保管。"小企业对会计档案应进行科学管理，做到妥善保管，存放有序，查找方便。同时，应严格执行安全和保密制度，严防毁损、散失和泄密。

4. 会计档案的借阅

会计档案为本企业提供利用，原则上不得借出，有特殊需要，须经上级主管单位或本企业领导、会计主管人员批准。

外部借阅会计档案时，应持有单位正式介绍信，经会计主管人员或单位领导人批准后，方可办理借阅手续；企业内部人员借阅会计档案时，应经会计主管人员或本企业领导人批准后，办理借阅手续。借阅人应认真填写档案借阅登记簿，将借阅人姓名、单位、日期、数量、内容、归期等情况登记清楚。借阅会计档案人员应妥善保管会计档案，严禁在会计档案上涂画、拆封和抽换。

5. 会计档案的销毁

对保管期满的会计档案，需要销毁时，由本企业档案部门提出销毁意见，与财会部门共同鉴定、审查，编制会计档案销毁清册。国有企业经企业领导审查，报经上级主管单位批准后销毁。对于其中未了结的债权债务的原始凭证，应单独抽出，另行立卷，由档案部门保管到结清债权债务时为止。建设单位在建设期间的会计档案，不得销毁。

对经批准销毁的会计档案销毁时，档案部门和财会部门应共同派员监销。销毁会计档案后，监销人应在销毁清册上签名盖章，并将监销情况报告本企业领导。撤销、合并企业和建设单位完工后的会计档案，应移交给指定的单位，并按规定办理交接手续。

6.3 内部会计监督工作规范

会计是一种管理活动，监督是其基本职能。会计监督包括单位内部监督、社会监督和政府监督。小企业应当建立、健全本企业内部会计监督制度，加强内部会计监督；同时，还要接受财政、税务、银行、会计师事务所等对企业各项会计工作的合法性、合规性以及会计资料的真实性、完整性实施的监督检查。

6.3.1 内部会计监督的依据

小企业的会计机构、会计人员对本企业的经济活动进行会计监督。主要依据有：
(1) 财经法律、法规、规章；
(2) 会计法律、法规和国家统一会计制度；
(3) 各省、自治区、直辖市财政厅（局）和国务院业务主管部门根据《中华人民共和国会计法》和国家统一会计制度制定的具体实施办法或者补充规定；
(4) 本企业根据《中华人民共和国会计法》和国家统一会计制度制定的企业内部会计管理制度；
(5) 本企业内部的预算、财务计划、经济计划、业务计划。

我国现行主要会计法规，见表6－4。

表6－4　　　　　　　　　　　我国现行主要会计法规列表

制定权限分类		名称	颁布时间
法律	会计专门法律	《中华人民共和国会计法》	1999年10月31日
	涉及会计关系的其他法律（举例）	《中华人民共和国票据法》	2004年8月28日
		《中华人民共和国证券法》	2005年10月27日
		《中华人民共和国公司法》	2005年10月27日
行政法规	会计专门行政法规	《总会计师条例》	1990年12月31日
		《企业财务会计报告条例》	2000年6月21日
	涉及会计关系的其他行政法规（举例）	《中华人民共和国增值税暂行条例》	1993年12月13日
		《中华人民共和国企业所得税暂行条例》	1993年12月13日
会计地方法规		（略）	
会计规章		《会计从业资格管理办法》	2005年1月22日
		《代理记账管理办法》	2005年1月22日
		《企业会计准则——基本准则》	2006年2月15日

制定权限分类	名称	颁布时间
会计规范性文件	《中华人民共和国发票管理办法》	1993 年 12 月 23 日
	《会计电算化管理办法》	1994 年 6 月 30 日
	《会计基础工作规范》	1996 年 6 月 17 日
	《事业单位会计制度》	1997 年 7 月 17 日
	《会计档案管理办法》	1998 年 8 月 21 日
	《内部会计控制规范》	2001 年 6 月 22 日
	《小企业会计制度》	2004 年 4 月 27 日
	38 项具体准则	2006 年 2 月 15 日

6.3.2　内部会计监督制度的要求

为了有效发挥小企业内部会计监督的作用，小企业内部会计监督制度的建立要符合会计法的规定，要以内部牵制原则为核心。基本要求：

（1）记账人员与经济业务事项和会计事项的审批人员、经办人员、财物保管人员的职责权限应当明确，并相互分离、相互制约；

（2）重大对外投资、资产处置、资金调度和其他重要经济业务事项的决策和执行的相互监督、相互制约程序应当明确；

（3）财产清查的范围、期限和组织程序应当明确；

（4）对会计资料定期进行内部审计的办法和程序应当明确。

6.3.3　内部会计监督的内容

小企业内部会计监督的目的在于通过建立和健全内部控制机制，强化企业负责人的会计责任，加强对会计人员职业道德的约束，以维护、执行国家的法律规定，保护企业财产安全、完整，保证会计资料的真实、正确。监督的重点内容包括：

1. 原始凭证

小企业的会计机构、会计人员应当对原始凭证进行审核和监督。

（1）对不真实、不合法的原始凭证，不予受理。对弄虚作假、严重违法的原始凭证，在不予受理的同时，应当予以扣留，并及时向单位领导人报告，请求查明原因，追究当事人的责任。

（2）对记载不明确、不完整的原始凭证，予以退回，要求经办人员更正、补充。

2. 会计账簿

小企业的会计机构、会计人员对伪造、变造、故意毁灭会计账簿或者账外设账的行为，应当制止和纠正；制止和纠正无效的，应当向上级主管单位报告，请求作出处理。

3. 财产物资

小企业的会计机构、会计人员应当对实物、款项进行监督，督促建立并严格执行财产清查制度。发现账簿记录与实物、款项不符时，应当按照国家有关规定进行处理。超出会计机构、会计人员职权范围的，应当立即向本企业领导报告，请求查明原因，作出处理。

4. 财务报告

小企业的会计机构、会计人员对指使、强令编造、篡改财务报告的行为，应当制止和纠正；制止和纠正无效的，应当向上级主管单位报告，请求处理。

5. 财务收支

小企业的会计机构、会计人员应当对财务收支进行监督。

（1）对审批手续不全的财务收支，应当退回，要求补充、更正。

（2）对违反规定不纳入企业统一会计核算的财务收支，应当制止和纠正。

（3）对违反国家统一的财政、财务、会计制度规定的财务收支，不予办理。

（4）对认为是违反国家统一的财政、财务、会计制度规定的财务收支，应当制止和纠正；制止和纠正无效的，应当向本企业领导人提出书面意见，请求处理。

（5）对违反国家统一的财政、财务、会计制度规定的财务收支，不予制止和纠正，又不向企业领导人提出书面意见的，也应当承担责任。

（6）对严重违反国家利益和社会公众利益的财务收支，应当向主管单位或者财政、审计、税务机关报告。

6. 经济活动

小企业的会计机构、会计人员对违反本企业内部会计管理制度的经济活动，应当制止和纠正；制止和纠正无效的，应当向企业领导人报告，请求处理。

7. 预算、计划

小企业的会计机构、会计人员应当对企业制定的预算、财务计划、经济计划、业务计划等的执行情况进行监督。

6.3.4 内部会计监督中的职责权限

1. 小企业负责人在内部会计监督中的职责

根据《会计法》的规定，小企业负责人应当保证会计机构、会计人员依法履行职责，不得授意、指使、强令会计机构、会计人员违法办理会计事项。

2. 小企业会计机构、会计人员在内部会计监督中的职权

根据《会计法》的规定，小企业会计机构、会计人员对违反会计法和国家统一会计制度规定的会计事项，有权拒绝办理或者按照职权予以纠正。对于发现会计账簿记录与实物、款项及有关资料不相符的情况，按照国家统一的会计制度的规定有权自行处理的，应当及时处理；无权处理的，应当立即向企业负责人报告，请求查明原因，作出处理。

3. 其他机构和个人的权利

小企业内部任何机构、部门和个人对本企业违反会计法和国家统一会计制度的行为，有权检举，以使小企业的内部会计监督更具有广泛性，充分发挥会计监督的作用。

6.4 内部会计管理工作规范

内部会计管理制度是指企业根据国家会计法律、法规、规章和制度的规定，结合本企业

经营管理和业务管理的特点及要求而制定的旨在规范单位内部会计管理活动的制度、措施和办法。

6.4.1　小企业内部会计管理制度的制定原则

小企业应当根据规定，结合企业自身的类型和管理的需要，建立、健全相应的内部会计管理制度。制定内部会计管理制度应当遵循下列原则：

（1）执行法律、法规和国家统一的会计制度。

（2）体现本企业的生产经营、业务管理的特点和要求。

（3）全面规范本企业的各项会计工作，建立、健全会计基础规范，保证会计工作的有序进行。

（4）科学、合理，便于操作和执行。

（5）定期检查执行情况的相关制度。

（6）根据管理需要和执行中的问题不断完善。

6.4.2　小企业内部会计管理体系

小企业应当建立内部会计管理体系。内部会计管理体系的主要内容包括：

（1）企业领导人对会计工作的领导职责；

（2）会计机构负责人或会计主管人员的职责、权限；

（3）会计机构与其他职能部门的关系；

（4）会计核算的组织形式。

6.4.3　内部会计管理制度的内容

健全、完善的内部会计管理制度是保证小企业会计工作合理、有序进行的基础，也是发挥会计核算、监督职能的重要保证。内部会计管理制度的内容见图 6 - 4。

内部会计管理制度		
会计人员岗位责任制度	账务处理程序制度	
内部牵制制度	稽核制度	
原始记录管理制度	定额管理制度	
计量验收制度	财产清查制度	
财务收支审批制度	成本核算制度	财务会计分析制度

图 6 - 4　内部会计管理制度构成

1. 会计人员岗位责任制度

会计人员岗位责任制度是企业内部会计人员管理的一项重要制度。其主要内容包括：

（1）会计人员工作岗位的设置，各个会计工作岗位的职责和工作标准；

（2）各会计工作岗位的人员和具体分工；

（3）会计工作岗位轮换办法；

（4）对各会计工作岗位的考核办法等。

2. 账务处理程序制度

账务处理程序制度，主要是对会计凭证、账簿、报表等会计核算流程和基本方法的规定。其主要内容包括：

（1）根据国家统一会计制度的规定，确定本企业会计科目和明细科目的设置和使用范围；

（2）根据《会计基础工作规范》的规定和企业会计核算的要求，确定本企业的会计凭证格式、填制要求、审核要求、传递程序、保管要求等；

（3）根据《会计基础工作规范》的规定和企业会计核算的要求，确定本企业总账、明细账、现金日记账、银行存款日记账、各种辅助账等的设置、格式、登记、对账、结算、改错等要求；

（4）根据国家统一会计制度的要求，确定对外财务报告的种类和编制要求，同时根据企业内部管理需要确定本企业内部会计指标体系和考核要求。

3. 内部牵制制度

内部牵制制度，是内部会计控制制度的重要内容之一。制定该项制度时，应当与会计人员岗位责任制度结合起来考虑。其主要内容包括：

内部牵制制度的原则，包括机构分离、职务分离、钱账分离、账物分离等；对出纳等岗位的职责和限制性规定；有关部门或领导对限制性岗位的定期检查办法。

4. 稽核制度

稽核制度是指在会计机构内部指定专人对有关会计账证进行审核、复查的一种制度，该项制度的建立也应当结合会计人员岗位责任制度一并进行考虑。主要内容包括：

（1）稽核工作的组织形式和具体分工；

（2）稽核工作的职责和权限；

（3）稽核工作的程序和基本方法等。

5. 原始记录管理制度

原始记录是会计核算工作的基础环节。建立规范的原始记录管理制度，对会计核算工作的正常进行具有重要保证作用。其主要内容包括：

（1）原始记录的格式、内容和填制方法，包括填制、签署、传递、汇集、反馈要求等；

（2）原始记录的审核要求；

（3）有关人员对原始记录管理的责任等。

6. 定额管理制度

定额管理制度是指确定定额制定依据、制定程序、考核方法、奖惩措施的制度。主要内容包括：

（1）定额管理的范围，如劳动定额、物资定额、成本费用定额、人员定额、工时定额等；

（2）制定和修订定额的依据、方法、程序；

（3）明确定额的执行、考核、奖惩的具体办法等。

7. 计量验收制度

计量验收制度是会计管理工作的基础。主要内容包括：

（1）计量检测手段和方法；

（2）计量验收管理的要求；

（3）计量验收人员的责任和奖惩办法等。

8. 财产清查制度

小企业应当建立财产清查制度，定期清查财产，以保证账实相符。建立财产清查制度，是保证会计核算正常进行和会计核算质量的重要措施。主要内容包括：

（1）财产清查的范围；

（2）财产清查的组织领导；

（3）财产清查的期限和程序、方法、要求；

（4）财产清查中发现问题的处理程序、报批程序；

（5）对财产管理人员的奖惩制度等。

9. 财务收支审批制度

财务收支审批制度是指确定财务收支审批范围、审批人员、审批权限、审批程序及其责任的制度。建立健全财务收支审批制度，是会计工作的关键环节。主要内容包括：

（1）确定财务收支审批人员和审批权限。具体说来，应当明确企业领导人、会计机构负责人、其他有关机构负责人审批财务收支的范围和最高限额；超过规定限额应当报批的程序（包括管理层集体研究决定，报上级主管单位批准等）。

（2）确定财务收支审批程序，包括经办人、审核人、批准人等应当履行的手续及承担的责任等。

（3）明确对财务收支中违反规定的责任人和领导人的处理要求。

10. 成本核算制度

成本核算制度的主要内容包括：

（1）成本核算对象的确定；

（2）成本核算方法和程序的确定；

（3）有关成本基础制度的制定；

（4）成本考核和成本分析制度等。

11. 财务会计分析制度

建立定期财务会计分析制度，检查财务会计指标落实情况，分析存在的问题和原因，提出相应改进措施，是加强企业内部管理，不断提高经济效益的重要措施。主要内容包括：

（1）财务会计分析的时间和召集形式，参加的部门和人员；

（2）财务会计分析的内容和分析方法；

（3）财务会计分析报告的编写要求。